Who Am I

나는 누구인가
쉽게 읽는 한글판 자랑스런 나의
뿌리

김녕 김씨 이야기
金寧金氏
上

畵譜로 보는 先祖의 발자취

화보(畵報)로 보는
선조(先祖)의 발자취

김녕(金寧)김(金)씨 이야기 • 3

書譜로 보는 先祖의 발자취

계림비각 [鷄林碑閣]

1803년(순조 3)에 세운 6각형 비각으로, 안에는 계림의 내력과 경주김씨(慶州金氏) 시조 김알지(金閼智)의 탄생설화를 새긴 '경주김알지탄생기록비'가 놓여 있다. 비석은 높은 대석과 비신, 개석으로 이루어져 있으며 영의정 남공철(南公轍)이 비문을 짓고, 경주부윤 최헌중(崔獻重)이 글씨를 썼다.

소재지:경주시 교동 계림(사적 제19호)

김알지탄강금궤도 [金閼智誕降金櫃圖]
조선 인조시대 사대부 화가인 조속이 그린 금궤도. 신라김씨(경주김씨) 시조 김알지가 계림에서 금궤짝을 통해 탄강하는 이야기를 소재로 했다. 1636년. 105.5*56cm, 비단에 채색. <국립경주박물관>

계림세묘 [鷄林世廟]
경주김씨 시조 김알지의 묘우. 일명 세묘전 이라고도한다. 경주김씨 시조인 김알지를 배향하는 사당. 일제강점기 후손인 김조은이 건립하였다. 정면 3칸, 측면 1칸의 맞배 지붕 기와집으로 된 본전과 내삼문, 고실 등으로 이루어져 있다. 매년 음력 3월 초정일에 향사를 치른다.
소재지:경주시 황남동 215-1번지.

4 • 김녕(金寧)김(金)씨 이야기

畵譜로 보는 先祖의 발자취

미추왕[味鄒王]

신라의 제13대 왕(재위 262~284). 구도의 아들, 김알지의 6대손. 아내는 광명부인. 조분왕의 사위로 왕위에 올랐다. 267년, 283년 백제의 봉산성·괴곡성 공격을 격퇴했다. 농업 장려 등 내치에도 힘썼다.

미추왕릉[味鄒王陵]

경주고분공원으로 조성한 대릉원에 있다. 능 앞에는 혼유석이 있고, 무덤을 보호하기 위해 담장이 능 주위에 둘러져 있으며, 전면에는 삼문이 있다. 내부구조는 돌무지덧널무덤(積石木槨墳)으로 여겨진다. 사적 제 175호
소재지:경북 경주시 황남동(皇南洞) 89-2

내물왕[奈勿王, ?~402]

신라 제 17대 왕(재위 356~402). '마립간'이라는 왕의 칭호를 처음 사용하였다. 이때부터 신라에서 한자를 사용하기 시작하였으며 김씨가 왕위를 세습하였다. 재위기간 356~402년 각간(角干) 말구(末九)의 아들이고, 어머니는 휴례부인(休禮夫人) 김씨이며, 비(妃)는 미추왕(味鄒王)의 딸인 보반부인(保反夫人) 김씨이다. 흘해왕을 이어 즉위하였는데, 이로부터 김씨가 왕위를 세습하였으며 '마립간'이라는 왕의 칭호를 사용하였다.

김녕(金寧)김(金)씨 이야기 • 5

법흥왕[法興王, ?~540]

신라의 제23대 왕(재위 514~540). 지증왕대의 개혁 조치를 바탕으로 율령을 반포하고 군사제도를 정비했으며 불교를 공인하여 신라가 중앙집권적 국가 체제를 갖추도록 하였다.

법흥왕릉[法興王陵]

사적 제176호 소재지:경북 경주시 효현동 63

진흥왕[眞興王, 534~576]

신라 제24대 왕(재위 540~576). 휘는 삼맥종, 심맥부(深麥夫), 법호는 법운(法雲)이다. 지증왕(智證王)의 손자이며 갈문왕(葛文王) 입종(立宗)의 아들이다. 어머니는 법흥왕(法興王)의 딸 지소부인(只召夫人), 비는 사도부인 박씨(朴氏)이다. 백제의 한강 유역 요지를 획득하고, 대가야를 평정하고, 새로 개척한 땅에 순수비를 세웠다. 화랑제도를 창시하는 등 군사적·문화적으로 실력을 길러 삼국통일의 기반을 닦았다.

畵譜로 보는 先祖의 발자취

진지왕[眞知王, ?~540]
신라의 제25대 왕(재위 576~579). 백제의 잦은 침공을 받았으나, 내리서성 등을 쌓아 방비를 굳게 하였다. 중국의 진나라와 수교하여 화친을 도모하였다.
진지왕릉[眞知王陵]
사적 제178호 소재지:경북 경주시 서악동 산92-2

선덕여왕[善德女王, ?~647]
신라 제27대 왕이며 최초의 여왕이다. 재위 632~647. 휘는 덕만(德曼., 德萬이라고도 함). 시호(諡號)는 선덕여대왕(善德女大王)이다. 신라 26대 진평왕(眞平王)의 딸이며 어머니는 마야부인(摩耶夫人) 김씨이다. 632년 진평왕이 아들이 없이 세상을 떠나자 뒤를 이어 신라 최초의 여왕으로 즉위하였다 <삼국사기(三國史記)>에 따르면, 이 때 백성들이 '성조황고(聖祖皇姑)'라는 칭호로 불렀다고 기록되어 있다. 선정을 베풀어 민생을 향상시켰고 구휼사업에 힘썼으며 첨성대와 황룡사 구층탑을 건립하는 등의 업적을 남겼다.
선덕여왕릉[善德女王陵]
소재지:경북 경주시 보문동 산79. 사적 제182호.

김녕(金寧)김(金)씨 이야기

畵譜로 보는 先祖의 발자취

태종무열왕 [太宗武烈王]

휘는 춘추(春秋). 진지왕의 손자. 이찬(伊湌) 용춘의 아들. 어머니는 진평왕의 딸 천명부인(天明夫人) 김씨(金氏). 신라 제29대 왕으로 김유신 등에게 5만의 군사를 주고 당나라 군사와 연합하여 백제를 멸망하였다. 당의 율령제도를 모방한 관료체계를 정비하고 구서당이라는 9개 군단을 설치하는 등 왕권을 확립하였다.

태종무열왕릉비 [太宗武烈王陵碑]
지정번호 국보 제 25호. 소재지 경상북도 경주시 서악동 844-1

畵譜로 보는 先祖의 발자취

진덕여왕[眞德女王, ? 654]

재위기간 647년~654년. 휘는 승만(勝曼)이고, 진평왕의 모제인 갈문왕 국반의 딸이며 어머니는 월명부인 박씨이다. 신라 제28대 왕. 여왕을 반대하는 반란세력을 진압하고 당나라와의 친교를 돈독히 하였으며 삼국통일의 기틀을 마련하였다.

진덕여왕릉[眞德女王陵]

소재지:경북 경주시 현곡면 오류리 산 48. 사적 제24호.

신문왕[神文王, ?~692]

휘는 정명(政明)·명지(明之). 자 일초. 문무왕의 맏아들. 어머니는 자의왕후. 신라 제31대 왕. 국학을 창설하여 학문을 장려하였으며 9주를 정비하였고 서원소경을 설치, 봉성사·망덕사를 창건했다. 항복한 고구려 유민에게도 벼슬을 주고 녹읍을 폐지하고 조를 주기로 개정하였다.

신문왕릉[神文王陵]

경북 경주시 배반동. 사적 제181호.

김녕(金寧)김(金)씨 이야기

畵譜로 보는 先祖의 발자취

효소왕[孝昭王, ?~702]
휘는 이홍(理洪)·이공(理恭). 신문왕의 큰아들. 어머니는 일길찬 흠운의 딸인 신목왕후 김씨. 신라 제32대 왕(재위 692~702). 모든 관제를 정비하고, 당·일본 등과 수교하였으며, 좌·우 이방부를 좌·우 의방부로 고쳤다. 송악·우잠의 두 성을 축조하고, 서시전과 남시전을 설치하였다.

효소왕릉[孝昭王陵]
사적 제184호. 소재지:경북 경주시 조양동 산8

성덕왕[聖德王, ?~737]
신라 제33대 왕(재위 702~737). 초명은 천중(天中). 휘는 융기(隆基)·흥광(興光). 신문왕의 둘째 아들이며 효소왕의 친동생이다. 비는 소판 김원태의 딸 성정왕후, 계비는 이찬 김순원의 딸 소덕왕후 이다. 당나라와 활발한 외교 관계를 펼쳤으며 정전을 실시하였다.

성덕왕릉[聖德王陵]
사적 제28호. 소재지:경상북도 경주시 조양동 산8.

畵譜로 보는 先祖의 발자취

경덕왕[景德王, ?~765]

신라 제35대 왕(재위 742~765). 휘는 헌영(憲英). 제33대 성덕왕의 셋째 아들이며, 어머니는 소덕왕후 이고, 제34대 왕인 효성왕의 친아우이다. 743년에 당나라로부터 '개부의동삼사 사지절 대도독계림주제군사 겸 충지절영해군사 신라왕' 이라는 벼슬을 받았다. 16년(757)에는 신라의 땅이름을 모두 중국식으로 바꾸었고, 18년에는 벼슬 이름끼지 당나라식으로 바꾸는 등 한화정책을 널리 편 것으로도 유명하다.

경덕왕릉[景德王陵]

사적 제23호. 소재지:경북 경주시 내남면 부지라 산8.

원성왕[元聖王, ?~798]

신라 제38대 왕(재위 785~798). 휘는 경신(敬信). 비는 각간 김신술의 딸 연화부인 이다. 독서삼품과를 두어 인재를 등용하였고 김제 벽골제를 증축하여 농사를 장려하였다.

원성왕릉[元聖王 일명 괘릉(掛陵)]

사적 제 26호. 소재지:경북 경주시 외동읍 패능리 산 17.

畵譜로 보는 先祖의 발자취

헌덕왕[憲德王, ?~826]

신라의 제 41대 왕(재위 809~826). 휘는 언승(彦昇). 소성왕(昭聖王)의 동생. 비는 각간 예영의 딸 귀승부인. 790년(원성왕 6) 당나라에 다녀와 대아찬이 되고, 이듬해 역신 제공을 죽인 공으로 잡찬에 승진하였다. 난을 일으켜 조카인 애장왕을 죽이고 즉위하였다. 제방을 수리하여 농사를 장려하였으며 친당정책에 힘썼다. 김헌창의 반란을 평정하고, 김헌창의 아들 범문의 모반을 진압하였다. 패강에 장성 약 3백리를 쌓기도 했다.

헌덕왕릉[憲德王陵]
사적 제29호. 소재지:경북 경주시 동천동.

흥덕왕[興德王, ?~836]

신라 제42대 왕(재위 826~836). 휘는 경휘(景徽). 초명 수종(秀宗)·수승(秀升). 원성왕의 손자이며 헌덕왕의 동생으로, 비는 소성왕의 딸 장화부인 김씨. 대아찬 김우징을 시중에 임명하여 정사를 맡기고, 장보고를 청해진대사로 삼아 해적의 침입을 막게 하였다. 이때 차의 재배가 전국적으로 성행하였으며, 복색제도를 고치고 백성들에게 사치를 금하였다.

흥덕왕릉[興德王陵]
사적 제30호. 소재지:경북 경주시 안강읍 육통리 산42.

희강왕[僖康王, ?838]
신라 제43대 왕(재위 836~838). 휘는 제륭(悌隆)·제옹(悌?). 원성왕의 손자인 이찬 김헌정의 아들이다. 어머니는 포도부인. 비는 대아찬 충공의 딸 문목부인 이다. 흥덕왕이 후사 없이 죽자, 삼촌인 균정과 왕위 다툼을 하다가 균정을 살해하고 즉위하였다. 김명과 이홍이 반란을 일으켜 측즌자를 살해하자 스스로 목을 매어 자결하였다.

희강왕릉[僖康王陵]
사적 제220호. 소재지:경북 경주시 내남면 망성리 34.

민애왕[閔哀王, ?~839]
신라 제44대 왕(재위 838~839). 휘는 명(明). 원성왕의 증손. 내아찬 충공의 아들. 835년(흥덕왕 10) 대아찬으로 시중이 되었다. 836년 제륭과 균정이 왕이를 다툴 때, 제륭을 도와왕이 되게 하고 자신은 상대등이 되었다. 838년 시중 이홍·배훤백 등과 함께 희강왕을 협박, 자살하게 하고 스스로 왕이 되었다. 즉위 후, 우징이 장보고의 힘을 빌려 쳐들어오자, 패하여 병사들에게 살해되었다.

민애왕릉[閔哀王陵]
사적 제190호. 소재지:경북 경주시 내남면 망성리 산40.

신무왕[神武王, ?~839]

신라 제45대 왕. 휘는 우징(祐徵). 원성왕의 증손, 희강왕의 종제. 어머니는 진교부인 박씨, 비는 진종부인. 흥덕왕이 죽어 희강왕이 왕위를 탐내자 아버지를 왕으로 추대하여 싸웠으나 패배하였다. 이듬해 장보고에게로 가 은신, 장보고의 지원을 받아 대군을 이끌고 경주로 쳐들어가 민애왕을 죽이고 왕위에 올랐으나 같은 해 7월에 병사하였다.

신무왕릉[神武王陵]

사적 제185호. 소재지:경북 경주시 동방동.

헌안왕[憲安王, ?~861]

신라의 제47대 왕(재위 857~860). 휘는 의정(誼靖)·우정(祐靖). 신무왕의 이복동생. 어머니는 조명부인 김씨. 859년(헌안왕 3) 전국에 흉년이 들자 백성의 구원에 힘썼고, 제방을 쌓아 농사를 장려하였다. 후사가 없어 왕족 응렴을 맏사위로 삼아 그에게 왕위를 물려주었다.

헌안왕릉[憲安王陵]

사적 제179호. 소재지:경북 경주시 서악동.

畵譜로 보는 先祖의 발자취

헌강왕[憲康王, ?~886]

　　신라의 제49대 왕(재위 875~886). 휘는 정(晸). 경문왕·문의왕후의 아들. 비는 의명부인. 문치에 힘썼다. 당나라 희종에 의해 신라왕에 책봉되었다. 처용무가 크게 유행하였으며, 서울의 민가는 모두 기와로 덮고 숯으로 밥을 짓는 등 사치와 환락의 시대가 이룩되어 이때부터 신라는 쇠퇴기에 접어들었다.

헌강왕릉[憲康王陵]

　　사적 제187호. 소재지:경북 경주시 남산동.

정강왕[定康王, ?~887]

　　신라 제50대 왕. 재위기간 886년~887년. 휘는 황(晃). 경문왕의 둘째 아들. 형 헌강왕의 후사 없이 죽자 그 뒤를 이어 즉위하였는데 887년(정강왕 2) 황룡사에 백고좌를 베풀어 청강하였으며 이찬 김요의 반란을 평정하였다. 887년 7월 재위 2년 만에 죽으면서 누이동생 만에게 전위 하였다.

정강왕릉[定康王陵]

　　사적 제186호. 소재지:경북 경주시 남산동 산53.

畵譜로 보는 先祖의 발자취

효공왕[孝恭王, ?~912]

신라의 제52대 왕(재위 897~912). 휘는 요(嶢). 헌강왕의 서자. 어머니는 의명태후 김씨. 비는 이찬 우겸의 딸 김씨. 진성여왕이 죽자 즉위, 궁예에게 패서도·한산주 관내의 30여 성을 빼앗기고, 남서쪽의 땅을 견훤에게 빼앗겼으며, 북쪽의 땅을 또 궁예에게 빼앗겨 신라의 영토는 날로 축소되어 감에도 환락의 세월을 보냄으로써 후삼국을 탄생케 하였다.

효공왕릉[孝恭王陵]

사적 제183호. 소재지:경북 경주시 배반동 산14.

숭혜전[崇惠殿]

경상북도 경주시 황남동에 있는 신라시대 사묘재실. 경북문화재자료 제256호. 소재지:경상북도 경주시 황남동 216.

16 · 김녕(金寧)김(金)씨 이야기

畵譜로 보는 先祖의 발자취

경순왕[敬順王] 표준영정

경순왕[敬順王, ?~978]

신라의 왕(재위 927~935). 휘는 부(傅). 문성왕의 6대손. 아버지는 이찬 효종이며, 어머니는 헌강왕의 딸 계아태후 이다. 927년 후백제 견훤의 침공으로 경애왕이 죽은 뒤 왕위에 올랐다. 재위 때는 각처에서 군웅이 할거하여 국력이 쇠퇴하고, 특히 여러 차례에 걸친 후백제의 침공과 약탈로 국가의 기능이 마비되었다. 영토는 날로 줄어들고, 민심이 신흥 고려로 기울어지자 군신회의를 소집, 고려에 귀부하기로 결정하고, 935년 고려 태조에게 항복하였다. 태조로부터 유화궁을 하사받았으며, 낙랑공주를 아내로 맞고 정승공에 봉해졌으며, 경주를 식읍으로 받았다.

경순왕릉[敬順王陵]

사적 제244호. 소재지:경기도 연천군 장남면 고랑포리 산18-2.

경천묘 [原州敬天廟]

소재지: 강원도 원주시 귀래면 주포리

신라의 마지막 왕 경순왕(敬順王, 재위 927~935)의 형상을 모신 영정각(影幀閣)이나. 2008년 5월 발족한 원주시 향토유적보호위원회가 원주시향토유적 제1호로 지정하였다. 경순왕은 신라를 태조 왕건에게 넘기고, 원주 용화산(지금의 미륵산)으로 들어가 학수사와 고자암을 세웠다. 그때 한 화승(畵僧)이 그린 경순왕의 영정을 고자암에 모시고 제사를 지낸 것이 영정각의 시초였고, 영조13년에 이르러 경천묘(敬天廟)라 이름 붙였다 한다. 원주시는 18세기 말부터 행방이 묘연해진 경순왕의 영정을 모사하여 다시 제작하고, 경천묘를 복원시켰다.

畵譜로 보는 先祖의 발자취

대안군(大安君) 휘 은열(殷說) 영단(靈壇)
경기도 연천군 장단면 고랑포리의 경순대왕릉 가는 길 입구 우측에 대안군 은열공 영단이 있다. '령단봉안 기념비'에는 다음과 같이 기록되어 있다. 「보국대안군은 관조시며 명현조시고 태사공은 파조 1세시며 명현이신데 奉祀(봉사)함에 있어 고려조에는 봉사했었는지 모르나 조선조이래 于수(우금)까지 봉사한 사적이 없다. 시원조께 숭경지성이 희박하여 근본을 망각한 得罪罔極(득죄망극)함을 覺醒(각성)하여 령단 봉안하자는 발의에 후손들의 열성으로 웅대한 영단이 謹竪(근수)되고 辛巳(신사) 10월 20일에 역사적인 初有(초유)의 奉安祭(봉안제)를 봉행하였고 금후 매년 음 3월 4일에 享祀(향사)할 것이다. 此(차)를 기념하기 위하여 입석을 하고 (玄玄 : 자)에 헌성금을 협조한 후손들의 명단을 刻記(각기)하여 후세에 계승하고자 하는 바이다.

서기 2002년 임오 3월 일
경주김씨 태사공파종회 건립

대안군(大安君) 묘지명(墓誌銘) 탁본

畵譜로 보는 先祖의 발자취

「高麗輔國大安君侍中侍郞 平章事慶州金公諱殷說國大夫人慶州崔氏 之靈壇(고려보국대안군시중시랑 평장사경주김공휘 은열 비국대부인경주최씨 지령단)」

영단 비갈 좌우측에는 龜趺部(귀부부)에 용의 이수를 한 「高麗輔國大安君 侍中侍郞 平章事慶州金公諱殷說 之靈壇碑(고려보국대안군시중시랑 평장 사경주김공휘은열 지령단비)」와 「高麗國文純公檢校 太師慶州金公諱仁琯 之靈壇碑(고려국문순공검교 태사경주김공휘인관 지령단비)」비석이 석양 과 망주석 장명등과 함께 곡장에 둘러 쌓여 조성되어 있다.

畵譜로 보는 先祖의 발자취

김녕김씨(金寧金氏) 역대인물(歷代人物)·사적(史蹟)

김녕김씨(金寧金氏) 조형물
대전광역시 뿌리공원

畵譜로 보는 先祖의 발자취

도산사(道山祠)
김녕김씨 관조 문열공 김시흥의 사우, 1976년 6월에 창건하였다. 소재:충남 아산시 도고면 도산리.

▲원정공(元靖公) 김향(金珦) 고려사(高麗史) 기록

▼충의공(忠毅公) 시호교지(諡號敎旨), 정조 2년(1778), 증직교지(贈職敎旨) 정조 5년(1781), 백촌문집

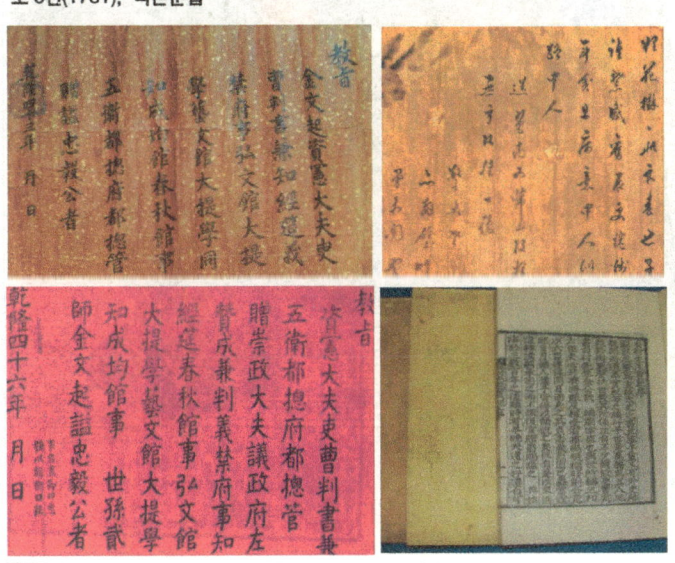

김녕(金寧)김(金)씨 이야기 • 21

畵譜로 보는 先祖의 발자취

▲ 충의공 영정(影幀)
경남 함양군 휴천면 한남동 김진두 씨 소장

22 • 김녕(金寧) 김(金)씨 이야기

畵譜로 보는 先祖의 발자취

충의공 김문기 가묘
소재:서울 노량진 사육신공원내

사육신묘(死六臣墓)
서울특별시유형문화재 8호.
소재:서울동작구노량진1동 185-2

의절사(義節祠)(좌),
신도비각(神道碑閣)(우)

신도비문(神道碑文)(좌),
사육신비(死六臣碑)(우)

畵譜로 보는 先祖의 발자취

24 · 김녕(金寧)김(金)씨 이야기

畵譜로 보는 先祖의 발자취

▲충신단(忠臣壇)
단종제충신(端宗諸忠臣)을 모셨다. 정조 15년(1791) 건립.
소재:강원도 영월군 영월면 능리 장릉(莊陵) 경내

▲충의공(忠毅公) 유허비각(遺墟碑閣)
순조 4년(1804) 건립. 비문은 좌참찬 유최기(兪最基) 지었다.
소재:충북 옥천군 이원면 백지리 신단동

▲섬계서원(剡溪書院) 사우(祠宇) 세충사(世忠祠) (상),
서원 사적비(事蹟碑) (하)

▲섬계서원 경내에 천연기념물 300호로 지정된 은행나무

▲섬계서원(剡溪書院)
소재:경북 김천시 대덕면 조룡리

畵譜로 보는 先祖의 발자취

◀ 오정각(五旌閣)
충의공 김문기와 아들 현석의 충신정문, 손자 충주, 증손자 경남, 4대손 약전의 효자 정문 등 5명의 정문이 모셔져 있다 하여 오정각이라는 이름이 붙었다. 정각을 세울 때 김문기의 영정도 함께 그렸으나, 이 영정은 경남 함양군의 후손 집에 보관되어 있다. 경기문화재자료 제7호
소재:경기도 안산시 단원구 화정동 29

▼ 고송정(枯松亭)
소재:경기도 안산시 화정동 광곡

경의재(景毅齋)
충의공이 생전에 이곳을 살피고 후손들이 정주할 만한 곳이라 하였는데 후손들이 그를 추모하기 위해 재실을 지었다.
(좌측 위에서부터) 성인사, 숭효사, 태충각. 경의재에 모셔진 백촌선생 위패(우)
소재:대구광역시 북구 노곡동

김녕(金寧)김(金)씨 이야기 • 27

畵譜로 보는 先祖의 발자취

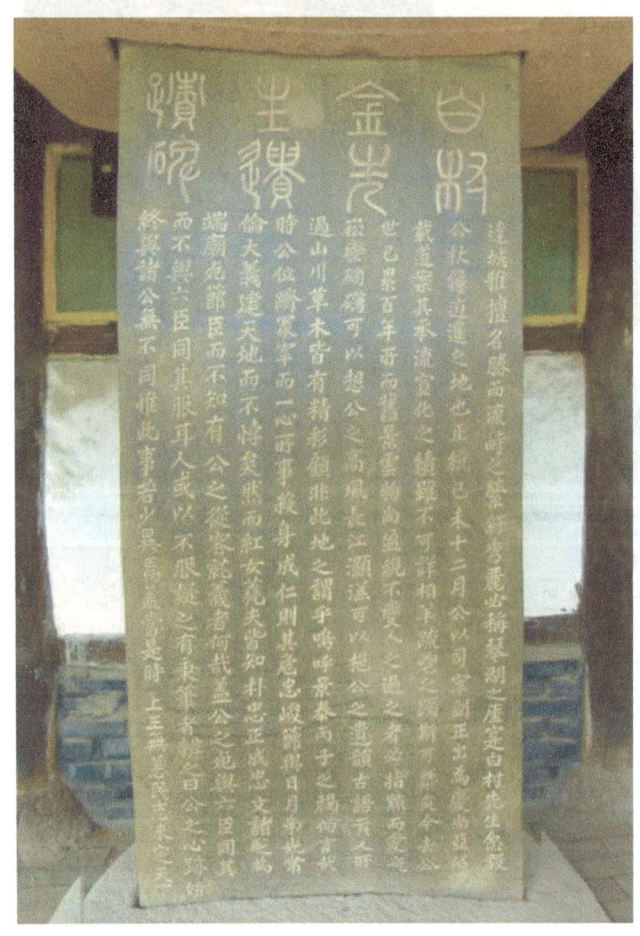

◀199년 경의재와 함께 세워진 충의공 유허비각(遺墟碑閣)인 태충각(泰忠閣)내의 백촌 유허비

▲오례사(悟禮祠)
충의공 김문기, 여병재공 김현석, 덕은공(德隱公) 김장수(金長壽), 송암공(松菴公) 김일감(金逸鑑)의 위패를 모심. 1864년 서원철폐령으로 훼철되었다가 현재의 위치에 다시 세웠다.
소재:경남 거창군 신원면 덕산리

畵譜로 보는 先祖의 발자취

▲오강서원(五岡書院)
원정공(元靖公) 김향(金珦), 문열공(文烈公) 김시흥(金時興), 영상공(領相公) 김관(金觀), 충의공(忠毅公) 김문기(金文起), 영사공(領事公) 김준(金邁)을 모신 서원. 철종 3년(1852)에 건립하고 1868년에 헐린 것을 1961년에 문중에서 다시 세웠다. 소재:전북 익산시 석암동 56번지

▲왕산서원(旺山書院)
문열공(文烈公) 김시흥(金時興), 충의공(忠毅公) 휘 문기(文起), 여병재 김현석(金玄錫), 겹암공 김영년(金永年)의 위패를 모셨다.
소재:전북 고창군 무장면 신촌리

구산서원(龜山書院)
퇴휴재(退休齋) 송보산(宋寶山)을 모시기 위해 효종 2년(1651)에 세운 서원. 대원군 서원훼철령에 의해 헐리게 되었으나 1949년 다시 세웠고 1959년부터 충의공과 월계(月溪) 송림(宋琳)을 함께 모시고 있다.
소재:전북 진안군 마령면 강정리

畵譜로 보는 先祖의 발자취

▲금회영각(琴回影閣)
충의공과 친분이 두터운 중국화사공(中國畵師公) 손급(孫汲;육기거사(六寄居士)이 주자화상(朱子畵像)과 충의공의 화상을 그려 모셨다.
소재:대구 달성군 다사읍 세천리

▲백촌사(白村祠)
충의공 김문기의 현손(玄孫)인 김영회(金永會)가 충의공이 사화(士禍)를 당한 후 무주로 피난올 때 공의 부조묘 위패를 가져와서 탄로될까 두려워 이곳에 묻었다고 진다. 자손들이 1946년 백촌사를 건립하고 김문기 부자(父子)를 모셨다.
소재:전북 무주군 부남면 가당리

畵譜로 보는 先祖의 발자취

▲영상공(領相公) 휘 관(觀)의 묘소
영상공 김관(金觀)과 정경부인(貞敬夫人) 옥천육씨(沃川陸氏) 합봉. 영의정 이병모(李秉模)가 지었다.
소재:충북 영동군 심천면 명천리

▲경모재(景慕齋)
영상공 재실. 기문(記文)은 문충공(文忠公) 송병선(宋秉璿)이 지었다.
소재:충북 영동군 심천면 명천리 양지말

김녕(金寧)김(金)씨 이야기 • 33

畵譜로 보는 先祖의 발자취

▲**나산서당(羅山書堂)**
1936년 나산사(羅山祠)를 복원하였다가 1999년 숭절사(崇節祠)를 짓고 백촌선조의 위패를 모시고 나산서당으로 개명하였다.

▲**상충사(尙忠祠)**
충의공과 여병재공(如甁齋公) 김현석(金玄錫)의 위패를 모셨다.
소재:경북 의성군 춘산면 대사리(덕양서원내)

畵譜로 보는 先祖의 발자취

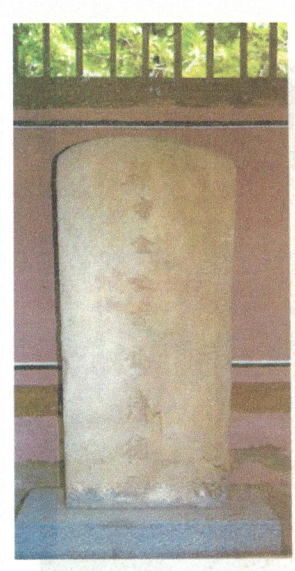

▲여병재공(如甁齋公) 휘 현석(玄錫)의 청덕비(淸德碑)
여병재공이 영월군수로 재직시 널리 선정(善政)을 펼쳤으므로 군민들이 덕(德)을 칭송하여 1425년에 이 비(碑)를 세웠다.
소재:가원도 영월군 영월면 영흥리

▲삼계서원(三溪書院) 유허비(遺墟碑)
충의공, 전팽령, 곽시
소재:충북 옥천군 이원면 강청리

▲충의공(忠毅公) 부조묘(不祧廟)
소재:경북 의성군 춘산면 대사리

김녕(金寧)김(金)씨 이야기 • 35

畵譜로 보는 先祖의 발자취

▲덕양서원(德陽書院)
편액은 이승만 대통령이 썼다.
소재:경북 의성군 춘산면 대사리

▲효암서원(孝巖書院)
백촌 김문기, 오강(梧岡) 김성휘(金成輝), 중화재(中和齋) 강응정(姜應貞), 둔암(屯巖) 김필태(金必泰), 매계(梅溪) 남준(南俊), 도곡(道谷) 양응춘(楊應春)의 위패를 모셨다.
소재:충남 논산시 가야곡면 산로리

畵譜로 보는 先祖의 발자취

▲왕의영당(旺義影堂)
충의공의 영정(影幀)을 모셨다.
소재:충남 부여군 양화면 초당리

▲가일사(加一祠) 천운재(天雲齋)
충의공 재실
소재:전북 무주군 설천면 삼공리

畵譜로 보는 先祖의 발자취

▲양근부원군(楊根府院君) 충민공(忠愍公) 김인찬(金仁贊)의 묘소
소재;경기도 화성시 장안면 금의리 명산 110

▲익화사(益和祠)
충민공(忠愍公)의 불천지위가 모셔진 사당.
소재;경기도 양주군 은현면 하패리 7

畵譜로 보는 先祖의 발자취

▲호판공(戶判公) 묘소
호판공 퇴휴당(退休堂) 김순(金順), 정경부인(貞敬夫人) 밀양박씨(密陽朴氏) 상하분(上下墳)
소재:충북 영동군 심천면 마곡리

▲경원재(景遠齋)
호판공 퇴휴당(退休堂) 김순(金順)의 재실.
소재:충북 영동군 심천면 마곡리 서재

畵譜로 보는 先祖의 발자취

▲김지(金智)의 묘소
소재:충북 영동군 심천면 구탄리

▲영소재(永昭齋)
김지(金智) 이하 3대를 제사 지내는 재실.
소재:충북 영동군 심천면 구탄리

畵譜로 보는 先祖의 발자취

▲충정공(忠貞公) 김준영(金俊榮)의 묘소
소재:충남 논산시 은곡면 방축리

▲선충사(宣忠祠)
충정공(忠貞公) 김준영(金俊榮)을 모신 사당.
소재:충남 논산시 은곡면 방축리

畵譜로 보는 先祖의 발자취

▲김질(金秩)의 묘소
소재:충남 아산시 도고면 도산리

▲김익생(金益生)의 묘소
소재:충남 아산시 도고면 도산리

畵譜로 보는 先祖의 발자취

▲김익생(金益生)의 효자정려(孝子旌閭)
소재:충남 아산시 도고면 도산리

▲김경세(金景世)의 충열각(忠烈閣)
소재:충북 보은군 산외면 산대리

▲김경세(金景世)의 묘소
소재:충북 진천군 덕산면 옥동리

畵譜로 보는 先祖의 발자취

▲영모재(永慕齋)
임란호성공신(壬亂扈聖功臣)인 분성군(盆城君) 김응수(金應壽)의 사당(좌).분성군(盆城君) 신도비(神道碑) (우)
소재:경기도 광명시 노온사동 48-1

▲이여재(二如齋) 봉암사(鳳巖祠)
단종(端宗)의 승하 소식에 월악산(月樂山)에 들어가 평생을 자연과 벗하며 일생을 마친 만지당(晩池堂) 영사공(領事公) 휘 준(遵)과 문열공(文烈公) 휘 시흥(時興), 충의공(忠毅公) 휘 문기(文起)을 모신 사우(祠宇).
소재:전남 고흥군 과역면 가산리

畵譜로 보는 先祖의 발자취

▲만지당(晚池堂) 김준(金遵)의 묘소
소재:전남 고흥군 과역면 가산리

▲김언공(金彦恭)의 묘소
소재:전남 고흥군 과역면 가산리

머리말

《 김녕(金寧)김(金)씨 이야기 》

　우리 한민족(韓民族)은 세계 어느 나라 어느 민족(民族)과도 비교되는 남다름을 담고 있는 민족이니, 그것은 유구한 역사와 시간 속에서도 한결같이 이어져온 하나의 혈맥(血脈)에서 나오는 자기 정체성과 일체감이 아닐까 합니다.

　우리들이 더욱 화목(和睦)하고 단합(團合)하여 국가(國家)와 민족(民族)에 봉사하는 것이야말로 우리들이 이 《 김녕 김씨 이야기 》를 발간하는 참뜻이라 할 것입니다.

　그런 의미에서 본 서책은 김녕 김씨에 관해 체계적으로 정리 한 것으로 족인의식(族人意識)을 자각하고 일족(一族)의 친목(親睦)을 도모하며 조상(祖上)의 뛰어난 행적을 널리 알리고자 하는 목적으로 시대적 요구에 부응하는 가장 적합한 서책이라 할 것입니다.

　조상의 행적의 공(功)과 덕(德)이 많음에도 알지 못하면 부지(不知)의 소치이며, 그 공덕(功德)을 알면서도 전(傳)하지 아니하면 불인(不仁)의 소치라 하였습니다.

　급변하는 세상을 하루하루 바쁘게 살아오는 동안 오늘날 우리는 너나 할 것 없이 부지불인(不知不仁)을 면하지 못하고 있음을 생각하며 늘 안타까운 마음을 갖고 있던 차에 이렇게 우리의 역사를 성씨별로 읽기 쉽게 정리한 보첩이 발간되어 세상에 나오니 반가운 마음을 금할 수 없습니다.

　특히 요즈음 자라나는 새 세대들은 세계사(世界史)나 외국 위인(偉人)에 대해서는 잘 알면서도 자기(自己)의 가계(家系)나 조상(祖上)들이 이루어 놓은 유사(遺事)에 관하여는 소홀히 하는 경향이 있는데, 이러한 시대적 상황에 처하여 온고지신(溫故知新)의 윤리도덕(倫理道德)으로 새로운 미풍양속(美風良俗)을 승화 발전시켜야 할 책무(責務)가 우리 세대에 요청받고 있으니, 다음 젊은 세대(世代)에게 올바른 윤리도덕(倫理道德)과 씨족(氏族)의 중요성을 일깨워야할 소명(召命)이며 의무(義務)가 아닐 수 없겠습니다.

지금까지의 대부분의 문중 사료와 보첩들은 우리 후손들에게는 너무 어려워서 가까이 하지 못한 점이 늘 안타까웠기에 본 《김녕 김씨 이야기》는 남녀노소 모두에게 이해하기 수월하게 구성하여 묶어 내었습니다.

이로써 생활 속에서 보다 가깝고 친근하게 조상(祖上)과 뿌리를 알게 하고 기본적인 예절을 알게 되는 계기가 될 것이라 기대합니다.

그동안 이 보첩의 발간을 위하여 지원하고 노력하여주신 여러분들에게 진심으로 감사를 드리며, 우리민족의 위대한 발전과 도약을 기원합니다.

2014. 9. 25.
성씨이야기편찬실

|차 례|

□ 화보(畵報)로 보는 선조(先祖)의 발자취 / 3
□ 머 리 말 / 47
□ 차   례 / 49
□ 일러두기 / 59

[卷之上]

김씨 상계(金氏 上系)

신라김씨(新羅金氏)의 기원(起源) ············ 62
  김씨득성연원(金氏得姓淵源) ············ 62
  대보공휘알지탄강계림유허비명(大輔公諱閼智誕降鷄林遺墟碑銘) ·· 66
  계림비각기(鷄林碑閣記) ············ 70
  신라국(新羅國) 건치연혁 ············ 72

경순대왕(敬順大王) 실기(實記) ············ 74
  경순왕(敬順王) 신도비명(神道碑銘) ············ 74
  경순왕(敬順王) 비문(碑文) ············ 78
  경순왕(敬順王) 사실(事實) ············ 79
  경순왕(敬順王) 영당중건기(影堂重建記) ············ 80
  경순왕(敬順王) 영정기(影幀記) ············ 82
  경순왕릉산세기(敬順王陵山勢記) ············ 84
  경순왕(敬順王) 영정사실기(影幀事實記) ············ 85

김씨(金氏) 선원보(璿源譜) ············ 87

미추왕(味鄒王) / 87	내물왕(奈勿王) / 92
실성왕(實聖王) / 101	눌지왕(訥祗王) / 107
자비왕(慈悲王) / 116	소지왕(炤知王) / 122
지증왕(智證王) / 132	법흥왕(法興王) / 137
진흥왕(眞興王) / 145	진지왕(眞智王) / 159
선덕여왕(善德女王) / 178	진덕여왕(眞德女王) / 191
태종무열왕(太宗武烈王) / 200	문무왕(文武王) / 215
신문왕(神文王) / 274	효성왕(孝成王) / 285
경덕왕(景德王) / 290	혜공왕(惠恭王) / 306
선덕왕(宣德王) / 314	원성왕(元聖王) / 317
소성왕(昭聖王) / 327	애장왕(哀莊王) / 329

헌덕왕(憲德王) / 336	흥덕왕(興德王) / 349
희강왕(僖康王) / 355	민애왕(閔哀王) / 357
신무왕(神武王) / 360	문성왕(文聖王) / 362
헌안왕(憲安王) / 371	경문왕(景文王) / 375
헌강왕(憲康王) / 383	정강왕(定康王) / 389
진성여왕(眞聖女王) / 390	효공왕(孝恭王) / 398
경순왕(敬順王) / 405	

　　신라왕실(新羅王室) 연대표(年代表) ················· 416
신라김씨(新羅金氏) 분파도(分派圖) ················· 425

[卷之下]

김녕김씨(金寧金氏)

김녕김씨(金寧金氏) 상계(上系) ················· 436
　　김녕김씨 상계 ················· 436
　　대안군계(大安君係) 분파(分派) ················· 439
　　김녕김씨(金寧金氏) 상계도(上系圖) ················· 442
　　대안군계(大安君系) 약사(略史) ················· 443
　　대안군(大安君) 문헌(文獻) ················· 445
　　김은열(金殷說) 묘지명(墓誌銘) ················· 450
　　대안군(大安君) 설단(設壇) ················· 452
　　김씨(金氏) 동원분관록(同源分貫錄) ················· 453

김녕김씨(金寧金氏) 약사(略史) ················· 465
　　시조 및 본관의 유래(始祖 및 本貫의 由來) ················· 465
　　관향(貫鄕)의 연혁(沿革) ················· 476
　　김녕김씨(金寧金氏) 분파도(分派圖) ················· 479
　　김녕김씨(金寧金氏) 분파(分派) ················· 483
　　김녕김씨 분파록(金寧金氏分派錄) ················· 493
　　김녕김씨 항렬표(行列表) ················· 496
　　주요 세거지(世居地)와 변천(變遷) ················· 503
　　김녕김씨 주요 서원(書院)·사우(祠宇) ················· 506
　　묘(廟)·서원(書院)·사우(祠宇) 향사일(享祀日) ················· 508

김녕김씨(金寧金氏) 세덕록(世德錄) ················· 511

차 례

김녕군(金寧君) 사실(事實) / 511   평장사공(平章事公) 실기(實記) / 512
상장군공(上將軍公) 휘 중원(重源) / 514   직문하공(直門下公) 휘 현(峴) / 514
판도판서공(版圖判書公) 휘 광저(光儲) / 514
호조판서(戶曹判書公) 휘 순(順) / 515   영상공(領相公) 휘 관(觀) / 516
영상공묘 중건비문(領相公墓 重建碑文) / 519
백촌(白村)선생 휘 문기(文起) / 522   백촌선조 부조묘(不祧廟) / 528
충의공(忠毅公) 유허비(遺墟碑) / 528   백촌선생 기념관(白村先生 紀念館) / 532
백촌선조 시호교지(諡號敎旨) / 533   백촌선조 증직교지(贈職敎旨) / 533
숙모전(肅慕殿) / 533   장릉충신단(莊陵忠臣壇) / 534
오정각(五旌閣) / 535
오정각중수기념비문(五旌閣重修紀念碑文) / 535
덕양서원(德陽書院) / 539   섬계서원(剡溪書院) / 539
경의재기(景毅齋記) / 539   오강서원(五岡書院) / 541
오강서원중수기(五岡書院重修記) / 542   오례서원(梧禮書院) / 543
오례사기(梧禮祠記) / 543   효암서원(孝巖書院) / 546
왕산서원(旺山書院) / 546   왕산사기(旺山祠記) / 546
나산서당(羅山書堂) / 548   숭절사 상량문(崇節祠 上樑文) / 548
금회영각(琴回影閣) / 551   왕의영당(旺義影堂) / 551
왕의영당기(旺義影堂記) / 552   백촌사(白村祠) / 554
가일사(加一祠) / 554   화암사(花巖祠) / 554
경의재(景毅齋) / 555   경의재기(景毅齋記) / 556
모의재(慕毅齋) / 557   모의재기(慕毅齋記) / 557
삼충단(三忠壇) / 559   월계단(月桂壇) / 559
장절단(莊節壇) / 559   영모정(永慕亭) / 560
영모정기(永慕亭記) / 560
삼계서원 유허비(三溪書院 遺墟碑) / 561
도동서원 유허비(道東書院 遺墟碑) / 562
호계서원지(虎溪書院址) / 563   자풍서당(資風書堂) / 563
백촌(白村)선조 유시(遺詩) / 564
군수(郡守) 현석(玄錫) 사적비문(事蹟碑文) / 566
현감(縣監)공 휘 인석(仁錫) / 568   진사공(進士公) 휘 의석(義錫) / 570
영의재기(影義齋記) / 571   탄옹공(炭翁公) 휘 충주(忠柱) / 573
탄옹공(炭翁公)과 고송정(枯松亭) / 573
물언재공(勿言齋公) 휘 충윤(忠尹) / 575
원모재기(遠慕齋記) / 575   치보공(致甫公) 휘 충신(忠信) / 577
영모재기(永慕齋記) / 578   충효(忠孝)의 표상 휘 덕민(德敏) / 580
명지공(明之公)과 승유재(承裕齋) / 580   승유재기(承裕齋記) / 580
하늘이 감동한 효자 휘 경남(景南) / 582

차 례

선영(先塋)을 지키신 유당공(裕堂公) 휘 영시(永時) / 583
만후공(晩厚公) 휘 영수(永守) / 584
만후공 묘비문(晩厚公 墓碑文) / 585
영동(永同)으로 입향(入鄕)하신 휘 영춘(永春) / 586
통정대부공(通政大夫公) 휘 선립(善立) / 587
효자(孝子) 휘 춘실(春實) / 588   참의공(參議公) 휘 이정(爾楨) / 588
이정공(爾楨公) 묘갈명(墓碣銘) / 589   은사(隱士) 휘 양한(亮翰) / 590
한성부좌윤공(漢城府左尹公) 휘 태해(泰海) / 590
태해공(泰海公) 묘갈명(墓碣銘) / 591
익화군(益和君) 사적(事蹟) / 592   익화군(益和君) 약사(略史) / 597
삼의사(三義祠) / 597
근성서원(芹城書院)과 원훈사(元勳祠)의 내력 / 598
익화사(益和祠) 건립연혁(建立沿革) / 599
충민공 사우(忠愍公 祠宇) 치제문(致祭文) / 602
익화군(益和君) 묘역(墓域) 성역화(聖域化) / 603
익화군(益和君) 신도비문(神道碑文) / 604
영상공 실기(領相公實記) / 606
영상공 신도비문(領相公 神道碑文) / 608

김녕김씨(金寧金氏) 선현록(先賢錄) ·············· 610

김 건(金 健) / 610   김경립(金慶立) / 610
김경립(金慶立) / 610   김경성(金擎成) / 610
김경세(金景世) / 611   김구룡(金九龍) / 611
김경신(金景信) / 611   김경영(金敬永) / 611
이조참의 김경원의 묘표(吏曹參議金景遠의 墓表) / 612
김경인(金慶仁) / 614   김계희(金繼希) / 614
김길상(金吉祥) / 615   김 관(金 觀) / 615
김문기(金文起) / 616
경의재(景毅齋) 유허비각(遺墟碑閣) / 617
경의재(景毅齋) / 619   김관현(金寬鉉) / 621
김관현(金觀鉉)의 처(妻) 단양장씨(丹陽張氏) / 622
김광선(金光善) / 622   김광인(金光仁) / 622
김광협(金光鋏) / 622   김광협(金光鋏) / 622
화친재(和親齋) / 623   김구룡(金九龍) / 623
김구삼(金九三) / 623   김구정(金九鼎) / 623
묵계처사(默溪處士) 김국(金國)의 묘표(墓表) / 624
김귀갑(金貴甲) / 625
중추부사(中樞府事) 김귀남(金貴南)의 묘표(墓表) / 625
김귀용(金貴龍) / 628   김귀희(金貴希) / 628
김 규(金 圭) / 628
돈영부도정(敦寧府都正) 김규한(金奎漢)의 묘표(墓表) / 629

김균세(金均世) / 630	김극세(金克稅) / 630
김극원(金克元) / 630	김극주(金克柱) / 630
김 근(金 瑾) / 630	김근권(金近權) / 631
김기남(金起南) / 631	탁삼재(卓三齋) / 631

탁삼재(卓三齋) 소장유물(所臧遺物) / 632

김기남(金起南) / 633	김기돈(金基敦) / 634
김기명(金沂明) / 634	김기상(金基祥) / 634
김기서(金起西) / 634	

통정대부(通政大夫) 김무락(金務洛)의 묘표(墓表) / 634

증통훈대부(贈通訓大夫) 김상범(金相範)의 묘표(墓表) / 635

김기성(金記星) / 636

부호군(副護軍) 김기영(金基永)의 묘표(墓表) / 637

김기일(金基一) / 638	김기호(金琦浩) / 638
김길상(金吉祥) / 639	김낙용(金洛鏞) / 639
김낙장(金洛章) / 640	

박기자(朴基字)의 처(妻) 김녕김씨(金寧金氏) / 640

김 담(金 譚) / 640	김대여(金大呂) / 640
김덕검(金德儉) / 640	김덕검(金德儉) / 641
김덕룡(金德龍) / 641	김덕린(金德麟) / 641
김덕방(金德邦) / 641	김덕봉(金德鳳) / 642
김덕업(金德業) / 642	김덕연(金德淵) / 643

김덕연(金德淵)의 처(妻) 열부(烈婦) 연안차씨(延安車氏) / 643

김하수(金夏壽), 김하중(金夏重) / 643

김덕필(金德弼) / 644	김도기(金道基) / 644
김도생(金道生) / 644	김도현(金道鉉) / 645
김동구(金東九) / 645	김동두(金東斗) / 646

처사(處士) 김장섭(金章燮)의 묘표(墓表) / 646

김동한(金東翰) / 647	김두걸(金斗杰) / 647
김두석(金斗錫) / 647	김두성(金斗聲) / 647
김두창(金斗昌) / 648	김두홍(金斗弘) / 648
김두환(金斗煥) / 648	김두흥(金斗興) / 648
김득백(金得伯) / 648	김득선(金得善) / 649
김득수(金得守) / 649	김득일(金得鎰) / 649
김 락(金 洛) / 650	김 량(金 樑) / 650

가선대부(嘉善大夫) 김만천(金萬天)의 묘표(墓表) / 650

김명권(金命權) / 651

예산(禮山) 대술 문중(門中) / 651

김명남(金命南) / 652	김명로(金命路) / 652

김명룡(金鳴龍) / 653

이조참의(吏曹參議) 김명호(金命虎)의 묘표(墓表) / 653

차 례

김몽개(金夢凱) / 654	김몽개(金夢凱) / 654
김몽개(金夢凱) / 654	김몽룡(金夢龍) / 654
김몽상(金夢祥) / 655	
공조참의(工曹參議) 김몽용(金夢勇)의 묘표(墓表) / 655	
김몽표(金夢彪) / 659	
통정대부(通政大夫) 김무락(金務洛)의 묘표(墓表) / 659	
김명남(金命南) / 660	김무장(金武章) / 660
김문기(金文璣) / 660	김문백(金文伯) / 661
김문엽(金文燁) / 661	김문옥(金文玉) / 661
김문제(金文齊) / 661	김문종(金文鍾) / 661
김문희(金文熙) / 661	김방제(金邦濟) / 662
김학구(金鶴九) / 662	김병문(金秉文) / 662
송은실기(松隱實紀) / 662	김복달(金福達) / 663
김봉권(金鳳權) / 663	김봉권(金奉權) / 663
김봉성(金奉成) / 663	
김봉호(金鳳鎬)의 처(妻) 삭녕최씨(朔寧崔氏) / 664	
김 빈(金 玭) / 664	김사빈(金士彬) / 664
김사상(金泗祥) / 665	김사신(金士信) / 665
김삼석(金三錫) / 665	김 상(金 珦) / 665
김상걸(金商傑) / 666	김상걸(金商傑) / 666
김상규(金相圭)의 처 효열부(孝烈婦) 초계변씨(草溪卞氏) / 666	
김상락(金相洛) / 666	김상련(金尙鍊) / 666
김상립(金商立) / 667	김상묵(金象默) / 667
김상묵의 처(妻) 효열부(孝烈婦) 밀양손씨(密陽孫氏) / 667	
증통훈대부(贈通訓大夫) 김상범(金相範)의 묘표(墓表) / 668	
김상은(金庠圻) / 669	김상전(金尙銓) / 669
이조참의 김경원의 묘표(吏曹參議金景遠의 墓表) / 669	
김상현(金尙鉉) / 672	김상현(金尙鉉) / 672
김상현(金商鉉) / 672	김상호(金尙昊) / 673
김생팔(金生八) / 674	김서견(金徐見) / 674
김석련(金碩鍊) / 675	김석련(金石鍊) / 675
김석산(金碩山) / 675	
산은처사(山隱處士) 김석성(金石成)의 묘표(墓表) / 675	
김석윤(金碩潤) / 677	김석창(金碩昌) / 677
김선철(金善喆) / 677	김선홍(金善洪) / 677
김성권(金聲權) / 678	화친재(和親齋) / 678
김성규(金聖奎)의 처(妻) 효열부(孝烈婦) 신안주씨(新安朱氏) / 678	
김성린(金聖麟) / 679	김성욱(金成旭) / 679
김성익(金聖謚) / 679	김성인(金聖仁) / 679
김성일(金誠逸) / 679	김세건(金世建) / 680

김세위(金世瑋) / 680　　　　　　　김세례(金世禮) / 680
정헌대부(正憲大夫) 김세발(金世發)의 묘표(墓表) / 680
자헌대부(資憲大夫) 김세욱(金世郁)의 묘표(墓表) / 682
김세장(金世章) / 684　　　　　　　김세좌(金世佐) / 684
군자감정(軍資監正) 김수남(金守男)의 묘표(墓表) / 685
김수만(金秀萬) / 687　　　　　　　김 순(金 珣) / 687
김 순(金 順) / 687　　　　　　　김순혁(金舜赫) / 688
김승택(金昇澤)의 처(妻) 열부(烈婦) 진양강씨(晉陽姜氏) / 688
김시명(金是明) / 688　　　　　　　김시엽(金時曄) / 688
김시의(金是義) / 689　　　　　　　김신지(金愼之) / 689
김악소불망비(金岳素不忘碑) / 689
김언공(金彦恭) / 690　　　　　　　김언량(金彦良) / 690
김언원(金彦元) / 691　　　　　　　김여빈(金礪彬) / 691
김여효(金汝孝) / 691　　　　　　　김여효(金汝孝) / 691
김연복(金連福) / 692　　　　　　　김연흠(金棘欽) / 692
김영권(金永權) / 693　　　　　　　김영달(金英達) / 693
김영봉(金永奉) / 693　　　　　　　김연생(金連生) / 693
백촌선생문집(白村先生文集) / 694　김영석(金英錫) / 695
산촌문집(山村文集) / 695　　　　　김영연(金永淵) / 696
김영일(金英鎰) / 696　　　　　　　김예립(金禮立) / 696
묵제처사(默齋處士) 김진붕(金振鵬)의 묘표(墓表) / 697
김옥석(金玉石) / 698　　　　　　　효자 김옥진 / 698
와처사(窩處士) 김완성(金完成)의 묘표(墓表) / 699
김용건(金用建) / 700　　　　　　　김용경(金溶璟) / 700
김용권(金庸權) / 701　　　　　　　김용규(金溶奎) / 701
김용백(金溶珀) / 701　　　　　　　김용봉(金龍奉) / 701
김용봉(金龍奉) / 702　　　　　　　김용삼(金溶三) / 702
구암처사(龜巖處士) 김용석(金溶奭)의 묘표(墓表) / 702
증가선대부(贈嘉善大夫) 김룡손(金龍遜)의 묘표(墓表) / 704
김용수(金溶琇) / 705　　　　　　　김용식(金溶軾) / 706
김용우(金溶禹) / 706　　　　　　　김용우(金溶瑀) / 706
김용찬(金溶璨) / 706　　　　　　　정산유고(貞山遺稿) / 707
김 우(金 愚) / 707　　　　　　　지암집(旨菴集) / 707
김우정(金禹鼎) / 708　　　　　　　김우정(金禹鼎) / 708
김운선(金雲善) / 708　　　　　　　김운이(金雲伊) / 709
김원묵(金元默) / 709　　　　　　　김원봉(金元鳳) / 709
김원숙(金元淑) / 709　　　　　　　김원일(金元逸) / 710
김원학(金源學) / 710　　　　　　　김원효(金元孝) / 710
김유남(金有男) / 710　　　　　　　김유남(金有楠) / 711
김유부(金有富) / 711　　　　　　　김유성(金有聲) / 712

김유성(金有聲) / 712	김유제(金有濟) / 712
김유화(金有華) / 712	김유협(金有浹) / 713
김유흡(金有洽) / 713	

하은(霞隱) 김취훈(金就勳)의 묘표(墓表) / 713

김윤달(金潤達) / 714	김윤명(金允溟) / 714
김윤옥(金潤玉) / 715	김윤옥(金潤玉) / 715
김윤정 / 716	김은세(金銀世) / 716
김은준(金殷俊) / 716	김응국(金應國) / 716
김응남(金膺南) / 717	김응남(金應南) / 717
김응룡(金應龍) / 717	선무원종공신 추모향제 / 718
김응만(金應晩) / 718	김응선(金膺銑) / 718
김응성(金應聲) / 719	김응수(金應敎) / 719
김응순(金應淳) / 719	김응용(金應用) / 720
김응춘(金應春) / 720	김응호(金應浩) / 720
김응후(金應후) / 720	

충의위(忠義衛) 김의일(金義一)의 묘표(墓表) / 721

김의일(金儀日) / 722

자헌대부 김세욱의 묘표(資憲大夫金世郁의 墓表) / 722

김이원(金以遠) / 724

과재처사(果齋處士) 김철권(金喆權)의 묘표(墓表) / 724

김인수(金仁洙) / 726	김인원(金仁元) / 726
김인주(金仁冑) / 726	김인철(金仁哲) / 727
김인학(金寅鶴) / 727	김 일(金 佾) / 727
김일남(金日男) / 727	김일철(金逸哲) / 727
현흥재(峴興齋) / 728	영은문집(瀛隱文集) / 728
김자형(金自亨) / 729	

처사(處士) 김장섭(金章燮)의 묘표(墓表) / 729

증통훈대부(贈通訓大夫) 김상범(金相範)의 묘표(墓表) / 730

김재상(金載尙) / 731	김재성(金在性) / 732
김재연(金在淵) / 732	

이조참판(吏曹參判) 최상학(崔商鶴)의 묘표(墓表) / 732

김재유(金載瑠) / 733	김재철(金在喆, 在哲) / 733
김재풍(金在風) / 733	

처사(處士) 김장섭(金章燮)의 묘표(墓表) / 734

김재희(金載禧) / 734	김재희(金在禧) / 735
김정권(金廷權) / 735	김정래(金正來) / 735
김정병(金挺丙) / 736	김정서(金廷瑞) / 736
김정석(金楨錫) / 736	김정채(金正采) / 737
김제룡(金제룡) / 737	김조석(金祚錫) / 737
김존일(金存一) / 737	

이민태(李珉泰)의 처(妻) 효부(孝婦) 김녕김씨(金寧金氏) / 737
김종남(金從南) / 738
김중려(金重麗)·김종려(金宗麗) 형제 / 738
김종식(金種植) / 738
가선대부(嘉善大夫) 김종태(金宗泰)의 묘표(墓表) / 739
김주상(金柱祥) / 740 김주세(金柱世) / 741
김 준(金 遵) / 741 김 준(金 準) / 741
김준성(金準聲) / 741 김준영(金俊榮) / 742
김준영(金俊榮) / 742 김중보(金重輔) / 742
김중성(金仲聲) / 742 김중원(金重源) / 743
김중호(金重浩) / 743 김 지(金 智) / 743
김 지(金 智) / 743 김지남(金志南) / 743
김지정(金之精) / 744 김직권(金稷權) / 744
김진권(金震權) / 744
묵제처사(默齋處士) 김진붕(金振鵬)의 묘표(墓表) / 745
김진서(金珍瑞) / 746 김진수(金振洙) / 746
김진용(金鎭龍) / 746 김진용(金鎭龍) / 746
현흥재(峴興齋) / 747 김 질(金 秩) / 747
김창권(金昌權) / 747 김창동(金昶東) / 747
김창옥(金昌玉) / 748 김창우(金昌佑) / 748
김창하(金昌夏) / 749 김천생(金天生) / 749
김천익(金天益) / 749 송은실기(松隱實紀) / 749
김천일(金千鎰) / 750
과재처사(果齋處士) 김철권(金喆權)의 묘표(墓表) / 750
한성부좌윤(漢城府左尹) 김철성(金哲成)의 묘표(墓表) / 752
하은(霞隱) 김취훈(金就勳)의 묘표(墓表) / 753
김치성(金致聲) / 754 김치윤(金致允) / 755
김치정(金致精) / 755 김치화(金致和) / 755
김태익(金泰益) / 755 김태홍(金泰洪) / 756
김판옥(金判玉)의 처(妻) 밀양박씨(密陽朴氏) / 756
김평세(金平世) / 756 김평조(金平祚) / 757
김풍걸(金豊杰) / 757
김하수(金夏壽)·김하중(金夏重) / 757
김하중(金夏重) / 758 김하구(金鶴九) / 758
김학노(金學魯) / 758 김학모(金學模) / 759
김학진(金學振) / 759 김한기(金漢基) / 759
김한종(金漢鍾) / 760
김한종(金漢鍾) 의사순국기념비(義士殉國紀念碑) / 761
김항장(金恒章) / 763 김 현(金 峴) / 763
김현국(金賢國) / 764 김현석(金玄錫) / 764

김 형(金 형) / 764
구암처사(龜巖處士) 김용석(金溶奭)의 묘표(墓表) / 764
재호정(在乎亭) / 766 김형대(金炯大) / 766
김형백(金炯伯)의 열부(烈婦) 진양하씨(晉陽河氏) / 766
김형용(金炯涌)의 처(妻) 전주이씨(全州李氏) / 767
돈영부도정(敦寧府都正) 김규한(金奎漢)의 묘표(墓表) / 767
김형의(金炯義) / 768
이조참의(吏曹參議) 김명호(金命虎)의 묘표(墓表) / 768
품산(品山) 김형진(金炯進)의 묘표(墓表) / 769
김형하(金炯河) / 770 김호권(金浩權) / 771
범경(凡耕) 김호권(金昊權)의 묘표(墓表) / 771
김홍조(金弘祚) / 772 김홍택(金弘澤) / 773
김 화(金 華) / 773 김효연(金孝淵) / 773
김효온(金孝溫) / 773
통정대부(通政大夫) 김무락(金務洛)의 묘표(墓表) / 774
김후세(金厚世) / 775
어모장군(禦侮將軍) 김후진(金厚振) / 775
김 흔(金 欣) / 776 김흥규(金興圭) / 776
김흥룡(金興龍) / 776 김흥시(金興時) / 777
구사서(具仕書)의 처(妻) 김녕김씨(金寧金氏) / 777
김봉권(金鳳權) / 777 오강서원(五岡書院) / 777
숙모전(肅慕殿) / 778 고송정(枯松亭) / 781

일러두기

1. 이 책은 전통적인 족보(族譜)와 보첩(譜帖)의 체제에서 벗어나 선조(先祖)들의 구체적인 행적(行蹟)에 대해 일반인들과 젊은 세대(世代)가 쉽게 보고 이해할 수 있도록 하는 것에 주된 방향을 맞추어 편찬하였습니다. 때문에 어려운 한문체(漢文體)의 내용이나 중복되는 내용이 많은 것은 배제하였습니다.

2. 본 보첩(譜諜) 편찬의 근본정신은 오랜 역사를 거쳐 오면서 유실된 사료(史料)와 각 씨족별로 나타나는 복잡하고 많은 이설(異說) 등의 다양한 견해(見解)를 모두 반영하기 보다는 자라나는 어린 후손들에게 보다 쉽고 친근하게 선조의 씨족사를 이야기하고 선조의 발자취를 보여줌으로써 자긍심을 키우고 미래를 밝혀줄 바른 정신을 전하고자 하는데 있음을 밝혀둡니다.

3. 본 서(書)는 각 성씨별, 관향별 종친회(宗親會)와 그 외 각 지파(支派)에서 발간해온 보첩과 자료를 주로 참고하였으며, 일반 서적과 사전류에 수록된 내용들도 발췌 정리하여 엮음으로써 가능한 한 많은 내용을 담도록 노력하였습니다.

4. 수록된 관향의 순서는 가나다순(順)으로 하였으나 편집의 편의상 선후가 바뀔 수도 있음에 양혜를 구하며, 인물의 경우 계대를 따르는 것을 원칙으로 하였으나 여의치 않을 경우 대략적인 활동 연대순을 따랐습니다.

5. 각 본관별(本貫別) 내용 구성은 먼저 주요 선조의 유적 유물 사진을 수록하고, 연원(淵源)과 씨족사(氏族史), 세계(世系)과 행렬(行列) 등을 한눈에 이해하기 쉽게 정리하고, 그리고 역대 주요 명현(名賢)의 생애와 업적을 이해하기 쉬운 약전(略傳) 형식으로 수록하였습니다.

6. 수록한 내용과 인물들은 삼국유사《三國遺事》, 삼국사기《三國史記》, 고려사《高麗史》, 조선왕조실록《朝鮮王朝實錄》, 고려공신전《高麗功臣傳》, 국조방목《國朝榜目》 등의 일반 사료(史料)의 기록을 기반으로 하여 각 성씨별 문중(門中)에서 발행한의 보첩에 나타나 있는 명현(名賢)을 망라하였으나 자료의 미비로 부득이 누락된 분들은 다음 기회에 보완 개정하고자 합니다.

김씨 상계

金氏 上系

김씨 상계(金氏 上系)

신라김씨(新羅金氏)의 기원(起源)

김씨득성연원(金氏得姓淵源)

-김알지 신화(金閼智 神話)

김알지 신화는 고려 인종23년(1145) 김부식(金富軾)이 편찬한 <삼국사기(三國史記)>의 신라본기(新羅本紀) <탈해이사금조(脫解尼師今條)>와 미추이사금조(味鄒尼師今條)에 김알지의 탄생설화가 있으며 고려후기 충렬왕 7년(1281) 일연(一然)이 편찬한 <삼국유사(三國遺事)>의 기이(紀異) <김알지탈해왕대(金閼智脫解王代) 條에 김알지의 탄생설화가 있다.

위 두 고서(古書)에서는 김알지(金閼智)의 탄생설화에 대해 부분적으로 조금 다르게 기술(記述)하고 있는데, 그 내용은 다음과 같다.

<삼국사기(三國史記)>의 신라본기(新羅本紀) <탈해이사금조(脫解尼師今條)>에서는 '탈해왕(脫解王) 9년 3월에 왕이 밤중에 금성(金城) 서쪽 시림(始林) 숲속에서 닭이 우는 소리를 듣고, 날이 밝자 호공(瓠公)을 보내어 이를 살펴보도록 하였다.

호공이 시림에 다다라 보니, 금빛의 작은 궤짝이 나뭇가지에 달려 있고

김씨 상계(金氏 上系)

흰 닭이 그 아래서 울고 있었다. 이 사실을 듣고 왕은 궤짝을 가져오게 하여 열어 보니 조그마한 사내아이가 그 속에 들어 있었는데, 용모가 기이하게 뛰어났다.

왕은 기뻐하며 하늘이 그에게 아들을 내려 보낸 것이라 하여 거두어 길렀으니, 그 아이는 자라감에 따라 총명하고 지략이 뛰어나서 그 이름을 알지(閼智)라 하였다. 또, 금빛 궤짝에서 나옴을 연유로 하여 성을 김(金)씨라 부르고, 처음 발견되었던 장소인 시림을 고쳐 계림(鷄林)이라 이름하고, 이로써 국호(國號)를 삼았다.'라고 적고 있다.

미추이사금조(味鄒尼師今條)에서는 왕의 선조 알지는 계림에서 나왔는데 탈해왕이 거두어 궁중에서 길러 뒤에 대보(大輔)로 임명하였다. 알지가 세한(勢漢)을 낳고 세한이 아도(阿道)를 낳고 아도가 수류(首留)를 낳고 수류가 욱보(郁甫)를 낳고 욱보가 구도(仇道)를 낳았으니 구도는 곧 미추의 아버지이다. 첨해에게 아들이 없으므로 나라 사람들이 미추를 왕으로 세우니 이것이 김씨가 나라를 차지한 처음이었다. 라고 하였다.

그러나 해동금석원과 추사김정희의 해동비고에 있는 문무왕비문에 문무왕의 15대조를 성한왕(星漢王)이라 하였고 문무왕의 아우인 김인문의 비문에도 태조는 성한왕이라 하였으며 문무왕의 9대손인 흥덕왕 비편에도 태조 성한왕이 흥덕왕의 24대조라 하였다.

또한 신라김씨가 소호금천씨의 후손이라는 기록이 신라 태종무열왕(김춘추)의 아들인 金仁問의 묘비문에 있으며 삼국사기를 지은 김부식(金富軾)은 "신라고사(新羅古事)에 금궤(金櫃)가 하늘에서 내려와서 金氏로 姓을 삼았다는 말은 믿기 어렵다. 신라인은 스스로 소호금천씨(少昊金天氏)의 후손(後孫)이라고 하였다. 그러므로 성을 김씨라고 한 것이다" 라고 했으며 김유신의 비문에도 "김유신이 헌원지예(軒轅之裔)요 소호지윤(少昊之胤)이라"고 하였으며 "남가야 시조 수로(南伽倻 始祖 首露)는 신라(新羅)

김씨 상계(金氏 上系)

와 同姓"이라고 하였다. 또 김부식은 "김유신은 왕경인(王京人)이다. 12代祖인 수로(首露)는 하허인(何許人)인지 알 수 없다. 후한 건무(後漢 建武) 18년 壬寅(AD 42)에 구지봉(龜旨峰)에 올라 가락9촌(駕洛九村)을 바라보고 그 땅에 개국(開國)하여 국호를 가야(伽耶)라 했다"고 하였다.

점필제 김종직은 "김알지가 금궤에서 나왔으므로 성을 김씨라 하였으며 혹은 스스로 소호금천의 후손이라고 하였다"고 했으며 "신라고지(新羅古誌)에 이르기를 김알지도 금관국 수로왕의 후요 소호금천의 후손이므로 성을 김씨라고 하였다"고 하였다.

문정창(文定昌)씨는 그의 저서 <伽倻史>에서 "동방의 김씨는 모두 소호금천씨의 후손이요 金日磾의 후손이라고 하였다. 그에 의하면 "김유신은 김수로왕 후손인데 그 묘비문에 "소호지윤 칙남가야시조 수로여신라 동성야(少昊之胤 則南伽倻始祖 首露與新羅 同姓也)"라 하였으며

김수로왕의 외손인 문무왕의 능비문에 "지재생---후 제천지윤 전7엽(枝載生---侯 祭天之胤 傳七葉)"이라 했으니 후(侯)자 앞에는 투자가 있었을 것이니 곧 투후 김일제의 후손은 7대에 걸쳐 영화를 누렸다는 뜻이다. 김알지는 김수로 보다 24년 뒤에 낳았으니 그 일족일 것이다"라고 하였다.

삼국통일을 완수한 신라 30대왕 김법민(金法敏), 즉 문무왕(文武王)의 능비(陵碑) 파편이 있는데 이 비문 중에 "그 신령스러운 근원은 멀리서부터 내려와 화관지후(火官之后)에 창성한 터전을 이었고侯 祭天之胤(투후 제천지윤)이 7대를 전하여…" 하였으며 "15대조 성한왕(星漢王)은 그 바탕이 하늘에서 내리고, 그 영(靈)이 선악(仙岳)에서 나왔다"고 하였다.

侯 祭天之胤傳七葉」에서 (투)侯는 한무제(漢武帝)가 흉노와 싸울 때 청년 장군 곽거병(郭去病)에게 포로가 되었던 흉노왕 휴도(休屠)의 아들 金日磾를 가리킨다.

김씨 상계(金氏 上系)

　金日제와 그 후손들의 생애는 전한서(前漢書)와 열전(列傳)에 있고 중국 서안(中國 西安)에 김일제(金日제)의 무덤이 있는바 실체가 분명한 김일제(金日제)를 문무왕의 비문에 『우리 조상이다』고 기록하고 있다. 소호금천씨의 후손은 제천금인(祭天金人) 즉 金으로 사람을 만들어 놓고 하늘에 제사를 지내는 풍습이 있었는데 그 후손 김일제 일족이 漢나라에서 영달하더니 김왕망(金王莽)이 쿠테타로 한(漢)을 멸하고 신국(新國)을 세웠다가 17년 뒤 유수(劉秀)에게 패망하였다.(서기 25년)

　이에 그 일족의 일부가 김해지방으로 왔고 김해에 정착한 김수로왕의 부친은 김해군 장유면 태정리 부근에 살면서 김수로왕을 비롯한 6형제 아들을 낳았다고 추찰된다. (김수로는 서기 42년에 출생) 태정리 부근 태봉(胎峰)에는 태대(胎臺)가 있는데 이것은 김수로왕의 태(胎)를 묻은 곳이라 한다 . 김해 회현리 패총에서 발견된 중국 왕망시대의 화천(貨泉)은 김수로왕의 선친 또는 김수로왕 자신이 왕망의 신제국(新帝國) 출신이라는 사실을 증명해 주는 방증(傍證)이 될 수 있다. 또 김해부근 다호리에서 출토된 붓과 중국화폐인 오수전(五銖錢)등도 그 방증이 된다. 김수로왕의 이름이 청예(靑裔)인 것은 소호의 후손임을 암시한다. 소호금천씨의 호가 청양(靑陽)이기 때문이다.

　또 김수로왕과 허황후의 존호(尊號)가 보주황태왕(普州皇太王)과, 보주황태후(普州皇太后)인 점은 중국의 보주(普州)와 어떤 연관(聯關)이 있기 때문일 것이다. 한경(漢鏡), 용봉환두대도(龍鳳環頭大刀)등이 유적지에서 발굴되고 있는 점, 그리고 은(殷)나라 사람들 처럼 좌지왕때 복사(卜師)가 점을 쳐서 괘사(卦辭)를 얻은 점 등은 연관을 암시해 준다고 하겠다.

김씨 상계(金氏 上系)

대보공휘알지탄강계림유허비명(大輔公諱閼智誕降鷄林遺墟碑銘)

신라(新羅)에 사기(史記)가 없다하나 사기(史記)가 없는 것이 아니라 세상 사람이 역사를 읽지 않는 까닭이다. 신라가 박(朴), 석(昔), 김(金) 삼성(三姓)이 나라를 세운 것이 천년(千年)이 되었고 계림(鷄林)은 알지(閼智)가 탄생(誕生)한 땅이니 지금 영남(嶺南)지방(地方)인 경주부(慶州府)에 속한다. 세상에서 김(金)으로 성(姓)을 삼은 사람은 모두 다 알지(閼智)로 시조(始祖)를 삼는데, 나라 동쪽 사람이 지금까지 그 땅을 전하되 그 세대와 연혁이 역사책에 기재된 것은 혹 상세치 아니하나 이제 그 비문을 자료로 하여 대략 알게 된 것이다.

처음 탈해왕(脫解王) 시대에 시림(始林)에서 닭이 우는 소리를 듣고 금궤를 얻어 열어보니 어린아이가 있으므로 왕(王) 거두어 양육(養育)하니 이름은 알지(閼智)라 하고 성은 김씨(金氏)라 하며, 그 수풀을 이름하여 계림(鷄林)으로 고치었다. 7세손(七世孫) 미추(味鄒)에 이르러 조분왕(助賁王)의 사위가 되었는데 첨해왕(沾解王) 아들이 없어서 미추(味鄒)가 대를 이어 왕이 되어 이사금이라 칭호(稱號)하였다.

미추(味鄒)로부터 내물(奈勿)과 실성(實聖)을 지나 눌지(訥祗)에 이르러 이사금을 마립간(麻立干)으로 칭호(稱號)하고 백성을 가르치고 의복제도와 우차(牛車)의 사용법을 가르치었다. 눌지(訥祗)가 훙(薨)(왕 제후의 서거(逝去)를 말함)하고 아들인 자비(慈悲)가 마립간이 되었다.

자비(慈悲)가 죽고 아들 소지(炤智)가 마립간이 되어 시장(市場)을 개설(開設)하고 전방(지금의 상점)을 열어 사방(四方)의 물화(物貨)가 서로 통하게 하였다.

소지(炤智)가 죽고 아들 지증(智證)이 마립간이 되어 사람의 순장(殉葬)

김씨 상계(金氏 上系)

(죽은 사람을 위하여 살아있는 사람을 따라 매장시킴)을 금하고 주(州).군(郡)에 명(命)하여 농사(農事)를 권장(勸獎)하고 비로소 소를 사용하여 전답(田畓)을 갈게 하고 국호(國號)를 신라(新羅)로 정(定)하고 방어(方語)인 이사금, 마립간(麻立干)을 고치어 왕(王)이라 호칭하게 하였고, 상복(喪服)을 제정하였다. 왕이 죽으니 시호(諡號)를 지증(智證)이라 하니 시법(諡法)(사후에 정하는 호)이 이때부터 시행(施行) 되었다.

지증왕(智證王)의 아들 법흥왕(法興王)이 법률을 반포하고 백관(百官)의 공복(公服)을 제정하였고, 연호(年號)를 건원(建元)이라 하였다.

진흥왕(眞興王)과 진지(眞智)를 지나 진평왕(眞平王)에 이르러 아들이 없어서 선덕(善德)여주(女主)가 왕위(王位)에 나아가 귀족(貴族)의 자제(子弟)를 당(唐)나라에 보내어 국학(國學) 세우기를 청하였다.

선덕(善德)여주(女主)가 죽고 진덕(眞德)여주(女主)가 즉위하니 진평왕(眞平王)의 모제(母弟:외숙)인 국반(菊半)의 딸이다. 처음으로 당(唐)나라의 제도를 모방하고 관복(官服)을 만들었고 사신(使臣)을 당(唐)나라에 보내어 백제(百濟)를 파(破)할 것을 보고(報告)하였으며, 왕이 스스로 태평송(太平頌)을 지어 비단문의로 짜서 당(唐) 고종(高宗)에게 드리니 칭찬하였으며 중국의 연호를 비로소 행하였다.

진덕(眞德)이 죽고 태종(太宗) 무열왕(武烈王)이 왕위에 나가니 진지왕(眞智王)의 손자(孫子)로 당장(唐將) 소정방(蘇定方)과 함께 백제(百濟)를 멸(滅)하였다. 무열왕(武烈王)이 죽고 아들 문무왕(文武王)이 즉위하여 부녀자(婦女子)에게 명령(命令)하여 중국(中國)의 의상(衣裳)(저고리 치마)를 입게 하고 당나라 군사와 함께 고구려(高句麗)를 멸(滅)하였으며, 역법(曆法)(월력 또는 일력의 법)을 반포하고 모든 관인(官印)을 주조(鑄造)하였으며, 문무왕(文武王)이 죽고 아들 신문왕(神文王)이 즉위하여 사신을 당나라에 들어보내 예전(禮典)과 사장(詞章)을 청하니 칙천황후(則天皇后)가

김씨 상계(金氏 上系)

　명령하여 길흉요례(吉凶要禮)와 문사(文詞)가 규칙(規則)에 합치(合致)되는 것 50여권을 부지런히 만들어서 주었다.

　신문왕(神文王)으로부터 효소왕(孝昭王)을 지나 성덕왕(聖德王)에 이르러 비로소 누각(漏刻)(물시계)을 만들었고, 효성왕(孝成王)을 지나 경덕왕(景德王), 혜공왕(惠恭王)을 거쳐 선덕왕(宣德王)을 지나 원성왕(元聖王)에 이르러 독서출신과(讀書出身科)(글을 읽어야 벼슬을 할 수 있는 법)을 정하고, 원성왕(元聖王)으로부터 소성왕(昭聖王), 애장왕(哀莊王), 희강왕(僖康王), 민애왕(閔哀王), 신무왕(神武王), 문성왕(文聖王), 헌안왕(憲安王), 경문왕(景文王), 헌강왕(憲康王), 정강왕(定康王), 진성왕(眞聖王), 효공왕(孝恭王)을 지나 경순왕(敬順王)에 이르러서는 나라를 고려(高麗)에 넘겨주는데, 왕자(王子)가 불가(不可)하다 하니 왕(王)이 이르시기를 "과인(寡人:내가) 이 외롭고 위태하여 지탱할 수 없으니 죄 없는 백성을 비참하게 죽게 함을 내 차마 못하리라"하시고, 시낭(侍郎) 김봉휴(金封休)를 고려(高麗)에 보내서 글을 올리어, 신(臣)이라고 칭하여 국조(나라의 지위) 드디어 끊어지니 김씨가 38세(三十八世)로 626년이다. 대개 박씨, 석씨를 계승하여 왕위에 오른 후 나라를 누림이 가장 길었으니 예악(禮樂)과 문물(文物)이 이로부터 차차 일어났고, 신라로부터 비로소 당나라와 서로 우호국이 됨에 중국(中國)의 사관(史官)의 법(法)이 마련함이 이미 오래 되었으나 동국(東國:우리나라)이 떨어지고 고루하여 사적은 많으나 문장(文章)이 없어서 전하지 못한 것이 많더니 고려(高麗)의 김부식(金富軾)이 신라사(新羅史)를 편찬하는데, 그 글이 대략 갖추었으되 학자(學者)가 동사(東史)를 전문적(專門的)으로 다루지 않았고, 또는 그 판본(板本)이 오래되어 훼손(毀損)되었으므로 세상에 남아 잇는 것이 얼마 없으니 군자(君子)가 매우 두려워하던 바, 공철(公轍)이 경상감사로 영남(嶺南)을 안찰(按察)할 때에 참봉(參奉) 김성걸(金成杰)이 경주(慶州)에 와서 계림(鷄林)의 기적(紀績)

김씨 상계(金氏 上系)

의 글을 청하니 잘하는 일이로다.

　근본(根本)을 추앙함을 멀리하니 땅은 진실로 전해 졌으되 일이 땅보다 더 큰 것이 있으니 어찌 글을 쓰지 않으리오! 공자(孔子)께서 주(周)나라에서 탄생(誕生)하시었으되, 구(丘:나)는 은(殷)나라 사람이라 하여 스스로 미자(微子)의 자손(子孫)이라 하시고, 또 말씀하시기를 "하(夏)나라의 예(禮)는 내가 잘 말하겠으나 기(杞 : 주나라 시대의 국명, 하나라 우왕의 자손의 영토는 현금의 기현:杞縣)나라는 족히 고증(考證)을 하지 못하며 은나라의 예는 능히 말할 수 있으나 송(미자가 세운 나라로써 하남성 남구현)나라는 족히 고증(考證)치 못하는 것은 문헌(文獻)이 부족한 때문이다." 라 하셨으니 이제 김씨(金氏)가 사방(四方)에 흩어져 사는 것이 무려 천백(千百)집이 되나 모두 신라(新羅)로 조상(祖上)을 삼으니, 공자의 은나라와 다른 것이 없다. 어찌 하은(夏殷)의 예(禮)가 기송(杞宋)의 문헌의 고증(考證)이 못되는 것만을 탓할까? 뒤에 이 비문(碑文)을 잘 읽으면서 거의 사기(史記)에 빠진 것을 보충(補充) 함이 있으리라. 명(銘)에 이르기를 울창한 저 계림(鷄林)은 왕업(王業)을 일으킨 터전이로다. 누가 감히 존경하지 않을까? 나의 이 명문(銘文)을!

　병서 순묘 계해 이월 입(幷序 純廟 癸亥 二月 立)

　가의대부경상도관찰사겸병마수군절도사대순찰사대구도호부사　규장각직제학지제교남공철　찬(嘉義大夫慶尙道觀察使兼兵馬水軍節度使大巡察使大邱都護府使奎章閣直提學知製敎南公轍　撰)

김씨 상계(金氏 上系)

계림비각기(鷄林碑閣記)

　옛 신라국 월성 아름다운 숲속에 비각이 우뚝 솟아 있는데 사방팔면이 우아하고 아름다움은 이를 데가 없다.

　그 안에는 3자 크기의 작은 빗돌이 세워져 있다. 빗돌에는 전자체로 "계림 김씨가 탄생한 유허지"라고 새겨져 았다. 이곳은 계림이고 비각 북쪽에는 옛부터 한 표석이 전해 내려오고 있으며 계림김씨의 시조가 탄강한 곳이 이곳이라는 사실에 접하여 사적을 찾는 이들에게는 금궤 위에서 닭이 울던 곳을 상상 볼 만한 일이다.

　아! 천지간에 융롱한 정기가 어려 형상을 이룬 것이 태초에 사람이 생기는 길이라 하였건만 이같이 닭이 곁에서 홰를 치며 울어 사람에게 알린 것은 또한 무슨 까닭인가, 닭은 축시에 우는데 축시는 곧 동이 틀 때다.

　박씨, 석씨 114년을 다스려 나라의 기틀이 정해졌고, 김씨가 나라를 이

김씨 상계(金氏 上系)

어받아 38왕에 문물이 점점 갖추어짐으로써 동방이 밝아오니 이것은 하늘이 진인을 내려보내 인물을 밝히고져 신계를 놓아 그 징조를 알림이 아니냐!

김씨는 알지로 시조를 삼는데 알지는 을축년에 탄강했으니 이 또한 이상한 일이다. 을축년으로부터 성조 임술년 1828년간에 소슬한 옛 자취가 어제인 듯 완연하니 김씨가 이곳을 지날 때 주(周)의 평림과 한(漢)의 대택(大澤)같이 사모하고 공경하여 생민을 위해 마련한 자취가 소멸될까 염려하여 의논끝에 재물을 모아 빗돌을 세워 연유를 기록하니 그 감회가 더욱 깊도다.

우리 대왕 대비는 요순같은 임금으로 주렴을 느리고 정사를 듣고 보살펴 억만년 종사를 굳혔고 신성한 왕손이 또한 을축년에 탄강해서 여러 해 뒤에 보갑을 마쳤으니 위로 따져보면 시조의 생년이 30년 을축이다. 금궤의 상서를 알린 것이 을축이니 동국에 정숙한 기운이 이 터에 나타나 종종 징험함이 나타나니 마땅이 김씨가 서로 보존해서 오늘에 이른 것은 하늘과 뜻이 함께 한 때문이 아닌가!

그 명을 지은이는 순창공 남철이요, 그 명을 쓴이는 부윤 최헌충이요, 전자를 쓴 이는 족손 단양군수 김희주요, 명과 글을 감독한 이는 전참봉 성걸이었다. 성걸이 이르되 " 비석에 각이 없으면 비바람에 마멸될 염려가 있다"하여 이에 참봉 창적과 전참봉 택려와 사인 영규가 힘을 모아 임술년 10월에 시작하여 이듬해 봄에 준공하였으니 모두가 조상을 빛내는 보람찬 일이다.

이에 위해서 기문을 적는다.

김씨 상계(金氏 上系)

신라국(新羅國) 건치연혁

新羅本 三韓時辰韓之地 前漢宣帝五鳳元年甲子 始祖朴赫居世開國建都 國號徐那伐(一云 徐羅伐,徐耶伐,徐伐) 其後或稱斯羅

신라본 삼한시진한지지 전한선제오봉원년갑자 시조박혁거세개국건도 국호서나벌(일운 서라벌,서야벌,서벌) 기후혹칭사라

或稱斯盧 後稱新羅 脫解王九年乙丑 始林有鷄怪更名鷄林 因以爲國號 基臨王十年丁卯 復號新羅 智證王四年癸未

혹칭사로후칭신라 탈해왕구년을축 시림유계괴경명계림 인이위국호 기림왕십년정묘 복호신라 지증왕사년계미

定爲新羅 高麗太祖十八年乙未 敬順王金傅來降國除爲慶州 成宗改爲東京 忠烈王改鷄林府 本朝因爲 太宗朝復慶州舊號

정위신라 고려태조십팔년을미 경순왕김부래항국제위경주 성종개위동경 충렬왕개계림부 본조인위 태종조복경주구호

신라는 본디 삼한(三韓) 시대에 진한(辰韓)의 땅이었는데, 서기전 57년(前漢 宣帝 五鳳元年) 갑자에 신라국 시조 박혁거세가 나라를 열어 여기에 도읍을 세우고 국호를 서나벌(徐那伐)<한편 서라벌(徐羅伐) 서야벌(徐耶伐) 서벌(徐伐)이라고도 함>이라 하였다.

그 후 혹은 「사라(斯羅)또는 「사로(斯盧)」라 칭하기도 하다가 뒤에 「신라(新羅)」라 하였고, 서기65년(脫解尼師今九年) 乙丑에 시림(始林)에서 닭의 괴변이 있어 시림을 계림(鷄林)으로 이름을 바꾸고 이로 인하여 국호(國號)를 삼았다.

서기 307년 (基臨尼師今 十年) 丁卯에 국호를 「신라」로 돌리고 서기 503년(智證麻立干 四年) 계미에 국호를 「신라」로 확정하게 되었다.

김씨 상계(金氏 上系)

서기 935년(高麗太祖十八年) 을미에 경순왕 김부(金傅)가 나라를 버리고 고려에 항복함으로써 「경주(慶州)」라 하였고, 성종(成宗)이 「동경부(東京府)」로 개칭하고 충렬왕(忠烈王)이 「계림부(鷄林府)」로 바꾸었는데 조선조(朝鮮朝)애 들어와서 태종(太宗)때에 다시 옛 이름인 「경주(慶州)」로 하였다. <신증 동국여지승람 권21에 보임>

김씨 상계(金氏 上系)

경순대왕(敬順大王) 실기(實記)

경순왕(敬順王) 신도비명(神道碑銘)

동경(경주)에 경순왕의 전(殿)이 있은 지는 이미 오래 되었다.

제때에 향사를 모시고 모든 범절은 다 갖추어 졌으나 다만 글을 각하여 오래도록 전할 비가 없었다. 왕의 후손 재명(再鳴)이 세계(世系)와 사적을 적어 가지고 나에게 명(銘)을 청하는 지라. 나는 경주 김씨와는 비록 적(관)은 다르지만 시조는 같은데 어떻게 그리 졸하다 하여 사양하겠는가? 삼가 서(序)도 쓰고 명도 짓는바이다. 서하여 가로되 왕의 휘는 부(傅)인데 신라 사람이다. 시조는 알지이니 탈해왕 9년 을축에 시림에서 닭우는 소리를 듣고 금궤속에서 아이 하나를 얻었다. 왕이 거두어 기르며 알지라 이름하고 김씨로 사성하였으니 이것이 득성의 유래이다.

2세는 세한이오. 3세는 아도요, 4세는 수류요, 5세는 욱보요, 6세는 구도요, 7세는 말구이니 미추의 아우이다. 미추가 첨해왕(석씨)을 이어 서니 김씨가 여기에서 나라를 갖게 되었다. 8세는 냇물왕이요, 9세는 복호요, 10세는 습보로 아울러 갈문왕에 추봉되니 갈문왕이란 당시에 추존(追尊) 일컬음이다.

김씨 상계(金氏 上系)

　11세 지증왕 원년 경진(庚辰)은 곧 제(중국의 남북조시대)의 동혼후(東昏候)영원(永元)2년에 국호를 신라로 정하고 처음으로 왕이라 칭하였으며 상제(喪制)를 반포하고 순장(殉葬)을 금하였으니 지증은 그의 시호이다.

　12세는 진종이요, 13세는 흠운이요, 14세는 마차요, 15세는 법선이니 현성왕으로 추숭(追崇)되고 16세는 의관이니 신영왕으로 추숭되었으며 17세는 위문이니 흥평왕으로 추숭되었다.

　18세 효양이니 명덕왕으로 추숭되고 19세는 원성왕이니 처음으로 독서출신과를 두었다. 20세는 예영이요, 21세는 균정이니 성덕왕으로 추숭되고 22세는 신무왕이요, 23세는 문성왕이요, 24세는 안(安)이오, 25세는 민공요, 26세는 실홍이니 의흥왕으로 추숭되고 27세는 효종이니 신흥왕으로 추숭되고 28세가 경순왕이다.

　왕은 경애왕(박씨)를 이었으니 이해 정해(丁亥)는 곧 후당(중국의 5대 때)명종 천성(天成 2년)이다. 9년이 지난 을미년에 천명이 이미 바뀌었음을 알고 나라를 고려에게 물려주니 왕자가 간하기를

　"마땅히 충신 의사와 더불어 죽음으로 지키다가 힘이 다한 뒤에 그만둘 일이 옵니다."하니 왕이 이르기를,

　"나는 무고한 백성들이 피흘리고 죽어가는 것을 차마 보지 못하겠다"하고 그를 써서 고려 태조에게 보내어 양국을 하니 고려 태조가 손님의 예로 대하고 관광 순화 낙랑왕(觀光 順化 樂浪王)으로 봉하였으며 장녀인 신란공주(神鸞公主)를 아내로 맞게 하니 송나라 태종의 흥국 3년이오, 고려 경종 (무인: 3년 978)에 훙하니 시호는 경순이라 하였다.

　릉은 장단부 고량진의 성거산 계좌(癸坐)에 있었는데 여러 차례 병화(兵火)를 격다보니 오랫동안 실전을 하였다가 영묘조(英廟朝)하였다가 무진에 이르러 지석을 얻어 나라에 알리니 계축을 특명하고 제사를 지내주었으며 수졸(守卒) 5인을 두게 하였다.

김씨 상계(金氏 上系)

 이보다 앞서 고도(故都)의 인사들이 왕의 백성들에게 은혜로웠던 덕을 기리러 사당을 지어 영정을 모시고 제사를 지내왔는데 천개(천개: 명나라 희종의 연호) 정묘(인조 5년)에 사당을 동천촌(東泉村)으로 옮겼고 인조조에 김시양(金時讓)의 장청(狀請)에 의하여 묘우를 새로 짓고 김씨 성을 갖은 이로 참봉을 삼고 쌀을 내렸으며 노비와 전답을 두게 하였다.

 현묘조에는 또 연신(筵臣: 경연관)의 주청에 따라 "경순왕전'이란 묘호를 내리고 유생(儒生)과 수호군(守護軍)과 전졸(殿卒)을 두고 호세(戶稅)를 면제하여 주기를 숭인전, 숭의전, 숭덕전과 똑같은 예로 하였다.

 선대왕(정조인 듯) 갑인년에는 전(전)뒷산에 사태가 날 염려가 있어 도신(道臣)이 진계(陳啓)하여 이건공비(移建工費)를 특사하여 사당을 경주부 남쪽 수리되는 봉황대 앞으로 옮겼으니 곧 미추왕릉의 아래로 계림에서 백무(한발걷는 거리)밖에 되지 않는 가까운 곳이다.

 그래서 이미 제사를 지내 영령을 위로하고 또 영정을 새로 개모하여 예조에 명하여 유생과 전졸은 90여인으로 수호군은 100여인으로 하여 호세 5결식을 면제하여 주도록 식례(式禮)를 정하고 참봉은 이조에서 첩지(帖紙)를 내리게 하였으니 열성조의 숭보(崇報)하는 의전이 비로소 크게 갖추어지게 되었다.

 대개 삼한시대에는 국사가 갖추어져 있지 않고 문헌도 무징(無徵)하니 왕의 9년 동안 재유(在宥:무위로 다스림, 곧 다스림)한 가모(嘉謨)와 선정은 찾아볼 수 없지만 그 왕자에게 답한 말씀은 정령(丁靈: 친절함)하고 칙달(가엾게 여겨 슬퍼함)하여 덕의가 넘쳐 있으니 촉주(蜀主)와 북지왕(北地王)의 일과 견주어 보면 그 현우(賢愚), 명암(밝고 어둠)이 과연 어떠한가?

 저 송나라의 오월(吳越)은 아주적은 나라로 대대로 제후의 법도를 지켜온 처지에 여러 진영이 차차 깎이고 평정에 다다름에 머리 숙이고 명을 청하였으나 그 후에 수신이 오히려 극 공덕을 낱낱이 들어 돌에 새겨 세

김씨 상계(金氏 上系)

윘는데, 생각건데 경순왕은 오래된 서업(緖業)을 이어 부강한 국력을 가졌으니 금탕(金湯)은 험함을 믿을만 하고 병갑(군사의 무기)은 족히 적을 막아낼만 하였으나 다만 차마 하지 못하는 마음으로 천승(千乘)을 버리기를 폐사(헌신짝)처럼 하였으니 어느 사람보다 어짐이 큰 것이다.

후세에 평판하는 선비가 잘한 일이라고 찬양하는 사람이 많았음은 지당한 일이나 전사(全史: 완전한 사기)와 패승(작은 사기)이 없었으니 중간에 그런 것을 쓰지 않아서 그렇게 되었을까?

혹 이따가 실전되었는가? 하여간 슬픈 일이다. 왕의 묘정에 비를 세우기를 여러 사람이 청하여 선조에 이미 윤허를 받았으나 모든 준비가 덜 되어 이제야 비로소 각하기를 경영하니 바로 후손들의 보본하는 정성에서 이룩된 것으로 왕의 여운이 영해간(嶺海間)에 애연(구름이 피어오르는 모양)히 덮혀 씌워짐을 볼 수 있을 것이다. 성하도다. 왕의 전비(前妃)는 박씨니 아들 셋, 딸 하나를 두었고 후비 왕씨는 아들 다섯, 딸 하나를 두었으니 태자와 차자(次子)와 영분공자(永芬公子)와 은열, 석, 건, 선, 추요장녀는 이금서(이금서)에게, 차녀는 황경(黃瓊)에게 출가하였다.

왕의 자손이 그 수효가 억도 넘지만(많다는 뜻) 경주로 본을 한 집이 넷이 있으니 영분공자의 후손과 시중시랑공의 후손과 태사공의 후손과 판도판서공의 후손들이다. 명하여 가로되 계림의 오른쪽, 봉황대 남쪽에 영전이 그윽한이 단청도 빛나여라 유상(遺像)이 엄연하니 곤룡포(袞龍袍)에 수치마라 그 누구를 모시는가?

거룩하신 경순왕님 왕이 양국하실 적에 어진말씀 나타났다. 그와 같이 후덕하심 그 후손이 창성하네, 우뚝 솟은 용의머리 묘우 곁에 세웠도다 이 명시를 지었으니 영원토록 빛나리라.

정헌대부 예조판서 겸 지의금부사 경연 춘추 관사 홍문관 제학 강릉 김계락(金啓洛) 찬(撰) 하고 가선대부 예조참판 겸 동지 겸 동지경영성균관

김씨 상계(金氏 上系)

사 김노경(金魯敬)글 쓰다

경순왕(敬順王) 비문(碑文)

전면(前面)

경순왕(敬順王)은 신라(新羅) 제56대왕(第五十六代王)으로 후당천성2년 무자(後唐天成二年戊子)에 경애왕(景哀王)의 대(代)를 이어 왕위(王位)에 오르셨고 청태을미(淸泰乙未)에 고려(高麗)에 나라를 넘겨주었으며 송태평흥국무인(宋太平興國戊寅 : 서기978년) 고려 경종 3년 4월 4일(高麗 景宗 三年 四月 四日)에 훙(薨 : 서거)하니 시호(諡號)를 경순(敬順)이라 하고 왕례(王禮)로서 장단고부남 8리 계좌지원(長湍古府南 八里 癸坐之原)에 안장(安葬)하였다.

지극한 행실이요, 순수한 덕망이시라 영걸(英傑)하신 모훈(謀訓)이 굳센 의열(義烈)이시다.

성상(聖上 : 영조)이십삼년정묘(二十三年丁卯 : 서기 1747년) 月 日에 개립(改立)하다.

후면(後面)

조심스럽게 살펴보면 경순왕릉(敬順王陵)이 경기도(京畿道) 장단(長湍) 현남(縣南) 8리(八里)(今府東二十里 與地勝覽北十里 云誤矣)인데 오래도록 능소(陵所)를 잃었다가 영종3년(영(英宗三年) 정미(丁未)에 비로소 지석(誌石)을 발견하여 정묘(丁卯)에 찾았고 영역(靈域)에는 국가(國家)에서 일국내외(一局內外)의 분묘(墳墓)를 이장(移葬)하는 한편 개봉(改封)하여 비(碑)와 석물(石物)을 세우고 예관(禮官)을 보내어 제사(祭祀)지내고 본부(本府)에서 해마다 향사(享祀)하는데 군대(軍隊)를 설치(設置)하여 영구(永久)히 수호(守護)하는 등 전말(顚末)을 대략 기록한다.

김씨 상계(金氏 上系)

경순왕(敬順王) 사실(事實)

후당명종천성이년정해(後唐明宗天成二年丁亥)에 왕(王)이 내형(內兄) 경애왕(景哀王)을 이어 섰다. 왕청태이년(王淸泰二年)에 견훤(甄萱)이 경성(京城)에 들어와 왕(王)을 옹립(擁立)하나 국세(國勢)가 벌써 기울었으므로 국토(國土)를 고려(高麗)에게 넘기려고 도모하니 태자(太子)가 간하되 듣지 않고 이르기를 "외롭고 위태(危殆)하기가 이러하니 지탱할 수 없는데 무죄(無罪)한 백성(百姓)으로 어육(魚肉)이 되게 함은 내가 차마 하지 못한다" 하며 김봉휴(金封休)로 하여금 글을 올려 고려에 신라의 천년사직을 물려줄 뜻을 청하여 9년을미11월(九年乙未十一月:935)에 송도(松都)로 들어가니 고려(高麗)태조(太祖)가 들밖에 나가 영접(迎接)위로(慰勞)하고 유화궁(柳花宮)에 관사(館舍)를 정하며 장녀낙낭공주(長女樂浪公主)로 취처(娶妻)하게 하고 관광순화위국공신상주국락낭왕정승위(觀光順化衛國功臣上柱國樂浪王政丞位)를 배(拜)하고 태자(太子)가 세급록일천석(歲給祿一千石)을 올리며 동갑제일구(東甲第一區)의 궁(宮)을 주고 또 신란궁(神鸞宮)을 창건(創建)하여 주었으며 신라(新羅)를 제(除)하고 경주(慶州)로 하여 인해 식읍(食邑)으로 주고 경종원년(景宗元年)에 또 상부(尙父)를 더하니 그 책고(冊誥)에 대략 이르기를 "대대로 계림(鷄林)에 살며 벼슬은 왕작(王爵)이었다. 기풍(氣風)은 영걸(英傑)이오 문장(文章)은 재사(才士)로다 병법이 풍부하고 지모가 비상하도다"라고 하였고 호(號)를 더 하고 훈봉(勳封)도 여전(如前)하고 식읍(食邑)도 일만호(一萬戶)로 하였다.

대송태평흥국사년·고려경종삼년무인사월사일(大宋太平興國四年·高麗景宗三年戊寅四月四日)에 죽으니 시호(詩號)는 경순(敬順)이다.

장우(葬于) 장단부남팔리 성거산 계좌 정향원(長湍府南八里 聖居山 癸坐

김씨 상계(金氏 上系)

丁向原)이라.

경순왕(敬順王) 영당중건기(影堂重建記)

영당(影堂)이 임진(壬辰)왜란(倭亂)의 화로 폐허(廢墟)가 된지 벌써 三十년이다. 천계병인가을(天啓丙寅秋)에 김공시양씨(金公時讓氏)가 영남(嶺南)을 안찰(按察)할 때에 중건(重建)을 하려더니 마침 정묘년(丁卯年) 봄 적난(翟亂)의 난(亂)을 만났더니 다행히 도둑이 물러간 후에 비로소 경영(經營)하는데 내외(內外)후손(後孫)의 도내(道內)책임(責任)을 맡은 자(者)들이 각기 비용(費用)을 도왔다.

이해 가을에 공(公)이 글로 써 삼가임소(三嘉任所)에 와서 불러 낙성을 보게 하므로 내가 달려가니 영당(影堂)이 벌써 빛났었다. 며칠 후 본부판관(本府判官) 남궁위(南宮偉)가 찾아와 이르기를 이 영당(影堂)의 건축(建築)은 천수(天數)가 지정된 것 같습니다.

어느 때 한 노인이 와서 말하기를 "내가 부중(府中)에서 행걸(行乞)한지 여러 해 인데 전날 밤 꿈에 한 곳에 이르니 왕이 면류관(冕旒冠) 곤룡포(袞龍袍)로 전각(殿閣) 위에서 전갈(傳喝)하기를 내 집이 무너진 지 벌써 오래였다. 3년 후에 반드시 건축할 사람이 있을 것이니 너는 잘 지켜보라"고 하므로 대답하고 물러와서 꿈을 깨서는 앉아서 날 새기를 기다려 옛 궁전(宮殿) 터를 두루 찾는데 오직 이 영당(影堂)은 꿈에 보던 것으로 비록 전각(殿閣)은 없어도 섬돌 주춧돌과 뜰이 완연하게 꼭 맞으니 내가 영험(靈驗)을 알고 마음이 진실로 황공하여 집을 우그리고 살며 지키려고 하나 관부(官府)의 땅이라서 감히 독단 못하고 고합니다. 하므로 내가 괴이하게 생각하며 원하는 대로 허락하였더니 지금 사또가 이 나라에 오시어 그의 말하던 삼년의 기한이 드러맞았고 이 영당이 중건되었으니 어찌

김씨 상계(金氏 上系)

예정된 천수가 아니리까. 내가 듣고 이상하게 생각하여 곧 公에게 告하며 公에게 기록을 청하니 公은 필시 저술한 것이 있으되 타인에게는 뵈이지 않는 것으로 생각된다. 그 해 겨울에 전각을 낙성하고 위패를 모셔 봉안하니 대개 영정은 모사(模寫)할 증거(證據)가 다시없는 까닭이니 이것은 후손으로서 백천년 아래의 무궁한 한탄(恨歎)인데 향화(香火)의 봉사(奉祀)가 폐지(廢止)하였다가 다시 계속(繼續)되는 것은 실로 金公의 追遠하는 정성에서이니 이것 역시 불행중 일대행(一大幸)인 것이다.

후손 통훈대부행삼가현감효건기(後孫 通訓大夫行三嘉縣監孝建記)

동경잡기(東京雜記)에 이르되 경순왕(敬順王)의 영당(影堂)이 경주부동북사리(慶州府東北四里)에 있으니 매번 명절(名節)날에 주(州)의 수리(首吏)가 삼반(三班)을 인솔(引率)하여 제향(祭享)하는데 천계병인(天啓丙寅)에 관찰사(觀察使) 김시양(金時讓)이 후손(後孫)으로서 본부(本府)에 이르러 영당(影堂)에 제례(祭禮)를 행하는 때에 지방 후손들이 유사(有司)를 의정(議政)하여 행사(行祀)하는데 해마다 상례(常例)로 한다.

중수표석(重堅表石)

김씨 상계(金氏 上系)

경순왕(敬順王) 영정기(影幀記)

원주(原州) 남면(南面) 용화산(龍華山) 고자암(高自庵)에 있다.

우리 경순왕(敬順王)의 화상(畫像)이 옛날에는 계림(鷄林)에 있더니 임진(壬辰)난리(亂離)에 전각(殿閣)과 함께 타버렸다. 인묘(仁廟) 정묘(丁卯)에 후손 하담공(荷潭公)이 영남(嶺南)을 안찰(按察)할 때에 전각(殿閣)을 옛터에 중건(重建)하였으되 화상(畫像)은 모사(模寫)할 근거(根據)가 없어 위패(位牌)를 모시고 해마다 봉사(奉祀)하여 표충(表忠)의 향화(香火)가 그치지 아니하여 비록 사녀(士女)의 마음을 위로 하나 화상(畫像)을 보지 못하니 실로 후손(後孫)의 유감(遺憾)이었다. 강원도인(江原道人)에게 들건대 화상(畫像) 한 폭이 원주(原州) 용화산(龍華山) 고자암(高自庵)에 있다하니 전설(傳說)로는 왕이 손국(遜國)한 후로 청정(淸淨)한 마음으로 명산(名山)을 편답(遍踏)하다가 제천에 이르러 이궁(離宮)을 지어 놓고 서(西)쪽으로 산에 올라 용화산의 빼어난 것을 바라보고 그 상봉(上峰)에 올라가 산(山)을 따라 돌을 깎아 미륵(彌勒)을 조성하고 절을 지으니 이름은 학수사(鶴樹寺)이며 또는 소제(小齋)를 미륵(彌勒)앞에 세우니 곧 고자암(高自庵)이다.

왕(王)께서 여기에 머물고 놀은 지 역시 오랬다면 화상(畫像)이 여기에

김씨 상계(金氏 上系)

있는 것도 당연하니 생각해 보면 당시에 왕을 따라다니던 신하(臣下)들이 망국(亡國)의 한을 애통(哀痛)하면서 이 땅은 왕이 마음 붙인 곳이므로 화상(畵像)으로 전(傳)하여 유적을 뵈인 것인가 그렇지 않으면 불자들이 왕의 백성을 위해 나라를 버린 인자한 마음을 흠모하여 화상을 받들어 명성을 길게 함인가 고려(高麗) 중세(中世)에 절의 전각이 무너지고 인적(人跡)이 그친지 몇 해런가?

황산거사(黃山居士)란 분이 우연(偶然)히도 칡덤불을 헤치어 무너진 벽위의 완연한 전날의 화상(畵像)을 발견하고 전각(殿閣)을 새로 지어 봉안하였더니 조선(朝鮮)조 국초(國初)에 이목은, 권양촌과 권상국, 희와 권도관(李牧隱 權陽村과 權尙國 禧와 權都官)도 이 여러분의 감개(感慨)한 뜻을 실천하므로 다시 옛 전각을 중수(重修)한지도 다시 三百年이 지내여서 비단이 박락(剝落)되어 얼굴빛이 차차 옛 모습을 잃게 되었더니 경주인(慶州人)인 김공필진(金公必振)은 역시 왕의 후손으로서 숙종정사년(肅宗丁巳年)에 원주목민관(原州牧民官)이 되어 분향(焚香)봉사(奉祀)하고 녹봉(祿俸)을 털어 김무진(金武眞)과 승려의 근실한 사람에게 부탁하여 화공(畵工)을 求하여 새로 본떠 화상을 모시는데 새로 전각을 대웅전(大雄殿) 오른편에 지어 이봉(移奉)하였더니 정축년(丁丑年)에 절은 화재(火災)로 불타버리고 오직 영정(影幀)모신 전각(殿閣)만 우뚝 서서 있으되 간호(看護)할 사람이 없어 퇴폐(頹廢)한지가 또 30년(三十年)에 이르므로 승려들이 또 암자(庵子) 왼편에 옮겨 세우니 곧 當?(英宗) 정사년(丁巳年) 봄이다.

슬프다. 영전(影殿)이 창건(創建)한 후로 황폐(荒廢)한 것이 두 번이오 중건(重建)한 것이 두 번이오 옮겨 건축(移建)한 것도 역시 두 차례로 상하계(上下計)가 벌써 팔구백년(八~九百年)이로되 칡덤불 속에서도 영정(營庭)이 썩지도 아니하고 화재(火災) 때에도 불타지 아니하였으니 참으로 신기하였다.

김씨 상계(金氏 上系)

-경순왕 관련 기록

경순왕(敬順王;?~978) 김부(金傅)

신라의 왕(재위 927~935). 성 김(金). 이름 부(傅). 문성왕(文聖王)의 6대손. 아버지는 이찬(伊2) 효종(孝宗)이며, 어머니는 헌강왕(憲康王)의 딸 계아태후(桂娥太后)이다. 927년 후백제 견훤(甄萱)의 침공으로 경애왕(景哀王)이 죽은 뒤 왕위에 올랐다. 재위 때는 각처에서 군웅(群雄)이 할거하여 국력이 쇠퇴하고, 특히 여러 차례에 걸친 후백제의 침공과 약탈로 국가의 기능이 마비되었다. 영토는 날로 줄어들고, 민심이 신흥 고려로 기울어지자 군신회의(群臣會議)를 소집, 고려에 귀부(歸附)하기로 결정하고, 935년 고려 태조에게 항복하였다. 태조로부터 유화궁(柳花宮)을 하사받았으며, 낙랑공주(樂浪公主)를 아내로 맞고 정승공(政承公)에 봉해졌으며, 경주(慶州)를 식읍(食邑)으로 받았다. 한편, 경주의 사심관(事審官)에 임명됨으로써 고려시대 사심관제도의 시초가 되었다. 능은 경기 연천군 장남면(長南面)에 있다.

경순왕릉산세기(敬順王陵山勢記)

산세(山勢)의 내맥(來脈)을 살펴보면 내룡(來龍)이 멀기도 하다. 장백산(長白山)에서 시작하여 꾸불꾸불 천여리(千餘里)를 오고 동해(東海)를 따라 남쪽으로 뻗어오기를 또 천리에 멈추어 제일 높은 화악(華岳)을 이룬다. 다시 남쪽으로 수백리를 내려오다가 우뚝 솟은 산이 성거산(聖居山)이다. 성거산은 우봉현(牛峰縣) 남쪽 60리쯤에 있는데 일명 구룡산(九龍山)이라고도 하고 또 평나산(平那山)이란 별칭도 있다. 산위에 다섯 봉우리가 있고 그 봉우리마다 각각 작은 암자가 있어 오암(五庵)이라고도 부른다. 이 산 낙맥(落脈)이 뚝 떨어져 남으로 달리다 장단고부(長湍古府)를 이루었고 다시 남으로 팔리(八里)를 달리어 임진강(臨陣江) 상류 고랑포(皐浪浦)를 한계선으로 한 봉을 이루었으니 이 지역이 경기도(京畿道) 장단군(長湍郡) 남면(南面) 고랑포이다. 멀리서 이 혈처(穴處)를 바라보면 한송이 모란꽃이 아침 이슬을 머금고 반쯤 핀듯한 형상이다. 좌우 용호(龍虎)의 삼중(三中) 산줄기는 마치 한잎 한잎의 꽃잎이 피어 벌어진 듯한 모양이다. 용절(龍節)은 천변만화의 기복으로 계축(癸丑)에서 작뇌축수두(作腦丑垂頭)로 뚝 떨어진 계좌(癸坐) 정향(丁向)의 남향판이다. 골육수(骨肉水)는 곤득오파(坤得午破)요 외수(外水)는 갑묘득수(甲卯得水)하여 오파(午破)로 흘러간다. 내청룡(內靑龍)은 삼중(三重)으로 짧게 돌아 혈을 감싸주고 내백호(內白虎)는 웅장하게 감돌아 좌회우포(左回右抱)로 굽이돈다. 고랑포 맑은 강물이 내청룡(內靑龍)이 만궁포(彎弓抱)로 흘러내려 천리내룡(千里內龍)이 영강결국(迎江 結局)으로 진혈을 이루었다. 외청룡(外靑龍)은 오중(五重)으로 호종(護從)하면서 기치창검이 연이어 나열되고 손사방(巽巳方)으로는 웅장한 파평산(坡平山)이 응조(應照)하여 높이 솟아 있다. 그 가운데에 수려한 독산(獨山) 김산체(金山體)가 솟아 수구(水口)를 막아놓은 것이 더욱 장관이다. 혈처(穴處)에서 동남방(東南方)을 바라보면 수백 수천의 봉우리들이 나열되어 삼천분대(三千粉黛)를 이루었고 드문드문 높은 봉우리는 팔백연화(八百煙花)를 만들어준다. 형국(形局)은 「금계포란형((金鷄抱卵型)」으로 닭이 알을 품고 있는 명당(明堂)중의 명당이다.

경순왕(敬順王) 영정사실기(影幀事實記)

경순왕(敬順王)의 영정(影幀)은 본전(숭혜전)에 봉안(奉安)한 것이 도합 4본이다. 원본은 은해사(銀海寺)로부터 옮겨왔고 정조 18년 갑인(甲寅)에

김씨 상계(金氏 上系)

2본을 다시 본떠서 1본은 본전의 감실(龕室:위패나 영정을 모시는 방)에 봉안하고 1본은 을람(乙覽:임금님이보심)에 제공한 후 도로 본전에 보내어 구본(舊本)과 함께 궤 안에 봉안하였다.

고종(高宗) 40년 계묘(癸卯)에 또 1본을 다시 본떠서 본전의 감실(龕室)에 봉안하고 구본도 또한 궤 안에 봉안하였다. 순천 송광사(松廣寺)에 또 경순왕(敬順王)의 영정(影幀) 1본이 있으니, 이는 후손(後孫) 한장(漢章)이 기증(寄贈)한 것이요. 원주(原州) 용화산(龍華山) 고자암(高自庵)에 또 1본이 있으니, 이는 후손(後孫) 사목(思穆)이 기증(寄贈)한 것이며 하동 쌍계사에 또 일찍이 1본이 있었는데 연전에 본전으로 옮겼다가 이제 하동 경천묘에 도로 봉안하였음.

김씨(金氏) 선원보(璿源譜)

미추왕(味鄒王, ?~284)

  신라의 제13대 왕. 휘는 미조(未照)·미소(未召). 구도(仇道)의 아들, 김알지(金閼智)의 6대손. 어머니는 갈문왕(葛文王) 이칠(伊柒)의 딸 박씨(朴氏), 비(妃)는 조분왕의 딸 광명부인(光明夫人). 조분왕의 사위로 왕위에 올랐다. 267년과 283년 백제가 봉산성(烽山城)·괴곡성(槐谷城)을 각각 공격해왔으나 모두 격퇴하였다. 한편 농업을 장려하는 등 내치(內治)에도 힘썼다.

【삼국사기(三國史記)】
  0년 (AD 261) : 미추 이사금이 왕위에 올랐다.
  [번역문]

김씨 상계(金氏 上系)

미추 이사금(味鄒尼師今)이 왕위에 올랐다. [미추(味鄒)를] 또는 미조(味照)라고도 하였다.> 성은 김씨이다. 어머니는 박씨로 갈문왕 이칠(伊柒)의 딸이고, 왕비는 석씨 광명부인(光明夫人)으로 조분왕의 딸이다. 그의 선조 알지(閼智)는 계림에서 났는데 탈해왕이 데려다가 궁중에서 키워 후에 대보(大輔)로 삼았다. 알지는 세한(勢漢)을 낳고 세한은 아도(阿道)를 낳았으며, 아도는 수류(首留)를 낳고 수류는 욱보(郁甫)를 낳았다. 그리고 욱보는 구도(仇道)를 낳았는데 구도는 곧 미추왕의 아버지이다. 첨해는 아들이 없었으므로 나라 사람들이 미추를 왕으로 세웠다. 이것이 김씨(金氏)가 나라를 갖게 된 시초이다.

[원문]

味鄒尼師今立 一云味照 姓金 母朴氏 葛文王伊柒之女 妃昔氏光明夫人 助賁王之女 其先閼智 出於계林 脫解王得之 養於宮中 後拜爲大輔 閼智生勢漢 勢漢生阿道 阿道生首留 首留生郁甫 郁甫生仇道 仇道則味鄒之考也 沾解無子 國人立味鄒 此金氏有國之始也

1 년 (AD 262) : 3월에 용이 궁궐의 동쪽 연못에 나타났다.

[번역문]

원년(262) 봄 3월에 용이 궁궐의 동쪽 연못에 나타났다. 가을 7월에 금성 서문(西門)에 화재가 나서 불길이 번져 민가 300여 채를 태웠다.

[원문]

元年 春三月 龍見宮東池 秋七月 金城西門災 延燒人家三百[주석1]餘區

2 년 (AD 263) : 정월에 이찬 양부(良夫)를 서불한으로 삼고

[번역문]

2년(263) 봄 정월에 이찬 양부(良夫)를 서불한으로 삼고 중앙과 지방의

군사 일을 겸하여 맡게 하였다. 2월에 몸소 국조묘(國祖廟)에 제사지내고 크게 사면하였다. 죽은 아버지 구도(仇道)를 갈문왕으로 봉하였다.

[원문]

二年 春正月 拜伊湌良夫爲舒弗邯 兼知內外兵馬事 二月 親祀國祖廟 大赦 封考仇道爲葛文王

3년 (AD 264) : 2월에 동쪽으로 순행하여 바다에 망제(望祭)를

[번역문]

3년(264) 봄 2월에 동쪽으로 순행하여 바다에 망제(望祭)를 지냈다. 3월에 황산(黃山)에 거둥하여 나이 많은 사람과 가난하여 스스로의 힘으로는 살아갈 수 없는 사람을 위문하고 진휼하였다.

[원문]

三年 春二月 東巡幸望海 三月 幸黃山 問高年及貧不能自存者 賑恤之

5년 (AD 266) : 가을 8월에 백제가 봉산성(烽山城)을 공격

[번역문]

5년(266) 가을 8월에 백제가 봉산성(烽山城)을 공격해 왔다. 성주 직선(直宣)이 장사 200명을 이끌고 나가 그들을 공격하니 적들이 패하여 달아났다. 왕이 그것을 듣고서 직선(直宣)을 일길찬으로 삼고 사졸들에게 상을 후하게 주었다.

[원문]

五年 秋八月 百濟來攻烽山城 城主直宣 率壯士二百人 出擊之 賊敗走 王聞之 拜直宣爲一吉湌 厚賞士卒

김씨 상계(金氏 上系)

7년 (AD 268) : 봄과 여름에 비가 내리지 않았으므로
[번역문]
7년(268) 봄과 여름에 비가 내리지 않았으므로 여러 신하들을 남당(南堂)에 모아놓고 정치와 형벌 시행의 잘·잘못을 왕이 친히 물었다. 또한 사자(使者) 다섯 명을 보내 두루 돌며 백성의 괴로움과 걱정거리를 물어보게 하였다.
[원문]
七年 春夏不雨 會羣臣於南堂 親問政刑得失 又遣使五人 巡問百姓苦患

11년 (AD 272) : 2월에 영을 내려, 무릇 농사짓는 일에 방해
[번역문]
11년(272) 봄 2월에 영을 내려, 무릇 농사짓는 일에 방해되는 것들을 일절 없게 하라고 하였다. 가을 7월에 서리와 우박이 내려 곡식을 해쳤다. 겨울 11월에 백제가 변경을 침범하였다.
[원문]
十一年 春二月 下令 凡有害農事者 一切除之 秋七月 霜雹害穀 冬十一月 百濟侵邊

15년 (AD 276) : 2월에 신하들이 궁궐을 고쳐 짓기를 청하였으나
[번역문]
15년(276) 봄 2월에 신하들이 궁궐을 고쳐 짓기를 청하였으나 임금이 백성을 수고롭게 하기 어려워 따르지 않았다.
[원문]
十五年 春二月 臣寮請改作宮室 上[주석2]重勞人 不從

김씨 상계(金氏 上系)

17 년 (AD 278) : 여름 4월에 폭풍이 불어 나무가 뽑혔다.
[번역문]
17년(278) 여름 4월에 폭풍이 불어 나무가 뽑혔다. 겨울 10월에 백제 군사가 와서 괴곡성(槐谷城)을 에워쌌으므로 파진찬 정원(正源)에게 명하여 군사를 거느리고 가서 막게 하였다.
[원문]
十七年 夏四月 暴風拔木 冬十月 百濟兵來圍槐谷城 命波[주석3]珍湌正源 領兵拒之

19 년 (AD 280) : 여름 4월에 가물었다. 죄수의 정상을 살폈다.
[번역문]
19년(280) 여름 4월에 가물었다. 죄수의 정상을 살폈다.
[원문]
十九年 夏四月 旱 錄囚

20 년 (AD 281) : 봄 정월에 홍권(弘權)을 이찬으로 삼고
[번역문]
20년(281) 봄 정월에 홍권(弘權)을 이찬으로 삼고 양질(良質)을 일길찬으로 삼았으며, 광겸(光謙)을 사찬으로 삼았다. 2월에 조묘(祖廟)에 배알하였다. 가을 9월에 양산(楊山)의 서쪽에서 군대를 크게 사열하였다.
[원문]
二十年 春正月 拜弘權爲伊湌 良質爲一吉湌 光謙爲沙湌 二月 謁祖[주석4]廟 秋九月 大閱楊山西

김씨 상계(金氏 上系)

22년 (AD 283) : 가을 9월에 백제가 변경을 침범하였다.

[번역문]

22년(283) 가을 9월에 백제가 변경을 침범하였다. 겨울 10월에 괴곡성을 에워쌌으므로 일길찬 양질에게 명하여 군사를 거느리고 가서 막게 하였다.

[원문]

二十二年 秋九月 百濟侵邊 冬十月 圍槐谷城 命一吉湌良質 領兵禦之

23년 (AD 284) : 2월에 나라 서쪽의 여러 성을 두루 돌며 위무

[번역문]

23년(284) 봄 2월에 나라 서쪽의 여러 성을 두루 돌며 위무하였다. 겨울 10월에 왕이 죽어 대릉(大陵)<또는 죽장릉(竹長陵)이라고도 하였다.>에 장사지냈다.

[원문]

二十三年 春二月 巡撫國西諸城 冬十月 王薨 葬大陵 一云竹[주석5]長陵

내물왕(奈勿王, ?~402)

신라 제17대 왕(재위 356~402). '마립간'이라는 왕의 칭호를 처음 사용하였다. 이때부터 신라에서 한자를 사용하기 시작하였으며 김씨가 왕위를 세습하였다. 각간(角干) 말구(末仇)의 아들이고, 어머니는 휴례부인(休禮夫人) 김씨이며, 비(妃)는 미추왕(味鄒王)의 딸인 보반부인(保反夫人) 김씨이다. 흘해왕을 이어 즉위하였는데, 이로부터 김씨가 왕위를 세습하였으며 '마립간'이라는 왕의 칭호를 사용하였다.

364년 4월에 왜병의 큰 무리가 쳐들어오자 초우인(草偶人 ; 풀로 만든

김씨 상계(金氏 上系)

허수아비) 수천을 만들어 옷을 입히고 무기를 들려 토함산(吐含山) 기슭에 벌여 세우고, 병사 1000명을 따로 부현(斧峴) 동쪽에 매복시켰다가 왜병을 전멸시켰다. 373년에는 백제의 독산성주(禿山城主)가 남녀 300명을 이끌고 투항하자 이들을 받아들여 6부(部)에 분거(分居)하고, 이들을 돌려보내라는 백제왕의 요청을 일축하였다.

381년 위두(衛頭)를 전진왕(前秦王) 부견(符堅)에게 보내어 우의(友誼)를 맺은 뒤 중국문물 수입에 힘써, 이때부터 고구려를 거쳐 중국문화가 들어왔고 한자(漢字)도 이때부터 사용된 것으로 추정된다. 392년에는 고구려 광개토대왕의 위력에 눌려 사신과 함께 이찬(伊飡) 대서지(大西知)의 아들 실성(實聖)을 볼모로 보냈다. 다음해 왜적 침입으로 서울이 포위되었으나 이를 물리쳤고, 395년에는 말갈(靺鞨)이 침입하자 이를 실직(悉直)에서 격파하였다. 397년 흉년이 들자 백성의 세금을 1년 동안 면제하는 등 내외로 많은 치적을 남겼다

0 년 (AD 356) : 나물 이사금이 왕위에 올랐다.

[번역문]

나물 이사금(奈勿尼師今)<[나물(奈勿)을] 또는 나밀(那密)이라고도 하였다.>이 왕위에 올랐다. 성은 김씨로, 구도(仇道) 갈문왕의 손자이고 아버지는 말구(末仇) 각간이다. 어머니는 김씨 휴례부인(休禮夫人)이고 왕비는 김씨로 미추왕의 딸이다. 흘해왕(訖解王)이 죽고 아들이 없었으므로 나물이 왕위를 이었다.<말구와 미추 이사금은 형제이다.>

사론(史論): 아내를 맞이함에 있어 같은 성씨를 취하지 않는 것은 분별을 두터이 하기 때문이다. 이러한 까닭에 노공(魯公)이 오(吳)나라에 장가들고 진후(晉侯)가 사희(四姬)를 취한 것을 진(陳)나라의 사패(司敗)와 정(鄭)나라의 자산(子産)이 그것을 매우 나무랬다. 신라의 경우에는 같은 성씨를 아내로 맞이할 뿐만 아니라 형제의 자식과 고종·이종 자매까지도 모

김씨 상계(金氏 上系)

두 맞이하여 아내로 삼았다. 비록 외국은 각기 그 습속이 다르다고 하나 중국의 예속(禮俗)으로 따진다면 도리에 크게 어긋났다고 하겠다. 흉노(匈奴)에서 그 어머니와 아들이 상간(相姦)하는 경우는 이보다 더욱 심하다.

[원문]

奈勿一云那密尼師今立 姓金 仇道葛文王之孫也 父末仇角干[주석1] 母金氏 休禮夫人 妃金氏 味鄒王女 訖解薨 無子 奈勿繼之 末仇味[주석2] 鄒尼師今 [주석3]兄弟也論曰 取妻不取同姓 以厚別也 是故 魯公之取於吳 晋侯之有四姬 陳司敗 鄭子産深譏之 若新羅 則不止取同姓而已 兄弟子 姑姨從姉妹 皆聘爲妻 雖外國各異俗 責之以中國之禮 則大悖矣 若匈奴之烝母報子 則又甚於此矣

2 년 (AD 357) : 사자(使者)를 보내 홀아비와 홀어미,

[번역문]

2년(357) 봄에 사자(使者)를 보내 홀아비와 홀어미, 부모없는 아이와 자식없는 늙은이에게 각기 곡식 세 섬을 주고 효도와 공경함에 특이한 행실이 있는 사람에게 직급 한 등급씩을 주었다.

[원문]

二年 春 發使撫問鰥寡孤獨 各賜穀三斛 孝悌有異行者 賜職一級

3 년 (AD 358) : 2월에 몸소 시조묘에 제사지냈다. 자주색 구름

[번역문]

3년(358) 봄 2월에 몸소 시조묘에 제사지냈다. 자주색 구름이 묘당(廟堂) 위에 둥글게 서렸고 신비스러운 새[神雀]들이 시조묘(始祖廟)의 뜰에 모여들었다.

[원문]

三年 春二月 親祀始祖廟 紫雲盤旋廟上 神雀集於廟庭

김씨 상계(金氏 上系)

7년 (AD 362) : 4월에 시조묘 뜰에 있는 나뭇가지가 다른

[번역문]

7년(362) 여름 4월에 시조묘 뜰에 있는 나뭇가지가 다른 나뭇가지와 이어져 하나가 되었다.

[원문]

七年 夏四月 始祖廟庭樹連理

9년 (AD 364) : 여름 4월에 왜의 군사가 대거 이르렀다.

[번역문]

9년(364) 여름 4월에 왜의 군사가 대거 이르렀다. 왕이 듣고서 대적할 수 없을까 두려워 풀로 허수아비 수천 개를 만들어 옷을 입히고 무기를 들려서 토함산 아래에 나란히 세워 두었다. 그리고 용맹한 군사 1천 명을 부현(斧峴)의 동쪽 들판에 숨겨놓았다. 왜인이 자기 무리가 많음을 믿고 곧바로 나아가자 숨어 있던 군사가 일어나 불의에 공격하였다. 왜군이 크게 패하여 달아나므로 추격하여 그들을 거의 다 죽였다.

[원문]

九年 夏四月 倭兵大至 王聞之 恐不可敵 造草偶人數千 衣衣持兵 列立吐含山下 伏勇士一千於斧峴東原 倭人恃衆直進 伏發擊其不意 倭人大敗走 追擊殺之幾盡

11년 (AD 366) : 봄 3월에 백제인이 와서 예방하였다.

[번역문]

11년(366) 봄 3월에 백제인이 와서 예방하였다. 여름 4월에 홍수가 나서 산 13곳이 무너졌다.

[원문]

十一年 春三月 百濟人來聘[주석4] 夏四月 大水 山崩十三所

김씨 상계(金氏 上系)

13 년 (AD 368) : 봄에 백제가 사신을 보내 좋은 말 두 필을
[번역문]
13년(368) 봄에 백제가 사신을 보내 좋은 말 두 필을 바쳤다.
[원문]
 十三年 春 百濟遣使 進良馬二匹

17 년 (AD 372) : 봄과 여름에 크게 가물었다. 흉년이 들어
[번역문]
17년(372) 봄과 여름에 크게 가물었다. 흉년이 들어 백성들이 굶주려 떠돌아다니는 사람이 많았으므로 사자를 보내 창고를 열어 그들을 진휼하였다.
[원문]
 十七年 春夏大旱 年荒民飢 多流亡 發使開倉廩賑之

18 년 (AD 373) : 백제 독산성(禿山城) 성주가 와서 항복
[번역문]
18년(373) 백제 독산성(禿山城) 성주가 300명을 이끌고 와서 항복하였으므로 왕이 그들을 받아들여 6부에 나누어 살게 하니, 백제 왕이 글을 보내 말하였다.

 두 나라가 화친을 맺어 형제가 되기를 약속했었는데, 지금 대왕께서 우리의 도망한 백성을 받아들이니 화친한 뜻에 크게 어긋납니다. 이는 대왕이 바라는 바가 아닐 것입니다. 바라건대 그들을 돌려 보내십시오.

 [왕이] 대답하여 말하였다

 백성은 일정한 마음이 없다. 그러므로 생각나면 오고 싫어지면 가버리는 것은 진실로 그렇기 때문이다. 대왕께서는 백성이 편치 않음은 걱정하

김씨 상계(金氏 上系)

지 않고 도리어 과인을 나무라는 것이 어찌 이렇게 심한가?

백제에서 그 말을 듣고 다시는 말하지 않았다. 여름 5월에 서울에 물고기가 비에 섞여 떨어졌다.

[원문]

十八年 百濟禿山城主 率人三百來投 王納之 分居六部 百濟王移書曰 兩國和好 約爲兄弟 今大王納我逃民 甚乖和親之意 非所望於大王也 請還之 答曰 民者無常心 故思則來 斁則去 固其所也 大王不患民之不安 而責寡人 何其甚乎 百濟聞之 不復言 夏五月 京都雨魚

21 년 (AD 376) : 7월에 부사군(夫沙郡)에서 뿔이 하나 달린

[번역문]

21년(376) 가을 7월에 부사군(夫沙郡)에서 뿔이 하나 달린 사슴을 바쳤다. 크게 풍년이 들었다.

[원문]

二十一年 秋七月 夫沙郡進一角鹿 大有年

24 년 (AD 379) : 4월에 양산(楊山)에서 작은 참새가 큰 새를

[번역문]

24년(379) 여름 4월에 양산(楊山)에서 작은 참새가 큰 새를 낳았다.

[원문]

二十四年 夏四月 楊山有小雀 生大鳥

26 년 (AD 381) : 봄과 여름에 가물었다. 흉년이 들어 백성들이

[번역문]

26년(381) 봄과 여름에 가물었다. 흉년이 들어 백성들이 굶주렸다.

김씨 상계(金氏 上系)

위두(衛頭)를 부(부)씨의 진(秦)나라에 보내 토산물을 바쳤다.

부견(부堅)이 위두에게 물었다.

경(卿)이 말하는 해동(海東)의 일이 옛날과 같지 않으니 어찌된 것인가?

[위두가] 대답하였다.

역시 중국과 마찬가지로 시대가 변혁되고 이름이 바뀌었으니, 지금 어찌 같을 수

있겠습니까?

[원문]

二十六年 春夏旱 年荒民飢 遣衛頭入苻[주석5] 秦[주석6] 貢方物 苻[주석7] 堅問衛頭曰 卿言海東之事與古不同 何耶 答曰 亦猶中國 時代變革 名號改易 今焉得同

33 년 (AD 388) : 4월에 서울에 지진이 일어났다. 6월에 또 지진

[번역문]

33년(388) 여름 4월에 서울에 지진이 일어났다. 6월에 또 지진이 일어났다. 겨울에 얼음이 얼지 않았다.

[원문]

三十三年 夏四月 京都地震 六月 又震 冬 無氷

34 년 (AD 389) : 정월에 서울에 돌림병이 크게 번졌다.

[번역문]

34년(389) 봄 정월에 서울에 돌림병이 크게 번졌다. 2월에 흙이 비처럼 내렸다. 가을 7월에 누리의 재해가 있었고 곡식이 여물지 않았다.

[원문]

三十四年 春正月 京都大疫 二月 雨土 秋七月 蝗 穀不登

김씨 상계(金氏 上系)

37 년 (AD 392) : 봄 정월에 고구려에서 사신을 보내왔다.
[번역문]
37년(392) 봄 정월에 고구려에서 사신을 보내왔다. 왕은 고구려가 강성하였으므로 이찬 대서지(大西知)의 아들 실성(實聖)을 보내 볼모로 삼았다.
[원문]
三十七年 春正月 高句麗遣使 王以高句麗强盛 送伊湌大西知子實聖爲質

38 년 (AD 393) : 5월에 왜인이 와서 금성(金城)을 에워싸고
[번역문]
38년(393) 여름 5월에 왜인이 와서 금성(金城)을 에워싸고 5일 동안 풀지 않았다. 장수와 병사들이 모두 나가 싸우기를 청하였으나, 왕이 '지금 적들은 배를 버리고 [육지] 깊숙이 들어와 사지(死地)에 있으니 그 칼날을 당할 수 없다'고 말하고 성문을 닫았다. 적이 아무 성과없이 물러가자 왕이 용맹한 기병 200명을 먼저 보내 돌아가는 길을 막고, 보병 1천 명을 보내 독산(獨山)까지 추격하여 양쪽에서 공격하여 크게 쳐부수었는데, 죽이거나 사로잡은 사람이 매우 많았다.
[원문]
三十八年 夏五月 倭人來圍金城 五日不解 將士皆請出戰 王曰
今賊棄[주석8]舟深入 在於死地 鋒不可當 乃閉城門 賊無功而退
王先遣勇騎二百 遮其歸路 又遣步卒一千 追於獨山 夾擊大敗之 殺獲甚衆

40 년 (AD 395) : 가을 8월에 말갈이 북쪽 변경을 침범
[번역문]
40년(395) 가을 8월에 말갈이 북쪽 변경을 침범하였으므로 군사를 내

김씨 상계(金氏 上系)

어 그들을 실직(悉直)의 들판에서 크게 쳐부수었다.

[원문]

四十年 秋八月 靺鞨侵北邊 出師 大敗之於悉直之原

42년 (AD 397) : 7월에 북쪽 변방 하슬라(何瑟羅)에 가뭄이

[번역문]

42년(397) 가을 7월에 북쪽 변방 하슬라(何瑟羅)에 가뭄이 들고 누리의 재해가 있어 흉년이 들었으며 백성들이 굶주렸다. 죄수를 살펴서

사면하고[曲赦] 1년의 조(租)와 조(調)를 면제해 주었다.

[원문]

四十二年 秋七月 北邊何瑟羅 旱蝗 年荒民飢 曲赦囚徒 復一年租調

44년 (AD 399) : 가을 7월에 누리가 날아와 들판을 덮었다.

[번역문]

44년(399) 가을 7월에 누리가 날아와 들판을 덮었다.

[원문]

四十四年 秋七月 飛蝗蔽野

45년 (AD 400) : 가을 8월에 살별이 동쪽에 나타났다.

[번역문]

45년(400) 가을 8월에 살별이 동쪽에 나타났다. 겨울 10월에 왕이 탔던 내구마(內구馬)가 무릎을 꿇고 눈물을 흘리며 슬피 울었다.

[원문]

四十五年 秋八月 星孛于東方 冬十月 王所嘗御內廐馬 跪膝流淚[주석9]哀鳴

김씨 상계(金氏 上系)

46 년 (AD 401) : 봄과 여름에 가물었다. 가을 7월에 고구려에

[번역문]

46년(401) 봄과 여름에 가물었다. 가을 7월에 고구려에 볼모로 가 있던 실성(實聖)이 돌아왔다.

[원문]

四十六年 春夏旱 秋七月 高句麗質子實聖還

47 년 (AD 402) : 봄 2월에 왕이 죽었다.

실성왕(實聖王, ?~417)

신라 제18대 왕. 405년 명활산성에 침입한 왜병을 물리쳤으며, 408년 정벌을 계획하였다가 서불한 미사품의 건의로 중지하였다. 417년 내물왕의 어린 태자였던 눌지를 시기하여 고구려 사람을 시켜 죽이려다가 눌지에게 살해되었다.

실주왕(實主王)·실금왕(實金王)이라고도 한다. 이찬(伊湌) 대서지(大西知)의 아들. 어머니는 아간(阿干) 석등보(昔登保)의 딸 이리부인(伊利夫人), 비는 미추왕(味鄒王)의 딸 아류부인(阿留夫人). 392년(내물왕 37) 고구려에 볼모로 갔다가 401년 귀국, 내물왕이 죽고 태자가 어리므로 추대받아 즉위하였다. 내물왕의 아들 미사흔(未斯欣)을 일본에, 복호(卜好)를 고구려에 볼모로 보내 수호(修好)를 맺고, 405년 명활산성(明活山城)에 침입한 왜병(倭兵)을 물리쳤으며, 408년 정벌을 계획하였다가 서불한(舒弗邯) 미사품(未斯品)의 건의로 중지하였다. 417년 내물왕의 어린 태자였던 눌지(訥祗)를 시기하여 고구려 사람을 시켜 죽이려다가 눌지에게 살해되었다. 《삼국사기(三國史記)》에는 실성왕의 왕호(王號)가 '실성이사금(實聖尼師

김씨 상계(金氏 上系)

金'으로 되어 있고, 《삼국유사(三國遺事)》에는 '실성마립간(實聖麻立干)'으로 되어 있다.

0년 (AD 402) : 실성 이사금이 왕위에 올랐다.

[번역문]

실성 이사금(實聖尼師今)이 왕위에 올랐다. 알지(閼智)의 후손으로 이찬 대서지(大西知)의 아들이다. 어머니는 이리부인(伊利夫人) <이(伊)를 또는 기(企)로도 썼다.>으로 아간(阿干) 석등보(昔登保)의 딸이다. 왕비는 미추왕의 딸이다. 실성(實聖)은 키가 일곱 자 다섯 치이고 지혜가 밝고 사리에 통달하여 앞 일을 멀리 내다보는 식견이 있었다. 나물왕이 죽고 그 아들이 아직 어렸으므로 나라 사람들이 실성을 세워 왕위를 잇도록 하였다.

[원문]

實聖尼師今立 閼智裔孫 大西知伊湌之子 母伊利夫人 伊一作企[주석1] 昔登保阿干之女 妃味鄒王女也 實聖身長七尺五寸 明達有遠識 奈勿薨 其子幼少 國人立實聖繼位

1년 (AD 402) : 3월에 왜와 우호를 통하고, 나물왕의 아들

[번역문]

원년(402) 3월에 왜와 우호를 통하고, 나물왕의 아들 미사흔(未斯欣)을 볼모로 삼았다.

[원문]

元年 三月 與倭國通好 以奈勿王子未斯欣爲質

2년 (AD 403) : 정월에 미사품(未斯品)을 서불한으로 삼아

[번역문]

2년(403) 봄 정월에 미사품(未斯品)을 서불한으로 삼아 군무와 국정을

김씨 상계(金氏 上系)

맡겼다. 가을 7월에 백제가 변경을 침범하였다.

[원문]

二年 春正月 以未斯品爲舒弗邯 委以軍國之事 秋七月 百濟侵邊

3 년 (AD 404) : 2월에 몸소 시조묘에 배알하였다.

[번역문]

3년(404) 봄 2월에 몸소 시조묘에 배알하였다.

[원문]

三年 春二月 親謁始祖廟

4 년 (AD 405) : 왜의 군사들이 와서 명활성을 공격하였으나

[번역문]

4년(405) 여름 4월에 왜의 군사들이 와서 명활성(明活城)을 공격하였으나 이기지 못하고 돌아갔다. 왕이 기병을 이끌고 독산(獨山)의 남쪽 길목에서 기다리고 있다가 두 번 싸워 그들을 격파하여 300여 명을 죽이거나 사로잡았다.

[원문]

四年 夏四月 倭兵來攻明活城 不克而歸 王率騎兵 要之獨山之南

再戰破之 殺獲三百餘級

5 년 (AD 406) : 7월에 나라 서쪽에 누리가 곡식을 해쳤다.

[번역문]

5년(406) 가을 7월에 나라 서쪽에 누리가 곡식을 해쳤다. 겨울 10월에 서울에 지진이 일어났다. 11월에 얼음이 얼지 않았다.

[원문]

김씨 상계(金氏 上系)

五年 秋七月 國西蝗 害穀 冬十月 京都地震 十一月 無氷

6년 (AD 407) : 3월에 왜인이 동쪽 변경을 침범하였다.
[번역문]
6년(407) 봄 3월에 왜인이 동쪽 변경을 침범하였다. 여름 6월에 또 남쪽 변경을 침범하여 100명을 약탈해 갔다.
[원문]
六年 春三月 倭人侵東邊 夏六月 又侵南邊 奪[주석2]掠一百人

7년 (AD 408) : 2월에 왕은, 왜인이 대마도(對馬島)에 병영
[번역문]
7년(408) 봄 2월에 왕은, 왜인이 대마도(對馬島)에 병영을 설치하고 무기와 군량을 쌓아 두고서 우리를 습격하려고 한다는 말을 듣고서 그들이 일을 일으키기 전에 우리가 먼저 정예군사를 뽑아 적의 진영을 격파하고자 하였다. 서불한 미사품이 말하였다.신(臣)이 듣건대 무기는 흉한 도구이고 싸움은 위험한 일이다.라 합니다. 하물며 큰 바다를 건너서 다른 사람을 정벌하는 것은 말할 것도 없습니다. 만에 하나 이기지 못하면 후회해도 돌이킬 수 없으니, 험한 곳에 의지하여 관문(關門)을 설치하고 그들이 오면 막아서 쳐들어와 어지럽힐 수 없게 하다가 유리할 때

나아가 그들을 사로잡는 것만 같지 못합니다. 이것은 이른바 남을 유인하지만 남에게 유인당하지 않는다는 것이니, 가장 좋은 계책입니다.
왕이 그 말에 따랐다.
[원문]
七年 春二月 王聞 倭人於對馬島[주석3]置營 貯以兵革資粮 以謀襲我 我欲先其未發 揀精兵擊破兵儲 舒弗邯未斯品曰 臣聞 兵凶器 戰危事

況涉巨浸以伐人 萬一失利 則悔不可追 不若依險設關 來則禦之
使不得侵猾 便則出而禽之 此所謂致人而不致於人 策之上也 王從之

11 년 (AD 412) : 나물왕의 아들 복호(卜好)를 고구려에 볼모

[번역문]

11년(412) 나물왕의 아들 복호(卜好)를 고구려에 볼모로 보냈다.

[원문]

十一年 以奈勿王子卜好 質於高句麗

12 년 (AD 413) : 8월에 구름이 낭산(狼山)에서 일어났는데

[번역문]

12년(413) 가을 8월에 구름이 낭산(狼山)에서 일어났는데, 바라보니 누각과 같았고 향기가 가득 퍼져 오랫동안 없어지지 않았다. 왕이 말하기를 '이는 틀림없이 신선이 하늘에서 내려와 노는 것이니 응당 이곳은 복받은 땅이다'라 하였다. 이후부터 사람들이 [그곳에서] 나무베는 일을 금하였다. 평양주(平壤州)에 큰 다리를 새로 만들었다.

[원문]

十二年 秋八月 雲起狼山 望之如樓閣 香氣郁然 久而不歇 王謂
是必仙靈降遊 應是福地 從此後 禁人斬伐樹木 新成平壤州大橋

14 년 (AD 415) : 7월에 혈성(穴城)의 들판에서 군대를 사열

[번역문]

14년(415) 가을 7월에 혈성(穴城)의 들판에서 군대를 크게 사열하였다. 왕이 금성 남문에 거동하여 활쏘기를 구경하였다. 8월에 왜인과 풍도(風島)에서 싸워 이겼다.

김씨 상계(金氏 上系)

[원문]

十四年 秋七月 大閱於穴城原 又御金城南門觀射 八月 與倭人戰於風島 克之

15 년 (AD 416) : 3월에 동해에서 큰 물고기를 잡았는데

[번역문]

15년(416) 봄 3월에 동해 바닷가에서 큰 물고기를 잡았는데, 뿔이 달렸고 그 크기는 수레에 가득 찰 정도였다. 여름 5월에 토함산이 무너지고 샘물이 솟아올랐는데, 그 높이가 세 길이나 되었다.

[원문]

十五年 春三月 東海邊獲大魚 有角 其大盈車 夏五月 吐含山崩 泉水湧 高三丈

16 년 (AD 417) : 여름 5월에 왕이 죽었다.

[번역문]

16년(417) 여름 5월에 왕이 죽었다.

[원문]

十六年 夏五月 王薨

김씨 상계(金氏 上系)

눌지왕(訥祗王, ?~458)

신라 제19대 왕(재위 417~458). 우차법(牛車法)을 제정하였으며 백제와 공수동맹(攻守同盟)을 맺어 고구려를 공격하였다.

눌지마립간(訥祗麻立干)이라고도 한다. 아버지는 제17대 내물왕(奈勿王)이며, 제18대 실성왕(實聖王)의 딸을 비(妃)로 맞았다. 자신을 해치려는 실성왕을 제거하고 왕위에 올랐다. 418년 고구려의 영향력에서 벗어나고자 볼모로 간 동생 복호(卜好)를 데려왔으며, 또 박제상(朴堤上)을 일본에 보내 역시 볼모로 간 다른 아우 미사흔(未斯欣)을 탈출시키는 데 성공하였다.

그러나 박제상은 일본을 속이고 미사흔을 빼돌린 사실이 발각되어 잡혀 죽었다. 미사흔의 귀국 이후 왜구의 침입이 있었으나 모두 막아냈다. 438년 우차법(牛車法)을 제정하였다. 455년 고구려가 백제를 공격하자 백제와 공수동맹(攻守同盟)을 맺고 백제에 원병을 보냈다. 재위 기간에 고구려의 묵호자(墨胡子)가 처음으로 불교를 전파하기 시작했다.

0 년 (AD 417) : 눌지마립간이 왕위에 올랐다.

[번역문]

눌지 마립간(訥祗麻立干)이 왕위에 올랐다.

<김대문(金大問)이 말하였다. "마립(麻立)은 방언에서 말뚝을 일컫는 말이다.

말뚝은 함조를 말하는데, [그것은] 위계(位階)에 따라 설치되었다. 왕의 말뚝은 주(主)가 되고 신하의 말뚝은 그 아래에 배열되었기 때문에 이로 말미암아 [왕의] 명칭으로 삼았다.">

나물왕의 아들이고 어머니는 보반부인(保反夫人)으로 <또는 내례길포(內禮吉怖)라고도 하였다.> 미추왕의 딸이다. 왕비는 실성왕의 딸이다. 나

김씨 상계(金氏 上系)

물왕 37년에 실성을 고구려에 볼모로 삼았으므로, 실성이 돌아와 왕이 되자 나물왕이 자기를 외국에 볼모잡힌 것을 원망하여 그 아들을 해쳐 원한을 갚으려고 하였다. 사람을 보내 고구려에 있을 때 알고 지내던 사람을 불러 몰래 이르기를 "눌지를 보거든 죽여라."고 하였다. 마침내 눌지로 하여금 떠나도록 하여 도중에서 만나게 하였다. 고구려 사람이 눌지의 외모와 정신이 시원스럽고 우아하여 군자의 풍모가 있음을 보고는 마침내 [그에게] 고하기를 "당신 나라의 왕이 나로 하여금 그대를 죽이도록 하였으나, 지금 그대를 보니 차마 해칠 수가 없다." 하고는 되돌아갔다. 눌지가 그것을 원망하여 돌아와 오히려 왕을 죽이고 스스로 왕위에 올랐다.

[원문]

訥祇[주석1]麻立干立 金大問云 『麻立者 方言謂橛也 橛謂誠操 准[주석2] 位而置 則王橛爲主 臣橛列於下 因以名之』 奈勿王子也 母保反夫人 一云內禮吉怖 味鄒王女也 妃實聖王之女 奈勿王三十七年 以實聖質於高句麗 及實聖還爲王 怨奈勿質己於外國 欲害其子以報怨 遣人招在高句麗時相知人 因密告 "見訥祇則殺之" 遂令訥祇往 逆於中路 麗人見訥祇 形神爽雅 有君子之風 遂告曰 "爾國王使我害君 今見君 不忍賊害" 乃歸 訥祇怨之 反弑王自立

2년 (AD 418) : 봄 정월에 몸소 시조묘에 배알하였다.

[번역문]

2년(418) 봄 정월에 몸소 시조묘에 배알하였다. 왕의 동생 복호(卜好)가 고구려에서 나마 제상(堤上)과 함께 돌아왔다. 가을에 왕의 동생 미사흔(美斯欣)이 왜로부터 도망쳐 돌아왔다.

[원문]

二年 春正月 親謁始祖廟 王弟卜好 自高句麗 與堤上奈麻還來 秋 王弟未斯欣 自倭國逃還

김씨 상계(金氏 上系)

3 년 (AD 419) : 4월에 우곡(牛谷)에서 물이 솟구쳐 올랐다.
[번역문]
3년(419) 여름 4월에 우곡(牛谷)에서 물이 솟구쳐 올랐다.
[원문]
三年 夏四月 牛谷水湧

4 년 (AD 420) : 봄과 여름에 크게 가물었다.
[번역문]
4년(420) 봄과 여름에 크게 가물었다. 가을 7월에 서리가 내려 곡식을 죽였다. 백성들이 굶주려 자식을 파는 사람이 있었다. 죄수들의 정상을 살펴 죄를 용서해 주었다.
[원문]
四年 春夏大旱 秋七月 隕霜殺穀 民飢 有賣子孫者 慮囚原罪

7 년 (AD 423) : 4월에 남당에서 노인들을 접대하였는데,
[번역문]
7년(423) 여름 4월에 남당(南堂)에서 노인들을 접대하였는데, 왕이 몸소 음식을 집어 주고 곡식과 비단을 차등있게 내려 주었다.
[원문]
七年 夏四月 養老於南堂 王親執食 賜穀帛有差

8 년 (AD 424) : 2월에 고구려에 사신을 보내 예방하였다.
[번역문]
8년(424) 봄 2월에 고구려에 사신을 보내 예방하였다.
[원문]

김씨 상계(金氏 上系)

八年 春二月 遣使高句麗修聘

13년 (AD 429) : 시제(矢堤)를 새로 쌓았는데 둑의 길이가
[번역문]
13년(429) 시제(矢堤)를 새로 쌓았는데 둑의 길이가 2,170보(步)였다.
[원문]
十三年 新築矢堤 岸長二千一百七十步

15년 (AD 431) : 4월에 왜의 군사가 동쪽 변경을 침범
[번역문]
15년(431) 여름 4월에 왜의 군사가 동쪽 변경을 침범해 와 명활성을 에워쌌다가 아무런 성과 없이 물러갔다. 가을 7월에 서리와 우박이 내려 곡식을 죽였다.
[원문]
十五年 夏四月 倭兵來侵東邊 圍明活城 無功而退 秋七月 霜雹殺穀

16년 (AD 432) : 곡식이 귀하여 사람들이 소나무 껍질을
[번역문]
16년(432) 봄에 곡식이 귀하여 사람들이 소나무 껍질을 먹었다.
[원문]
十六年 春 穀貴 人食松樹皮

17년 (AD 433) : 5월에 미사흔(未斯欣)이 죽어, 서불한을 추증
[번역문]
17년(433) 여름 5월에 미사흔(未斯欣)이 죽어, 서불한을 추증하였다.

김씨 상계(金氏 上系)

가을 7월에 백제가 사신을 보내 화친하기를 청하였으므로 이에 따랐다.
[원문]
十七年 夏五月 未斯欣卒 贈舒弗邯 秋七月 百濟遣使請和 從之

18 년 (AD 434) : 2월에 백제 왕이 좋은 말 두 필을 보냈다.
[번역문]
18년(434) 봄 2월에 백제 왕이 좋은 말 두 필을 보냈다. 가을 9월에 또 흰 매를 보냈다. 겨울 10월에 왕이 황금과 야광주[明珠]를 백제에 예물로 보내 보답하였다.
[원문]
十八年 春二月 百濟王送良馬二匹 秋九月 又送白鷹 冬十月
王以黃金·明珠 報聘百濟

19 년 (AD 435) : 봄 정월에 큰 바람이 불어 나무가 뽑혔다.
[번역문]
19년(435) 봄 정월에 큰 바람이 불어 나무가 뽑혔다. 2월에 역대(歷代)의 왕릉을 수리하였다. 여름 4월에 시조묘에 제사지냈다.
[원문]
十九年 春正月 大風拔木 二月 修葺歷代園[주석3]陵 夏四月 祀始祖廟

20 년 (AD 436) : 여름 4월에 우박이 내렸다.
[번역문]
20년(436) 여름 4월에 우박이 내렸다. 죄수의 정상을 살폈다.
[원문]
二十年 夏四月 雨雹 慮囚

김씨 상계(金氏 上系)

22년 (AD 438) : 4월에 우두군에 산골물[山水]이 갑자기
[번역문]
22년(438) 여름 4월에 우두군(牛頭郡)에 산골물[山水]이 갑자기 이르러 50여 채의 집이 떠내려갔다. 서울에 큰 바람이 불었고 우박이 내렸다. 백성들에게 우차(牛車)의 사용법을 가르쳤다.
[원문]
二十二年 夏四月 牛頭郡山水暴至 漂流五十餘家 京都大風雨雹
敎民牛車之法

24년 (AD 440) : 왜인이 남쪽 변경에 침입하여 백성을
[번역문]
24년(440) 왜인이 남쪽 변경에 침입하여 백성[生口]을 붙잡아 갔다. 여름 6월에 또 동쪽 변경을 침범하였다.
[원문]
二十四年 倭人侵南邊 掠取生口而去 夏六月 又侵東邊

25년 (AD 441) : 2월에 사물현에서 꼬리가 긴 흰 꿩을
[번역문]
25년(441) 봄 2월에 사물현(史勿縣)에서 꼬리가 긴 흰 꿩[白雉]을 바쳤다. 왕이 가상히 여겨 현의 관리에게 곡식을 내려 주었다.
[원문]
二十五年 春二月 史勿縣進長尾白雉 王嘉之 賜縣吏穀

28년 (AD 444) : 4월에 왜의 군사들이 금성을 열흘 동안
[번역문]

김씨 상계(金氏 上系)

28년(444) 여름 4월에 왜의 군사들이 금성을 열흘 동안 에워싸고 있다가 식량이 다 떨어져 되돌아갔다. 왕이 군사를 내어 그들은 추격하려고 하자, 좌우에서 말하였다 "병가(兵家)의 말에 '궁지에 몰린 도적은 뒤쫓지 말라.'고 하였으니 왕께서는 그 일을 그만두십시오." 그러나 [왕은] 듣지 않고 수천 명의 기병을 이끌고 독산 동쪽까지 뒤쫓아가 싸우다가 적에게 져서 장수와 사졸 가운데 죽은 사람이 반이 넘었다. 왕은 허겁지겁 말을 버리고 산에 올라가니 적이 몇 겹으로 에워쌌는데, 갑자기 안개가 어둑어둑하게 끼어 바로 앞에 있는 것도 알아볼 수 없었다. 적들이 이르기를 "신이 돌보아 주는구나." 하고는 군사를 거두어 물러갔다.

[원문]

二十八年 夏四月 倭兵圍金城十日 糧盡乃歸 王欲出兵追之 左右曰
"兵家之說曰 窮寇勿追 王其舍之" 不聽 率數千餘騎 追及[주석4]於獨山之東
合戰爲賊所敗 將士死者過半 王蒼黃棄馬上山 賊圍之數重 忽昏霧
不辨咫尺 賊謂 "有陰助" 收兵退歸

34 년 (AD 450) : 7월에 고구려의 변방 장수가 실직의 들
[번역문]

34년(450) 가을 7월에 고구려의 변방 장수가 실직(悉直)의 들에서 사냥하는 것을 하슬라성(何瑟羅城) 성주 삼직(三直)이 군사를 내어 불의에 공격하여 그를 죽였다. 고구려 왕이 그것을 듣고 노하여 사신을 보내 말하였다. "내가 대왕과 우호를 닦은 것을 매우 기쁘게 여기고 있었는데, 지금 군사를 내어 우리의 변방 장수를 죽이니 이는 어찌 의리있는 일이겠는가?" 이에 군사를 일으켜 우리의 서쪽 변경을 침입하였다. 왕이 겸허한 말로 사과하자 물러갔다.

[원문]

김씨 상계(金氏 上系)

三十四年 秋七月 高句麗邊將 獵於悉直之原 何瑟羅城主三直 出兵掩殺之 麗王聞之怒 使來告曰 "孤與大王 修好至歡也 今出兵殺我邊將 是何義耶" 乃興師侵我西邊 王卑辭謝[주석5]之 乃歸

36년 (AD 452) : 7월에 대산군에서 상서로운 벼이삭을
[번역문]
36년(452) 가을 7월에 대산군(大山郡)에서 상서로운 벼이삭을 바쳤다.
[원문]
三十六年 秋七月 大山郡進嘉禾

37년 (AD 453) : 봄과 여름에 가물었다. 가을 7월에 이리떼가
[번역문]
37년(453) 봄과 여름에 가물었다. 가을 7월에 이리떼가 시림(始林)에 들어왔다.
[원문]
三十七年 春夏旱 秋七月 羣狼入始林

38년 (AD 454) : 7월에 서리와 우박이 내려 곡식을 해쳤다.
[번역문]
38년(454) 가을 7월에 서리와 우박이 내려 곡식을 해쳤다. 8월에 고구려가 북쪽 변경을 침범하였다.
[원문]
三十八年 秋七月 霜雹害穀 八[주석6]月 高句麗侵北邊

39년 (AD 455) : 겨울 10월에 고구려가 백제를 침입

김씨 상계(金氏 上系)

[번역문]

39년(455) 겨울 10월에 고구려가 백제를 침입하였으므로 왕이 군사를 보내 구원하였다.

[원문]

三十九年 冬十月 高句麗侵百濟 王遣兵救之

41 년 (AD 457) : 2월에 큰 바람이 불어 나무가 뽑혔다.

[번역문]

41년(457) 봄 2월에 큰 바람이 불어 나무가 뽑혔다. 여름 4월에 서리가 내려 보리를 상하게 하였다.

[원문]

四十一年 春二月 大風拔木 夏四月 隕霜傷麥

42 년 (AD 458) : 2월에 지진이 일어났고, 금성 남문이 저절로

[번역문]

42년(458) 봄 2월에 지진이 일어났고, 금성 남문이 저절로 무너졌다. 가을 8월에 왕이 죽었다.

[원문]

四十二年 春二月 地震 金城南門自毁 秋八月 王薨

김씨 상계(金氏 上系)

자비왕(慈悲王, ?~479)

　신라 제20대 왕. 원래의 칭호는 자비마립간(慈悲麻立干). 눌지왕(訥祇王)의 맏아들이다. 어머니는 아로부인(阿老夫人)으로 실성왕(實聖王)의 딸 김씨(金氏)이고, 비(妃)는 미사흔(未斯欣)의 딸이다. 459년(자비왕2) 왜병이 병선 100여 척으로 월성(月城)을 포위하고 맹렬히 공격하였으나 이를 격퇴하였다.

　463년 2월에도 왜병이 경상남도 양산(梁山)의 삽량성(歃良城)에 침입하자 벌지(伐智)·덕지(德智)등에게 명하여 대파시켰으며, 7월 대규모 열병식(閱兵式)을 거행하였다. 한편 왜인의 잦은 침범에 대비하여 470년 이후 일모성(一牟城)·사시성(沙尸城) 등 많은 성을 축조하여 국방을 강화하였다.

　467년에는 유사(有司)에게 명하여 전함(戰艦)을 수리하게 하였고, 475년 명활성(明活城)에 이거(移居)하였으며, 476~477년 계속하여 왜병이 침

0 년 (AD 458) : 자비마립간이 왕위에 올랐다.
[번역문]
자비 마립간(慈悲麻立干)이 왕위에 올랐다. 눌지왕의 맏아들로 어머니 김씨는 실성왕의 딸이다.
[원문]
慈悲麻立干立 訥祇王長子 母金氏 實聖之女也

2 년 (AD 459) : 2월에 시조묘에 배알하였다. 4월에 왜인이
[번역문]
2년(459) 봄 2월에 시조묘에 배알하였다. 여름 4월에 왜인이 병선(兵船) 100여 척으로 동쪽 변경을 습격하고 나아가 월성을 에워싸고는 사방

김씨 상계(金氏 上系)

에서 화살과 돌을 비오듯이 퍼부었다. 왕성(王城)을 굳게 지키자 적들이 장차 물러가려고 하였다. [이에] 군사를 내어 공격하여 쳐부수고 북쪽으로 바다 어구까지 뒤쫓아갔다. 적들 중에 물에 빠져 죽은 사람이 반이 넘었다.

[원문]

二年 春二月 謁始祖廟 夏四[주석1]月 倭人以兵船百餘艘 襲東邊 進圍月城 四面矢石如雨 王城守 賊將退 出兵擊敗之 追北至海口 賊溺死者過半

4 년 (AD 461) : 2월에 왕이 서불한 미사흔의 딸을 왕비로

[번역문]

4년(461) 봄 2월에 왕이 서불한 미사흔(未斯欣)의 딸을 왕비로 삼았다. 여름 4월에 용이 금성의 우물 가운데에 나타났다.

[원문]

四年 春二月 王納舒弗邯未斯欣女爲妃 夏四月 龍見金城井中

5 년 (AD 462) : 여름 5월에 왜인이 활개성(活開城)을 습격

[번역문]

5년(462) 여름 5월에 왜인이 활개성(活開城)을 습격하여 깨뜨리고 백성 1천 명을 사로잡아 갔다.

[원문]

五年 夏五月 倭人襲破活開城 虜人一千而去

6 년 (AD 463) : 봄 2월에 왜인이 삽량성(良城)에 침입

[번역문]

6년(463) 봄 2월에 왜인이 삽량성(歃良城)에 침입하였으나 이기지 못하

김씨 상계(金氏 上系)

고 돌아갔다. 왕이 벌지(伐智)와 덕지(德智)에게 명하여 군사를 거느리고 중도에 숨어서 기다리고 있다가 공격하여 크게 쳐부수었다. 왕은, 왜인들이 자주 우리 땅을 침입하였으므로 변경에 두 성을 쌓았다. 가을 7월에 군대를 크게 사열하였다.

[원문]

六年 春二月 倭人侵歃[주석2]良城 不克而去 王命伐智·德智 領兵伏候於路 要擊大敗之 王以倭人屢侵疆場 緣邊築二城 秋七月 大閱

8 년 (AD 465) : 여름 4월에 홍수가 나서 산 17곳이

[번역문]

8년(465) 여름 4월에 홍수가 나서 산 17곳이 무너졌다. 5월에 사벌군(沙伐郡)에 누리의 재해가 있었다.

[원문]

八年 夏四月 大水 山崩一十七所 五月 沙伐郡蝗

10 년 (AD 467) : 봄에 담당 관청에 명하여 전함(戰艦)을 수리

[번역문]

10년(467) 봄에 담당 관청에 명하여 전함(戰艦)을 수리하게 하였다. 가을 9월에 하늘이 붉어졌고, 큰 별이 북쪽에서 동쪽으로 흘러갔다.

[원문]

十年 春 命有司修理戰艦 秋九月 天赤 大星自北流東南

11 년 (AD 468) : 고구려가 말갈과 함께 북쪽 변경을 습격

[번역문]

11년(468) 봄에 고구려가 말갈과 함께 북쪽 변경 실직성(悉直城)을 습격

김씨 상계(金氏 上系)

하였다. 가을 9월에 하슬라(何瑟羅) 사람으로서 15세 이상인 자를 징발하여 이하(泥河)에 성을 쌓았다.<이하(泥河)를 이천(泥川)이라고도 하였다.>
[원문]
十一年 春 高句麗與靺鞨 襲北邊悉直城 秋九月 徵何瑟羅人年十五已上
築城於泥河 泥河一名泥川

12 년 (AD 469) : 정월에 서울의 방, 리의 이름을 정하였다
[번역문]
12년(469) 봄 정월에 서울의 방, 리(坊里)의 이름을 정하였다. 여름 4월에 나라 서쪽 지방에 홍수가 나서 백성의 집들이 떠내려가거나 무너졌다. 가을 7월에 왕이 수재(水災)를 당한 주와 군을 두루 돌며 위로하였다.
[원문]
十二年 春正月 定京都坊里名 夏四月 國西大水 漂毀民戶 秋七月
王巡撫經水州郡

13 년 (AD 470) : 삼년산성(三年山城)을 쌓았다.
[번역문]
13년(470) 삼년산성(三年山城)을 쌓았다.<삼년(三年)이라는 것은 공사를 시작한 지 3년만에 완공하였기 때문에 붙여진 이름이다.>
[원문]
十三年 築三年山城 三年者 自興役 始終三年訖功 故名之

14 년 (AD 471) : 봄 2월에 모로성(芼老城)을 쌓았다.
[번역문]
14년(471) 봄 2월에 모로성(芼老城)을 쌓았다. 3월에 서울에 땅이 갈라

김씨 상계(金氏 上系)

졌는데, 가로 세로가 두 길이었으며 탁한 물이 솟아올랐다. 겨울 10월에 전염병이 크게 돌았다.

[원문]

十四年 春二月 築芼老城 三月 京都地裂 廣袤二[주석3]丈 濁水湧 冬十月 大疫

16 년 (AD 473) : 정월에 벌지와 급찬 덕지를 좌, 우장군으로

[번역문]

16년(473) 봄 정월에 아찬 벌지와 급찬 덕지를 좌, 우장군 (左右將軍)으로 삼았다. 가을 7월에 명활성을 수리하였다.

[원문]

十六年 春正月 以阿飡伐智級飡德智 爲左右將軍 秋七月 葺明活城

17 년 (AD 474) : 일모성, 사시성, 광석성

[번역문]

17년(474) 일모성(一牟城), 사시성(沙尸城), 광석성(廣石城), 답달성(沓達城), 구례성(仇禮城), 좌라성(坐羅城) 등을 쌓았다. 가을 7월에 고구려 왕 거련(巨連)[장수왕]이 몸소 군사를 거느리고 백제를 공격하였다. 백제 왕 경(慶)[개로왕]이 아들 문주(文周)를 보내 도움을 요청하였으므로 왕이 군사를 내어 구원하였으나, 구원병이 이르기도 전에 백제는 이미 함락되고 경(慶)[개로왕] 역시 살해당하였다.

[원문]

十七年 築一牟 沙尸 廣石 沓達 仇禮 坐羅等城 秋七月 高句麗王巨連 親率兵攻百濟 百濟王慶[주석4] 遣子文周求援 王出兵救之 未至百濟已陷 慶[주석5]亦被害

김씨 상계(金氏 上系)

18 년 (AD 475) : 정월에 왕이 명활성으로 옮겨 거처하였다.
[번역문]
18년(475) 봄 정월에 왕이 명활성으로 옮겨 거처하였다.
[원문]
十八年 春正月 王移居明活城

19 년 (AD 476) : 6월에 왜인들이 동쪽 변경에 침입
[번역문]
19년(476) 여름 6월에 왜인들이 동쪽 변경에 침입하였으므로 왕이 장군 덕지에게 명하여 공격하여 쳐부수고 200여 명을 죽이거나 사로잡았다.
[원문]
十九年 夏六月 倭人侵東邊 王命將軍德智擊敗之 殺虜二百餘人

20 년 (AD 477) : 5월에 왜인이 다섯 방면의 길로 침입하였으나
[번역문]
20년(477) 여름 5월에 왜인이 군사를 일으켜 다섯 방면의 길로 침입하였으나 끝내 아무런 성과없이 되돌아 갔다.
[원문]
二十年 夏五月 倭人擧兵 五道來侵 竟無功而還

21 년 (AD 478) : 2월에 밤에 붉은 빛이 한 필의 표백한 명주를
[번역문]
21년(478) 봄 2월에 밤에 붉은 빛이 한 필의 표백한 명주를 편 것처럼 땅에서 하늘까지 뻗쳤다. 겨울 10월에 서울에 지진이 일어났다.
[원문]

김씨 상계(金氏 上系)

二十一年 春二月 夜赤光如匹練 自地至天 冬十月 京都地震

22년 (AD 479) : 봄 2월 3일에 왕이 죽었다.

[번역문]

22년(479) 봄 2월 3일에 왕이 죽었다.

[원문]

二十二年 春二月三日 王薨

소지왕(炤知王, ?~500)

신라 제21대 왕. 487년 신궁을 나을에 세웠고, 각 지방에 우편역을 설치하였으며 이듬해 왕이 월성으로 옮겼다. 490년 시장을 개설하였다. 495년 고구려가 백제의 치양성을 포위 공격하자 원병을 보내 이를 구하였고, 그에 대한 보복으로 이듬해 고구려가 우산성을 침공하자 신라는 고구려군을 이하에서 격파하였다.

일명 조지(照知)·비처(毗處). 자비왕의 맏아들. 비는 선혜(善兮)부인. 480년 말갈족이 신라의 북변을 침공하고, 481년 고구려와 말갈이 연합하여 북변을 침공하여 호명(狐鳴) 등 7성(城)을 탈취해갔으며 이듬해 왜인이 해변을 침범하였다. 484년 고구려가 다시 침공해왔으나 백제와 연합하여 이를 모산성(母山城)에서 격파하였으며, 486년 왜인의 재침이 있었다. 이후 백제와는 화평을 유지하여 이벌찬(伊伐湌) 비지(比智)의 딸을 백제왕에게 보냈다. 487년 신궁(神宮)을 나을(奈乙)에 세웠고, 각 지방에 우편역을 설치하였으며 이듬해 왕이 월성(月城)으로 옮겼다. 490년 시장을 개설하였다. 495년 고구려가 백제의 치양성(雉壤城)을 포위 공격하자 원병을 보내 이를 구하였고, 그에 대한 보복으로 이듬해 고구려가 우산성(牛山城)을

김씨 상계(金氏 上系)

침공하자 신라는 고구려군을 이하(泥河)에서 격파하였다.

0 년 (AD 479) : 소지마립간이 왕위에 올랐다.

[번역문]

소지 마립간(炤知麻立干)이 왕위에 올랐다. 자비왕의 맏아들이고 어머니 김씨는 서불한 미사흔의 딸이다. 왕비는 선혜부인(善兮夫人)으로 이벌찬 내숙(乃宿)의 딸이다. 소지는 어려서부터 부모를 잘 섬기는 행실이 있었고, 겸손과 공손한 마음으로 스스로를 지켰으므로 사람들이 모두 감복하였다.

[원문]

炤知一云毗處麻立干立 慈悲王長子 母金氏 舒弗邯未斯欣之女
妃善兮夫人 乃宿伊伐湌女也 炤知幼有孝行 謙恭自守 人咸服之

1 년 (AD 479) : 죄수들을 크게 사면하고 모든 관리들에게

[번역문]

원년(479) [죄수들을] 크게 사면하고 모든 관리들에게 관작을 한 등급씩을 올려 주었다.

[원문]

年 大赦 賜百官爵一級

2 년 (AD 480) : 2월에 시조묘에 제사지냈다.

[번역문]

2년(480) 봄 2월에 시조묘에 제사지냈다. 여름 5월에 서울에 가뭄이 들었다. 겨울 10월에 백성들이 굶주렸으므로 창고의 곡식을 내어 진휼하였다. 11월에 말갈이 북쪽 변경을 침입하였다.

[원문]

二年 春二月 祀始祖廟 夏五月 京都旱 冬十月 民飢 出倉穀賑給之 十一月

김씨 상계(金氏 上系)

靺鞨侵北邊

3 년 (AD 481) : 2월에 비열성에 거둥하여 군사들을 위로

[번역문]

3년(481) 봄 2월에 비열성(比列城)에 거둥하여 군사들을 위로하고 솜을 넣어 만든 군복을 내려주었다. 3월에 고구려가 말갈과 함께 북쪽 변경에 쳐들어와 호명성(狐鳴城) 등 일곱 성을 빼앗고 또 미질부(彌秩夫)에 진군하였다. 우리 군사가 백제·가야의 구원병과 함께 여러 길로 나누어서 그들을 막았다. 적이 패하여 물러가므로 뒤쫓아가 이하(泥河)의 서쪽에서 공격하여 깨뜨렸는데 천여 명을 목베었다.

[원문]

三年 春二月 幸比列城 存撫軍士 賜征袍[주석1] 三月 高句麗與靺鞨入北邊 取狐鳴等七城 又進軍於彌秩夫 我軍與百濟 加耶援兵 分道禦之 賊敗退 追擊破之泥河西 斬首千餘級

4 년 (AD 482) : 봄 2월에 큰 바람이 불어 나무가 뽑혔다.

[번역문]

4년(482) 봄 2월에 큰 바람이 불어 나무가 뽑혔다. 금성 남문에 불이 났다. 여름 4월에 비가 오랫동안 내렸다. 중앙과 지방의 관리들에게 명하여 죄수의 정상을 살피게 하였다. 5월에 왜인이 변경을 침입하였다.

[원문]

四年 春二月 大風拔木 金城南門火 夏四月 久雨 命內外有司慮囚 五月 倭人侵邊

5 년 (AD 483) : 4월에 홍수가 났다. 가을 7월에도 홍수가

김씨 상계(金氏 上系)

[번역문]

5년(483) 여름 4월에 홍수가 났다. 가을 7월에도 홍수가 났다. 겨울 10월에 일선(一善) 땅에 거둥하여 재해를 만난 백성들을 위문하고 곡식을 차등있게 나누어 주었다. 11월에 천둥이 쳤고, 서울에 전염병이 크게 번졌다.

[원문]

五年 夏四月 大水 秋七月 大水 冬十月 幸一善界 存問遭災百姓
賜穀有差 十一月 雷 京都大疫

6 년 (AD 484) : 정월에 오함(烏含)을 이벌찬으로 삼았다.

[번역문]

6년(484) 봄 정월에 오함(烏含)을 이벌찬으로 삼았다. 3월에 토성이 달을 침범하였고 우박이 내렸다. 가을 7월에 고구려가 북쪽 변경에 침입하였으므로 우리 군사가 백제와 함께 모산성(母山城) 아래에서 공격하여 크게 깨뜨렸다.

[원문]

六年 春正月 以烏含爲伊伐湌 三月 土星犯月 雨雹 秋七月
高句麗侵北邊 我軍與百濟 合擊於母山城下 大破之

7 년 (AD 485) : 2월에 구벌성(仇伐城)을 쌓았다.

[번역문]

7년(485) 봄 2월에 구벌성(仇伐城)을 쌓았다. 여름 4월에 몸소 시조묘에 제사지내고 사당지기[守廟] 20집을 추가로 설치하였다. 5월에 백제가 사신을 보내와 예방하였다.

[원문]

김씨 상계(金氏 上系)

  七年 春二月 築仇伐城 夏四月 親祀始祖廟 增置守廟二十家 五月
百濟來聘

  8 년 (AD 486) : 정월에 이찬 실죽(實竹)을 장군으로

  [번역문]

  8년(486) 봄 정월에 이찬 실죽(實竹)을 장군으로 삼았다. 일선군 땅의 장정[丁夫] 3천 명을 징발하여 삼년산성(三年山城)과 굴산성(屈山城) 두 성을 고쳐 쌓았다. 2월에 내숙(乃宿)을 이벌찬으로 삼아 나라의 정치에 참여하게 했다. 여름 4월에 왜인이 변경을 침범하였다. 가을 8월에 낭산(狼山) 남쪽에서 [군사를] 크게 사열하였다.

  [원문]

  八年 春正月 拜伊湌實竹爲將軍 徵一善界丁夫三千 改築三年 屈山二城
二月 以乃宿爲伊伐湌 以參國政 夏四月 倭人犯邊 秋八月
大閱於狼山之南

  9 년 (AD 487) : 봄 2월에 나을(奈乙)에 신궁(神宮)을 설치

  [번역문]

  9년(487) 봄 2월에 나을(奈乙)에 신궁(神宮)을 설치하였다. 나을은 시조가 처음 태어난 곳이다. 3월에 사방에 우편역[郵驛]을 처음으로 설치하였고, 담당 관청에 명하여 관도(官道)를 수리하게 하였다. 7월에 월성을 수리하였다. 겨울 10월에 천둥이 쳤다.

  [원문]

  九年 春二月 置神宮於奈乙 奈乙始祖初生之處也 三月 始置四方郵驛
命所司修理官道 秋七月 葺月城 冬十月 雷

김씨 상계(金氏 上系)

10년 (AD 488) : 봄 정월에 왕이 월성에 옮겨 거처하였다.

[번역문]

10년(488) 봄 정월에 왕이 월성에 옮겨 거처하였다. 2월에 일선군에 거둥하여 홀아비와 홀어미, 부모없는 어린아이와 늙어 자식없는 사람들을 위문하고 곡식을 차등있게 나누어 주었다. 3월에 일선군으로부터 돌아오는 동안 지나는 주와 군의 옥에 갇힌 죄수 가운데 두 가지 사형죄[二死]를 제외하고는 모두 풀어 주었다. 6월에 동양(東陽)에서 눈이 여섯 개인 거북을 바쳤는데, 배 밑에 글자가 씌여 있었다. 가을 7월에 도나성(刀那城)을 쌓았다.

[원문]

十年 春正月 王移居月城 二月 幸一善郡 存問鰥寡孤獨 賜穀有差 三月 至自一善 所歷州郡獄囚 除二死 悉原之 夏六月 東陽獻六眼龜 腹下有文字 秋七月 築刀那城

11년 (AD 489) : 정월에 놀고먹는 백성들을 몰아 농사일로

[번역문]

11년(489) 봄 정월에 놀고먹는 백성들을 몰아 농사일로 돌아가도록 하였다. 가을 9월에 고구려가 북쪽 변경을 갑자기 쳐들어와 과현(戈峴)에 이르렀고, 겨울 10월에 호산성(狐山城)을 함락하였다.

[원문]

十一年 春正月 驅游食百姓歸農 秋九月 高句麗襲北邊 至戈峴 冬十月 陷狐山城

12년 (AD 490) : 2월에 비라성(鄙羅城)을 다시 쌓았다.

[번역문]

김씨 상계(金氏 上系)

12년(490) 봄 2월에 비라성(鄙羅城)을 다시 쌓았다. 3월에 용이 추라정(鄒羅井)에 나타났다. 처음으로 서울에 시장을 열어 사방의 재화를 유통시켰다.

[원문]

十二年 春二月 重築[주석2]鄙[주석3]羅城 三月 龍見鄒羅井 初開京師市肆[주석4]

以通四方之貨

14 년 (AD 492) : 가물었으므로 왕이 스스로를 책망하여

[번역문]

14년(492) 봄과 여름에 가물었으므로 왕이 스스로를 책망하여 평상시에 먹던 반찬 가짓수를 줄였다.

[원문]

十四年 春夏旱 王責己 減常膳

15 년 (AD 493) : 3월에 백제 왕 모대가 사신을 보내 혼인

[번역문]

15년(493) 봄 3월에 백제 왕 모대(牟大)[동성왕]가 사신을 보내 혼인을 청하였으므로, 왕이 이벌찬 비지(比智)의 딸을 그에게 보냈다. 가을 7월에 임해진(臨海鎭)과 장령진(長嶺鎭) 두 진(鎭)을 설치하여 왜적에 대비하였다.

[원문]

十五年 春三月 百濟王牟大 遣使請婚 王以伊伐湌比智女送之 秋七月

置臨海 長嶺二鎭 以備倭賊

16 년 (AD 494) : 4월에 홍수가 났다.

김씨 상계(金氏 上系)

[번역문]

16년(494) 여름 4월에 홍수가 났다. 가을 7월에 장군 실죽 등이 고구려와 살수(薩水)의 들판에서 싸우다가 이기지 못하고 물러나 견아성(犬牙城)을 지키고 있었는데, 고구려 군사가 그곳을 에워쌌다. 백제 왕 모대(牟大)[동성왕]가 군사 3천 명을 보내 구원하니 포위를 풀었다.

[원문]

十六年 夏四月 大水 秋七月 將軍實竹等與高句麗 戰薩水之原 不克

退保犬牙城 高句麗兵圍之 百濟王牟大 遣兵三千 救解圍

17년 (AD 495) : 정월에 왕이 몸소 신궁에 제사지냈다.

[번역문]

17년(495) 봄 정월에 왕이 몸소 신궁에 제사지냈다. 가을 8월에 고구려가 백제 치양성(雉壤城)을 에워쌌으므로 백제 왕이 구원을 요청하였다. 왕이 장군 덕지에게 명하여 군사를 이끌고 구원하게 하자,

고구려 무리들이 도망하였다. 백제 왕이 사신을 보내와 고마움을 표하였다.

[원문]

十七年 春正月 王親祀神宮 秋八月 高句麗圍百濟雉壤城 百濟請救

王命將軍德智 率兵以救之 高句麗衆潰 百濟王遣使來謝

18년 (AD 496) : 2월에 가야국에서 흰 꿩을 보냈는데,

[번역문]

18년(496) 봄 2월에 가야국에서 흰 꿩을 보냈는데, 꼬리의 길이가 다섯 자였다. 3월에 궁실을 거듭 수리하였다. 5월에 큰 비가 내려 알천의 물이 넘쳐 집 200여 채가 떠내려가거나 물에 잠겼다. 가을 7월에 고구려가 우

김씨 상계(金氏 上系)

산성(牛山城)을 공격해 왔다. 장군 실죽(實竹)이 나아가 이하(泥河) 가에서 공격하여 깨뜨렸다.

[원문]

十八年 春二月 加耶國送白雉 尾長五尺 三月 重修宮室 夏五月 大雨

閼川水漲 漂沒二百餘家 秋七月 高句麗來攻牛山城 將軍實竹出擊

泥河上破之 八月 幸南郊觀稼

19년 (AD 497) : 4월에 왜인이 변경을 침범하였다.

[번역문]

19년(497) 여름 4월에 왜인이 변경을 침범하였다. 가을 7월에 가물고 누리의 재해가 있었다. 여러 관리들에게 명하여 백성을 다스릴만한 재주가 있는 사람을 각기 한 명씩 천거하도록 하였다. 8월에 고구려가 우산성(牛山城)을 공격하여 함락시켰다.

[원문]

十九年 夏四月 倭人犯邊 秋七月 旱蝗 命羣官 擧才堪牧民者各一人

八月 高句麗攻陷牛山城

22년 (AD 500) : 3월에 왜인이 장봉진(長峰鎭)을 쳐서 함락

[번역문]

22년(500) 봄 3월에 왜인이 장봉진(長峰鎭)을 쳐서 함락시켰다. 여름 4월에 폭풍이 불어 나무가 뽑혔다. 용이 금성의 우물에서 나타났다. 서울에 누런 색의 안개가 사방에 가득 끼었다. 가을 9월에 왕이 날이군(捺已郡)에 거둥하였다. 그 고을 사람 파로(波路)에게 딸이 있어 이름을 벽화(碧花)라 하였는데, 나이는 16세로 참으로 나라 안에서 뛰어난 미인[國色]이었다. 그 아버지가 수놓은 비단을 입혀 수레에 태우고 색깔있는 명주로 덮

김씨 상계(金氏 上系)

어서 왕에게 바쳤다. 왕이 음식을 보낸 것으로 생각하고 열어보니 어린 소녀였으므로 괴이하게 여겨 받지 않았다. 왕궁에 돌아와서 그리운 생각을 가누지 못해 두세 차례 몰래 그 집에 가서 그 소녀를 침석에 들게 하였다. 도중에 고타군을 지나다가 늙은 할멈의 집에 묵게 되었는데, 그에게 물어보았다 지금 사람들은 나라의 왕을 어떤 임금으로 여기는가?

늙은 할멈이 대답하였다.

많은 사람들은 성인으로 여기지만 저만은 그것을 의심하고 있습니다. 왜냐하면 제가 듣건대, 임금께서는 날이(捺已)의 여자와 상관하러 여러번 보통 사람들이 입는 옷을 입고 온다고 합니다. 무릇 용이 물고기의 옷을 입으면 고기잡이에게

잡히고 맙니다. 지금 왕은 가장 높은 지위[萬乘之位]에 있으면서 스스로 신중하지 않으니 이런 사람을 성인이라 하면 누가 성인이 아니겠습니까?

왕이 그 말을 듣고 크게 부끄럽게 여겨 곧 몰래 그 여자를 맞아들여 별실에 두고 아들 하나를 낳기에 이르렀다. 겨울 11월에 왕이 죽었다.

[원문]

二十二年 春三月 倭人攻陷長峰鎭 夏四月 暴風拔木 龍見金城井

京都黃霧四塞 秋九月 王幸捺已[주석5]郡 郡人波路有女子 名曰碧花 年十六歲

眞國色也 其父衣之以錦繡 置轝 以色絹獻王 王以爲饋食 開見之

斂[주석6]然幼[주석7]女 怪[주석8]而不納 及還宮 思念不已 再三微行 往其家幸之

路經古抒郡 宿於老 之家 因問曰 "今之人 以國王爲何如主乎" 對曰

"衆以爲聖人 妾獨疑之 何者 竊聞王幸捺已[주석9]之女 屢微服而來

夫龍爲魚服 爲漁者所制 今王以萬乘之位 不自愼重 此而爲聖 孰非聖乎"

王聞之大慙 則潛逆[주석10]其女 置於別室 至生[주석11]一子 冬十一月 王薨

김씨 상계(金氏 上系)

지증왕(智證王, 437~514)

신라 제22대 왕(재위 500~514). 본래의 칭호는 지증마립간(智證麻立干). 성 김(金). 휘(諱) 지대로(智大路)·지도로(智度路)·지철로(智哲老). 갈문왕(葛文王) 습보(習寶)의 아들. 어머니는 눌지왕(訥祗王)의 딸 조생부인(鳥生夫人) 김씨. 소지왕이 후사(後嗣) 없이 죽자, 왕위에 추대되었다. 502년 순장법(殉葬法)을 폐지하고 농사를 장려, 우경법(牛耕法)을 처음으로 시행하였다.

503년 국호를 '덕업이 날로 새로워지고(德業日新), 사방을 망라한다(網羅四方)'는 뜻의 '신라'로 개정하였다. 또, 왕을 뜻하는 마립간(麻立干)의 칭호를 폐지하고 정식으로 왕이라고 칭하게 하는 등 국가 체제를 정비하였다. 504년 상복(喪服)제도를 제정하였고, 다음해에 주(州)·군(郡)·현(縣)을 정하고, 실직주(悉直州)에 군주(軍主)를 두었다. 512년에 이사부(異斯夫)에게 명하여 지금의 울릉도인 우산국(于山國)을 공취(攻取)하였다. 죽은 뒤에 지증(智證)이란 시호(諡號)를 받았는데, 이것이 신라 시법(諡法)의 시초이다. 지증왕은 일련의 개혁을 실시하여 신라가 국가 체제를 갖추도록 하였으며 법흥왕은 이러한 지증왕의 업적을 토대로 중앙집권적 국가 체제를 갖추었다.

0년 (AD 500) : 지증마립간이 왕위에 올랐다.
[번역문]
지증 마립간(智證麻立干)이 왕위에 올랐다. 성(姓)은 김씨이고 이름은 지대로(智大路)이다. <지도로(智度路) 혹은 지철로(智哲老)라고도 하였다. 나물왕의 증손으로 습보갈문왕(習寶葛文王)의 아들이고 소지왕(炤知王)의 재

김씨 상계(金氏 上系)

종 동생이다. 어머니는 김씨 조생부인(鳥生夫人)으로 눌지왕의 딸이다. 왕비는 박씨 연제부인(延帝夫人)으로 이찬 등흔(登欣)의 딸이다. 왕은 체격이 매우 컸고 담력이 남보다 뛰어났다. 전왕(前王)이 아들없이 죽었으므로 왕위를 이어 받았다. 당시 나이는 64세였다.

사론(史論): 신라 왕으로서 거서간이라 칭한 이가 한 사람, 차차웅이라 칭한 이가 한 사람, 이사금이라 칭한 이가 열여섯 사람, 마립간이라 칭한 이가 네 사람이었다. 신라 말의 이름난 유학자 최치원(崔致遠)이 지은 제왕연대력(帝王年代曆)에서는 모두를 아무 왕이라 칭하고 거서간 등의 칭호는 쓰지 않았으니, 혹시 그 말이 촌스러워 칭할 만한 것이 못된다고 여겨서일까? 좌전(左傳)과 한서(漢書)는 중국의 역사책인데도 오히려 초(楚)나라 말인 곡오도(穀於菟), 흉노(匈奴) 말인 탱리고도(撑犁孤塗) 등을 그대로 보존하였다. 지금 신라의 사실을 기록함에 그 방언을 그대로 쓰는 것이 또한 마땅하다.

[원문]

智證麻立干立 姓金氏 諱智大路 或云智度路 又云智哲老 奈[주석1]勿王之曾孫 習寶葛文王之子 炤[주석2]知王之再從弟也 母金氏鳥生夫人 訥祇王之女 妃朴氏延帝夫人 登欣伊湌女 王體鴻大 膽[주석3]力過人 前王薨 無子 故繼位 時年六十四歲

論曰 新羅王稱居西干者一 次次雄者一 尼師今者十六 麻立干者四 羅末名儒崔致遠 作帝王年代曆 皆稱某王 不言居西干等 豈以其言鄙野不足稱也 曰左漢 中國史書也 猶存楚語穀於菟 匈奴語撑犁孤塗等 今記新羅事 其存方言 亦宜矣

3년 (AD 502) : 2월에 영(令)을 내려 순장을 금하였다.

[번역문]

3년(502) 봄 2월에 영(令)을 내려 순장(殉葬)을 금하였다. 전에는 국왕

김씨 상계(金氏 上系)

이 죽으면 남녀 각 다섯 명씩을 순장했는데, 이때 이르러 금한 것이다.

왕이 몸소 신궁(神宮)에 제사지냈다. 3월에 주주(州主)와 군주(郡主)에게 각각 명하여 농사를 권장케 하였고, 처음으로 소를 부려 논밭갈이를 하였다.

[원문]

三年 春二[주석4]月 下令禁殉葬 前國王薨 則殉以男女各五人 至是禁焉 親祀神宮 三月 分命州郡主勸農 始用牛耕

4년 (AD 503) : 겨울 10월에 여러 신하들이 아뢰었다.

[번역문]

4년(503) 겨울 10월에 여러 신하들이 아뢰었다.

시조께서 나라를 세우신 이래 나라 이름을 정하지 않아 사라(斯羅)라고도 하고 혹은 사로(斯盧) 또는 신라(新羅)라고도 칭하였습니다. 신 등의 생각으로는, 신(新)은 '덕업이 날로 새로워진다.'는 뜻이고 나(羅)는 '사방을 망라한다.'는 뜻이므로 이를 나라 이름으로 삼는 것이 마땅하다고 여겨집니다. 또 살펴 보건대 옛부터 국가를 가진 이는 모두 제(帝)나 왕(王)을 칭하였는데, 우리 시조께서 나라를 세운 지 지금 22대에 이르기까지 단지 방언만을 칭하고 높이는 호칭을 정하지 못하였으니, 이제 뭇 신하가 한 마음으로 삼가 신라국왕(新羅國王)이라는 칭호를 올립니다.

왕이 이에 따랐다.

[원문]

四年 冬十月 羣臣上言 "始祖創業已來 國名未定 或稱斯羅 或稱斯盧 或言新羅 臣等以爲 新者德業日新 羅者網羅四方之義 則其爲國號宜矣 又觀自古有國家者 皆稱帝稱王 自我始祖立國 至今二十二世 但稱方言 未正尊號 今羣臣一意 謹上號新羅國王" 王從之

5 년 (AD 504) : 4월에 상복(喪服)에 관한 법을 제정 반포

[번역문]

5년(504) 여름 4월에 상복(喪服)에 관한 법을 제정하여 반포하고 시행하였다. 가을 9월에 인부를 징발하여 파리성(波里城), 미실성(彌實城), 진덕성(珍德城), 골화성(骨火城) 등 12성을 쌓았다.

[원문]

五年 夏四月 制喪服法頒行 秋九月 徵役夫築波里 彌實 珍德 骨火等十二城

6 년 (AD 505) : 2월에 나라 안의 주, 군, 현을 정하였다

[번역문]

6년(505) 봄 2월에 왕이 몸소 나라 안의 주(州)·군(郡)·현(縣)을 정하였다. 실직주(悉直州)를 설치하고 이사부(異斯夫)를 군주(軍主)로 삼았는데, 군주(軍主)의 명칭이 이로부터 시작되었다. 겨울 11월에 처음으로 담당 관청에 명하여 얼음을 저장하게 하였다. 또 선박 이용의 제도를 정하였다.

[원문]

六年 春二月 王親定國內州郡縣 置悉直州 以異斯夫爲軍主 軍主之名 始於此 冬十一月 始命所司藏氷 又制舟楫之利

7 년 (AD 506) : 가뭄이 들어서 곡식을 풀어 진휼하였다.

[번역문]

7년(506) 봄과 여름에 가뭄이 들어 백성이 굶주렸으므로 창고의 곡식을 풀어 진휼하였다.

[원문]

七年 春夏旱 民饑 發倉賑之[주석5]

김씨 상계(金氏 上系)

10년 (AD 509) : 정월에 서울에 동시(東市)를 설치하였다.

[번역문]

10년(509) 봄 정월에 서울에 동시(東市)를 설치하였다. 3월에 함정을 설치하여 맹수의 피해를 없앴다. 가을 7월에 서리가 내려 콩을 죽였다.

[원문]

十年 春正月 置京都東市 三月 設檻穽 以除猛獸之害 秋七月 隕霜殺菽

11년 (AD 510) : 5월에 지진이 일어나 백성의 집이 무너지고

[번역문]

11년(510) 여름 5월에 지진이 일어나 백성의 집이 무너지고 사람이 죽었다. 겨울 10월에 천둥이 쳤다.

[원문]

十一年 夏五月 地震壞人屋 有死者 冬十月 雷

13년 (AD 512) : 6월에 우산국(于山國)이 항복하여

[번역문]

13년(512) 여름 6월에 우산국(于山國)이 항복하여 해마다 토산물을 바쳤다. 우산국은 명주(溟州)의 정동쪽 바다에 있는 섬으로 혹은 울릉도(鬱陵島)라고도 한다. 땅은 사방 100리인데, 지세가 험한 것을 믿고 항복하지 않았다. 이찬 이사부(異斯夫)가 하슬라주(何瑟羅州) 군주가 되어 말하기를 "우산국 사람은 어리석고도 사나워서 힘으로 복속시키기는 어려우나 꾀로는 복속시킬 수 있다."하고, 이에 나무 사자를 많이 만들어 전함에 나누어 싣고 그 나라 해안에 이르러 거짓으로 "너희가 만약 항복하지 않으면 이 사나운 짐승을 풀어 밟아 죽이겠다."고 말하자 그 나라 사람들이 두려워 곧 항복하였다.

김씨 상계(金氏 上系)

[원문]

十三年 夏六月 于山國歸服 歲以土宜爲貢 于山國在溟州正東海島 或名鬱陵島 地方一百里 恃嶮不服 伊湌異斯夫爲何瑟羅州軍主 謂 "于山人愚悍 難以威來 可以計服" 乃多造木偶師子 分載戰船 抵[주석6]其國海岸 誑告曰 "汝若不服 則放此猛獸踏殺之" 國人恐懼 則降

15년 (AD 514) : 정월에 아시촌에 소경(小京)을 설치하였다.

[번역문]

15년(514) 봄 정월에 아시촌(阿尸村)에 소경(小京)을 설치하였다. 가을 7월에 6부와 남쪽 지방 사람들을 옮겨 그 곳을 채웠다. 왕이 죽었다. 시호(諡號)를 지증(智證)이라 하였는데, 신라에서 시호를 쓰는 법은 이로부터 시작되었다.

[원문]

十五年 春正月 置小京於阿尸村 秋七月 徙六部及南地人戶 充實之 王薨 諡曰智證 新羅諡法 始於此

법흥왕(法興王, ?~540)

신라의 제23대 왕(재위 514~540). 지증왕대의 개혁 조치를 바탕으로 율령을 반포하고 군사제도를 정비했으며 불교를 공인하여 신라가 중앙집권적 국가 체제를 갖추도록 하였다.

휘는 원종(原宗). 지증왕의 아들. 어머니는 연제부인(延帝夫人) 박씨(朴氏). 비(妃)는 보도부인(保刀夫人) 박씨. 왕위에 오르자 시법(諡法)을 제정하고, 517년 병부(兵部)를 설치하였다. 520년 율령(律令)을 반포하여 백

김씨 상계(金氏 上系)

관(百官)의 공복(公服)을 제정하였으며 521년 양(梁)나라와 국교를 열었다. 522년 가야국(伽倻國)이 청혼하자, 이찬 비조부(比助夫)의 누이동생을 출가시켰다. 523년 감사지(監舍知) 19인을 임명하였으며, 524년 남부지방을 순행(巡行)하고 황무지를 개척하여 군사당주(軍師幢主)를 두고, 525년 사벌주(沙伐州)에 군주(軍主)를 두었다.

527년 처음으로 불교를 공인하였으며, 531년 상대등 벼슬을 새로 두어 국사(國事)를 총리하게 하였다. 532년 본가야(本伽倻: 金官國)를 병합하여 금관군(金官郡)을 설치, 낙동강 유역을 확보하였다. 536년 연호를 건원(建元)이라 정하였다. 이는 신라 최초의 독자적인 연호였다. 말년에는 불교에 귀의하여 승려가 되었다. 능은 애공사(哀公寺) 북쪽 산봉우리에 있다.

0 년 (AD 514) : 법흥왕이 왕위에 올랐다.

[번역문]

법흥왕(法興王)이 왕위에 올랐다. 이름은 원종(原宗)이다.
<책부원귀(冊府元龜)에는, 성은 모(募)이고 이름은 진(秦)이라 하였다.>
지증왕의 맏아들로 어머니는 연제부인(延帝夫人)이고 왕비는 박씨 보도부인(保刀夫人)이다. 왕은 키가 일곱 자였고 성품이 너그럽고 후하여 사람들을 사랑하였다.

[원문]

法興王立 諱原宗 冊府元龜 姓募名秦[주석1] 智證王元子 母延帝夫人
妃朴氏保刀夫人 王身長七尺 寬厚愛人

3 년 (AD 516) : 봄 정월에 몸소 신궁(神宮)에 제사지냈다.

[번역문]

3년(516) 봄 정월에 몸소 신궁(神宮)에 제사지냈다. 용이 양산(楊山) 우

김씨 상계(金氏 上系)

물 안에 나타났다.

[원문]

三年 春正月 親祀神宮 龍見楊山井中

4 년 (AD 517) : 4월에 처음으로 병부(兵部)를 설치하였다.

[번역문]

4년(517) 여름 4월에 처음으로 병부(兵部)를 설치하였다.

[원문]

四年 夏四月 始置兵部

5 년 (AD 518) : 봄 2월에 주산성(株山城)을 쌓았다.

[번역문]

5년(518) 봄 2월에 주산성(株山城)을 쌓았다.

[원문]

五年 春二月 築株山城

7 년 (AD 520) : 정월에 율령을 반포하고 처음으로

[번역문]

7년(520) 봄 정월에 율령을 반포하고 처음으로 모든 관리의 공복(公服)과 붉은 색, 자주색으로 위계(位階)를 정하였다.

[원문]

七年 春正月 頒示律令 始制百官公服 朱紫之秩

8 년 (AD 521) : 양(梁)나라에 사신을 보내 토산물을

[번역문]

김씨 상계(金氏 上系)

8년(521) 양(梁)나라에 사신을 보내 토산물을 바쳤다.
[원문]
八年 遣使於梁貢方物

9년 (AD 522) : 3월에 가야국 왕이 사신을 보내 혼인을 청함.
[번역문]
9년(522) 봄 3월에 가야국 왕이 사신을 보내 혼인을 청하였으므로, 왕이 이찬 비조부(比助夫)의 누이를 그에게 보냈다.
[원문]
九年 春三月 加耶國王遣使請婚 王以伊湌比助夫之妹送之

11년 (AD 524) : 9월에 왕이 새로 넓힌 지역을 두루 돌아
[번역문]
11년(524) 가을 9월에 왕이 남쪽 변방의 새로 넓힌 지역을 두루 돌아보았는데, 이때 가야국 왕이 찾아왔으므로 만났다.
[원문]
十一年 秋九月 王出巡南境拓地 加耶國王來會

12년 (AD 525) : 2월에 대아찬 이등을 사벌주 군주로 삼았다.
[번역문]
12년(525) 봄 2월에 대아찬 이등(伊登)을 사벌주(沙伐州) 군주로 삼았다.
[원문]
十二年 春二月 以大阿湌伊登爲沙伐州軍主

15년 (AD 528) : 불교를 처음으로 시행하였다.

김씨 상계(金氏 上系)

[번역문]

15년(528) 불교를 처음으로 시행하였다. 일찍이 눌지왕 때 승려 묵호자(墨胡子)가 고구려로부터 일선군(一善郡)에 왔는데, 그 고을 사람 모례(毛禮)가 자기 집 안에 굴을 파 방을 만들어 있게 하였다. 그때 양나라에서 사신을 보내와 의복과 향을 보내주었다. 임금과 신하들이 그 향의 이름과 쓸 바를 몰랐으므로 사람을 보내 향을 가지고 다니며 두루 묻게 하였다. 묵호자가 이를 보고 그 이름을 대면서 말하였다. 이것을 사르면 향기가 나는데, 신성(神聖)에게 정성을 도달하게 하는 것입니다. 이른바 신성스러운 것으로는 삼보(三寶)보다 더한 것이 없으니, 첫째는 불타(佛陀)요, 둘째는 달마(達摩)이고, 셋째는 승가(僧伽)입니다. 만약 이것을 사르면서 소원을 빌면 반드시 영험(靈驗)이 있을 것입니다.

그 무렵 왕의 딸이 병이 심하였으므로 왕은 묵호자로 하여금 향을 사르고 소원을 말하게 하였더니, 왕의 딸 병이 곧 나았다. 왕이 매우 기뻐하여 음식과 선물을 많이 주었다. 묵호자가 [궁궐에서] 나와 모례를 찾아보고 얻은 물건들을 그에게 주면서 "나는 지금 갈 곳이 있어 작별하고자 합니다."라고 말하고는 잠시 후 간 곳을 알 수 없었다. 비처왕(毗處王) 때에 이르러 아도화상(阿道和尙)이 시중드는 이 세 사람과 함께 모례의 집에 또 왔다. 모습이 묵호자와 비슷하였는데 몇 년을 그곳에서 살다가 병(病)도 없이 죽었다. 시중들던 세 사람은 머물러 살면서 경(經)과 율(律)을 강독하였는데 신봉자가 가끔 있었다. 이때 와서 왕 또한 불교를 일으키고자 하였으나 뭇 신하들이 믿지 않고 이런 저런 불평을 많이 하였으므로 왕이 난처하였다. 왕의 가까운 신하 이차돈(異次頓) <혹은 처도(處道)라고도 하였다.>이 아뢰었다. "바라건대 하찮은 신(臣)을 목베어 뭇 사람들의 논의를 진정시키십시오." 왕이 말하였다. "본래 도(道)를 일으키고자 함인데 죄없는 사람을 죽이는 것은 잘못이다." 그러자 [이차돈이] 대답하였다.

김씨 상계(金氏 上系)

"만약 도가 행해질 수 있다면 신은 비록 죽어도 여한이 없겠습니다." 이에 왕이 여러 신하들을 불러 의견을 물으니 모두 말하였다. "지금 중들을 보니 깎은 머리에 이상한 옷을 입었고, 말하는 논리가 기이하고 괴상하여 일상적인 도(道)가 아닙니다. 지금 만약 이를 그대로 놓아두면 후회가 있을까 두렵습니다. 신 등은 비록 무거운 벌을 받더라도 감히 명을 받들지 못하겠습니다." 그러나 이차돈 혼자 다음과 같이 말하였다. 지금 뭇 신하들의 말은 잘못된 것입니다. 비상(非常)한 사람이 있은 후에야 비상한 일이 있을 수 있습니다. 지금 듣건대 불교가 심오하다고 하니, 믿지 않을 수 없습니다.

왕이 말하였다. "뭇 사람들의 말이 견고하여 이를 깨뜨릴 수가 없는데, 유독 너만 다른 말을 하니 양 쪽을 모두 따를 수는 없다." 드디어 이차돈을 관리에게 넘겨 목을 베게 하니, 이차돈이 죽음에 임하여 말하였다.

나는 불법(佛法)을 위하여 형(刑)을 당하는 것이니, 부처님께서 만약 신령스러움이 있다면 나의 죽음에 반드시 이상한 일이 있을 것이다.

목을 베자 잘린 곳에서 피가 솟구쳤는데 그 색이 우유빛처럼 희었다. 뭇 사람들이 괴이하게 여겨 다시는 불교를 헐뜯지 않았다.〈이는 김대문(金大問)의 계림잡전(鷄林雜傳) 기록에 의거하여 쓴 것인데, 한나마(韓奈麻) 김용행(金用行)이 지은 아도화상비(我道和尚碑)의 기록과는 자못 다르다.〉

[원문]

十五年 肇行佛法 初訥祇[주석2]王時 沙門墨胡子 自高句麗至一善郡 郡人毛禮 於家中作窟室安置 於時 梁遣使 賜衣着香物 君[주석3]臣不知其香名與其所用 遣人賫香徧問 墨胡子見之 稱其名目曰 "此焚之則香氣芬馥 所以達誠於神聖 所謂神聖未有過於三寶 一曰佛陁 二曰達摩 三曰僧伽 若燒此發願 則必有靈應" 時王女病革 王使胡子焚香表誓 王女之病尋愈 王甚喜 敦贈尤厚 胡子出見毛禮 以所得物贈之 因語曰 "吾今有所歸 請辭[주석4]" 俄而不知所歸 至毗處王時

김씨 상계(金氏 上系)

有阿道 一作我道 和尙 與侍者三人 亦來毛禮家 儀表似墨胡子 住數年 無病而死 其侍者三人留住 講讀經律 往往有信奉者 至是 王亦欲興佛敎 羣臣不信 疊疊騰口舌 王難之 近臣異次頓 或云處道 奏曰 "請斬小臣 以定衆議" 王曰 "本欲興道 而殺不辜[주석5] 非也" 答曰 "若道之得行 臣雖死無憾" 王於是 召臣問之 僉曰 "今見僧徒 童頭異服 議論奇詭 而非常道 今若縱之 恐有後悔 臣等雖卽重罪 不敢奉詔" 異次頓獨曰 "今羣臣之言非也 夫有非常之人 然後有非常之事 今聞佛敎淵奧 恐不可不信" 王曰 "衆人之言 牢不可破 汝獨異言 不能兩從" 遂下吏將誅之 異次頓臨死曰 "我爲法就刑 佛若有神 吾死必有異事" 及斬之 血從斷處湧 色白如乳 衆怪[주석6]之 不復非毁佛事 此據金大問鷄林雜傳所記書之 與[주석7]韓奈麻金用行所撰我道和尙碑 所錄[주석8]殊異

16년 (AD 529) : 영을 내려 살생을 금지시켰다.
[번역문]
16년(529) 영을 내려 살생을 금지시켰다.

[원문]
十六年 下令禁殺生

18년 (AD 531) : 3월에 담당 관청에 명하여 제방을 수리하게 하였다.
[번역문]
18년(531) 봄 3월에 담당 관청에 명하여 제방을 수리하게 하였다. 여름 4월에 이찬 철부(哲夫)를 상대등(上大等)으로 삼아 나라의 일을 총괄하게 하였다. 상대등의 관직은 이때 처음 생겼으니, 지금[고려]의 재상(宰相)과 같다.

김씨 상계(金氏 上系)

[원문]

十八年 春三月 命有司修理隄防 夏四月 拜伊湌哲夫爲上大等

摠知國事 上大等官 始於此 如今之宰相

19 년 (AD 532) : 금관국의 왕 김구해가 왕비와 세 아들

[번역문]

19년(532) 금관국(金官國)의 왕 김구해(金仇亥)가 왕비와 세 아들 즉 큰 아들 노종(奴宗), 둘째 아들 무덕(武德), 막내 아들 무력(武力)을 데리고 나라 창고에 있던 보물을 가지고 와서 항복하였다. 왕이 예로써 대접하고 상등(上等)의 벼슬을 주었으며 본국을 식읍(食邑)으로 삼게 하였다. 아들 무력은 벼슬하여 각간(角干)에 이르렀다.

[원문]

十九年 金官國主金仇亥 與妃及三子 長曰奴宗 仲曰武德 季曰武力 以國帑寶物來降 王禮待之 授位上等 以本國爲食邑 子武力仕至角干

21 년 (AD 534) : 상대등 철부(哲夫)가 죽었다.

[번역문]

21년(534) 상대등 철부(哲夫)가 죽었다.

[원문]

二十一年 上大等哲夫卒

23 년 (AD 536) : 처음으로 연호(年號)를 칭하여 건원(建元)

[번역문]

23년(536) 처음으로 연호(年號)를 칭하여 건원(建元) 원년이라 하였다.

[원문]

김씨 상계(金氏 上系)

二十三年 始稱年號 云建元元年

25 년 (AD 538) : 정월에 지방관이 가족을 데리고 부임하는
[번역문]
25년(538) 봄 정월에 지방관이 가족을 데리고 부임하는 것을 허락하였다.
[원문]
二十五年 春正月 敎許外官携家之任

27 년 (AD 540) : 7월에 왕이 죽었다. 시호를 법흥(法興)이라
[번역문]
27년(540) 가을 7월에 왕이 죽었다. 시호를 법흥(法興)이라 하고 애공사(哀公寺) 북쪽 산봉우리에 장사지냈다.
[원문]
二十七年 秋七月 王薨 諡曰法興 葬於哀公寺北峯

진흥왕(眞興王, 534~576)

 신라 제24대 왕(재위 540~576). 휘는 삼맥종(彡麥宗) 또는 심맥부(深麥夫)이다. 법호는 법운(法雲)이다. 지증왕(智證王)의 손자이며 갈문왕(葛文王) 입종(立宗)의 아들이다. 어머니는 법흥왕(法興王)의 딸 지소부인(只召夫人), 비는 사도부인 박씨(朴氏)이다. 법흥왕의 뒤를 이어 7세에 즉위할 때 태후, 즉 법흥왕비가 섭정하였다.
 541년 이사부(異斯夫)를 병부령(兵部令)에 임명, 백제에 대해 화친정책을 썼으며 551년(진흥왕 12) 개국(開國)이라고 연호를 변경하였다. 그해 3월에는 우륵(于勒)과 그의 제자 이문(泥文)을 불러들여 음악 연주를 듣고

김씨 상계(金氏 上系)

역시 같은 해에 팔관회(八關會)를 개최하였다.

553년 백제가 점령했던 한강 유역의 요지를 공취(攻取)하여, 거기에 신주(新州:廣州)를 설치하였다. 554년 백제 성왕(聖王)의 군사를 격퇴하고, 성왕을 사로잡아 죽였다. 561년 이사부의 공으로 대가야(大伽倻)를 평정하고, 이어 주위의 침입에 대비, 한강 유역에 주군(州郡)과 강력한 군단을 설치하고, 이들 새로 개척한 땅에 순수비(巡狩碑)를 세웠는데, 창녕(昌寧)·북한산·황초령(黃草嶺)·마운령(磨雲嶺) 등의 비가 지금까지 전한다.

565년 중국 진(陳)나라에서 사신 유사(劉思)와 승려 명관(明觀)을 보내면서 아울러 불교의 경론(經論) 1,700여 권을 보내왔다. 566년 기원(祇園)·실제(實際)의 두 절을 지었으며, 같은 해에 황룡사(皇龍寺)도 준공했다. 568년 대창(大昌)으로 연호를 변경하였는데, 572년 다시 홍제(鴻濟)로 고쳤다. 같은 해에 전사한 장병의 명복을 빌기 위하여 팔관연회(八關筵會)를 개최하였다. 574년 3월에 황룡사의 장륙상(丈六像)을 주조하였는데, 이것은 같은 절의 구층탑, 진평왕(眞平王)의 옥대(玉帶)와 함께 신라 삼보의 하나로 꼽힌다. 576년 비로소 화랑제도를 창시했는데, 이것이 신라 삼국통일의 원동력이 되었다. 진흥왕 때에 이르러서는 신라가 군사적·문화적으로 실력을 길러 장차 삼국을 통일하는 기반을 마련한 시기이다.

0년 (AD 540) : 진흥왕이 왕위에 올랐다.
[번역문]
진흥왕(眞興王)이 왕위에 올랐다. 이름은 삼맥종(彡麥宗)이다.<혹은 심맥부(深麥夫)라고도 썼다.> 그때 나이는 일곱 살이었다. 법흥왕의 동생 갈문왕(葛文王) 입종(立宗)의 아들이다. 어머니는 김씨로 법흥왕의 딸이고, 왕비는 박씨 사도부인(思道夫人)이다. 왕이 어렸으므로 왕태후(王太后)가 섭정하였다.

김씨 상계(金氏 上系)

[원문]

眞興王立 諱彡麥宗 或作深麥夫 時年七歲 法興王弟葛文王立宗之子也
母夫人金氏 法興王之女 妃朴氏思道夫人 王幼少 王太[주석1]后攝政

1 년 (AD 540) : 8월에 크게 사면하고 관작을 한 등급씩 올려

[번역문]

원년(540) 8월에 크게 사면하고 문·무관(文武官)의 관작을 한 등급씩 올려 주었다. 겨울 10월에 지진이 일어났고, 복숭아꽃과 오얏꽃이 피었다.

[원문]

元年 八月 大赦 賜文武官爵一級 冬十月 地震 桃李華

2 년 (AD 541) : 3월에 눈이 한 자나 내렸다.

[번역문]

2년(541) 봄 3월에 눈이 한 자나 내렸다. 이사부(異斯夫)를 병부령(兵部令)으로 삼고 중앙과 지방의 군사 일을 맡게 하였다. 백제에서 사신을 보내와 화친을 청하였으므로 허락하였다.

[원문]

二年 春三月 雪一尺 拜異斯夫爲兵部令 掌內外兵馬事 百濟遣使請和 許之

5 년 (AD 544) : 2월에 흥륜사(興輪寺)가 완성되었다

[번역문]

5년(544) 봄 2월에 흥륜사(興輪寺)가 완성되었다. 3월에 사람들이 출가하여 승려가 되어 불교를 받드는 것을 허락하였다.

[원문]

五年 春二月 興輪寺成 三月 許人出家爲僧尼 奉佛

김씨 상계(金氏 上系)

6년 (AD 545) : 7월에 이찬 이사부(異斯夫)가 아뢰었다.

[번역문]

6년(545) 가을 7월에 이찬 이사부(異斯夫)가 아뢰었다. "나라의 역사는 임금과 신하의 선악을 기록하여 포폄(褒貶)을 만대(萬代)에 보이는 것이니, 이를 편찬하지 않으면 후대에 무엇을 보이겠습니까?" 왕이 진실로 그렇다고 여겨 대아찬 거칠부(居柒夫) 등에게 명하여 선비들을 널리 모아 [국사를] 편찬케 하였다.

[원문]

六年 秋七月 伊湌異斯夫奏曰 "國史者 記君臣之善惡 示褒貶於萬代 不有修撰 後代何觀" 王深然之 命大阿湌居柒夫等 廣集文士 俾之修撰

9년 (AD 548) : 2월에 고구려가 백제 독산성을 공격

[번역문]

9년(548) 봄 2월에 고구려가 예인(穢人)과 함께 백제 독산성(獨山城)을 공격하였으므로 백제에서 구원을 청하였다. 왕은 장군 주령(朱玲)을 보내 굳센 군사 3천 명을 거느리고 치게 하였는데, 죽이거나 사로잡은 사람이 매우 많았다.

[원문]

九年 春二月 高句麗與穢人 攻百濟獨山城 百濟請救 王遣將軍朱玲[주석2] 領勁卒三千擊之 殺獲甚衆

10년 (AD 549) : 양나라에서 사신과 입학승 각덕을 파견

[번역문]

10년(549) 봄에 양나라에서 사신과 입학승(入學僧) 각덕(覺德)을 파견하여 부처의 사리(舍利)를 보내왔다. 왕이 백관으로 하여금 흥륜사 앞 길에

서 받들어 맞이하게 하였다.

[원문]

十年 春 梁遣使與入學僧覺德 送[주석3]佛舍利 王使百官 奉迎興輪寺前路

11년 (AD 550) : 정월에 백제가 고구려 도살성을 빼앗았다

[번역문]

11년(550) 봄 정월에 백제가 고구려 도살성(道薩城)을 빼앗았다. 3월에 고구려가 백제의 금현성(金峴城)을 함락시켰다. 왕은 두 나라의 군사가 피로한 틈을 타 이찬 이사부에게 명하여 군사를 내어 이를 쳐 두 성을 빼앗아 증축하고 군사 1천 명을 머물러 두어 지키게 하였다.

[원문]

十一年 春正月 百濟拔高句麗道薩城 三月 高句麗陷百濟金峴城 王乘兩國兵疲 命伊湌異斯夫 出兵擊之 取二城增築 留甲士一千戍之

12년 (AD 551) : 정월에 연호를 개국(開國)으로 바꾸었다.

[번역문]

12년(551) 봄 정월에 연호를 개국(開國)으로 바꾸었다. 3월에 왕이 순행(巡行)하다가 낭성(娘城)에 이르러, 우륵(于勒)과 그의 제자 이문(尼文)이 음악을 잘한다는 말을 듣고 그들을 특별히 불렀다. 왕이 하림궁(河臨宮)에 머무르며 음악을 연주하게 하니, 두 사람이 각각 새로운 노래를 지어 연주하였다. 이보다 앞서 가야국 가실왕(嘉悉王)이 12줄 현금[十二弦琴]를 만들었는데, 그것은 12달의 음률을 본뜬 것이다. 이에 우륵에게 명하여 곡을 만들게 하였던 바, 나라가 어지러워지자 [우륵은] 악기를 가지고 우리에게 귀의하였다. 그 악기의 이름은 가야금(加耶琴)이다. 왕이 거칠부 등에게 명하여 고구려에 침입케 하였는데, 이긴 기세를 타고 10개

김씨 상계(金氏 上系)

군을 빼앗았다.

[원문]

十二年 春正月 改元開國 三月 王巡守次娘城 聞于[주석4]勒及其弟子尼文知音樂 特喚之 王駐河臨宮 令奏其樂 二人各製新歌奏之 先是 加耶國嘉悉王 製十二弦琴 以象十二月之律 乃命于勒製其曲 及其國亂 操樂器投我 其樂名加耶琴 王命居柒夫等 侵高句麗 乘勝取十郡

13년 (AD 552) : 계고, 법지, 만덕 세 사람에게 명하여 우륵

[번역문]

13년(552) 왕이 계고(階古), 법지(法知), 만덕(萬德) 세 사람에게 명하여 우륵에게 음악을 배우도록 하였다. 우륵은 그들의 재능을 헤아려 계고에게는 가야금을, 법지에게는 노래를, 만덕에게는 춤을 가르쳤다. 학업이 끝나자 왕이 그들에게 연주하게 하고, 말하기를 "예전 낭성(娘城)에서 들었던 음과 다름이 없다." 하고는 상을 후하게 주었다.

[원문]

十三年 王命階古·法[주석5]知·萬德三人 學樂於于勒 于勒量其人之所能 敎階古以琴 敎法知以歌 敎萬德以舞 業成 王命奏之曰
"與前娘城之音無異" 厚賞焉

14년 (AD 553) : 2월에 왕이 명하여 월성 동쪽에 새 궁궐을

[번역문]

14년(553) 봄 2월에 왕이 담당 관청에 명하여 월성 동쪽에 새 궁궐을 짓게 하였는데, 황룡(黃龍)이 그 곳에서 나타났으므로 왕이 이상하게 여겨 [계획을] 바꿔 절로 만들고 이름을 황룡사(皇龍寺)라 하였다. 가을 7월에

김씨 상계(金氏 上系)

백제의 동북쪽 변두리를 빼앗아 신주(新州)를 설치하고 아찬 무력(武力)을 군주로 삼았다. 겨울 10월에 왕이 백제 왕의 딸을 맞아들여 소비(小妃)로 삼았다.

[원문]

十四年 春二月 王命所司 築新宮於月城東 黃龍見其地 王疑之 改爲佛寺 賜號 曰皇龍 秋七月 取百濟東北鄙 置新州[주석6] 以阿湌武力爲軍主 冬十月 娶百濟王女爲小妃

15 년 (AD 553) : 7월에 명활성(明活城)을 수리하여 쌓았다.

[번역문]

15년(553) 가을 7월에 명활성(明活城)을 수리하여 쌓았다. 백제 왕 명농[성왕]이 가량(加良)과 함께 관산성(管山城)을 공격해 왔다. 군주 각간 우덕(于德)과 이찬 탐지(耽知) 등이 맞서 싸웠으나 전세가 불리하였다. 신주(新州) 군주 김무력이 주의 군사를 이끌고 나아가 교전함에, 비장(裨將) 삼년산군(三年山郡)의 고간(高干) 도도(都刀)가 급히 쳐서 백제 왕을 죽였다. 이에 모든 군사가 승세를 타고 크게 이겨, 좌평(佐平) 네 명과 군사 2만 9천6백 명을 목베었고 한 마리의 말도 돌아간 것이 없었다.

[원문]

十五年 秋七月 修築明活城 百濟王明禮與加良 來攻管山城 軍主角干于德·伊湌耽知等 逆戰失利 新州軍主金武力 以州兵赴之 及交戰 裨將三年山郡高干[주석7]都刀 急擊殺百濟王 於是 諸軍乘勝 大克之 斬佐平四人·士卒二萬九千六百人 匹馬無反者

김씨 상계(金氏 上系)

16 년 (AD 555) : 정월에 비사벌에 완산주(完山州)를 설치

[번역문]

16년(555) 봄 정월에 비사벌(比斯伐)에 완산주(完山州)를 설치하였다. 겨울 10월에 왕이 북한산에 순행하여 강역을 넓혀 정하였다. 11월에 왕이 북한산에서 돌아왔다. 왕이 거쳐 지나온 주군(州郡)의 일년간 조(租)와 조(調)를 면제해 주고 그 지역의 죄수 가운데 두 가지 사형죄[二死]를 제외하고는 모두 용서해 주었다.

[원문]

十六年 春正月 置完山州於比斯伐 冬十月 王巡幸北漢山 拓定封疆 十一月 至自北漢山 敎所經州郡 復一年租調 曲赦 除二罪 皆原之

17 년 (AD 556) : 7월에 비열홀주를 설치하고 사찬 성종을

[번역문]

17년(556) 가을 7월에 비열홀주(比列忽州)를 설치하고 사찬 성종(成宗)을 군주로 삼았다.

[원문]

十七年 秋七月 置比列忽州 以沙湌成宗爲軍主[주석8]

18 년 (AD 557) : 국원(國原)을 소경(小京)으로 삼았다.

[번역문]

18년(557) 국원(國原)을 소경(小京)으로 삼았다. 사벌주(沙伐州)를 폐하고 감문주(甘文州)를 설치하여 사찬 기종(起宗)을 군주로 삼았으며, 신주(新州)를 폐하고 북한산주(北漢山州)를 설치하였다.

[원문]

十八年 以國原爲小京 廢沙伐州 置甘文州 以沙湌起宗爲軍主 廢新州 置北漢山州

김씨 상계(金氏 上系)

19년 (AD 558) : 2월에 귀족 자제와 부유한 백성을

[번역문]

19년(558) 봄 2월에 귀족 자제와 6부의 부유한 백성을 국원소경으로 옮겨 그곳을 채웠다. 나마 신득(身得)이 포노(砲弩)를 만들어 바치니 그것을 성 위에 설치하였다.

[원문]

十九年 春二月 徙貴戚子弟及六部豪民 以實國原 奈麻身得作砲弩上之 置之城上

23년 (AD 562) : 7월에 백제가 변방의 백성을 침략

[번역문]

23년(562) 가을 7월에 백제가 변방의 백성을 침략하였으므로 왕이 군사를 내어 막아 1천여 명을 죽이거나 사로잡았다. 9월에 가야가 반란을 일으켰으므로 왕이 이사부에 명하여 토벌케 하였는데, 사다함(斯多含)이 부장(副將)이 되었다. 사다함은 5천 명의 기병을 이끌고 앞서 달려가 전단문에 들어가 흰 기(旗)를 세우니 성 안의 사람들이 두려워 어찌할 바를 몰랐다. 이사부가 군사를 이끌고 거기에 다다르자 일시에 모두 항복하였다. 전공을 논함에 사다함이 으뜸이었으므로, 왕이 좋은 토지와 포로 200명을 상으로 주었으나 사다함이 세 번이나 사양하였다. 왕이 굳이 주므로 이에 받아 포로는 풀어 양인(良人)이 되게 하고 토지는 군사들에게 나누어 주니, 나라 사람들이 그것을 아름답게 여겼다.

[원문]

二十三年 秋七月 百濟侵掠邊戶 王出師拒之 殺獲一千餘人 九月 加耶叛 王命異斯夫討之 斯多含副之 斯多含領五千騎先馳 入栴檀門 立白旗 城中恐懼 不知所爲 異斯夫引兵臨之 一時盡降 論功 斯多含爲最 王賞以良田及所虜二[주석9]百口[주석10] 斯多含三讓 王强之 乃受 其生口放爲良人 田分與戰士 國人美之

김씨 상계(金氏 上系)

25 년 (AD 564) : 북제(北齊)에 사신을 보내 조공하였다.
[번역문]
25년(564) 북제(北齊)에 사신을 보내 조공하였다.
[원문]
二十五年 遣使北齊朝貢

26 년 (AD 565) : 2월에 북제의 무성황제가 조서를 내려,
[번역문]
26년(565) 봄 2월에 북제의 무성황제(武成皇帝)가 조서(詔書)를 내려, 왕을 사지절(使持節) 동이교위(東夷校尉) 낙랑군공(樂浪郡公) 신라왕(新羅王)으로 삼았다. 가을 8월에 아찬 춘부(春賦)에게 명하여 나아가 국원(國原)을 지키게 하였다. 9월에 완산주를 폐하고 대야주(大耶州)를 설치하였다. 진(陳)나라에서 사신 유사(劉思)와 승려 명관(明觀)을 보내 예방하고, 불교 경론(經論) 1천7백여 권을 보내주었다.
[원문]
二十六年 春二月 北齊武成皇帝詔 以王爲使持節東夷校尉樂浪郡公新羅王 秋八月 命阿湌春賦 出守國原 九月 廢完山州 置大耶州 陳遣使劉思與僧明觀 來聘 送釋氏經論千七百餘卷

27 년 (AD 566) : 2월에 기원사와 실제사 두 절이 이루어졌다.
[번역문]
27년(566) 2월에 기원사(祇園寺)와 실제사(實際寺) 두 절이 이루어졌다. 왕자 동륜(銅輪)을 왕태자로 삼았다. 진(陳)나라에 사신을 보내 토산물을 바쳤다. 황룡사가 준공되었다.
[원문]

김씨 상계(金氏 上系)

二十[주석11]七年 春二月 祗[주석12]園·實際二寺成 立王子銅輪爲王太子
遣使於陳貢方物 皇龍寺畢功

28 년 (AD 567) : 3월에 진(陳)나라에 사신을 보내 토산물을
[번역문]
28년(567) 봄 3월에 진(陳)나라에 사신을 보내 토산물을 바쳤다.
[원문]
二十八年 春三月 遣使於陳貢方物

29 년 (AD 568) : 연호를 태창(太昌)으로 바꾸었다.
[번역문]
29년(568) 연호를 태창(太昌)으로 바꾸었다. 여름 6월에 진나라에 사신을 보내 토산물을 바쳤다. 겨울 10월에 북한산주를 폐하고 남천주(南川州)를 설치하였다. 또 비열홀주를 폐하고 달홀주(達忽州)를 설치하였다.
[원문]
二十九年 改元大昌 夏六月 遣使於陳貢方物 冬十月 廢北漢山州 置南川州 又廢比列忽州 置達忽州

31 년 (AD 570) : 6월에 진나라에 사신을 보내 토산물을
[번역문]
31년(570) 여름 6월에 진나라에 사신을 보내 토산물을 바쳤다.
[원문]
三十一年 夏六月 遣使於陳獻方物

32 년 (AD 571) : 진나라에 사신을 보내 토산물을 바쳤다.

김씨 상계(金氏 上系)

[번역문]

32년(571) 진나라에 사신을 보내 토산물을 바쳤다.

[원문]

三十二年 遣使於陳貢方物

33 년 (AD 572) : 정월에 연호를 홍제(鴻濟)로 바꾸었다.

[번역문]

33년(572) 봄 정월에 연호를 홍제(鴻濟)로 바꾸었다. 3월에 왕태자 동륜이 죽었다. 북제(北齊)에 사신을 보내 조공하였다. 겨울 10월 20일에 전쟁에서 죽은 사졸을 위하여 바깥의 절에서 팔관연회(八關筵會)를 열어 7일만에 마쳤다.

[원문]

三[주석13]13)十三年 春正月 改元鴻濟 三月 王太子銅輪卒 遣使北齊朝貢 冬十月二十日 爲戰死士卒 設八關筵會於外寺 七日罷

35 년 (AD 574) : 3월에 황룡사의 장륙상(丈六像)을 주조

[번역문]

35년(574) 봄 3월에 황룡사의 장륙상(丈六像)을 주조하였는데, 구리의 무게가 35,007근이고 도금한 금의 무게가 10,198푼[分]이었다.

[원문]

三十五年 春三月 鑄成皇龍寺丈六像 銅重三萬五千七斤 鍍金重一萬一百九十八分

36 년 (AD 575) : 가물었다. 황룡사 장륙상이 눈물을

[번역문]

36년(575) 봄과 여름에 가물었다. 황룡사 장륙상이 눈물을 흘려 발꿈치

김씨 상계(金氏 上系)

에까지 이르렀다.

[원문]

三十六年 春夏旱 皇龍寺丈六像 出淚至踵

37년 (AD 576) : 봄에 처음으로 원화(源花)를 받들었다.

[번역문]

37년(576) 봄에 처음으로 원화(源花)를 받들었다. 일찍이 임금과 신하들이 인물을 알아볼 방법이 없어 걱정하다가, 무리들이 함께 모여 놀게 하고 그 행동을 살펴본 다음에 발탁해 쓰고자 하여 마침내 미녀 두 사람 즉 남모(南毛)와 준정(俊貞)을 뽑고 무리 300여 명을 모았다. 두 여인이 아름다움을 다투어 서로 질투하여, 준정이 남모를 자기 집에 유인하여 억지로 술을 권하여 취하게 되자 끌고 가 강물에 던져 죽였다. 준정이 사형에 처해지자 무리들은 화목을 잃고 흩어지고 말았다. 그 후 다시 미모의 남자를 택하여 곱게 꾸며 화랑(花郞)이라 이름하고 그를 받드니, 무리들이 구름처럼 몰려들었다. 혹 도의(道義)로써 서로 연마하고 혹은 노래와 음악으로 서로 즐겼는데, 산과 물을 찾아 노닐고 즐기니 멀리 이르지 않은 곳이 없었다. 이로 인하여 사람의 사악함과 정직함을 알게 되어, 착한 사람을 택하여 조정에 천거하였다. 그러므로 김대문(金大問)은 화랑세기(花郞世記)에서 다음과 같이 말하였다. 『어진 보필자와 충신은 이로부터 나왔고, 훌륭한 장수와 용감한 병졸은 이로부터 생겼다.』 그리고 최치원의 난랑비(鸞郞碑) 서문에 다음과 같이 기록하였다.

나라에 현묘(玄妙)한 도가 있으니 풍류(風流)라 한다. 가르침의 근원에 대해서는 선사(仙史)에 자세히 갖추어져 있거니와, 실로 이는 삼교(三敎)를 포함하고 뭇 백성들과 접(接)하여 교화한다. 이를테면 들어와서는 집안에서 효를 행하고 나가서는 나라에 충성함은 노나라 사구(司寇)의 가르

김씨 상계(金氏 上系)

침이고, 하였다고 자랑함이 없는 일[無爲之事]을 하고, 말없는 가르침[無言之敎]을 행함은 주나라 주사(柱史)의 뜻이며, 모든 악을 짓지 말고 모든 선을 받들어 행하라 함은 축건태자(竺乾太子)의 교화이다.

당나라 영호징(令狐澄)의 신라국기(新羅國記)에 말하였다.

귀족의 자제 중 아름다운 이를 택하여 분을 바르고 곱게 꾸며서 이름을 화랑(花郞)이라 하였는데, 나라 사람들이 모두 그를 높이 받들어 섬겼다.

안홍법사(安弘法師)가 수나라에 들어가 불법을 배우고 호승(胡僧) 비마라(毗摩羅) 등 두 승려와 함께 돌아와 능가경(稜伽經)과 승만경(勝鬘經) 및 부처의 사리를 바쳤다. 가을 8월에 왕이 죽었다. 시호를 진흥(眞興)이라 하고 애공사(哀公寺) 북쪽 산봉우리에 장사지냈다. 왕은 어린 나이에 즉위하여 한결같은 마음으로 불교를 받들었고, 말년에는 머리를 깎고 승복을 입었으며 스스로 법운(法雲)이라 칭하다가 죽었다. 왕비 또한 그것을 본받아 비구니가 되어 영흥사(永興寺)에 머물다가 죽으니, 나라 사람들이 예를 갖추어 장사지냈다.

[원문]

三十七年 春 始奉源花 初君臣病無以知人 欲使[주석14]類聚 遊 以觀其行義 然後擧而用之 遂簡美女二人 一曰南毛 一曰俊貞 聚徒三百餘人 二女爭娟相妬 俊貞引南毛於私第 强勸酒 至醉 曳而投河水以殺之 俊貞伏誅 徒人失和罷散 其後 更取美貌男子 粧飾之 名花郞以奉之 徒衆雲集 或相磨以道義 或相悅以歌樂 遊娛山水 無遠不至 因此知其人邪正 擇其善者 薦之於朝 故金大問花郞世記曰 {賢佐忠臣 從此而秀 良將勇卒 由是而生 崔致遠鸞郞碑序曰 國有玄妙之道 曰風流 設敎之源 備詳仙史 實乃包含三敎 接化 生 且如入則孝於家 出則忠於國 魯司寇之旨也 處無爲之事 行不言之敎 周柱史之宗也 諸惡莫作 諸善奉行 竺[주석15]乾太[주석16]子之化也 唐令狐澄新羅國記曰 擇貴人子弟之美者 傅粉粧飾之 名曰花郞 國人皆尊事之也 安弘法師入隋求法 與胡僧毗摩羅等二僧廻

上稜伽勝 經及佛舍利 秋八月 王薨 諡曰眞興 葬于哀公寺北峯 王幼年卽位 一心 奉佛 至末年祝髮被僧衣 自號法雲 以終其身 王妃亦 之爲尼 住永興寺 及其薨也 國人以禮葬之

진지왕(眞智王, ?~579)

신라의 제25대 왕(재위 576~579). 백제의 잦은 침공을 받았으나, 내리 서성 등을 쌓아 방비를 굳게 하였다. 중국의 진나라와 수교하여 화친을 도모하였다.

휘는 사륜(舍輪)·금륜(金輪). 진흥왕의 둘째 아들. 어머니는 사도부인(思道夫人). 비(妃)는 오공(烏公)의 딸 지도부인(知道夫人). 진흥왕의 첫째 아들이자 형인 태자 동륜(銅輪)이 572년(진흥왕 33)에 개에게 물리는 사고를 당해 사망하자 진흥왕에 이어 왕위에 올랐다. 태자 동륜의 아들 백정(白淨, 진평왕)이 있었지만 그를 재치고 왕위에 오른 것은 거칠부(居柒夫) 세력의 정치적 지원이 있어 가능했다.

백제와 대립하여 잦은 침공을 받았으나, 내리서성(內利西城) 등을 쌓아 방비를 굳게 하였다. 상대등(上大等) 거칠부(居柒夫)에게 국정을 맡겼으며, 중국의 진(陳)나라와 수교하여 화친을 도모하였다. 하지만 정치적으로는 무능하고 음란에 빠져 정사를 돌보지 않아 579년에 폐위되고 말았다. 《화랑세기》에 의하면 슬하에 김용수(金龍樹), 김용춘(金龍春) 두아들이 있었고 서자(庶子)로 비형랑이 있다. 능은 경주(慶州) 영경사(永敬寺) 북쪽에 있다. 《삼국사기》, 《삼국유사》에는 김용수, 김용춘 두아들이 동일 인물이라고 기록한다.

0 년 (AD 576) : 진지왕이 왕위에 올랐다.

김씨 상계(金氏 上系)

[번역문]

진지왕(眞智王)이 왕위에 올랐다. 이름은 사륜(舍輪)이고<혹은 금륜(金輪)이라고도 하였다.> 진흥왕의 둘째 아들이다. 어머니는 사도부인(思道夫人)이고 왕비는 지도부인(知道夫人)이다. 태자가 일찍 죽었으므로 진지가 왕위에 올랐다.

[원문]

眞智王立 諱舍輪 或云金輪 眞興王次子 母思道夫人 妃知道夫人 太[주석1]子早卒 故眞智立

1 년 (AD 576) : 이찬 거칠부를 상대등(上大等)으로 삼아

[번역문]

원년(576) 이찬 거칠부를 상대등(上大等)으로 삼아 나라의 일을 맡겼다.

[원문]

元年 以伊湌居柒夫爲上大等 委以國事

2 년 (AD 577) : 2월에 왕이 신궁에 제사를 지내고 크게 사면

[번역문]

2년(577) 봄 2월에 왕이 몸소 신궁에 제사를 지내고 크게 사면하였다. 겨울 10월에 백제가 서쪽 변방의 주와 군에 침입하였으므로 이찬 세종(世宗)에게 명하여 군사를 내어 일선군 북쪽에서 쳐서 깨뜨리고 3천7백여 명을 목베었다. 내리서성(內利西城)을 쌓았다.

[원문]

二年 春二月 王親祀神宮 大赦 冬十月 百濟侵西邊州郡 命伊湌世宗出師 擊破之於一善北 斬獲三千七百級 築內利西城

김씨 상계(金氏 上系)

3 년 (AD 578) : 7월에 진(陳)나라에 사신을 보내 토산물을

[번역문]

3년(578) 가을 7월에 진(陳)나라에 사신을 보내 토산물을 바쳤다. 백제에게 알야산성(閼也山城)을 주었다.

[원문]

三年 秋七月 遣使於陳以獻方物 與[주석2]百濟閼也山城

4 년 (AD 579) : 2월에 백제가 웅현성과 송술성을 쌓아

[번역문]

4년(579) 봄 2월에 백제가 웅현성(熊峴城)과 송술성(松述城)을 쌓아 산산성(䔉山城), 마지현성(麻知峴城), 내리서성의 길을 막았다. 가을 7월 17일에 왕이 죽었다. 시호를 진지(眞智)라 하고 영경사(永敬寺) 북쪽에 장사 지냈다.

[원문]

四年 春二月 百濟築熊峴城·松述城 以梗

[주석3]䔉山城·麻知峴城·內利西城之路 秋七月十七日 王薨 諡曰眞智

葬于永敬寺北

0 년 (AD 579) : 진평왕이 왕위에 올랐다.

[번역문]

진평왕(眞平王)이 왕위에 올랐다. 이름은 백정(白淨)이고 진흥왕의 태자 동륜(銅輪)의 아들이다. 어머니는 김씨 만호부인(萬呼夫人)으로 갈문왕 입종(立宗)의 딸이다. 왕비는 김씨 마야부인(摩耶夫人)으로 갈문왕 복승(福勝)의 딸이다. 왕은 태어날 때부터 기이한 용모였고 신체가 장대하고 뜻이 깊고 굳세었으며, 지혜가 밝아 사리에 통달하였다.

김씨 상계(金氏 上系)

[원문]

眞平王立 諱白淨 眞興王太[주석1]子銅輪之子也 母金氏萬呼 一云萬內夫人 葛文王立宗之女 妃金氏摩耶夫人 葛文王福勝之女 王生有奇相 身體長大 志識沉毅明達

1 년 (AD 579) : 8월에 이찬 노리부(弩里夫)를 상대등으로

[번역문]

원년(579) 8월에 이찬 노리부(弩里夫)를 상대등으로 삼았다. 친동생 백반(伯飯)을 진정갈문왕(眞正葛文王)으로, 국반(國飯)을 진안갈문왕(眞安葛文王)으로 봉하였다.

[원문]

元年 八月 以伊湌弩里夫爲上大等 封母弟伯飯爲眞正葛文王 國飯爲眞安葛文王

2 년 (AD 580)년 : 2월에 몸소 신궁에 제사지냈다.

[번역문]

2년(580) 봄 2월에 몸소 신궁에 제사지냈다. 이찬 후직(后稷)을 병부령으로 삼았다.

[원문]

二年 春二月 親祀神宮 以伊湌后稷爲兵部令

3 년 (AD 581) : 정월에 처음으로 위화부(位和府)를 설치

[번역문]

3년(581) 봄 정월에 처음으로 위화부(位和府)를 설치하였는데, 지금[고려]의 이부(吏部)와 같다.

[원문]

三年 春正月 始置位和府 如今吏部

5년 (AD 583) : 정월에 처음으로 선부의 관청을 설치하고
[번역문]
5년(583) 봄 정월에 처음으로 선부(船府)의 관청을 설치하고 대감(大監)과 제감(弟監) 각 1인을 두었다.
[원문]

五年 春正月 始置船府署 大監·弟監各一員

6년 (AD 584) : 2월에 연호를 건복(建福)으로 바꾸었다
[번역문]
6년(584) 봄 2월에 연호를 건복(建福)으로 바꾸었다. 3월에 조부(調府)에 영(令) 1인을 두어 조세를 관장하게 하였고, 승부(乘府)에 영 1인을 두어 수레에 관한 일을 맡아보게 하였다.
[원문]

六年 春二月 改元建福 三月 置調府令一員 掌貢賦 乘府令一員 掌車乘

7년 (AD 585) : 봄 3월에 가물었으므로 왕이
[번역문]
7년(585) 봄 3월에 가물었으므로 왕이 정전(正殿)에 [거처하기를] 피하고 평상시의 반찬 가짓수를 줄였으며, 남당(南堂)에 나아가 몸소 죄수의 정상을 살폈다. 가을 7월에 고승 지명(智明)이 불법을 배우러 진(陳)나라에 들어갔다.
[원문]

김씨 상계(金氏 上系)

七年 春三月 旱 王避正殿減常饍 御南堂親錄囚 秋七月
高僧智明入陳求法

8 년 (AD 586) : 봄 정월에 예부(禮部)에 영 2인을 두었다
[번역문]
8년(586) 봄 정월에 예부(禮部)에 영 2인을 두었다. 여름 5월에 천둥과 벼락이 치고 별이 비오듯이 떨어졌다.
[원문]
八年 春正月 置禮部令二員 夏五月 雷震 星殞如雨

9 년 (AD 587) : 7월에 대세와 구칠 두 사람이 바다로
[번역문]
9년(587) 가을 7월에 대세(大世)와 구칠(仇柒) 두 사람이 바다로 떠났다. 대세는 나물왕의 7세손 이찬 동대(冬臺)의 아들로, 자질이 뛰어났고 어려서부터 세속을 떠날 뜻이 있었다. 승려 담수(淡水)와 사귀며 놀던 어느날 말하였다.

이 신라의 산골에 살다가 일생을 마친다면, 못 속의 물고기와 새장의 새가 푸른 바다의 넓음과 산림의 너그럽고 한가함을 모르는 것과 무엇이 다르겠는가? 나는 장차 뗏목을 타고 바다를 건너 오월(吳越)에 이르러 차차로 스승을 찾아 명산에서 도를 물으려 한다. 만약 평범한 인간에서 벗어나 신선(神仙)을 배울 수 있다면, 텅 비고 넓은 허공 위를 바람을 타고 훨훨 나를 터이니 이것이야말로 천하의 기이한 놀이요, 볼만한 광경일 것이다. 그대도 나를 따를 수 있겠는가?

[그러나] 담수는 이를 기꺼워하지 않았다. 대세는 물러나와 다시 벗을 구하였는데, 마침 구칠(仇柒)이라는 사람을 만났다. 그는 기개가 있고 절

김씨 상계(金氏 上系)

조가 뛰어났다. 드디어 그와 함께 남산의 절에 놀러 갔었는데, 갑자기 바람이 불고 비가 와 나뭇잎이 떨어져 뜰에 고인 물에 떠 있었다. 대세가 구칠에게 말하였다. 나는 그대와 함께 서쪽으로 유람할 마음이 있는데, 지금 각자 나뭇잎 하나씩을 집어 그것을 배로 삼아 누구의 것이 먼저 가고 뒤에 가는 지를 보자.

조금 후에 대세의 잎이 앞섰으므로 대세가 웃으면서 "내가 [먼저] 갈까 보다."고 말하니, 구칠이 화를 발끈 내며 말하기를 "나 또한 남자인데 어찌 나만 못 가겠는가!" 하였다. 대세는 그와 함께 할 수 있음을 알고 자신의 뜻을 은밀히 말하였다. 구칠이 말하기를 "이는 내가 바라던 바였다."라고 하였다. 드디어 서로 벗삼아 남해(南海)에서 배를 타고 가버렸는데, 후에 그들이 간 곳을 알 수 없었다.

[원문]

九年 秋七月 大世·仇柒二人適海 大世 奈勿王七世孫 伊湌冬臺之子也 資俊逸 少有方外志 與交遊僧淡水曰 "在此新羅山谷之間 以終一生 則何異池魚籠鳥 不知滄海之浩大 山林之寬閑乎 吾將乘桴泛海 以至吳越 侵尋追師 訪道於名山 若凡骨可換 神仙可學 則飄然乘風於沆瀣之表 此天下之奇遊壯觀也 子能從我乎" 淡水不肯 大世退而求友 適遇仇柒者 耿介有奇節 遂與之遊南山之寺 忽風雨落葉 泛於庭潦

大世與仇柒言曰 "吾有與君西遊之志 今各取一葉 爲之舟 以觀其行之先後" 俄而大世之葉在前 大世笑曰 "吾其行乎" 仇柒勃然曰 "予[주석2]亦男兒也 豈獨不能乎" 大世知其可與 密言其志 仇柒曰 "此吾願也" 遂相與爲友 自南海乘舟而去 後不知其所往

10 년 (AD 588) : 겨울 12월에 상대등 노리부가 죽었으므로
[번역문]

김씨 상계(金氏 上系)

10년(588) 겨울 12월에 상대등 노리부가 죽었으므로 이찬 수을부(首乙夫)를 상대등으로 삼았다.
[원문]
十年 冬十二月 上大等弩里夫卒 以伊湌首乙夫爲上大等

11 년 (AD 589) : 3월에 원광법사가 불법을 배우러 진나라에
[번역문]
11년(589) 봄 3월에 원광법사(圓光法師)가 불법(佛法)을 배우러 진나라에 들어갔다. 가을 7월에 나라 서쪽에 홍수가 나서 민가 30,360호가 떠내려가거나 물에 잠겼고 죽은 사람이 200여 명이었다. 왕이 사자(使者)를 보내 그들을 진휼하였다.
[원문]
十一年 春三月 圓光法師 入陳求法 秋七月 國西大水 漂沒人戶
三萬三百六十 死者二百餘人 王發使賑恤之

13 년 (AD 591) : 2월에 영객부에 영(令) 2인을 두었다.
[번역문]
13년(591) 봄 2월에 영객부(領客府)에 영(令) 2인을 두었다. 가을 7월에 남산성(南山城)을 쌓았는데, 둘레가 2,854보였다.
[원문]
十三年 春二月 置領客府令二員 秋七月 築南山城 周二千八百五十四步

15 년 (AD 593) : 7월에 명활성을 고쳐 쌓았는데 둘레가 3천
[번역문]
15년(593) 가을 7월에 명활성을 고쳐 쌓았는데 둘레가 3천 보였고,

김씨 상계(金氏 上系)

서형산성(西兄山城)은 둘레가 2천 보였다.

[원문]

十五年 秋七月 改築明活城 周三千步 西兄山城 周二千步

16 년 (AD 594) : 수나라 황제가 조서를 내려, 왕을 상개부

[번역문]

16년(594) 수나라 황제가 조서를 내려, 왕을 상개부(上開府) 낙랑군공(樂浪郡公) 신라왕(新羅王)으로 삼았다.

[원문]

十六年 隋帝詔 拜王爲上開府樂浪郡公新羅王

18 년 (AD 596) : 봄 3월에 고승 담육(曇育)이 불법을 배우러

[번역문]

18년(596) 봄 3월에 고승 담육(曇育)이 불법을 배우러 수나라에 들어갔다. 사신을 수나라에 보내 토산물을 바쳤다. 겨울 10월에 영흥사에 불이 났는데, 불길이 번져 가옥 350채를 태웠으므로 왕이 몸소 나아가 진휼하였다.

[원문]

十八年 春三月 高僧曇育 入隋求法 遣使如隋貢方物 冬十月 永興寺火 延燒三百五十家 王親臨救之

19 년 (AD 597) : 삼랑사(三郞寺)가 완성되었다.

[번역문]

19년(597) 삼랑사(三郞寺)가 완성되었다.

[원문]

十九年 三郞寺成

김씨 상계(金氏 上系)

22년 (AD 600) : 고승 원광이 조빙사(朝聘使) 나마 제문과
[번역문]
22년(600) 고승 원광이 조빙사(朝聘使) 나마 제문(諸文)과 대사 횡천(橫川)을 따라 돌아왔다.
[원문]
二十二年 高僧圓光 隨朝聘使奈麻諸文·大舍橫川還

24년 (AD 602) : 사신 대나마 상군(上軍)을 수나라에 보내
[번역문]
24년(602) 사신 대나마 상군(上軍)을 수나라에 보내 토산물을 바쳤다. 가을 8월에 백제가 아막성(阿莫城)을 공격해 왔으므로 왕이 장수와 사졸로 하여금 맞서 싸우게 하여 크게 쳐부수었으나 귀산(貴山)과 추항(箒項)이 전사하였다. 9월에 고승 지명이 입조사(入朝使) 상군을 따라 돌아왔다. 왕이 지명의 계행(戒行)을 존경하여 대덕(大德)으로 삼았다.
[원문]
二十四年 遣使大奈麻上軍 入隋進方物 秋八月 百濟來攻阿莫城
王使將士逆戰 大敗之 貴山·箒項死之 九月 高僧智明 隨入朝使上軍還
王尊敬明公戒行爲大德

25년 (AD 603) : 가을 8월에 고구려가 북한산성에 침입
[번역문]
25년(603) 가을 8월에 고구려가 북한산성에 침입하였으므로 왕이 몸소 군사 1만 명을 이끌고 그들을 막았다.
[원문]
二十五年 秋八月 高句麗侵北漢山城 王親率兵一萬以拒之

김씨 상계(金氏 上系)

26 년 (AD 604) : 7월에 사신을 수나라에

[번역문]

26년(604) 가을 7월에 사신 대나마 만세(萬世)와 혜문(惠文) 등을 수나라에 보내 조공하였다. 남천주를 폐하고 북한산주를 다시 설치하였다.

[원문]

二十六年 秋七月 遣使大奈麻萬世·惠文等朝隋 廢南川州 還置北漢山州

27 년 (AD 605) : 봄 3월에 고승 담육이 입조사 혜문을 따라

[번역문]

27년(605) 봄 3월에 고승 담육이 입조사 혜문을 따라 돌아왔다. 가을 8월에 군사를 일으켜 백제를 침략하였다.

[원문]

二十七年 春三月 高僧曇育 隨入朝使惠文還 秋八月 發兵侵百濟

30 년 (AD 608) : 왕이 고구려가 자주 강역을 침략하는 것을

[번역문]

30년(608) 왕이 고구려가 자주 강역을 침략하는 것을 걱정하여 수나라에 군사를 청하여 고구려를 치려고 원광에게 명하여 걸사표(乞師表)를 짓게 하니, 원광이 말하였다. 자기 살기를 구하여 남을 멸하는 것은 승려로서의 행동이 아니나, 저[貧道]는 대왕의 땅에서 살고 대왕의 물과 풀을 먹고 있으니 감히 명을 따르지 않겠습니까?

이에 [글을] 지어서 아뢰었다. 2월에 고구려가 북쪽 변방을 침략하여 8천 명을 사로잡아 갔다. 4월에 고구려가 우명산성(牛鳴山城)을 빼앗았다.

김씨 상계(金氏 上系)

[원문]

三十年 王患高句麗屢侵封場 欲請隋兵以征高句麗 命圓光修乞師表
光曰 "求自存而滅他 非沙門之行也 貧道在大王之土地 食大王之水草
敢不惟命是從" 乃述以聞 二月 高句麗侵北境 虜獲八千人 四月
高句麗拔牛鳴山城

31년 (AD 609) : 정월에 모지악 아래의 땅이 불에 탔다

[번역문]

31년(609) 봄 정월에 모지악(毛只嶽) 아래의 땅이 불에 탔다. 그 넓이가 네 보(步)이고 길이가 여덟 보였으며 깊이가 다섯 자였는데, 10월 15일에 이르러 꺼졌다.

[원문]

三十一年 春正月 毛只嶽下地燒 廣四步 長八步 深五尺 至十月十五日滅

33년 (AD 611) : 수나라에 사신을 보내 군사를 청

[번역문]

33년(611) 왕이 수나라에 사신을 보내 표(表)를 올려 군사를 청하니, 수양제(煬帝)가 그것을 허락하였다. 군사를 움직인 일에 관해서는 고구려본기에 실려 있다. 겨울 10월에 백제 군사가 가잠성(椵岑城)을 포위하여 100일이나 지속되었다. 현령(縣令) 찬덕(讚德)이 굳게 지켰으나 힘이 다하여 죽고 성은 함락되었다.

[원문]

三十三年 王遣使隋 奉表請師 隋煬帝許之 行兵事在高句麗紀 冬十月
百濟兵來圍椵岑城百日 縣令讚德固守 力竭死之 城沒

김씨 상계(金氏 上系)

35년 (AD 613) : 봄에 가물었다. 4월에 서리가 내렸다
[번역문]
35년(613) 봄에 가물었다. 여름 4월에 서리가 내렸다. 가을 7월에 수나라 사신 왕세의(王世儀)가 황룡사에 이르자 백고좌회(百高座會)를 열었는데, 원광 등의 법사(法師)를 맞이하여 불경을 강설하였다.
[원문]
三十五年 春旱 夏四月 降霜 秋七月 隋使王世儀至皇龍寺 設百高座 邀圓光等法師 說經

36년 (AD 614) : 2월에 사벌주를 폐하고 일선주를 설치하여,
[번역문]
36년(614) 봄 2월에 사벌주를 폐하고 일선주를 설치하여, 일길찬 일부(日夫)를 군주로 삼았다. 영흥사의 흙으로 만든 불상이 저절로 무너지더니 얼마 안 있어 진흥왕비인 비구니(比丘尼)가 죽었다.
[원문]
三十六年 春二月 廢沙伐州 置一善州 以一吉湌日夫爲軍主
永興寺塑佛自壞 未幾 眞興王妃比丘尼死

37년 (AD 615) : 2월에 큰 잔치를 베풀고 술과 음식을
[번역문]
37년(615) 봄 2월에 큰 잔치를 3일 동안 베풀고 술과 음식을 내려 주었다. 겨울 10월에 지진이 일어났다.
[원문]
三十七年 春二月 賜大酺三日 冬十月 地震

김씨 상계(金氏 上系)

38 년 (AD 616) : 겨울 10월에 백제가 모산성을 공격해 왔다.
[번역문]
38년(616) 겨울 10월에 백제가 모산성을 공격해 왔다.
[원문]
三十八年 冬十月 百濟來攻母山城

40 년 (AD 618) : 북한산주 군주 변품이 가잠성을 되찾으려고
[번역문]
40년(618) 북한산주 군주 변품(邊品)이 가잠성을 되찾으려고 군사를 일으켜 백제와 싸웠는데, 해론(奚論)이 종군하여 적진에 나아가 힘을 다하여 싸우다가 죽었다. 해론은 찬덕(讚德)의 아들이다.
[원문]
四十年 北漢山州軍主[주석3]邊品 謀復椵岑城 發兵與百濟戰 奚論從軍
赴敵力戰死之 論 讚德之子也

43 년 (AD 621) : 7월에 왕이 당나라에 사신을 보내 조공하고
[번역문]
43년(621) 가을 7월에 왕이 당나라에 사신을 보내 조공하고 토산물을 바쳤다. [당] 고조가 몸소 위문하고, 통직(通直) 산기상시(散騎常侍) 유문소(庾文素)를 보내 예방하고 조서와 그림병풍 및 채색비단 300단(段)을 주었다.
[원문]
四十三年 秋七月 王遣使大唐朝貢方物 高祖親勞問之
遣通直散騎常侍庾文素來聘 賜以璽書及畫屛風·錦綵三百段

김씨 상계(金氏 上系)

44 년 (AD 622) : 봄 정월에 왕이 몸소 황룡사에 거둥하였다.
[번역문]
44년(622) 봄 정월에 왕이 몸소 황룡사에 거둥하였다. 2월에 이찬 용수(龍樹)를 내성 사신(內省私臣)으로 삼았다. 일찍이 왕 7년에 대궁(大宮), 양궁(梁宮), 사량궁(沙梁宮) 세 곳에 각각 사신(私臣)을 두었는데, 이때 이르러 내성사신 한 사람을 두어 세 궁(宮)의 일을 겸하여 관장하도록 하였다.
[원문]
四十四年 春正月 王親幸皇龍寺 二月 以伊湌龍樹爲內省私臣 初王七年 大宮·梁宮·沙梁宮三所 各置私臣 至是置內省私臣一人 兼掌三宮

45 년 (AD 623) : 봄 정월에 병부에 대감(大監) 2인을 두었다.
[번역문]
45년(623) 봄 정월에 병부에 대감(大監) 2인을 두었다. 겨울 10월에 당나라에 사신을 보내 조공하였다. 백제가 늑노현(勒弩縣)을
습격하였다.
[원문]
四十五年 春正月 置兵部大監二員 冬十月 遣使大唐朝貢 百濟襲勒弩縣

46 년 (AD 624) : 정월에 시위부(侍衛府)에 대감 6인을 두고,
[번역문]
46년(624) 봄 정월에 시위부(侍衛府)에 대감 6인을 두고, 상사서(賞賜署)에 대정(大正) 1인, 대도서(大道署)에 대정 1인을 두었다. 3월에 당 고조가 사신을 보내 왕을 주국(柱國) 낙랑군공(樂浪郡公) 신라왕(新羅王)으로 책봉하였다. 겨울 10월에 백제 군사가 와서 우리의 속함성(速含城), 앵잠성(櫻岑城), 기잠성(歧暫城), 봉잠성(烽岑城), 기현성(旗縣城), 혈책성(穴

김씨 상계(金氏 上系)

栅城) 등 여섯 성을 에워쌌다. 이에 세 성은 함락되거나 혹은 항복하였다. 급찬 눌최(訥催)는 봉잠성, 앵잠성, 기현성의 세 성 군사와 합하여 굳게 지켰으나 이기지 못하고 전사하였다.

[원문]

四十六年 春正月 置侍衛府大監六員 賞賜署大正[주석4]一員 大道署大正一員

三月 唐高祖降使 冊王爲柱國樂浪郡公新羅王 冬十月

百濟兵來圍我速含·櫻岑·歧岑·烽岑·旗懸·穴柵等六城 於是

三城或沒或降 級飡訥催 合烽岑·櫻岑·旗懸三城兵堅守 不克死之

47년 (AD 625) : 겨울 11월에 당나라에 사신을 보내 조공

[번역문]

47년(625) 겨울 11월에 당나라에 사신을 보내 조공하고, 아울러 고구려가 길을 막고서 조공하지 못하게 하며 또 자주 [신라를] 침입한다고 호소하였다.

[원문]

四十七年 冬十一月 遣使大唐朝貢 因訟高句麗塞路 使不得朝 且數侵入

48년 (AD 626) : 가을 7월에 당나라에 사신을 보내 조공

[번역문]

48년(626) 가을 7월에 당나라에 사신을 보내 조공하였다. 당 고조가 주자사(朱子奢)를 보내와, 조칙으로 고구려와 서로 화친하도록 타일렀다. 8월에 백제가 주재성(主在城)을 공격하자 성주 동소(東所)가 맞서 싸우다가 전사하였다. 고허성(高墟城)을 쌓았다.

[원문]

四十八年 秋七月 遣使大唐朝貢 唐高祖遣朱子奢來 詔諭與高句麗連和

김씨 상계(金氏 上系)

八月 百濟攻主在城 城主東所 拒戰死之 築高墟城

49 년 (AD 627) : 봄 3월에 큰 바람이 불고 흙이 비처럼
[번역문]
49년(627) 봄 3월에 큰 바람이 불고 흙이 비처럼 5일 넘게 내렸다. 여름 6월에 당나라에 사신을 보내 조공하였다. 가을 7월에 백제 장군 사걸(沙乞)이 서쪽 변방의 두 성을 함락시키고 남녀 300여 명을 사로잡아 갔다. 8월에 서리가 내려 곡식을 죽였다. 겨울 11월에 당나라에 사신을 보내 조공하였다.
[원문]
四十九年 春三月 大風雨土 過五日 夏六月 遣使大唐朝貢 秋七月
百濟將軍沙乞 拔西鄙二城 虜男女三百餘口 八月 隕霜殺穀 冬十一月
遣使大唐朝貢

50 년 (AD 628) : 봄 2월에 백제가 가잠성을 에워쌌으므로
[번역문]
50년(628) 봄 2월에 백제가 가잠성을 에워쌌으므로 왕이 군사를 내어 쳐서 깨뜨렸다. 여름에 크게 가물었으므로 시장을 옮기고 용을 그려 비내리기를 빌었다. 가을과 겨울에 백성들이 굶주려 자녀를 팔았다.
[원문]
五十年 春二月 百濟圍椵岑城 王出師擊破之 夏 大旱 移市 畫龍祈雨
秋冬民飢 賣子女

51 년 (AD 629) : 8월에 왕이 대장군 용춘과 서현,
[번역문]

김씨 상계(金氏 上系)

51년(629) 가을 8월에 왕이 대장군 용춘(龍春)과 서현(舒玄), 부장군 유신(庾信)을 보내 고구려 낭비성(娘臂城)을 침공하였다. 고구려인이 성을 나와 진을 벌려 치니 군세가 매우 성하여 우리 군사가 그것을 바라보고 두려워서 싸울 마음이 전혀 없었다. 유신이 말하였다. 내가 듣건대 '옷깃을 잡고 흔들면 가죽옷이 바로 펴지고 벼리를 끌어당기면 그물이 펼쳐진다.'고 했는데, 내가 벼리와 옷깃이 되어야겠다.

이에 말을 타고 칼을 빼들고는 적진으로 향하여 곧바로 나아가 세 번 들어가고 세 번 나옴에 매번 들어갈 때마다 장수의 목을 베고 혹은 깃발을 뽑았다. 여러 군사들이 승세를 타고 북을 치며 진격하여 5천여 명을 목베어 죽이니, 그 성이 이에 항복하였다. 9월에 당나라에 사신을 보내 조공하였다.

[원문]

五十一年 秋八月 王遣大將軍龍春·舒玄 副將軍庾信 侵高句麗娘臂城

麗人出城列陣 軍勢甚盛 我軍望之 懼殊無鬪心 庾信曰 "吾聞 '正 提[주석5]綱而網張' 吾其爲綱領乎" 乃跨馬拔劒

向敵陣直前 三入三出 每入或斬將或搴旗 諸軍乘勝 鼓[주석6]斬殺五千餘級 其城乃降 九月 遣使大唐朝貢

52 년 (AD 630) : 대궁(大宮) 뜰의 땅이 갈라졌다.

[번역문]

52년(630) 대궁(大宮) 뜰의 땅이 갈라졌다.

[원문]

五十二年 大宮庭地裂

53 년 (AD 631) : 봄 2월에 흰 개가 궁궐 담장에 올라갔다.

[번역문]

김씨 상계(金氏 上系)

53년(631) 봄 2월에 흰 개가 궁궐 담장에 올라갔다. 여름 5월에 이찬 > 칠숙(柒宿)과 아찬 석품(石品)이 반란을 꾀하였다. 왕이 그것을 알아차리고 칠숙을 붙잡아 동시(東市)에서 목베고 아울러 구족(九族)을 멸하였다. 아찬 석품은 도망하여 백제 국경에 이르렀다가 처와 자식을 보고싶은 생각에 낮에는 숨어 있고 밤에는 걸어 총산(叢山)에까지 돌아와, 한 나무꾼을 만나 옷을 벗고 해어진 나무꾼의 옷으로 갈아입고 나무를 지고서 몰래 집에 이르렀다가 잡혀 처형되었다. 가을 7월에 당나라에 사신을 보내 미녀 두 사람을 바치니, 위징(魏徵)이 받는 것은 옳지 않다고 하자 황제가 기뻐하며 말하였다.

저 임읍(林邑)에서 바친 앵무새도 오히려 추위의 괴로움을 말하면서 그 나라에 돌아가기를 생각하는데, 하물며 두 여자는 멀리 친척과 이별함에 있어서랴!

이에 사신에게 부쳐 돌려 보냈다. 흰 무지개가 궁궐 우물에 들어가고 토성이 달을 범하였다.

[원문]

五十三年 春二月 白狗上于宮墻 夏五月 伊湌柒宿與阿[주석7]湌石品謀叛 王覺之 捕捉柒宿 斬之東市 幷夷九族 阿湌石品 亡至百濟國境 思見妻子 晝伏夜行 還至叢山 見一樵夫 脫衣換[주석8]樵夫敝衣 衣之負薪 潛至於家 被捉伏刑 秋七月 遣使大唐獻美女二人 魏徵以爲不宜受 上喜曰 "彼林邑獻鸚鵡 猶言苦寒思歸其國 況二女遠別親戚乎" 付使者歸之 白虹飮于宮井 土星犯月

54 년 (AD 632) : 정월에 왕이 죽었다. 시호를 진평이라

[번역문]

54년(632) 봄 정월에 왕이 죽었다. 시호를 진평(眞平)이라 하고 한지(漢只)에 장사지냈다. 당 태종이 조칙을 내려 광록대부(光祿大夫)를 추증하고

김씨 상계(金氏 上系)

부의(賻儀)로 200단(段)을 주었다.<고기(古記)에 이르기를 『정관(貞觀) 6년(632) 임진 정월에 죽었다.』고 하였다. 그러나 신당서(新唐書)와 자치통감(資治通鑑)에는 모두 『정관 5년(631) 신묘에 신라 왕 진평이 죽었다.』고 하였으니, 어찌하여 그것이 잘못되었을까?

[원문]

五十四年 春正月 王薨 諡曰眞平 葬于漢只 唐太宗詔 贈左光祿大夫 賻物段二百 古記云 貞觀六年壬[주석9]辰正月卒 而新唐書 資理[주석10]通鑑皆云 貞觀五年辛卯 羅王眞平卒 豈其誤耶

선덕여왕(善德女王, ?~647)

신라의 제27대 왕이며 최초의 여왕이다. 이름[諱]은 덕만(德曼, 德萬이라고도 함), 시호(諡號)는 선덕여대왕(善德女大王)이다. 신라 26대 진평왕(眞平王)의 딸이며 어머니는 마야부인(摩耶夫人) 김씨이다. 632년 진평왕이 아들이 없이 세상을 떠나자 뒤를 이어 신라 최초의 여왕으로 즉위하였다. 내정에서는 선정을 베풀어 민생을 향상시켰고 구휼사업에 힘썼으며 첨성대와 황룡사 구층탑을 건립하는 등의 업적을 남겼다. <삼국사기(三國史記)>에 따르면, 이 때 백성들이 '성조황고(聖祖皇姑)'라는 칭호로 불렀다고 기록되어 있다.

0 년 (AD 632) : 선덕왕이 왕위에 올랐다.

[번역문]

선덕왕(善德王)이 왕위에 올랐다. 이름은 덕만(德曼)이고 진평왕의 맏딸이다. 어머니는 김씨 마야부인(摩耶夫人)이다. 덕만은 성품이 너그럽고 어

김씨 상계(金氏 上系)

질며, 총명하고 민첩하였다. 왕이 죽고 아들이 없자 나라 사람들이 덕만을 왕으로 세우고 성조황고(聖祖皇姑)의 칭호를 올렸다. 앞 임금 때 당나라에서 가져온 모란꽃 그림과 꽃씨를 덕만에게 보였더니, 덕만이 말하였다. "이 꽃은 비록 매우 아름답기는 하나 틀림없이 향기가 없을 것입니다." 왕이 웃으며 말하기를 "네가 그것을 어찌 아느냐?" 하니, [덕만이] 대답하였다.

꽃을 그렸으나 나비가 없는 까닭에 그것을 알았습니다. 무릇 여자가 뛰어나게 아름다우면 남자들이 따르고, 꽃에 향기가 있으면 벌과 나비가 따르기 마련입니다. 이 꽃은 무척 아름다운데도 그림에 벌과 나비가 없으니, 이는 향기가 없는 꽃임에 틀림없습니다.

그것을 심으니 과연 말한 바와 같았으니, 미리 알아보는 식견이 이와 같았다.

[원문]

善德王立 諱德曼 眞平王長女也 母金氏摩耶[주석1]夫人 德曼性寬仁明敏 王薨 無子 國人立德曼 上號聖祖皇姑 前王時 得自唐來牡丹花圖幷花子 以示德曼 德曼曰 "此花雖絶艶 必是無香[주석2]氣" 王笑曰 "爾何以知之" 對曰[주석3] "畫花而無蝶[주석4] 故知[주석5]之 大抵女有國色 男隨之 花有香氣 蜂蝶隨之[주석6]故也 此花絶艶 而圖畫又無蜂蝶 是必無香花" 種植之 果如所言 其先識如此

년 (AD 632) : 대신 을제로 하여금 나라의 정치를 총괄

[번역문]

원년(632) 2월에 대신(大臣) 을제(乙祭)로 하여금 나라의 정치를 총괄하게 하였다. 여름 5월부터 가물다가 6월에 이르러서야 비가 왔다. 겨울 10월에 사자(使者)를 보내 나라 안의 홀아비와 홀어미, 부모없는 어린 아이

김씨 상계(金氏 上系)

와 늙어 자식없는 사람 그리고 혼자 힘으로 살아갈 능력이 없는 사람들을 위문하고 진휼하였다. 12월에 당나라에 사신을 보내 조공하였다.

[원문]

元年 二月 以大臣乙祭摠持國政 夏五月 旱 至六月 乃雨 冬十月 遣使撫問國內鰥寡孤獨不能自存者 賑恤之 十二月 遣使入唐朝貢

2 년 (AD 633) : 정월에 신궁에 제사지내고, 크게 사면

[번역문]

2년(633) 봄 정월에 몸소 신궁(神宮)에 제사지내고, 크게 사면하였으며 여러 주·군(州郡)의 1년간 조세[租調]를 면제해 주었다. 2월에 서울에 지진이 일어났다. 가을 7월에 당나라에 사신을 보내 조공하였다. 8월에 백제가 서쪽 변경을 침략하였다.

[원문]

二年 春正月 親祀神宮 大赦 復諸州郡一年租[주석7]調 二月 京都地震 秋七月 遣使大唐朝貢 八月 百濟侵西邊

3 년 (AD 634) : 연호를 인평으로 바꾸었다. 분황사가 완성

[번역문]

3년(634) 봄 정월에 연호를 인평(仁平)으로 바꾸었다. 분황사(芬皇寺)가 완성되었다. 3월에 우박이 내렸는데 크기가 밤만 하였다.

[원문]

三年 春正月 改元仁平 芬皇寺成 三月 雹 大如栗

4 년 (AD 635) : 당나라가 사신을 보내 부절(符節)을 가지고

김씨 상계(金氏 上系)

[번역문]

4년(635) 당나라가 사신을 보내 부절(符節)을 가지고 왕을 주국(柱國) 낙랑군공(樂浪郡公) 신라왕(新羅王)으로 책봉하여 아버지의 봉작(封爵)을 잇게 하였다. 영묘사(靈廟寺)가 완성되었다. 겨울 10월에 이찬 수품(水品)과 용수(龍樹) <또는 용춘(龍春)이라고도 하였다.>를 보내 주·현을 두루 돌며 위문하였다.

[원문]

四年 唐遣使持節 冊命王爲柱國樂浪郡公新羅王 以襲父封 靈廟寺成 冬十月 遣伊湌水品·龍樹 一云龍春 巡撫州縣

5 년 (AD 636) : 정월에 이찬 수품을 상대등으로 삼았다.

[번역문]

5년(636) 봄 정월에 이찬 수품을 상대등으로 삼았다. 3월에 왕이 병이 들었는데 의술과 기도로 효과가 없었으므로, 황룡사에서 백고좌회(百高座會)를 열어 승려를 모아 인왕경(仁王經)을 강론케 하고 100명에게 승려가 되는 것을 허락하였다. 여름 5월에 두꺼비가 궁궐 서쪽 옥문지(玉門池)에 많이 모였다. 왕이 이를 듣고 좌우에 말하였다.

"두꺼비는 성난 눈을 가지고 있으니 이는 병사의 모습이다. 내가 일찍이 듣건대, 서남쪽 변경에 이름이 옥문곡(玉門谷)이라는 땅이 있다고 하니 혹시 이웃나라 군사가 그 안에 숨어 들어온 것은 아닐까?"

이에 장군 알천(閼川)과 필탄(弼呑)에게 명하여 군사를 이끌고 가서 찾아보게 하였다. 과연 백제 장군 우소(于召)가 독산성(獨山城)을 습격하려고 무장한 군사 500명을 이끌고 와서 그 곳에 숨어 있었으므로, 알천이 갑자기 쳐서 그들을 모두 죽였다. 자장법사(慈藏法師)가 불법(佛法)을 배우러 당나라에 들어갔다.

김씨 상계(金氏 上系)

[원문]

五年 春正月 拜伊飡水品爲上大等 三月 王疾 醫禱無效 於皇龍寺設百高座 集僧講仁王經 許度僧一百人 夏五月 蝦蟆大集宮西玉門池 王聞之 謂左右曰 "蝦蟆怒目 兵士之相也 吾嘗聞 西南邊亦有地名玉門谷者 意或有隣國兵[주석8]潛入其中乎" 乃命將軍閼川·弼呑 率兵 往搜之[주석9] 果百濟將軍于召 欲襲獨山城 率甲士五百人 來伏其處 閼川掩擊盡殺之 慈藏法師 入唐求法

6 년 (AD 637) : 정월에 이찬 사진을 서불한(舒弗邯)으로

[번역문]

6년(637) 봄 정월에 이찬 사진(思眞)을 서불한(舒弗邯)으로 삼았다. 가을 7월에 알천을 대장군으로 삼았다.

[원문]

六年 春正月 拜伊飡思眞爲舒弗邯 秋七月 拜閼川爲大將軍

7 년 (AD 638) : 칠중성 남쪽의 큰 돌이 저절로 옮겨갔다

[번역문]

7년(638) 봄 3월에 칠중성(七重城) 남쪽의 큰 돌이 저절로 35보(步) 옮겨갔다. 가을 9월에 누런 꽃이 비처럼 내렸다. 겨울 10월에 고구려가 북쪽 변경의 칠중성을 침공하였으므로 백성들이 놀라고 동요하여 산골짜기로 들어갔다. 왕이 대장군 알천에게 명하여 그들을 안정시키게 하였다. 11월에 알천이 고구려 군사와 칠중성 밖에서 싸워 이겨, 죽이고 사로잡은 사람이 매우 많았다.

[원문]

七年 春三月 七重城南大石 自移三十五步 秋九月 雨黃花 冬十月 高句麗侵北邊七重城 百姓驚擾入山谷 王命大將軍閼川 安集之 十一月 閼川與高句麗兵 戰

於七重城外 克之 殺虜甚衆

8 년 (AD 639) : 2월에 하슬라주를 북소경으로 삼고
[번역문]
8년(639) 봄 2월에 하슬라주(何瑟羅州)를 북소경(北小京)으로 삼고 사찬 진주(眞珠)에게 명하여 그곳을 지키게 하였다. 가을 7월에 동쪽 바닷물이 붉게 되고 또 더워져 물고기와 자라가 죽었다.
[원문]
八年 春二[주석10]月 以何瑟羅州爲北小京 命沙湌眞珠鎭之 秋七月 東海水赤且熱 魚鼈死

9 년 (AD 640) : 5월에 자제들을 당나라에 보내 국학에 입학
[번역문]
9년(640) 여름 5월에 왕이 자제들을 당나라에 보내 국학(國學)에 입학시켜 주기를 청하였다. 이때 [당] 태종은 천하의 이름난 유학자를 많이 불러 모아 학업을 가르치는 관원(官員)으로 삼고, 자주 국자감(國子監)에 들러 그들로 하여금 강론케 하였다. 학생으로서 대경(大經) 가운데 하나 이상에 능통한 사람은 모두 관직을 맡을 수 있도록 하고, 학사(學舍)를 1천2백 칸으로 늘려 지었으며 학생을 늘려 3,260명에 차게 하니, 사방에서 배우고자 하는 사람이 경사(京師)에 구름처럼 모여들었다. 이에 고구려, 백제, 고창(高昌), 토번(吐蕃) 역시 자제들을 보내 입학시켰다.
[원문]
九年 夏五月 王遣子弟於唐 請入國學 是時 太宗大徵天下名儒爲學官 數幸國子監 使之講論 學生能明一大經已上 皆得補官 增築學舍千二百間 增學生滿三千二百六十員 於是 四方學者 雲集京師 於是 高句麗·百濟·高昌[주석11]·吐

김씨 상계(金氏 上系)

[주석12]蕃 亦遣子弟入學

11년 (AD 642) : 정월에 당나라에 사신을 보내 토산물을
[번역문]
　11년(642) 봄 정월에 당나라에 사신을 보내 토산물을 바쳤다. 가을 7월에 백제 왕 의자(義慈)가 군사를 크게 일으켜 나라 서쪽 40여 성을 쳐서 빼앗았다. 8월에 또 고구려와 함께 모의하여 당항성을 빼앗아 당나라와 통하는 길을 끊으려 하였으므로 왕이 사신을 보내 [당] 태종에게 위급함을 알렸다. 이 달에 백제 장군 윤충(允忠)이 군사를 이끌고 대야성(大耶城)을 공격하여 함락시켰는데, 도독 이찬 품석(品釋)과 사지(舍知) 죽죽(竹竹)·용석(龍石) 등이 죽었다.

　겨울에 왕이 장차 백제를 쳐서 대야성에서의 싸움을 보복하려고 하여, 이찬 김춘추(金春秋)를 고구려에 보내 군사를 청하였다. 처음 대야성이 패하였을 때 도독 품석의 아내도 죽었는데, 이는 춘추의 딸이었다. 춘추가 이를 듣고 기둥에 기대어 서서 하루 종일 눈도 깜박이지 않았고 사람이나 물건이 그 앞을 지나가도 알아보지 못하였다. 얼마가 지나 "슬프다! 대장부가 되어 어찌 백제를 삼키지 못하겠는가?" 하고는, 곧 왕을 찾아 뵙고 "신이 고구려에 사신으로 가서 군사를 청하여 백제에게 원수를 갚고자 합니다."라 말하니 왕이 허락하였다. 고구려 왕 고장(高臧)[보장왕]은 평소 춘추의 명성을 들었던지라 군사의 호위를 엄중히 한 다음에 그를 만나 보았다. 춘추가 말하였다.

　"지금 백제는 무도하여 긴 뱀과 큰 돼지[長蛇封豕]가 되어 우리 강토를 침범하므로, 저희 나라 임금이 대국의 군사를 얻어 그 치욕을 씻고자 합니다. 그래서 신하인 저로 하여금 대왕께 명을 전하도록 하였습니다."

고구려 왕이 말하였다. "죽령(竹嶺)은 본시 우리 땅이니, 그대가 만약 죽령 서북의 땅을 돌려준다면 군사를 내보낼 수 있다." 춘추가 대답하였다 "신은 임금의 명을 받들어 군대를 청하는데, 대왕께서는 어려운 처지를 구원하여 이웃과 친선하는 데는 뜻이 없고 단지 사신을 위협하여 땅을 돌려 줄 것을 요구하십니다. 신은 죽을지언정 다른 것은 알지 못합니다."

고장(高臧)[보장왕]이 그 말의 불손함에 화가 나서 그를 별관(別館)에 가두었다. 춘추가 몰래 사람을 시켜 본국의 왕에게 알리니, 왕이 대장군 김유신(金庾信)에게 명하여 결사대 1만 명을 거느리고 나아가게 하였다. 유신이 행군하여 한강(漢江)을 넘어 고구려 남쪽 경계에 들어가니, 고구려 왕이 이를 듣고 춘추를 놓아 돌려 보냈다. 유신을 압량주(押梁州) 군주로 삼았다.

[원문]

十一年 春正月 遣使大唐獻方物 秋七月 百濟王義慈大擧兵 攻取國西四十餘城 八月 又與高句麗謀 欲取党項城 以絶歸唐之路 王遣使 告急於太[주석13]宗 是月 百濟將軍允忠 領兵攻拔大耶城 都督伊湌品釋 舍知竹竹·龍石等死之 冬 王將伐百濟 以報大耶之役 乃遣伊湌金春秋於高句麗 以請師 初大耶之敗也 都督品釋之妻死焉 是春秋之女也 春秋聞之 倚柱而立 終日不瞬 人物過前而不之省 旣而言曰 "嗟乎 大丈夫豈不能呑百濟乎" 便詣王曰 "臣願奉使高句麗 請兵以報怨於百濟" 王許之 高句麗王高臧 素聞春秋之名 嚴兵衛而後見之 春秋進言曰 "今百濟無道 爲長蛇封豕 以侵軼我封疆 寡君願得大國兵馬 以洗其恥 乃使下臣致命於下執事" 麗王謂曰 "竹嶺本是我地分 汝若還竹嶺西北之地 兵可出焉" 春秋對曰 "臣奉君命乞師 大王無意救患以善鄰 但[주석14]威劫行人 以要歸[주석15]地 臣有死而已 不知其他" 臧怒其言之不遜 囚[주석16]之別館 春秋潛使人告本國王 王命大將軍金庾信 領死士一萬人赴之 庾信行軍過漢江 入高句麗南境 麗王聞之 放春秋以還 拜庾信爲押梁州軍主

김씨 상계(金氏 上系)

12년 (AD 643) : 정월에 당나라에 사신을 보내 토산물을

[번역문]

12년(643) 봄 정월에 당나라에 사신을 보내 토산물을 바쳤다. 3월에 당나라에 들어가 불법(佛法)을 배우던 고승 자장(慈藏)이 돌아왔다. 가을 9월에 당나라에 사신을 보내 다음과 같이 말하였다.

"고구려와 백제가 저희 나라를 침범하기를 여러 차례에 걸쳐 수십 개의 성을 공격하였습니다. 두 나라가 군대를 연합하여 기필코 그것을 빼앗고자 장차 이번 9월에 크게 군사를 일으키려고 합니다. 그러면 저희 나라의 사직은 반드시 보전될 수 없을 것이므로, 삼가 신하인 저를 보내 대국에 명을 받들어 올리게 되었습니다. 바라건대 약간의 군사를 내어 구원해 주십시오."

황제가 사신에게 말하였다.

"나는 너의 나라가 두 나라로부터 침략받는 것을 매우 애닯게 여겨 자주 사신을 보내 너희들 세 나라가 친하게 지내도록 하였다. 그러나 고구려와 백제는 돌아서자마자 생각을 뒤집어 너희 땅을 집어삼켜 나누어 가지려고 한다. 그대 나라는 어떤 기묘한 꾀로써 망하는 것을 면하려고 하는가?"

사신이 대답하였다. "우리 왕은 일의 형편이 궁하고 계책이 다하여 오직 대국(大國)에게 위급함을 알려 온전하기를 바랄 뿐입니다." 이에 황제가 말하였다

"내가 변방의 군대를 조금 일으켜 거란과 말갈을 거느리고 요동으로 곧장 쳐들어가면 그대 나라는 저절로 풀려 1년 정도의 포위는 느슨해질 것이다. 그러나 이후 이어지는 군대가 없음을 알면 도리어 침략을 멋대로 하여 네 나라가 함께 소란해질 것이니, 그대 나라도 편치 못할 것이다. 이것이 첫번째 계책이다. 나는 또한 너에게 수천 개의 붉은 옷과 붉은 깃발을 줄 수 있는데, 두 나라 군사가 이르렀을 때 그것을 세워 진열해 놓으면

김씨 상계(金氏 上系)

그들이 보고서 우리 군사로 여겨 반드시 모두 도망갈 것이다. 이것이 두 번째 계책이다. 백제국은 바다의 험난함을 믿고 병기를 수리하지 않고 남녀가 어지럽게 섞여 서로 즐기며 연회만 베푸니, 내가 수십 수백 척의 배에 군사를 싣고 소리없이 바다를 건너 곧바로 그 땅을 습격하려고 한다. 그런데 그대 나라는 여자를 임금으로 삼고 있으므로 이웃 나라의 업신여김을 받게 되고, 임금의 도리를 잃어 도둑을 불러들이게 되어 해마다 편안할 때가 없다. 내가 왕족 중의 한 사람을 보내 그대 나라의 왕으로 삼되, 자신이 혼자서는 왕노릇을 할 수 없으니 마땅히 군사를 보내 호위케 하고, 그대 나라가 안정되기를 기다려 그대들 스스로 지키는 일을 맡기려 한다. 이것이 세번째 계책이다. 그대는 잘 생각해 보라. 장차 어느 것을 따르겠는가?"

사신은 다만 "예"라고만 할 뿐 대답이 없었다. 황제는 그가 용렬[庸鄙]하여 군사를 청하고 위급함을 알리러 올 만한 인재가 아님을 탄식하였다.

[원문]

十二年 春正月 遣使大唐獻方物 三月 入唐求法高僧慈藏還 秋九月 遣使大唐上言 "高句麗·百濟侵凌臣國 累遭攻襲數十城 兩國連兵 期之必取 將以今玆九月大擧 下國社稷必不獲全 謹遣陪臣歸命大國 願乞偏師 以存救援" 帝[주석17]謂使人曰 "我實哀爾爲二國所侵 所以頻遣使人 和爾三國 高句麗[주석18]·百濟旋踵翻[주석19]悔 意在呑滅 而分爾土宇 爾國設何奇謀 以免顚越" 使人曰 "吾王事窮計盡 唯告急大國 冀以全之" 帝曰 "我少發邊兵 摠契丹·靺鞨直入遼東 爾國自解 可緩爾一年之圍 此後知無繼兵 還肆侵侮 四國俱擾 於爾未安 此爲一策 我又能給爾數千朱袍丹幟 二國兵至 建而陳之 彼見者以爲我兵[주석20] 必皆奔走 此爲二策 百濟國恃海之嶮[주석21] 不修機械 男女紛雜 互相燕聚 我以數十百船 載以甲卒 銜枚泛海 直襲其地 爾國以婦人爲主 爲鄰國輕侮 失主延寇 靡歲休寧 我遣一宗支 以[주석22]爲爾國主 而自不可獨王[주석23] 當

김씨 상계(金氏 上系)

遣兵營護 待爾國安 任爾自守 此爲三策 爾宜思之 將從何事" 使人但[주석24] 唯而無對 帝嘆其庸鄙 非乞師告急之才也

13 년 (AD 644) : 정월에 당나라에 사신을 보내 토산물을

[번역문]

13년(644) 봄 정월에 당나라에 사신을 보내 토산물을 바쳤다. 태종이 사농승(司農丞) 상리현장(相里玄奬)을 보내 조서를 가지고 가서 고구려에 주어 말하였다.

신라는 우리에게 나라의 운명을 맡기고 조공을 빠뜨리지 않으니, 너희 백제는 즉시 군사를 거둠이 좋을 것이다. 만일 또 다시 그를 공격한다면 내년에 반드시 군사를 내어 그대 나라를 칠 것이다.

그러자 [연(淵)]개소문(蓋蘇文)이 현장에게 말하였다.

고구려와 신라가 원한으로 사이가 벌어진 것은 이미 오래 되었다. 예전에 수나라가 잇달아 침입하였을 때 신라가 그 틈을 타서 고구려의 500리 땅을 빼앗고 성읍을 모두 차지하였으니, 땅을 돌려주고 성을 반환하지 않으면 이 전쟁을 아마 그치지 않을 것이다.

현장이 "이미 지나간 일을 어찌 거슬러 올라가 논할 것까지 있습니까?"라고 말하였으나, 연개소문은 끝내 따르지 않았다. 가을 9월에 왕이 유신(庾信)을 대장군으로 삼아 군사를 거느리고 백제를 쳐서, 크게 이겨 일곱 성을 빼앗았다.

[원문]

十三年 春正月 遣使大唐獻方物 太[주석25]宗遣司農丞相里玄奬 齎璽書 賜高句麗曰 "新羅委命國家 朝貢不闕 爾與百濟 宜卽戢兵 若更攻之 明年當出師 擊爾國矣" 蓋蘇文謂玄奬曰 "高句麗·新羅 怨隙已久 往者隋室相侵 新羅乘釁 奪高句麗五百里之地 城邑皆據有之 非返地還城 此兵恐未能已" 玄奬曰 "已往之

事 焉可追論" 蘇文竟不從 秋九月 王命庾信爲大[주석26]將軍 領兵伐百濟 大克之 取城七

14 년 (AD 645) : 정월에 당나라에 사신을 보내 토산물을
[번역문]
  14년(645) 봄 정월에 당나라에 사신을 보내 토산물을 바쳤다. 유신이 백제를 치고 돌아와 아직 왕을 뵙지도 않았는데, 백제의 대군이 또 변경을 노략질하였다. 왕이 명하여 막게 하였으므로 유신은 마침내 집에 이르지도 못하고 가서 이를 공격하여 깨뜨리고 2천 명을 목베었다. 돌아와 왕에게 복명하고 아직 집에 돌아가지 못하였는데, 또 백제가 다시 침입해 왔다는 급한 보고가 있었다. 왕은 일이 급하다고 여겨 [유신에게] 말하였다. "나라의 존망(存亡)이 공(公)의 한 몸에 달렸으니 수고로움을 꺼리지 말고 가서 이를 도모해 주시오." 유신은 또 집에 돌아가지 못하고 밤낮으로 군사를 훈련하여 서쪽으로 가는 길에 자기 집 문 앞을 지나게 되었다. 집안의 남녀 사람들이 멀리서 바라보며 눈물을 흘렸으나 공은 돌아보지 않고 갔다. 3월에 황룡사탑을 창건하였는데, 이는 자장(慈藏)의 요청에 따른 것이다. 여름 5월 [당] 태종이 몸소 고구려를 정벌하였으므로 왕이 군사 3만 명을 내어 그를 도왔다. 백제가 그 빈틈을 타서 나라 서쪽의 일곱 성을 쳐서 빼앗았다. 겨울 11월에 이찬 비담(毗曇)을 상대등으로 삼았다 .
[원문]
  十四年 春正月 遣使大唐貢獻方物 庾信自伐百濟還 未見王 百濟大軍復來寇邊 王命拒之[주석27] 遂不至家 往伐破之 斬首二千級[주석28] △△△還命[주석29]於王 未得歸家 又急[주석30]報百濟復來侵 王以事急 乃曰 "國之存亡 繫公一身 庶不憚勞 往其圖之"

  庾信又不歸家 晝夜鍊兵 西行道 過宅門 一家男女 瞻望涕泣 公不顧而歸

김씨 상계(金氏 上系)

三月 創造皇龍寺塔 從慈藏之請也 夏五月 太宗親征高句麗
王發兵三萬以助之 百濟乘虛 襲取國西七城 冬十一月 拜伊湌毗曇爲上大等

16 년 (AD 647) : 정월에 비담과 염종(廉宗) 등이
[번역문]

16년(647) 봄 정월에 비담과 염종(廉宗) 등이 말하기를 "여자 임금은 나라를 잘 다스릴 수 없다." 하여 반역을 꾀하여 군사를 일으켰으나 이기지 못하였다. 8일에 왕이 죽었다. 시호를 선덕(善德)이라 하고 낭산(狼山)에 장사지냈다.<당서(唐書)에 이르기를 『정관 21년(647)에 죽었다.』 하고 통감(通鑑)에는 『22년에 죽었다.』고 하였는데, 본사(本史)로써 고찰해 보건대 통감의 기록이 잘못이다.>

사론(史論 : 신이 듣기에 옛날에 여와씨(女媧氏)가 있었는데, 이는 바로 천자(天子)가 아니라 복희(伏羲)를 도와 9주(九州)를 다스렸을 뿐이다. 여치(呂雉)와 무조(武曌) 같은 이에 이르러서는 어리고 나약한 임금을 만나 조정에 임하여 천자처럼 정치를 행하였으나, 역사서에서는 공공연하게 왕이라 일컫지 않고 단지 고황후(高皇后) 여씨(呂氏)나 측천황후(則天皇后) 무씨(武氏)라고 썼다. 하늘의 이치로 말하면 양(陽)은 굳세고 음(陰)은 부드러우며, 사람으로 말하면 남자는 존귀하고 여자는 비천하거늘 어찌 늙은 할멈이 안방에서 나와 나라의 정사를 처리할 수 있겠는가? 신라는 여자를 세워 왕위에 있게 하였으니, 진실로 어지러운 세상의 일이다. 나라가 망하지 않은 것이 다행이라 하겠다. 서경(書經)에 말하기를 『암탉이 새벽을 알린다.』 하였고, 역경(易經)에 『파리한 돼지가 껑충껑충 뛰려한다.』고 하였으니, 그것은 경계할 일이 아니겠는가!

[원문]

十六年 春正月 毗曇·廉宗等謂 女主不能善理" 因謀叛擧兵 不克 八日 王薨 諡

김씨 상계(金氏 上系)

曰善德 葬于狼山 唐書云 貞觀二十一年卒 通鑑云 二十二[주석31]年卒 以本史考之 通鑑誤也

　論曰 臣聞之 古有女媧氏 非正是天子 佐伏義理九州耳 至若呂雉·武曌 値幼弱之主 臨朝稱制 史書不得公然稱王 但32) 書高皇后呂氏 則天皇后武氏者 以天言之 則陽剛而陰柔 以人言之 則男尊而女卑 豈可許 出閨房 斷國家之政事乎 新羅扶起女子 處之王位 誠亂世之事 國之不亡幸也 書云 牝鷄之晨 易云33) 嬴豕孚34) 其可不爲之戒哉

진덕여왕(眞德女王, ?~654)

　신라 제28대 왕(재위 647~654). 여왕을 반대하는 반란세력을 진압하고 당나라와의 친교를 돈독히 하였으며 삼국통일의 기틀을 마련하였다.
　휘(諱)는 승만(勝曼)이고, 진평왕(眞平王)의 모제(母弟)인 갈문왕 국반(國飯)의 딸이며 어머니는 월명부인(月明夫人) 박씨(朴氏)이다. 선덕여왕이 재위하던 647년에 비담(毗曇)이 반란을 일으켜 김춘추(金春秋)와 김유신(金庾信)이 이를 진압하였으나, 반란의 와중에 선덕여왕이 승하하자 그 뒤를 이어 즉위하여 연호를 태화(太和)라 하였으며, 반란 주모자인 비담을 비롯한 30명을 처형하였다.
　즉위한 뒤 고구려와 백제가 계속 도발하자 김유신을 중심으로 백제와 대적하게 하는 한편, 648년(진덕여왕 2) 김춘추를 중국 당(唐)나라에 보내어 원군을 요청하여 나당동맹(羅唐同盟)을 맺었다. 649년 당나라를 본떠 복제(服制)를 개편하였고, 650년에는 법민(法敏)을 당나라에 파견하여 여왕이 친히 지은 《태평송(太平頌)》을 바치고 당나라 연호인 영휘(永徽)를 쓰기 시작하였으며, 652년 김춘추의 둘째아들 인문(仁問)을 당나라에

김씨 상계(金氏 上系)

보내어 친교를 더욱 돈독하게 하였다.

한편 국내적으로는 김유신으로 하여금 국력을 튼튼히 하여 삼국통일의 기틀을 다져나갔다. 왕이 죽은 뒤 사량부(沙梁部 ; 지금의 경상북도 경주)에 묻혔는데, 당 고종(高宗)은 비단 300필과 함께 사신을 파견하여 개부의동삼사(開府儀同三司)를 추증하였다.

0 년 (AD 647) : 진덕왕이 왕위에 올랐다.
[번역문]
진덕왕(眞德王)이 왕위에 올랐다. 이름은 승만(勝曼)이고 진평왕의 친동생 국반갈문왕(國飯葛文王)의 딸이다. 어머니는 박씨(朴氏) 월명부인(月明夫人)이다. 승만은 생김새가 풍만하고 아름다웠으며, 키가 일곱 자였고 손을 내려뜨리면 무릎 아래까지 닿았다.
[원문]
眞德王立 名勝曼 眞平王母弟國飯 一云國芬 葛文王之女也
母朴氏月明夫人 勝曼姿質豊麗 長七尺 垂手過膝

1 년 (AD 647) : 정월 17일에 비담(毗曇)을 목베어 죽였는데,
[번역문]
원년(647) 정월 17일에 비담(毗曇)을 목베어 죽였는데, 그에 연루되어 죽은 사람이 30명이었다. 2월에 이찬 알천(閼川)을 상대등으로 삼고 대아찬 수승(守勝)을 우두주(牛頭州) 군주로 삼았다. 당 태종이 사신을 보내 부절(符節)을 가지고 앞 임금을 광록대부(光祿大夫)로 추증하고, 아울러 왕을 주국(柱國) 낙랑군왕(樂浪郡王)으로 책봉하였다. 가을 7월에 사신을 당나라에 보내 은혜에 감사하였다. 연호를 태화(太和)로 바꾸었다. 8월에 살별[彗星]이 남쪽에서 나타났고 뭇 별들이 북쪽으로 흘러갔다. 겨울 10월

에 백제 군사가 무산성(茂山城), 감물성(甘勿城), 동잠성(桐岑城)의 세 성을 에워쌌으므로, 왕이 유신을 보내 보병과 기병 1만 명을 거느리고 가서 막게 하였다. 고전(苦戰)하여 기운이 다 빠졌는데, 유신의 부하 비령자(丕寧子)와 그의 아들 거진(擧眞)이 적진에 들어가 급히 공격하다가 죽으니, 무리들이 모두 분발하여 쳐서 3천여 명을 목베었다. 11월에 왕이 몸소 신궁(神宮)에 제사지냈다.

[원문]

元年 正月十七日 誅毗曇 坐死者三十人 二月 拜伊湌閼川爲上大等 大阿湌守勝爲牛頭州軍主 唐太[주석1]宗遣使持節 追贈前王爲光祿[주석2]大夫 仍冊命王爲柱國封樂浪郡王 秋七月 遣使入唐謝恩 改元太和 八月 彗星出於南方 又衆星北流 冬十月 百濟兵圍茂山·甘勿·桐岑三城 王遣庾信 率步騎一萬以拒之 苦戰氣竭 庾信麾下丕寧子及其子擧眞 入敵陣急格死之 衆皆奮擊 斬首三千餘級 十一月 王親祀神宮

2년 (AD 648) : 정월에 당나라에 사신을 보내 조공하였다.

[번역문]

2년(648) 봄 정월에 당나라에 사신을 보내 조공하였다. 3월에 백제 장군 의직(義直)이 서쪽 변경을 침공하여 요거성(腰車城) 등 10여 성을 함락하였다. 왕이 이를 근심하여 압독주도독 유신에게 명하여 이를 도모하게 하였다. 유신은 이에 사졸(士卒)을 타이르고 격려하여 거느리고 나아갔다. 의직이 이에 대항하자 유신은 군사를 세 길로 나누어 협격(夾擊)하였다. 백제 군사가 패하여 달아나므로, 유신은 달아나는 [적을] 추격하여 거의 다 죽였다. 왕이 기뻐하여 사졸들에게 상을 주되 차등이 있었다. 겨울에 한질허(邯帙許)로 하여금 당에 조공케 하였다. [당] 태종이 어사(御史)를 시켜 물었다.

김씨 상계(金氏 上系)

"신라는 신하로서 대국(大國) 조정을 섬기면서 어찌하여 따로 연호를 칭하는가?" [한]질허가 대답하였다. 일찍이 천자의 조정에서 정삭(正朔)을 반포하지 않았기 때문에 선조 법흥왕 이래로 사사로이 기년(紀年)을 가지고 있는 것입니다. 만일 대국 조정에서 명이 있었다면 작은 나라가 어찌 감히 그렇게 하겠습니까? 태종이 그렇겠다고 여겼다. 이찬 김춘추(金春秋)와 그의 아들 문왕(文王)을 보내 당나라에 조공하였다. 태종이 광록경(光祿卿) 유형(柳亨)을 보내 교외에서 그를 맞이하여 위로하였다. 이윽고 [궁성에] 다다르자 춘추의 용모가 영특하고 늠름함을 보고 후하게 대우하였다. 춘추가 국학(國學)에 가서 석전(釋奠)과 강론을 참관하기를 청하니, 태종이 이를 허락하였다. 아울러 자기가 직접 지은 온탕비(溫湯碑)와 진사비(晉祠碑) 그리고 새로 편찬한 진서(晉書)를 내려 주었다. 어느날 [춘추를] 불러 사사로이 만나 금과 비단을 매우 후하게 주며 물었다. "경(卿)은 무슨 생각을 마음에 가지고 있는가?" 춘추가 꿇어앉아 아뢰었다.

신(臣)의 나라는 바다 모퉁이에 치우쳐 있으면서도 천자(天子)의 조정을 섬긴 지 이미 여러 해 되었습니다. 그런데 백제는 강하고 교활하여 여러 차례 침략을 마음대로 하였습니다. 더욱이 지난 해에는 군사를 크게 일으켜 깊숙이 쳐들어와 수십개 성을 쳐서 함락시켜 조회할 길을 막았습니다. 만약 폐하께서 당나라 군사를 빌려주어 흉악한 것을 잘라 없애지 않는다면, 저희 나라 인민은 모두 사로잡히는 바가 될 것이고 산 넘고 바다 건너 행하는 조공마저 다시는 바랄 수 없을 것입니다.

태종이 매우 옳다고 여겨 군사의 출동을 허락하였다. 춘추는 또 장복(章服)을 고쳐 중국의 제도에 따를 것을 청하니, 이에 내전에서 진귀한 옷을 꺼내 춘추와 그를 따라 온 사람에게 주었다. 조칙으로 춘추에게 관작을 주어 특진(特進)으로 삼고, 문왕을 좌무위장군(左武衛將軍)으로 삼았다. 본국으로 돌아올 때 3품 이상에게 명하여 송별 잔치를 열게 하여 우대하는

김씨 상계(金氏 上系)

예를 극진히 하였다. 춘추가 아뢰었다. "신에게 일곱 아들이 있습니다. 바라건대 고명하신 폐하 옆을 떠나지 않고 숙위할 수 있도록 해주십시오." [그러자] 그의 아들 문왕과 대감(大監) △△에게 [머물러 숙위할 것을] 명하였다. 춘추가 돌아오는 길에 바다 위에서 고구려의 순라병(巡邏兵)을 만났다. 춘추를 따라간 온군해(溫君解)가 높은 사람이 쓰는 모자와 존귀한 사람이 입는 옷을 입고 배 위에 앉아 있었더니 순라병이 보고 그를 춘추로 여기어 잡아 죽였다. 춘추는 작은 배를 타고 본국에 이르렀다. 왕이 이를 듣고 슬퍼하여 군해(君解)를 대아찬으로 추증하고, 그 자손에게 상을 후하게 주었다.

[원문]

二年 春正月 遣使大唐朝貢 三月 百濟將軍義直 侵西邊 陷腰車等一十餘城 王患之 命押督州都督庾信以謀之 庾信於是 訓勵士卒 將以發行 義直拒之 庾信分軍爲三道 夾擊之 百濟[주석3]兵敗走 庾信追北 殺之幾盡 王悅賞賜士卒有[주석4]差 冬 使邯帙許朝唐 太宗勅御史問 "新羅臣事大朝 何以別稱年號" 帙許言 "曾是天朝未頒正朔 是故先祖法興王以來 私有紀年 若大[주석5]朝有命 小國又何敢焉" 太宗然之 遣伊飡金春秋及其子文王朝唐 太宗遣光祿卿柳亨 郊勞之 旣至 見春秋儀表英偉 厚待之 春秋請詣國學 觀釋奠及講論 太宗許之 仍賜御製溫湯及晉祠碑幷新撰晉書 嘗召燕見 賜以金帛尤厚 問曰 "卿有所懷乎" 春秋跪奏曰 "臣之本國 僻在海隅 伏事天朝 積有歲年 而百濟强猾 屢肆侵凌 況往年大擧深入 攻陷數十城 以塞朝宗之路 若陛下不借天兵 翦除凶惡 則敝邑人民 盡爲所虜 則梯航述職 無復望矣" 太宗深然之 許以出師 春秋又請改其章服 以從中華制 於是 內出珍服 賜春秋及其從者 詔授春秋爲特進 文王爲左武衛將軍 還國詔令[주석6]三品已上燕餞之 優禮甚備 春秋奏曰 "臣有七子 願使不離聖明宿[주석7]衛" 乃命其子文王[주석8]與大監△△ 春秋還至海上[주석9] 遇高句麗邏兵 春秋從者溫君解 高冠大衣 坐於船上 邏兵見以爲春秋 捉殺之 春秋乘小

김씨 상계(金氏 上系)

船至國 王聞之嗟痛 追贈君解爲大阿湌 優賞其子孫

3 년 (AD 649) : 정월에 비로소 중국의 의관을 착용

[번역문]

3년(649) 봄 정월에 비로소 중국의 의관(衣冠)을 착용하였다. 가을 8월에 백제 장군 은상(殷相)이 무리를 거느리고 와서 석토성(石吐城) 등 일곱 성을 공격하여 함락시켰다. 왕이 대장군 유신과 장군 진춘(陳春), 죽지(竹旨), 천존(天存) 등에게 명하여 나아가 막게 하였다. 이곳 저곳으로 이동하며 10여일 동안 싸웠으나 해결나지 않았으므로 도살성(道薩城) 아래 나아가 주둔하였다. 유신이 여러 사람들에게 말하였다. "오늘 틀림없이 백제인이 와서 염탐할 것이다. 너희들은 짐짓 모르는 척하고 함부로 검문[誰何]하지 말라." 그리고는 사람을 시켜 군영 안을 돌아다니면서 다음과 같이 말하게 했다. "방어벽을 견고히 하고 움직이지 말라. 내일 응원군이 오는 것을 기다려 그 후에 싸움을 결판내겠다." 첩자(諜者)가 이를 듣고 돌아가 은상에게 보고하니, 은상 등은 군사가 증원될 것이라 하면서 두려워하지 않을 수 없었다. 이에 유신 등이 진격하여 크게 이겨 장사(將士) 100명을 죽이거나 사로잡고 군졸 8,980명을 목베었으며, 전마(戰馬) 1만 필을 획득하였고 병기와 같은 것은 이루 헤아릴 수 없었다.

[원문]

三年 春正月 始服中朝衣冠 秋八月 百濟將軍殷相率衆來 攻陷石吐等七城 王命大[주석10]將軍庾信 將軍陳春·竹旨·天存等出拒[주석11]之 轉鬪經旬不解 進屯於道薩城下 庾信謂衆曰 "今日必有百濟人來諜 汝等佯不知 勿敢誰何" 乃使[주석12]徇[주석13]于軍中曰 "堅壁不動 明日待援軍 然後決戰" 諜者聞之 歸報殷相 相等謂有加兵 不能不疑懼 於是 庾信等進擊大敗之 殺虜將士一百人 斬軍卒八千九百八十級 獲戰馬一萬匹 至若兵仗 不可勝數

김씨 상계(金氏 上系)

4 년 (AD 650) : 4월에 명을 내려 진골로서 관직에 있는

[번역문]

　4년(650) 여름 4월에 왕이 명을 내려 진골(眞骨)로서 관직에 있는 사람은 아홀(牙笏)을 갖게 하였다. 6월에 당나라에 사신을 보내 백제의 무리를 깨뜨린 사실을 알렸다. 왕이 비단을 짜서 오언태평송(五言太平頌)을 지어, 춘추의 아들 법민(法敏)을 보내 당 황제에게 바쳤다. 그 글은 다음과 같다.
　대당(大唐) 큰 왕업(王業)을 개창하니 높디 높은 황제의 포부 빛나도다. 전쟁을 그치니 천하가 안정되고 전 임금 이어받아 문치를 닦았도다. 하늘을 본받음에 기후[雨施]가 순조롭고 만물을 다스림에 저마다 빛나도다[含章]. 지극한 어짊은 해 달과 짝하고 시운(時運)을 어루만져 태평[時康]으로 나아가네. 깃발들은 저다지도 번쩍거리며 군악 소리 어찌 그리 우렁찬가! 명을 어기는 자 외방(外方) 오랑캐여 칼날에 엎어져 천벌을 받으리라. 순후한 풍속 곳곳에 퍼지니 원근에서 다투어 상서(祥瑞)를 바치도다 사철이 옥촉(玉燭)처럼 고르고 해와 달[七曜]은 만방을 두루 도네. 산악의 정기 어진 재상 내리시고 황제는 신하를 등용하도다. 삼황오제(三皇五帝) 한 덕을 이루니 길이길이 빛나리 우리 당나라.
　고종이 가상하게 여겨 법민을 태부경(太府卿)으로 삼아 돌려 보냈다. 이 해에 비로소 중국의 영휘(永徽) 연호를 사용하였다. 사론(史論): 삼대(三代)가 정삭(正朔)을 고치고 후대에 연호를 일컫는 것은 모두가 통일을 크게 여겨 백성들이 듣고 보는 것을 새롭게 하기 위함이다. 이러한 까닭에 때를 타고 나란히 일어나 둘이 마주 서서 천하를 다툰다든지, 간교한 사람이 틈을 타고 일어나 제왕의 자리를 엿보는 경우가 아니면 변두리의 작은 나라로서 천자의 나라에 신하로 속한 자라면 진실로 사사로이 연호를 칭할 수 없다. 신라와 같은 나라는 한결같은 마음으로 중국을 섬겨 사신의 배와 공물 바구니가 길에서 서로 마주 볼 정도로 잇달았다. 그런데도

김씨 상계(金氏 上系)

법흥왕이 스스로 연호를 칭한 것은 알지 못할 일이다. 그 후에도 그 잘못된 허물을 이어받아 여러 해를 지냈다. 태종의 꾸지람을 듣고도 오히려 머뭇거리다가 이 때에 와서야 당나라의 연호를 받들어 행하였다. 비록 어쩔 수 없이 한 일이라 할지라도, 이는 잘못을 저지르고 능히 허물을 고친 것이라 할 만하다.

[원문]

四年 夏四月 下敎 以眞骨在位者 執牙笏 六月 遣使大唐 告破百濟之衆 王織錦作五言太[주석14]平[주석15]頌 遣春秋子法敏 以獻唐皇帝 其辭[주석16]曰 『大唐開[주석17]洪業 巍巍皇猷昌 止戈戎衣定 修文繼百王 統[주석18]天崇雨施 理物體含章 深仁諧日[주석19]月[주석20] 撫運邁時康[주석21] 幡旗何赫赫 鉦[주석22]鼓23)何鍠鍠 外夷違命者 剪[주석24]覆被天殃 淳風凝[주석25]顯 遐邇競呈祥 四時和玉燭 七曜巡萬方 維嶽降宰輔 維帝任忠良 五三成一德 昭我唐家皇[주석26]』 高宗嘉焉 拜法敏爲太[주석27]府卿以還 是歲始行中國永徽年號 論曰 三代更正朔 後代稱年號 皆所以大一統 新百姓之視聽者也 是故苟非乘時並起 兩立而爭天下 與夫姦雄 乘間而作 覦覬神器 則偏方小國 臣屬天子之邦者 固不可以私名年 若新羅以一意事中國 使航貢篚

相望於道 而法興自稱年號 惑矣 厥後承惩襲繆 多歷年所聞太宗之誚讓 猶且因循 至是然後 奉行唐號 雖出於不得已 而抑[주석28]可謂過而能改者矣

5년 (AD 651) : 정월 초하루에 조원전에 나아가 백관으로부터

[번역문]

5년(651) 봄 정월 초하루에 왕이 조원전(朝元殿)에 나아가 백관으로부터 새해 축하인사를 받았다. 새해를 축하하는 예식(禮式)은 이 때부터 시작되었다. 2월에 품주(稟主)를 집사부(執事部)로 고치고 파진찬 죽지(竹旨)를 집사 중시(執事中侍)로 삼아 기밀업무를 관장케 하였다. △△△ 파진찬

김씨 상계(金氏 上系)

김인문(金仁問)을 당나라에 보내 조공하고 머물러 숙위하였다.

[원문]

五年 春正月朔 王御朝元殿 受百官正賀 賀正之禮 始於此 二月 改稟主爲執事部 仍拜波珍湌竹旨爲執事中侍 以掌機密事務 △△△ 遣[주석29]波珍湌金仁問 入唐朝貢 仍留宿衛

6년 (AD 652) : 정월에 파진찬 천효(天曉)를 좌리방부령으로

[번역문]

6년(652) 봄 정월에 파진찬 천효(天曉)를 좌리방부령(左理方府令)으로 삼았다. 당나라에 사신을 보내 조공하였다. 3월에 서울에 큰 눈이 왔고 왕궁 남쪽 문이 아무 까닭없이 저절로 무너졌다.

[원문]

六年 春正月 以波珍湌天曉爲左理方府令 遣使大唐朝貢 三月 京都大雪 王宮南門 無故自毀

7년 (AD 653) : 11월에 당나라에 사신을 보내 금총포를

[번역문]

7년(653) 겨울 11월에 당나라에 사신을 보내 금총포(金總布)를 바쳤다.

[원문]

七年 冬十一月 遣使大唐 獻金總布

8년 (AD 654) : 3월에 왕이 죽었다. 시호를 진덕(眞德)이라

[번역문]

8년(654) 봄 3월에 왕이 죽었다. 시호를 진덕(眞德)이라 하고 사량부(沙梁部)에 장사지냈다. 당 고종이 이를 듣고 영광문(永光門)에서

김씨 상계(金氏 上系)

애도를 표하고 태상승(太常丞) 장문수(張文收)를 사신으로 보내 부절을 가지고 조문케 하였으며, 개부의동삼사(開府儀同三司)를 추증하고 비단 300단(段)을 내려 주었다. 나라 사람들은 시조 혁거세로부터 진덕왕까지의 28왕을 일컬어 성골(聖骨)이라 하고, 무열왕부터 마지막 왕까지를 일컬어 진골(眞骨)이라 하였다. 당나라 영호징(令狐澄)의 신라기(新羅記)에 말하기를 『그 나라의 왕족은 제1골(第一骨)이라 하고 나머지 귀족은 제2골(第二骨)이라 한다.』고 하였다.

[원문]

八年 春三月 王薨 諡曰眞德 葬沙梁部 唐高宗聞之 爲擧哀於永光門 使太[주석30]常丞張文收持節吊祭之 贈開府儀同三司 賜綵段三百 國人謂始祖赫居世至眞德二十八王 謂之聖骨 自武烈至末[주석31]王 謂之眞骨 唐令狐澄新羅記曰 『其國王族 謂之第一骨 餘貴族第二骨』

태종무열왕(太宗武烈王, 604~661)

신라 제29대 왕으로 휘는 춘추(春秋). 진지왕의 손자. 이찬(伊湌) 용춘(龍春:龍樹)의 아들. 어머니는 진평왕의 딸 천명부인(天明夫人) 김씨(金氏). 무열왕(武烈王)이라고도 한다. 642년(선덕여왕 11) 백제의 침입으로 대야성(大耶城)이 함락되고 사위인 성주(城主) 품석(品釋)이 죽음을 당하자, 고구려와 힘을 합하여 백제를 치고자 연개소문(淵蓋蘇文)을 만났으나, 국경의 영토문제로 감금당했다가 돌아왔다. 웅변에 능하고 외교적 수완이 뛰어나서 사신으로 일본과 당(唐)나라에 다녀왔으며, 특히 당나라에는 여러 차례 왕래하면서 외교적 성과를 거두고 군사원조까지 약속받아 삼국통일의 토대를 닦았다.

김씨 상계(金氏 上系)

654년 진덕여왕이 죽자 진골(眞骨)의 신분으로 군신들의 추대를 받아 즉위함으로써 신라 최초의 진골출신 왕이 되었다. 즉위 후 이방부령(理方府令) 양수(良守)에게 명하여 율령(律令)을 상정(詳定)하게 하고 이방부격(理方府格) 60여 조를 제정하여 왕권을 강화하였으며, 당나라와 계속 친교를 맺어 깊은 신뢰를 얻고 개부의동삼사(開府儀同三司)·신라왕(新羅王)에 책봉되었다.

660년(무열왕 7) 당나라에 청원하여 당나라가 백제 정벌의 대군을 파견하자, 왕자 법민(法敏:文武王)과 김유신 등에게 5만의 군사를 주어 당나라 군사와 연합하여 백제를 멸망시켰다. 이듬해 백제 부흥군을 격파하고, 이어 고구려 정벌의 군사를 일으키다가 죽었다.

그의 재위기간에 신라 왕권의 전제화(專制化)가 확립되었고, 또한 크게 성장한 귀족세력을 중심으로 당나라의 율령제도(律令制度)를 모방한 관료체계가 정비되었으며, 구서당(九誓幢)이라는 9개 군단(軍團)의 설치로 군사조직이 강화되는 등 본격적인 국가체제가 확립되었다. 또, 김유신의 매부(妹夫)가 됨으로써 경주김씨 왕실과 김해김씨와의 결합이 이루어졌고, 그의 직계자손으로 8대가 계속됨으로써 120년 동안 정치의 황금기를 맞게 되었다.

0 년 (AD 654) : 태종무열왕이 왕위에 올랐다.
[번역문]

태종 무열왕(太宗武烈王)이 왕위에 올랐다. 이름은 춘추(春秋)이고 진지왕의 아들 이찬 용춘(龍春)<또는 용수(龍樹)라고도 하였다.>의 아들이다. <당서(唐書)에는 진덕의 동생이라 하였으나 잘못이다.> 어머니 천명부인(天明夫人)은 진평왕의 딸이고, 왕비 문명부인(文明夫人)은 각찬(角飡) 서현의 딸이다. 왕은 용모가 영특하고 늠름하여 어려서부터 세상을 다스릴

김씨 상계(金氏 上系)

뜻이 있었다. 진덕을 섬겨 지위는 이찬을 역임하였고, 당나라 황제가 특진(特進)의 관작을 제수하였다. 진덕이 죽자 여러 신하들이 이찬 알천(閼川)에게 섭정을 청하였으나, 알천이 굳이 사양하며 말하였다. "저는 늙고 이렇다 할 덕행이 없습니다. 지금 덕망이 높기는 춘추공 만한 이가 없으니, 실로 세상을 다스릴 뛰어난 인물이라 할만 합니다." 마침내 그를 받들어 왕으로 삼으려 하니, 춘추는 세 번 사양하다가 마지못하여 왕위에 올랐다.

[원문]

太宗武烈王立 諱春秋 眞智王子伊湌龍春一云龍樹之子也 唐書以爲眞德之弟 誤也 母天明夫人 眞平王女 妃文明夫人 舒玄角湌女也 王儀表英偉 幼有濟世志 事眞德 位歷伊湌 唐帝授以特進 及眞德薨 羣臣請閼川伊湌攝政 閼川固讓曰 "臣老矣 無德行可稱 今之德望崇重 莫若春秋公 實可謂濟世英傑矣" 遂奉爲王 春秋三讓 不得已而就位

1년 (AD 654) : 4월에 왕의 아버지를 문흥대왕으로 추봉

[번역문]

원년(654) 여름 4월에 왕의 죽은 아버지를 문흥대왕(文興大王)으로 추봉(追封)하고 어머니를 문정태후(文貞太后)로 삼았다. [죄수를] 크게 사면하였다. 5월에 이방부령(理方府令) 양수(良首) 등에게 명하여 율령을 상세히 살펴 이방부격(理方府格) 60여 조를 가다듬어 정하게 하였다. 당나라에서 사신을 보내 부절을 가지고 예를 갖추어 왕을 개부의동삼사(開府儀同三司) 신라왕(新羅王)으로 봉하였다. 왕이 당나라에 사신을 보내 감사를 표하였다.

[원문]

元年 夏四月 追封[주석1]王考爲文興大王 母爲文貞太[주석2]后 大赦 五月

김씨 상계(金氏 上系)

命理方府令良首等 詳[주석3]酌律令 修定理方府格六十餘條 唐遣使持節備禮冊命爲開府儀同三司新羅王 王遣使入唐表謝

2년 (AD 655) : 정월에 이찬 금강(金剛)을 상대등으로 삼고

[번역문]

2년(655) 봄 정월에 이찬 금강(金剛)을 상대등으로 삼고, 파진찬 문충(文忠)을 중시로 삼았다. 고구려가 백제·말갈과 더불어 군사를 연합하여 우리의 북쪽 변경을 침략하여 33성을 탈취하였으므로, 왕이 당나라에 사신을 보내 구원을 요청하였다. 3월에 당나라가 영주도독(營州都督) 정명진(程名振)과 좌우위중랑장(左右衛中郎將) 소정방(蘇定方)을 보내 군사를 일으켜 고구려를 쳤다. 맏아들 법민(法敏)을 태자로 삼고, 나머지 여러 아들 중에 문왕(文王)을 이찬으로, 노차(老且)를 해찬(海湌)으로, 인태(仁泰)를 각찬으로, 지경(智鏡)과 개원(愷元)을 각각 이찬으로 삼았다. 겨울 10월에 우수주(牛首州)에서 흰 사슴[白鹿]을 바쳤다. 굴불군(屈弗郡)에서 흰 돼지를 바쳤는데, 머리 하나에 몸이 둘이고 다리가 여덟이었다. 왕의 딸 지조(智照)를 대각찬(大角湌) 유신에게 시집보냈다. 월성 안에 고루(鼓樓)를 세웠다.

[원문]

二年 春正月 拜伊湌金剛爲上大等 波珍湌文忠爲中侍 高句麗與百濟·靺鞨連兵 侵軼我北境 取三十三城 王遣使入唐求援 三月 唐遣營州都督程名振 左右衛中郎將蘇定方 發兵擊高句麗

立元子法敏爲太子 庶子文王爲伊湌 老且[주석4]爲海湌 仁泰爲角湌 智鏡·愷元各爲伊湌 冬十月 牛首州獻白鹿 屈弗郡進白猪 一首二身八足 王女智照 下嫁大角湌庾信 立鼓樓月城內

김씨 상계(金氏 上系)

3 년 (AD 656) : 김인문이 당에서 돌아와 마침내 군주에 임명

[번역문]

3년(656) 김인문이 당에서 돌아와 마침내 군주(軍主)에 임명되어 장산성(獐山城) 쌓는 일을 감독하였다. 가을 7월에 아들 좌무위장군(左武衛將軍) 문왕을 당에 보내 조공하게 하였다.

[원문]

三年 金仁問自唐歸 遂任軍主 監築獐山城 秋七月
遣子左[주석5]武衛將軍文王朝唐

4 년 (AD 657) : 7월에 일선군(一善郡)에 홍수가 나서,

[번역문]

4년(657) 가을 7월에 일선군(一善郡)에 홍수가 나서, 빠져죽은 사람이 300여 명이었다. 동쪽 토함산의 땅이 불타더니 3년만에 꺼졌다. 흥륜사의 문이 저절로 무너졌다. △△△의 북쪽 바위가 무너지면서 부서져 쌀이 되었는데, 그것을 먹어보니 곳간의 묵은 쌀과 같았다.

[원문]

四年 秋七月 一善郡大水 溺死者三百餘人 東吐含山地燃 三年而滅 興輪寺門自壞 △△△北巖崩碎爲米 食之如陳倉米

5 년 (AD 658) : 정월에 중시 문충의 벼슬을 바꾸어 이찬으로

[번역문]

5년(658) 봄 정월에 중시 문충(文忠)의 [벼슬을] 바꾸어 이찬으로 삼고, 문왕을 중시로 삼았다. 3월에 왕은 하슬라(何瑟羅)의 땅이 말갈과 맞닿아 있으므로 사람들이 편안치 못하다고 여겨 경(京)을 폐지하여 주(州)로 삼고 도독을 두어 지키게 하였다. 또 실직(悉直)을 북진(北鎭)으로 삼았다.

김씨 상계(金氏 上系)

[원문]

五年 春正月 中侍文忠改爲伊飡 文王[주석6]爲中侍 三月
王以何瑟羅地連靺鞨 人不能安 罷京爲州 置都督以鎭之 又以悉直爲北鎭

6년 (AD 659) : 4월에 백제가 자주 변경을 침범하므로

[번역문]

6년(659) 여름 4월에 백제가 자주 변경을 침범하므로 왕이 장차 이를 치려고 당나라에 사신을 보내 군사를 요청하였다. 가을 8월에 아찬 진주(眞珠)를 병부령으로 삼았다. 9월에 하슬라주에서 흰 새를 바쳤다. 공주(公州) 기군(基郡)의 강에서 큰 물고기가 나와서 죽었는데, 길이가 100자나 되었고 [그것을] 먹은 사람은 죽었다. 겨울 10월에 왕이 조정에 앉아 있는데, 당나라에 군사를 요청하였으나 회보가 없었으므로 근심하는 빛이 얼굴에 드러나 있었다. 그런데 홀연히 어떤 사람이 왕 앞에 나타났는데, 마치 앞서 죽은 신하 장춘(長春)과 파랑(罷郞) 같았다. 그들이 [왕에게] 말하였다.

신은 비록 백골[枯骨]이 되었으나 아직도 나라에 보답할 마음이 있어 어제 당나라에 갔었는데, 황제가 대장군 소정방 등에게 명하여 군사를 거느리고 내년 5월에 백제를 치러 오게 한 것을 알았습니다. 대왕께서 이처럼 너무 애태우며 기다리시기는 까닭에 이렇게 알려드립니다.

[그리고는] 말을 끝내자 사라졌다. 왕이 매우 놀랍고 이상하게 여겨 두 집안의 자손에게 후하게 상을 주고, 해당 관청에 명하여
한산주(漢山州)에 장의사(莊義寺)를 세워 명복을 빌게 하였다.

[원문]

六年 夏四月 百濟頻犯境 王將伐之 遣使入唐乞師 秋八月 以阿飡眞珠爲兵部令 九月 何瑟羅州進白鳥 公州基郡江中 大魚出死 長百尺

김씨 상계(金氏 上系)

食者死 冬十月 王坐朝 以請兵於唐不報 憂形於色 忽有人於王前
若先臣長春·罷郎者 言曰 "臣雖枯骨 猶有報國之心 昨到大唐
認得皇帝命大將軍蘇定方等 領兵以來年五月 來伐百濟 以大王勤佇如此
故玆控告" 言畢而滅 王大驚異之 厚賞兩家子孫 仍命所司
創漢山州莊義寺 以資冥福

7년 (AD 660) : 정월에 금강이 죽었으므로 이찬 김유신을
[번역문]

7년(660) 봄 정월에 상대등 금강(金剛)이 죽었으므로 이찬 김유신을 상대등으로 삼았다. 3월에 당 고종이 좌무위대장군(左武衛大將軍) 소정방을 신구도행군대총관(神丘道行軍大摠管)으로 삼고 김인문을 부대총관(副大摠管)으로 삼아, 좌효위장군(左驍衛將軍) 유백영(劉伯英) 등 수군과 육군 13만 명을 거느리고 백제를 치게 하였다. 또 칙명으로 왕을 우이도행군총관(嵎夷道行軍摠管)으로 삼아 군사를 거느리고 그들을 응원하게 하였다. 여름 5월 26일에 왕이 유신(庾信), 진주(眞珠), 천존(天存) 등과 함께 군사를 거느리고 서울을 출발하여 6월 18일에 남천정(南川停)에 다다랐다. 정방(定方)은 내주(萊州)에서 출발하여 많은 배가 천리에 이어져 흐름을 따라 동쪽으로 내려왔다. 21일에 왕이 태자 법민(法敏)을 보내 병선 100척을 거느리고 덕물도(德物島)에서 정방을 맞이하였다. 정방이 법민에게 말하였다. "나는 7월 10일에 백제 남쪽에 이르러 대왕의 군대와 만나 의자(義慈)의 도성을 깨뜨리고자 한다." 법민이 말하였다. "대왕은 지금 대군(大軍)을 초조하게 기다리고 계십니다. 대장군께서 왔다는 것을 들으면 필시 이부자리에서 새벽 진지를 잡숫고[蓐食] 오실 것입니다." 정방이 기뻐하며 법민을 돌려 보내 신라의 병마를 징발케 하였다. 법민이 돌아와 정방의 군대 형세가 매우 성대하다고 말하니, 왕이 기쁨을 이기지 못하였다.

김씨 상계(金氏 上系)

또 태자와 대장군 유신, 장군 품일(品日)과 흠춘(欽春)<춘(春)을 혹은 순(純)으로도 썼다.> 등에게 명하여 정예군사 5만 명을 거느리고 그것에 부응하도록 하고, 왕은 금돌성(今突城)에 가서 머물렀다. 가을 7월 9일에 유신 등이 황산(黃山) 벌판으로 진군하니, 백제 장군 계백(堦伯)이 군사를 거느리고 와서 먼저 험한 곳을 차지하여 세 군데에 진영을 설치하고 기다리고 있었다. 유신 등은 군사를 세 길로 나누어 네 번을 싸웠으나 전세가 불리하고 사졸들은 힘이 다빠지게 되었다. 장군 흠순이 아들 반굴(盤屈)에게 말하였다. "신하된 자로서는 충성만한 것이 없고 자식으로서는 효도만한 것이 없다. [이런] 위급함을 보고 목숨을 바치면 충(忠)과 효(孝) 두 가지 모두를 갖추게 된다." 반굴이 "삼가 분부를 알아듣겠습니다." 하고는 곧 적진에 뛰어들어 힘써 싸우다가 죽었다. 좌장군 품일이 아들 관장(官狀)<또는 관창(官昌)이라고도 하였다.>을 불러 말 앞에 세우고 여러 장수들을 가리키며 말하였다. "내 아들은 나이 겨우 열 여섯이나 의지와 기백이 자못 용감하니, 오늘의 싸움에서 능히 삼군(三軍)의 모범이 되리라!" 관장이 "예!" 하고는 갑옷 입힌 말을 타고 창 한 자루를 가지고 쏜살같이 적진에 달려들어갔다가 적에게 사로잡힌 바가 되어 산 채로 계백에게 끌려갔다. 계백이 투구를 벗기게 하고는 그의 나이가 어리고 용감함을 아껴서 차마 해치지 못하고 탄식하며 말하였다. "신라에게 대적할 수 없겠구나. 소년도 오히려 이와 같거늘 하물며 장정들이랴!" [그리고는] 살려 보내도록 하였다. 관장이 [돌아와] 아버지에게 말하였다. "제가 적진 속에 들어가 장수를 베지도 못하고 깃발을 뽑아오지도 못한 것은 죽음이 두려워서가 아닙니다." 말을 마치자 손으로 우물물을 떠서 마신 다음 다시 적진으로 가서 날쌔게 싸웠는데, 계백이 사로잡아 머리를 베어 말안장에 매달아 보냈다. 품일이 그 머리를 붙잡고 흐르는 피에 옷소매를 적시며 말하였다. "내 아이의 얼굴이 살아있는 것 같구나! 왕을 위하여 죽을 수 있

김씨 상계(金氏 上系)

었으니 다행이다." 삼군(三軍)이 이를 보고 분에 복받쳐 모두 죽을 마음을 먹고 북치고 고함지르며 진격하니, 백제의 무리가 크게 패하였다. 계백은 죽고, 좌평 충상(忠常)과 상영(常永) 등 20여 명은 사로잡혔다. 이 날 정방(定方)은 부총관 김인문 등과 함께 기벌포(伎伐浦)에 도착하여 백제 군사를 만나 맞아 싸워 크게 깨뜨렸다. 유신 등이 당나라 군대의 진영에 이르자, 정방은 유신 등이 약속 기일보다 늦었다고 하여 신라의 독군(督軍) 김문영(金文穎)<또는 영(永)으로도 썼다.>을 군문(軍門)에서 목베려 하였다. 유신이 무리들에게 말하였다. 대장군이 황산(黃山)에서의 싸움을 보지도 않고 약속 날짜에 늦은 것만을 가지고 죄로 삼으려 하니, 나는 죄없이 모욕을 받을 수 없다. 반드시 먼저 당나라 군사와 결전을 한 후에 백제를 깨뜨리겠다.이에 큰 도끼를 잡고 군문(軍門)에 서니, 그의 성난 머리털이 곧추 서고 허리에 찬 보검이 저절로 칼집에서 튀어나왔다. 정방의 우장(右將) 동보량(董寶亮)이 그의 발을 밟으며 말하기를 "신라 군사가 장차 변란을 일으킬 듯합니다." 하니, 정방이 곧 문영의 죄를 풀어주었다. 백제 왕자가 좌평 각가(覺伽)를 시켜 당나라 장군에게 글을 보내 군대를 철수시킬 것을 애걸하였다. 12일에 당나라와 신라군이 의자왕의 도성을 에워싸고자 하여 소부리(所夫里) 벌판으로 나아가는데, 정방이 꺼리는 바가 있어 전진하지 않았으므로 유신이 그를 달래어 두 나라 군사가 용감하게 네 길로 나란히 진격하였다. 백제 왕자가 또 상좌평(上佐平)을 시켜 제사에 쓸 가축과 많은 음식을 보냈으나 정방이 거절하였고, 왕의 여러 아들이 몸소 좌평 여섯 사람과 함께 앞에 나와 죄를 빌었으나 그것도 물리쳤다. 13일에 의자왕이 좌우 측근을 데리고 밤을 타서 도망하여 웅진성(熊津城)에 몸을 보전하고, 의자왕의 아들 융(隆)은 대좌평 천복(千福) 등과 함께 나와 항복하였다. 법민이 융을 말 앞에 꿇어앉히고 얼굴에 침을 뱉으며 꾸짖었다. "예전에 너의 아비가 나의 누이를 억울하게 죽여 옥중에 묻은 적

김씨 상계(金氏 上系)

이 있다. [그 일은] 나로 하여금 20년 동안 마음이 아프고 골치를 앓게 하였는데, 오늘 너의 목숨은 내 손 안에 있구나!" 융은 땅에 엎드려 말이 없었다. 18일에 의자왕이 태자와 웅진방령(熊津方領)의 군사 등을 거느리고 웅진성으로부터 와서 항복하였다. 왕이 의자왕의 항복 소식을 듣고 29일에 금돌성(今突城)으로부터 소부리성에 이르러 제감(弟監) 천복(天福)을 당나라에 보내 싸움에서 이겼음을 알렸다. 8월 2일에 주연을 크게 베풀고 장병들을 위로하였다. 왕과 정방(定方) 및 여러 장수들은 대청마루 위에 앉고, 의자왕과 그 아들 융(隆)은 마루 아래 앉혀서 때로 의자왕으로 하여금 술을 따르게 하니 백제의 좌평 등 여러 신하들이 목메어 울지 않는 사람이 없었다. 이 날 모척(毛尺)을 붙잡아 목베었다. 모척은 본래 신라 사람으로서 백제에 도망한 자인데, 대야성의 검일(黔日)과 함께 도모하여 성이 함락되도록 했기 때문에 목벤 것이다. 또 검일을 잡아 [죄목을] 세어 말하였다. 네가 대야성에서 모척과 모의하여 백제 군사를 끌어들이고 창고를 불질러 없앰으로써 온 성 안에 식량을 모자라게 하여 싸움에 지도록 하였으니 그 죄가 하나요, 품석(品釋) 부부를 윽박질러 죽였으니 그 죄가 둘이요, 백제와 더불어 본국을 공격하였으니 그것이 세번째 죄이다. 이에 사지를 찢어 그 시체를 강물에 던졌다. 백제의 나머지 적병은 남잠성(南岑城)과 정현성(貞峴城) 등의 성을 차지하고 버텼다. 또 좌평 정무(正武)가 무리를 모아 두시원악(豆尸原嶽)에 진을 치고서 당과 신라인을 노략질하였다. 26일에 임존(任存)의 큰 목책을 공격했으나, 군사가 많고 지세가 험하여 이기지 못하고 다만 작은 목책만을 쳐서 깨뜨렸다. 9월 3일에 낭장(郎將) 유인원(劉仁願)이 군사 1만 명으로써 사비성(泗沘城)에 남아 지켰는데, 왕자 인태가 사찬 일원(日原), 급찬 길나(吉那)와 함께 군사 7천 명으로써 그를 보좌하였다. 정방은 백제 왕 및 왕족·신료 93명과 백성 1만 2천 명을 데리고 사비에서 배에 타고 당나라로 돌아갔다. 김인문과 사찬

김씨 상계(金氏 上系)

유돈(儒敦), 대나마 중지(中知) 등이 그와 함께 갔다. 23일에 백제의 남은 적군이 사비성에 들어와, 항복하여 살아남은 사람들을 붙잡아 가려고 하였으므로 유수(留守) 유인원이 당과 신라인을 내어 이를 쳐 쫓았다. 적이 물러가 사비성의 남쪽 산마루에 올라 네댓 군데 목책을 세우고 진을 치고서 모여 틈을 엿보아가며 성읍을 노략질하니, 백제인 중에 배반하여 이에 부응한 것이 20여 성이나 되었다. 당나라 황제가 좌위중랑장(左衛中郞將) 왕문도(王文度)를 보내 웅진도독(熊津都督)으로 삼았다. 28일에 [왕문도가] 삼년산성(三年山城)에 이르러 조서를 전달하였는데, 문도는 동쪽을 향하여 서고 대왕은 서쪽을 향하여 섰다. 칙명을 전한 후 문도가 당 황제의 예물을 왕에게 주려고 하다가 갑자기 병이 나서 곧바로 죽었으므로, 그를 따라 온 사람이 대신하여 일을 마쳤다. 10월 9일에 왕이 태자와 여러 군사들을 이끌고 이례성(尒禮城)을 쳤다. 18일에 그 성을 빼앗아 관리를 두어 지키게 하니, 백제의 20여 성이 두려움에 떨고 모두 항복하였다. 30일에 사비의 남쪽 산마루에 있던 군대의 목책을 공격하여 1천5백 명을 목베었다. 11월 1일에 고구려가 칠중성을 침공하여 군주 필부(匹夫)가 전사하였다. 5일에 왕이 계탄(雞灘)을 건너 왕흥사잠성(王興寺岑城)을 공격하여 7일에 이겨 700명을 목베었다. 22일에 왕이 백제에서 돌아와 싸움에서의 공을 논하였는데, 계금졸(罽衿卒) 선복(宣服)을 급찬으로 삼고 군사(軍師) 두질(豆迭)을 고간으로 삼았으며, 전사한 유사지(儒史知), 미지활(未知活), 보홍이(寶弘伊), 설유(屑儒) 등 네 사람에게 관작을 차등있게 주었다. 백제 사람들도 모두 그 재능을 헤아려 임용하였는데, 좌평 충상과 상영, 달솔 자간(自簡)에게는 일길찬의 관등을 주어 총관의 직을 맡겼고, 은솔 무수(武守)에게는 대나마의 관등을 주어 대감의 직을 맡게 하였으며, 은솔 인수(仁守)에게는 대나마의 관등을 주어 제감의 직을 맡게 하였다.

　[원문]

김씨 상계(金氏 上系)

　七年 春正月 上大等金剛卒 拜伊湌金庾信爲上大等 三月 唐高宗命左武衛大將軍蘇定方 爲神丘道行軍大摠管 金仁問爲副大摠管 帥左驍衛將軍劉伯英等水陸十三萬 △△[주석7]伐百[주석8]濟 勅王爲 㳯夷道行軍摠管 使[주석9]將兵爲之聲援[주석10] 夏五月二十六日 王與庾信·眞珠·天存等 領兵出京 六月十八日 次南川停 定方發自萊州 舳艫千里 隨流東下 二十一日 王遣太子法敏 領兵船一百艘 迎定方於德物島 定方謂法敏曰 "吾欲以七月十日至百濟南 與大王兵會 屠破義慈都城" 法敏曰 "大王立待大軍 如聞大將軍來 必蓐食而至" 定方喜 還遣法敏 徵新羅兵馬 法敏至 言定方軍勢甚盛 王喜不自勝 又命太子與大將軍庾信 將軍品日·欽春春或作純等 率精兵五萬應之 王次今突城 秋七月九日 庾信等進軍於黃山之原 百濟將軍堦[주석11]伯 擁兵而至 先據嶮 設三營以待 庾信等分軍爲三道 四戰不利 士卒力竭 將軍欽純謂子盤屈曰 "爲臣莫若忠 爲子莫若孝 見危致命 忠孝兩全" 盤屈曰 "謹聞命矣" 乃入陣 力戰死 左將軍品日 喚子官狀一云官昌 立於馬前 指諸將曰 "吾兒年纔十六 志氣頗勇 今日之役 能爲三軍標的乎" △△官狀[주석12]曰 "唯" 以甲馬單槍 徑赴敵陣 爲賊所擒[주석13] 生致[주석14]堦[주석15]伯 堦伯俾脫冑 愛其少且勇 不忍加害 乃嘆曰 "新羅不可敵也 少年尙如此 況壯士乎" 乃許生還 官狀告父曰 "吾入敵中 不能斬將搴旗者 非畏死也" 言訖 以手掬井水飮之

　更向敵陣疾鬪 堦伯擒斬首 繫馬鞍以送之 品日執其首 流血濕袂 曰 "吾兒面目如生 能死於王事 幸矣" 三軍見之 慷慨有死志 鼓噪進擊 百濟衆大敗 堦伯死之 虜佐平忠常·常永等二十餘人 是日 定方與副摠管金仁問等 到伎伐浦 遇百濟兵逆擊大敗之 庾信等至唐營 定方以庾信等後期 將斬新羅督軍金文穎或作永於軍門 庾信言於衆曰 "大將軍不見黃山之役 將以後期爲罪 吾不能無罪而受辱

　必先與唐軍決戰 然後破百濟" 乃杖鉞軍門 怒髮如植 其腰間寶劒 自躍出鞘 定方右將董寶亮 躡足曰 "新羅兵將有變也" 定方乃釋文穎之罪 百濟王子 使佐平覺伽 移書於唐將軍 哀乞退兵 十二日 唐羅軍△△△圍[주석16]義慈都城 進於

김씨 상계(金氏 上系)

所夫里之原 定方有所忌不能[주석17]前 庾信說之 二軍勇敢 四道齊振 百濟王子 又使上佐平致口餼豊腆 定方却之 王庶子躬與佐平六人 詣[주석18]前乞罪 又揮之 十三日 義慈率左右 夜遁走 保熊津城 義慈子隆與大佐平千福等 出降 法敏跪隆於馬前

唾[주석19]面罵曰 "向者 汝父枉殺我妹 埋之獄中 使我二十年間 痛心疾首 今日汝命在吾手中" 隆伏地無言 十八日 義慈率太子及熊津方領軍等 自熊津城來降 王聞義慈降 二十九日 自今突城至所夫里城 遣弟監天福 露布於大唐 八月二日 大置酒勞將士[주석20] 王與定方及諸將 坐於堂上 坐義慈及子隆於堂下 或使義慈行酒 百濟佐平等羣臣 莫不嗚咽流涕 是日 捕斬毛尺 毛尺本新羅人 亡入百濟 與大耶城黔日 同謀陷城 故斬之 又捉黔日 數曰 "汝在大耶城 與毛尺謀引百濟之兵 燒亡倉庫 令一城乏食致敗 罪一也 逼殺品釋夫妻 罪二也 與百濟來攻本國 罪三也" 以四[주석21]支解 投其尸於江水 百濟餘[주석22]賊 據[주석23]南岑·貞峴 △△△城

又佐平正武聚衆 屯[주석24]豆尸原嶽 抄掠唐·羅人 二十六日 攻任存大柵 兵多地嶮 不能克 但攻破小柵 九月三日 郎將劉仁願 以兵一萬人 留鎭泗沘城 王子仁泰與沙湌日原·級湌吉那 以兵七千副之 定方以百濟王及王族臣寮九十三人 百姓一萬二千人 自泗沘乘舡[주석25]廻唐 金仁問與沙湌儒敦·大奈麻中知等偕行 二十三日 百濟餘賊[주석26]入泗沘 謀掠生降人 留守仁願出唐·羅人 擊走之 賊退上泗沘南嶺 堅四五柵 屯聚伺隙 抄掠城邑 百濟人叛而應者二十餘城 唐皇帝遣左衛中郎將王文度 爲熊津都督 二十八日 至三年山城 傳詔 文度面東立 大王面西立 錫命後 文度欲以宣物授王 忽疾作便死 從者攝位畢事 十月九日 王率太子及諸軍攻禮城 十八日 取其城置官守 百濟二十餘城 震懼皆降 三十日 攻泗沘南嶺軍柵 斬首一千五百人 十一月一日 高句麗侵攻七重城 軍主[주석27]匹夫死之 五日 王行渡雞灘 攻王興寺岑城 七日乃克 斬首七百人 二十二日 王來自百濟論功 以闕衿卒宣服爲級湌 軍師豆迭爲高干[주석28] 戰死儒史知·未知活·寶

김씨 상계(金氏 上系)

弘伊·屑儒等四人 許職有差 百濟人員 並量才任用 佐平忠常·常永 達率自簡 授位一吉飡 充職摠管 恩率武守 授位大奈麻 充職大監 恩率仁守 授位大奈麻 充職弟監

8년 (AD 661) : 2월에 백제의 남은 적들이 사비성을 공격

[번역문]

8년(661) 봄 2월에 백제의 남은 적들이 사비성을 공격해 왔으므로, 왕이 이찬 품일을 대당 장군(大幢將軍)으로 삼고 잡찬 문왕, 대아찬 양도(良圖), 아찬 충상 등으로 그를 보좌케 하였으며, 잡찬 문충을 상주 장군(上州將軍)으로 삼고 아찬 진왕(眞王)으로 그를 보좌케 하였다. 아찬 의복(義服)을 하주 장군(下州將軍)으로, 무훌(武欻)과 욱천(旭川)을 남천 대감(南川大監)으로, 문품(文品)을 서당 장군(誓幢將軍)으로, 의광(義光)을 낭당 장군(郎幢將軍)으로 삼아 가서 구원하게 하였다. 3월 5일에 도중에 이르러 품일이 휘하의 군사를 나누어 먼저 가서 두량윤성(豆良尹城) 남쪽에서 군영 만들 땅을 살펴보게 하였다. 백제인이 진영이 정돈되지 않았음을 바라보고 갑자기 나와 생각지도 않게 치니 우리 군사는 놀라서 흩어져 달아났다. 12일에 대군이 고사비성(古沙比城) 밖에 와서 주둔하면서 두량윤성으로 나아가 공격하였다.

그러나 한 달 엿새가 되도록 이기지 못하고 여름 4월 19일에 군사를 돌이켰다. 대당(大幢)과 서당(誓幢)이 먼저 가고 하주(下州)의 군사는 맨 뒤에 가게 되었는데, 빈골양(賓骨壤)에 이르러 백제군을 만나 싸워 패하여 물러났다. 죽은 사람은 비록 적었으나 병기와 짐수레를 잃어버린 것이 매우 많았다. 상주(上州)와 낭당(郎幢)은 각산(角山)에서 적을 만났으나 진격하여 이기고 드디어 백제의 진지에 들어가 2천 명을 목베었다. 왕은 군대가 패하였음을 듣고 크게 놀라 장군 금순(金純), 진흠(眞欽), 천존, 죽지를

김씨 상계(金氏 上系)

보내 군사를 증원하여 구원케 하였으나, 가시혜진(加尸兮津)에 이르러 군대가 물러나 가소천(加召川)에 이르렀다는 말을 듣고 이에 돌아왔다. 왕이 여러 장수들이 싸움에서 패하였으므로 벌을 논하였는데, 각기 차등있게 하였다. 5월 9일<또는 11일이라고도 하였다.>에 고구려 장군 뇌음신(惱音信)이 말갈 장군 생해(生偕)와 함께 군사를 합하여 술천성(述川城)을 공격해 왔다. 이기지 못하자 북한산성으로 옮겨가 공격하는데, 포차(抛車)를 벌여놓고 돌을 날리니 그것에 맞는 성가퀴나 건물은 그대로 부서졌다. 성주(城主) 대사 동타천(冬陁川)이 사람을 시켜 마름쇠를 성 밖으로 던져 깔아서 사람이나 말이 다닐 수 없게 하고, 또 안양사(安養寺)의 창고를 헐어 그 목재를 실어다가 성의 무너진 곳마다 즉시 망루를 만들고 밧줄을 그물같이 얽어 마소가죽과 솜옷을 걸치고 그 안에 노포(弩砲)를 설치하여 막았다. 이때 성 안에는 단지 남녀 2천8백 명밖에 없었는데, 성주 동타천은 어린이와 노약자를 능히 격려하여 강대한 적과 맞서 싸우기를 20여일 동안 하였다. 그러나 식량이 다 떨어지고 힘이 지쳐서 지극한 정성으로 하늘에 빌었더니, 갑자기 큰 별이 적의 진영에 떨어지고 또 천둥과 비가 내리며 벼락이 쳤으므로, 적이 두려워서 포위를 풀고 물러갔다. 왕이 동타천을 칭찬하고 표창하여 관등을 대나마로 올려주었다. 압독주를 대야(大耶)에 옮기고 아찬 종정(宗貞)을 도독으로 삼았다. 6월에 대관사(大官寺)의 우물 물이 피가 되었고, 금마군(金馬郡) 땅에 피가 흘러 그 넓이가 다섯 보(步)가 되었다. 왕이 죽었다. 시호를 무열(武烈)이라 하고, 영경사(永敬寺)의 북쪽에 장사지냈으며 묘호(廟號)를 올려 태종(太宗)이라 하였다. 고종이 [무열왕의] 죽음 소식을 듣고 낙성문(洛城門)에서 애도식을 거행하였다.

[원문]

八年 春二月 百濟殘賊 來攻泗沘城 王命伊湌品日爲大幢將軍 迊湌文王 大阿

김씨 상계(金氏 上系)

湌良圖 阿湌忠常等副之 迊湌文忠爲上州將軍 阿湌眞王副之 阿湌義服爲下州將軍 武欻·旭川等爲南川大監 文品爲誓幢將軍 義光爲郞幢將軍 往救之 三月五日 至中路 品日分麾下軍 先行 往豆良尹一作伊城南 相營地 百濟人望陣不整 猝出急擊不意 我軍驚駭潰北 十二日 大軍來屯古沙比城外 進攻豆良尹城 一朔有六日 不克 夏四月十九日 班師 大幢誓幢先行 下州軍殿後 至賓骨壤 遇百濟軍 相鬪敗退 死者雖小 失[주석29]亡兵械輜重甚多 上州郞幢遇賊於角山 而進擊克之 遂入百濟屯堡 斬獲二千級 王聞軍敗大驚 遣將軍金純·眞欽·天存·竹旨濟師救援 至加尸兮津 聞軍退至加召川 乃還 王以諸將敗績 論罰有差 五月九日 一云十一日 高句麗將軍惱音信 與靺鞨將軍生偕合軍 來攻述川城 不克 移攻北漢山城 列抛車 飛石所當 陣屋輒壞 城主大舍冬陁川 使人擲鐵蒺藜於城外 人馬不能行 又破安養寺廩廥 輸其材 隨城壞處 卽構爲樓櫓 結絙網 懸牛馬皮綿衣 內設弩砲以守 時城內只有男女二千八百人 城主冬陁川 能激勵少弱 以敵强大之賊 凡二十餘日 然糧盡力疲 至誠告天 忽有大星 落於賊營 又雷雨以震 賊疑懼解圍而去 王嘉奬冬陁川 擢位大奈麻 移押督州於大耶 以阿湌宗貞爲都督 六月 大官寺井水爲血 金馬郡地流血廣五步 王薨 諡曰武烈 葬永敬寺北[주석30] 上號太宗 高宗聞訃 擧哀於洛城門

문무왕(文武王, 626~681)

신라의 제30대 왕(재위 661~681). 태종무열왕의 맏아들. 이름은 법민(法敏)이다. 태종무열왕과 문명왕후(文明王后)의 맏아들로, 비(妃)는 파진찬(波珍湌) 선품(善品)의 딸 자의왕후(慈儀王后)이다. 외모가 빼어나고 총명하며, 지략(智略)이 많았다고 한다.

650년(진덕여왕 4) 왕명으로 당(唐)나라에 가서 대부경(大府卿)을 받았

김씨 상계(金氏 上系)

고, 654년(태종무열왕 1년) 파진찬으로서 병부령(兵部令)이 되었다. 655년 태자로 책봉되었으며, 660년 나·당(羅唐)연합군이 백제를 공격할 때, 김유신(金庾信)과 함께 5만 군대를 거느리고 분전, 백제를 격멸하였다.

661년 태종무열왕이 죽자 왕위를 계승하고, 이듬해 당나라와 연합하여 고구려를 쳤으나 고구려군의 완강한 저항으로 실패하였다. 그뒤 복신(福信)·도침(道琛) 등의 백제 부흥운동을 저지하였다. 668년 다시 나·당연합군을 형성하여 고구려를 쳤는데, 왕제(王弟) 인문(仁問)은 당나라의 이적(李勣)과 합세하여 평양성을 함락시켰다. 이로써 고구려는 멸망하였으나, 당나라가 고구려의 옛 땅은 물론 백제의 옛 땅까지도 자국 영토로 삼으려 하자, 문무왕은 김유신에게 명하여 당나라 세력을 몰아내게 하였다. 고구려 유민(遺民)의 부흥운동을 원조하는 등 여러 가지 방법으로 당나라에 대항하여, 마침내 676년(문무왕 16년) 당나라 세력을 몰아내고 대동강·원산만 이남의 땅을 차지하는, 삼국통일(三國統一)의 대업(大業)을 완수하였다. 이후 약 100여 년 간, 신라는 국내외적으로 안정된 평화의 시기를 누렸다.

문무왕은 당나라 문화를 수입하는 데 힘을 기울여 664년 부인들의 의복을 당제(唐制)에 따르게 하였고, 또 당악(唐樂)을 수입하였다. 674년 당나라의 역술(曆術)을 본떠 신력(新曆)을 제정하여 사용하였으며, 675년 동인(銅印)을 만들어 중앙 백관(百官)과 지방의 주군(州郡)에서 사용하도록 하였다.

676년 의상(義湘)으로 하여금 경북 영주시 부석면(浮石面)에 부석사(浮石寺)를 창건하게 하였다. 681년 왕이 죽자, 유언에 따라 화장한 뒤 경주 양북면 봉길리 앞바다 대왕암에 안장(安葬)하였다.

0년 (AD 661) : 문무왕이 왕위에 올랐다.

김씨 상계(金氏 上系)

[번역문]

문무왕(文武王)이 왕위에 올랐다. 이름은 법민(法敏)이고 태종무열왕의 맏아들이다. 어머니는 김씨 문명왕후(文明王后)인데, 소판(蘇判) 서현(舒玄)의 막내딸이고 유신(庾信)의 누이이다.

그 언니[姉]가 꿈에 서형산(西兄山) 꼭대기에 올라앉아서 오줌을 누었더니 온 나라 안에 가득 퍼졌다. 꿈에서 깨어나 동생에게 꿈 이야기를 하니, 동생이 웃으면서 "내가 언니의 이 꿈을 사고 싶다."고 말하였다. 그래서 비단치마를 주어 꿈값을 치루었다. 며칠 뒤 유신이 춘추공(春秋公)과 축국(蹴鞠)을 하다가 그만 춘추의 옷고름을 밟아 떼었다. 유신이 말하기를 "우리 집이 다행히 가까이 있으니 청컨대 가서 옷고름을 답시다."라 하고는 함께 집으로 갔다. 술상을 차려 놓고 조용히 보희(寶姬)를 불러 바늘과 실을 가지고 와서 [옷고름을] 꿰매게 하였다. 그의 언니는 무슨 일이 있어 나오지 못하고, 동생이 나와서 꿰매어 주었다. 엷은 화장과 산뜻한 옷차림에 빛나는 어여쁨이 눈부실 정도였다. 춘추가 보고 기뻐하여 혼인을 청하고 예식을 치루었다. 곧 임신하여 아들을 낳으니 그가 법민(法敏)이다.

왕비는 자의왕후(慈儀王后)로 파진찬 선품(善品)의 딸이다. 법민은 용모가 영특하고, 총명하며 지략이 많았다. 영휘(永徽) 초에 당나라에 갔을 때 고종(高宗)이 태부경(太府卿)의 관작을 주었다. 태종 원년에 파진찬으로서 병부령이 되었다가 얼마 후 태자가 되었다. 현경(顯慶) 5년(660)에 태종이 당나라 장수 소정방(蘇定方)과 함께 백제를 평정할 때 법민이 종군하여 큰 공을 세웠다. 이때 이르러 왕위에 올랐다.

[원문]

文武王立 諱法敏 太宗王之元子 母金氏文明王后 蘇判舒玄之季女 庾信之妹也 其姊[주석1]夢登西兄[주석2]山頂坐 旋流徧國內 覺與季言夢 季戱曰 "予願買兄此夢" 因與錦裙爲直 後數日 庾信與春秋公蹴鞠 因踐落春秋衣紐 庾信曰 "吾

김씨 상계(金氏 上系)

家幸[주석3]近 請往綴紐" 因與俱往宅 置酒

從容喚寶姬[주석4] 持[주석5]針線來縫 其姊有故不進 其季進前縫綴 淡粧輕服 光艷炤人 春秋見而悅之 乃請婚成禮 則有娠生男 是謂法敏 妃慈儀王后 波珍湌善品之女也 法敏姿表英特 聰明多智略 永徽初如唐 高宗授以太[주석6]府卿 太宗元年 以波珍湌爲兵部令 尋封爲太子 顯慶五年 太宗與唐將蘇定方 平百濟 法敏從之 有大功 至是卽位

1 년 (AD 661) : 6월에 인문과 유돈 등이 돌아와
[번역문]
원년(661) 6월에 당나라에 들어가 숙위하던 인문(仁問)과 유돈(儒敦) 등이 돌아와 왕에게 고하였다.

황제께서 이미 소정방을 보내 수군과 육군 35도(道)의 군사를 거느리고 고구려를 치게 하고, 마침내 왕께 명하여 군사를 일으켜 서로 응원하라고 하였습니다.

[왕께서] 비록 상복을 입고 있는 중이지만 무거운 황제의 칙명을 어기기는 어렵습니다.

가을 7월 17일에 김유신을 대장군으로 삼고, 인문, 진주, 흠돌(欽突)을 대당(大幢) 장군으로, 천존, 죽지, 천품(天品)을 귀당(貴幢) 총관으로, 품일, 충상, 의복(義服)을 상주(上州) 총관으로, 진흠, 중신(衆臣), 자간을 하주(下州) 총관으로, 군관(軍官), 수세(藪世), 고순(高純)을 남천주 총관으로, 술실(述實), 달관(達官), 문영을 수약주 총관으로, 문훈(文訓), 진순(眞純)을 하서주 총관으로, 진복(眞福)을 서당(誓幢) 총관으로, 의광을 낭당(郞幢) 총관으로, 위지(慰知)를 계금(罽衿) 대감으로 삼았다.

8월에 대왕이 여러 장수를 거느리고 시이곡정(始飴谷停)에 이르러 머물렀다. 사자(使者)가 와서 아뢰기를 "백제의 남은 적들이 옹산성(甕山城)을

김씨 상계(金氏 上系)

차지하여 길을 막고 있으므로 앞으로 나아갈 수가 없습니다."라 하였다. 대왕이 우선 사람을 보내 타일렀으나 복종하지 않았다.

9월 19일에 대왕이 웅현정(熊峴停)에 나아가 여러 총관과 대감들을 모아놓고 몸소 가서 서약케 하였다. 25일에 진군하여 옹산성을 에워쌌다. 27일에 이르러 먼저 큰 목책을 불사르고 수천 명을 베어 죽이고 드디어 항복시켰다. 전공을 논하여, 각간과 이찬으로서 총관인 사람에게는 검(劍)을 주고, 잡찬, 파진찬, 대아찬으로서 총관인 사람에게는 창을 주었으며, 그 이하는 각각 관등 한 등급씩을 올려 주었다. 웅현성(熊峴城)을 쌓았다. 상주 총관 품일이 일모산군(一牟山郡) 태수 대당(大幢)과 사시산군(沙尸山郡) 태수 철천(哲川) 등과 함께 군사를 이끌고 우술성(雨述城)을 쳐서 1천 명을 목베었다. 백제의 달솔(達率) 조복(助服)과 은솔(恩率) 파가(波伽)가 무리와 더불어 꾀하여 항복하였으므로 조복에게 급찬(級湌)의 관등을 주고 고타야군(古陁耶郡) 태수로 삼았으며, 파가에게는 급찬의 관등과 아울러 토지와 집, 옷 등을 내려주었다.

겨울 10월 29일에 대왕이 당나라 황제의 사신이 이르렀다는 말을 듣고 마침내 서울로 돌아왔다. 당나라 사신이 [왕을] 조문하고 아울러 칙명으로 앞 임금[무열왕]에게 제사를 지내고 여러 가지 채색 비단 500단(段)을 주었다. 유신 등은 군사를 쉬게 하고 다음 명령을 기다리고 있었는데, 당나라 함자도(含資道) 총관 유덕민(劉德敏)이 와서 황제의 명을 전하여 평양으로 군사의 양식을 보내라 하였다.

[원문]

元年 六月 入唐宿衛仁問·儒敦等至 告王 "皇帝已遣蘇定方 領水陸三十五道兵 伐高句麗 遂命王擧兵相應 雖在服 重違皇帝勅命" 秋七月十七日 以金庾信爲大將軍 仁問·眞珠·欽突爲大幢將軍 天存·竹旨·天品爲貴幢摠管 品日·忠常·義服爲上州摠管 眞欽·衆臣·自簡爲下州摠管 軍官·藪世·高純爲南川州摠管 述實·達官·

김씨 상계(金氏 上系)

文穎爲首若州總管　文訓·眞純爲河西州總管　眞福爲誓幢總管　義光爲郎幢總管　慰知爲罽衿大監　八月　大王領諸將　至始飴谷停留　△△[주석7]使來告曰 "百濟殘賊　據甕山城　遮路不可前" 大[주석8]王先遣使諭之　不服　九月十九日　大王進次熊峴停　集諸總管大親臨誓之　二十五日　進軍圍甕山城　至二十七日　先燒大柵　斬殺數千人　遂降之　論功　賜角干·伊湌爲總管者劒　迊湌[주석9]·波珍湌·大阿湌爲總管者戟　已下各一品位　築熊峴城　上州總管品日　與一牟山郡太[주석10]守大幢　沙尸[주석11]山郡太[주석12]守哲川等　率兵攻雨述城　斬首一千級　百濟達率助服·恩率波伽與衆謀降　賜位助服級湌　仍授古陁耶郡太[주석13]守　波伽級湌　兼賜田宅衣物　冬十月二十九日　大王聞唐皇帝使者至　遂還京　唐使弔慰　兼勅祭前王　贈雜彩五百段　庚信等休兵　待後命　含資道總管劉德敏至　傳勅旨　輸平壤軍粮

2년 (AD 662) : 정월에 사신이 객관에 머물고 있다가,

[번역문]

2년(662) 봄 정월에 당나라 사신이 객관에 머물고 있다가, 이때 이르러 왕을 개부의동삼사(開府儀同三司) 상주국(上柱國) 낙랑군왕(樂浪郡王) 신라왕(新羅王)으로 책명(冊命)하였다. 이찬 문훈을 중시(中侍)로 삼았다. 왕이 유신에게 명하여 인문(仁問)과 양도(良圖) 등 아홉 장군과 함께 수레 2천여 대에 쌀 4천 섬과 조(租) 2만 2천여 섬을 싣고 평양으로 가게 하였다. 18일에 풍수촌(風樹村)에서 묵었다. 얼음이 얼어 미끄럽고 또 길이 험하여 수레가 나아갈 수 없으므로 [군량을] 모두 소와 말의 등에 실었다. 23일에 칠중하(七重河)를 건너 산양(蒜壤)에 이르렀다. 귀당 제감(貴幢弟監) 성천(星川)과 군사(軍師) 술천(述川) 등이 이현(梨峴)에서 적군을 만나 공격하여 죽였다.

2월 1일에 유신 등은 장새(獐塞)에 이르렀는데, 평양으로부터 3만 6천

김씨 상계(金氏 上系)

보(步) 떨어진 곳이다. 먼저 보기감(步騎監) 열기(裂起) 등 15인을 당나라의 군영으로 보냈다. 이 날 눈보라가 치고 몹시 추워 사람과 말들이 많이 얼어 죽었다. 6일에 양오(楊隩)에 이르러 유신이 아찬 양도(良圖)와 대감 인선(仁仙) 등을 보내 [당 군영에] 군량을 가져다 주었는데, 소정방에게는 은 5천7백 푼[分], 가는 실로 곱게 짠 베 30필, 두발(頭髮) 30량(兩)과 우황(牛黃) 19량을 주었다. 정방은 군량을 얻자 곧 전쟁을 그만두고 돌아갔다. 유신 등은 당나라 군사들이 돌아갔다는 말을 듣고 역시 군사를 돌려 과천(川)을 건넜다. 고구려 군사가 추격하여 오자 군사를 돌이켜 맞싸워 1만여 명을 목베고 소형(小兄) 아달혜(阿達兮) 등을 사로잡았으며, 병기 1만여 개를 획득하였다. 전공을 논하여, 본피궁(本彼宮)의 재화와 토지[田莊] 그리고 노비를 반씩 나누어 유신과 인문에게 주었다. 영묘사에 불이 났다. 탐라국(耽羅國) 우두머리 좌평(佐平) 도동음률(徒冬音律)<또는 진(津)으로도 썼다.>이 항복해왔다. 탐라는 무덕(武德) 이래로 백제에 예속해 있었기 때문에 좌평을 관직 호칭으로 삼았는데, 이때 이르러 항복하여 [신라의] 속국이 되었다.

3월에 [죄수들을] 크게 사면하였다. 왕은 이미 백제를 평정하였으므로 담당 관청에 명하여 큰 잔치를 베풀고 술과 음식을 내려 주게 하였다.

가을 7월에 이찬 김인문을 당나라에 보내 토산물을 바쳤다.

8월에 백제의 남은 적(賊)들이 내사지성(內斯只城)에 모여 나쁜 짓을 행하므로 흠순(欽純) 등 19명의 장군을 보내 토벌하여 깨뜨렸다. 대당 총관 진주(眞珠)와 남천주 총관 진흠(眞欽)이 거짓으로 병을 핑계삼아 한가로이 지내며 나라 일을 돌보지 않았으므로 마침내 그들을 목베고 아울러 그 일족을 멸하였다. 사찬 여동(如冬)이 어머니를 때리자 하늘에서 천둥치고 비가 내렸으며 벼락이 쳐서 죽였는데, 그 몸에 수악당(須堂) 세 글자가 쒸여 있었다. 남천주에서 흰 까치를 바쳤다.

김씨 상계(金氏 上系)

[원문]

　二年 春正月 唐使臣在館 至是 冊命王爲開府儀同三司上柱國 樂浪郡王新羅王 拜伊湌文訓爲中侍　王命庾信與仁問·良圖等九將軍 以車二千餘兩 載米四千石 租二萬二千餘石 赴平壤 十八日 宿風樹村 氷滑道險 車不得行 並載以牛馬 二十三日 渡七重河 至䒀壤 貴幢弟監星川 軍師述川等 遇賊兵於梨峴 擊殺之 二月一日 庾信等至獐[주석14]塞 距平壤三萬六千步 先遣步騎監裂起等十五人 赴唐營 是日 風雪寒沍 人馬多凍死 六日 至楊隩 庾信遣阿湌良圖 大監仁仙等致軍粮 贈定方以銀五千七百分 細布三十匹 頭髮三十兩 牛黃十九兩 定方得軍粮 便罷還 庾信等聞唐兵歸 亦還渡

3년 (AD 663) : 정월에 남산신성에 장창(長倉)을 지었다.

[번역문]

　3년(663) 봄 정월에 남산신성(南山新城)에 장창(長倉)을 지었다. 부산성(富山城)을 쌓았다. 2월에 흠순과 천존이 군사를 거느리고 백제 거열성(居列城)을 쳐서 빼앗고, 700여 명을 목베었다. 또 거물성(居勿城)과 사평성(沙平城)을 공격하여 항복시키고 덕안성(德安城)을 공격하여 1,070명을 목베었다. 여름 4월에 당나라가 우리나라를 계림대도독부로 삼고, 왕을 계림주 대도독으로 삼았다. 5월에 영묘사 문에 벼락이 쳤다. 백제의 옛 장수 복신(福信)과 승려 도침(道琛)이 옛 왕자 부여풍(扶餘豊)을 맞아들여 왕으로 세우고 주둔하고 있는 낭장(郞將) 유인원(劉仁願)을 웅진성에서 에워쌌다. 당나라 황제가 조칙으로 유인궤(劉仁軌)에게 대방주자사(帶方州刺使)를 겸직케 하여 이전의 도독 왕문도(王文度) 군사와 우리 군사를 통솔하고 백제 군영으로 향하게 하였다. 번번이 싸울 때마다 적진을 함락시켜 가는 곳에 앞을 가로막을 자가 없었다. 복신 등이 유인원의 포위를 풀고 물러가 임존성(任存城)을 지켰다. 얼마 후 복신이 도침을 죽이고 그 무리를 합치고 아울러 배반한 무리들을 불러 모아서 세력이 매우 커졌다. 인궤는 인원과 합하여 잠시 무장을 풀고 군사를 쉬게 하면서 군사의 증원을 요청하였다. [당 황제가] 조칙으로 우위위장군(右威衛將軍) 손인사(孫仁師)를 보내 군사 40만을 거느리고 덕물도(德物島)에 이르렀다가 웅진부성으로 나아가도록 하였다. 왕은 김유신 등 28명<또는 30명이라고도 하였다.>의 장군을 거느리고 그와 합세하여 두릉윤성(豆陵尹城)과 주류성(周留城) 등 여러 성을 공격하여 모두 항복시켰다. 부여풍은 몸을 빼어 달아나고 왕자 충승(忠勝)과 충지(忠志) 등은 그 무리를 이끌고 항복하였는데, 오직 지수신(遲受信)만은 임존성을 차지하고서 항복하지 않았다. 겨울 10월 21일부터 그들을 공격하였지만 이기지 못하고 11월 4일에 이르러 군사를 돌렸다. 설리정(舌利停)에 이르러 싸움의 공을 따져 상을 차등있게 주고 크게 사면하였다. 의복을 만들어 남아서 지키는 당나라 군사들에게 주었다.

[원문]

三年 春正月 作長倉於南山新城 築富山城 二月 欽純·天存領兵 攻取百濟居列城 斬首七百餘級 又攻居勿城·沙平城降之 又攻德安城 斬首一千七十級 夏四月 大唐以我國爲雞林大都督府 以王爲雞林州大都督 五月 震靈廟寺門 百濟故將福信及浮圖[주석18]道琛 迎故王子扶餘豊立之 圍留鎭郞將劉仁願於熊津城 唐皇帝詔仁軌 檢校帶方州刺史[주석19] 統前都督王文度之衆與我兵 向百濟營 轉闘陷陣[주석20] 所向無前 信等釋仁願圍 退保任存城 旣而福信殺道琛 幷[주석21]其衆 招還叛[주석22]亡 勢甚張 仁軌與仁願合 解甲休士 乃請益兵 詔遣右威衛將軍孫仁師 率兵四十萬 至德物島[주석23] 就熊津府城 王領金庾信等二十八 一云三十 將軍 與之合攻豆陵一作良尹城·周留城等諸城 皆下之 扶餘豊脫身走 王子忠勝·忠志等 率其衆降 獨遲受信 據任存城不下 自冬十月二十一日攻之 不克 至十一月四日班師 至舌一作后利停 論功行賞有差 大赦 製衣裳 給留鎭唐軍

김씨 상계(金氏 上系)

4 년 (AD 664) : 김유신이 나이가 많아 벼슬에서 물러날 것을

[번역문]

　4년(664) 봄 정월에 김유신이 나이가 많아 벼슬에서 물러날 것을 청하였으나 허락하지 않고 안석(案席)과 지팡이[几杖]를 내려 주었다. 아찬 군관(軍官)을 한산주 도독으로 삼았다. 교서를 내려 부인들도 역시 중국 의복을 입도록 하였다. 2월에 해당 관청에 명하여 여러 왕의 능원(陵園)에 백성 20호씩을 이주시켰다. 각간 김인문, 이찬 천존이 당나라 칙사 유인원, 백제 부여륭(扶餘隆)과 함께 웅진에서 맹약을 맺었다. 3월에 백제의 남은 적들이 사비산성을 의지하여 반란을 일으키자 웅진도독이 군사를 일으켜 쳐서 깨뜨렸다. 지진이 일어났다. 성천(星川)과 구일(丘日) 등 28인을 웅진부성(熊津府城)에 보내 당나라 음악을 배우게 하였다. 가을 7월에 왕이 장군 인문, 품일, 군관, 문영 등에게 명하여 일선주(一善州)와 한산주(漢山州) 두 주의 군사를 이끌고 웅진부성의 [당나라]군사와 함께 고구려 돌사성(突沙城)을 치게 하여 멸하였다. 8월 14일에 지진이 일어나 백성들의 집이 무너졌는데, 남쪽 지방이 더욱 심하였다. 사람들이 마음대로 재화와 토지를 절에 시주하는 것을 금하였다.

[원문]

　四年 春正月 金庾信請老 不允 賜几杖 以阿湌軍官爲漢山州都督 下敎 婦人亦服中朝衣裳 二月 命有司徙民於諸王陵園 各二十戶 角干金仁問 伊湌天存與唐勅使劉仁願 百濟扶餘隆 同盟于熊津[주석24] 三月 百濟殘衆 據泗沘山城叛 熊津[주석25]都督發兵 攻破之 地震 遣星川 丘日等二[주석26]十八人於府城 學唐樂 秋七月 王命將軍仁問 品日 軍官 文穎等 率一善·漢山二州兵與府城兵馬 攻高句麗突沙城 滅之 八月十四日 地震 壞民屋 南方尤甚 禁人擅以財貨田地施佛寺

김씨 상계(金氏 上系)

5년 (AD 665) : 중시 문훈이 나이가 많아 관직에서 물러났다.

[번역문]

 5년(665) 봄 2월에 중시 문훈(文訓)이 나이가 많아 관직에서 물러났으므로 이찬 진복(眞福)을 중시로 삼았다. 이찬 문왕(文王)이 죽으니 왕자의 예(禮)로 장사지냈다. 당나라 황제가 사신을 파견하여 조문하고 아울러 자줏빛 옷 한 벌과 허리띠 하나, 채색비단 100필, 생초(生綃) 200필을 보내왔다. 왕이 당나라 사신에게 금과 비단을 더욱 후하게 주었다. 가을 8월에 왕이 칙사 유인원, 웅진도독 부여륭과 함께 웅진 취리산(就利山)에서 맹약을 맺었다. 일찍이 백제는 부여장(扶餘璋)[무왕] 때부터 고구려와 화친을 맺고 우리 영토를 자주 침범하였으므로, 우리가 당나라에 사신을 보내 조공하고 구원을 청한 것이 길에 이어졌다. 소정방이 이미 백제를 평정하고 군대가 돌아가자 남은 무리들이 또 다시 반란을 일으켰다. 왕은 진수사(鎭守使) 유인원, 유인궤 등과 함께 여러 해 동안 경략하여 점차 안정이 되었다. 당 고종이 부여륭에게 조칙을 내려, 귀국하여 남은 무리를 무마하고 우리와 화친하라고 하였다. 이때 이르러 흰 말을 잡아 맹세하였는데, 먼저 하늘과 땅의 신 그리고 내와 골짜기 신에게 제사지낸 후 그 피를 마셨다. 그 맹세문[盟文]은 다음과 같다.

 지난날 백제의 앞 임금은 반역과 순종의 이치에 어두워 이웃나라와 사이좋게 지내지 못하였고 인척간에 화목하지 못하였다. 고구려와 결탁하고 왜국과 서로 통하여 함께 잔인함과 포악함을 일삼아 신라를 침략하여 고을을 겁탈하고 성을 도륙(屠戮)하여 거의 편안한 날이 없었다. 천자께서는 물건 하나라도 제자리를 잡지 못하는 것을 딱하게 여기시고 죄없는 백성들을 불쌍히 여기시어 자주 사신을 보내 사이좋게 지내도록 하였다. [백제는] 그 지리의 험준함과 길이 먼 것을 믿고서 천자의 가르침을 오만하게 업신여겼다. 황제께서 크게 노하여 삼가 죄를 묻고 정벌을 단행하였으

김씨 상계(金氏 上系)

니, 군사들의 깃발이 나가는 곳마다 한 번 싸움으로 크게 평정되었다. 진실로 궁궐을 늪으로 만들고 집을 연못으로 만들어, 후세의 경계로 삼고 근원을 막고 뿌리를 뽑아 후손들에 가르침을 보였어야 마땅하였다. 그러나 복종하는 자를 받아들이고 배반하는 자를 정벌하는 것은 선왕의 아름다운 법도요, 망한 것을 다시 일으키고 끊어진 것을 이어주는 것은 옛 성현들의 공통된 가르침이다. 일은 반드시 옛 것을 본받아야 함은, 옛 책에 전해지고 있다. 그러한 까닭에 전 백제 대사가정경(大司稼正卿) 부여륭을 웅진도독으로 삼아 조상의 제사를 지키고 그 옛 땅을 보전하게 하니, 신라에 의지하고 기대어 길이 우방으로 삼을 것이다. 각기 지난날의 묵은 감정을 풀어버리고 화친을 맺고 각각 천자의 명을 받들어 영원히 번국(蕃國)으로서 복종해야 할 것이다. 이에 사신 우위위장군(右威衛將軍) 노성현공(魯城縣公) 유인원을 보내 친히 참석하여 권유하고 천자의 뜻을 선포하니, [두 나라는] 혼인을 약속하고 맹세를 거듭하며 희생[牲]을 잡아 피를 마시고 처음부터 끝까지 함께 친목하여 재앙을 서로 나누고 어려움에 서로 도와 은의(恩誼)를 형제처럼 해야 할 것이다. 황제의 말씀을 공손히 받들어 감히 어기지 말 것이며, 이미 맹세한 뒤에는 다함께 변함없이 절조를 지켜야 한다. 만약 맹세를 어기고 뜻을 달리하여 군사를 일으키고 무리를 움직여 변경을 침범한다면, 밝으신 신이 살펴보시고 온갖 재앙을 내리셔서 자손을 기르지 못하고 사직(社稷)을 지키지 못하며 제사가 끊어져 후손이 없도록 할 것이다. 그러므로 금가루[金泥]로 쓴 증표[金書鐵券]를 종묘에 간직하여 자손만대에 감히 어기지 말지어다. 신이시여, 이 말을 들으시고 흠향하시고 복을 내려 주소서!

이것은 유인궤가 지은 글이다. 피를 마신 다음 희생과 예물을 제단의 북쪽 땅에 묻고, 그 글을 우리 종묘에 간직하였다. 이에 인궤는 우리 사신과 백제, 탐라, 왜 네 나라의 사신을 거느리고 바다를 건너 서쪽으로 돌아가

김씨 상계(金氏 上系)

태산(泰山)의 제사에 참석하였다. 왕자 정명(政明)을 태자로 삼고 크게 사면하였다. 겨울에 일선주(一善州)와 거열주(居列州) 두 주의 백성들로 하여금 군대에 쓸 물건을 하서주(河西州)에 운반하게 하였다. 비단은 종래 10심(尋)을 한 필로 하였는데, 고쳐서 길이 일곱 보 너비 두 자를 한 필로 삼았다.

[원문]

五年 春二月 中侍文訓致仕 以伊湌眞福爲中侍 伊湌文王[주석27]卒 以王子禮葬之 唐皇帝遣使來弔 兼進贈紫衣一襲 腰帶一條 彩綾羅一百匹 絹二百匹 王贈唐使者金帛尤厚 秋八月 王與勅使劉仁願 熊津都督[주석28]扶餘隆 盟于熊津就利山 初百濟 自扶餘璋與高句麗連和 屢侵[주석29]伐封場 我遣使入朝求救 相望于路 及蘇定方旣平百濟 軍廻 餘衆又叛 王與鎭守使劉仁願·劉仁軌等 經略數年 漸平之 高宗詔扶餘隆 歸撫餘衆 及令與我和好 至是 刑白馬而盟 先祀神祇及川谷之神 而後歃血 其盟文曰[주석30] 『往者 百濟先王 迷於逆順 不敦鄰好 不睦親姻 結託高句麗[주석31] 交通倭國 共[주석32]爲殘暴 侵削新羅 剽33) 邑屠城 略無寧歲

天子憫一物之失所 憐百姓之無辜 頻命行人 遣其和好 負險[주석34]恃遠 侮慢天經 皇赫斯怒 恭[주석35]行弔伐 旌旗所指[주석36] 一戎大定[주석37] 固可瀦宮汚[주석38]宅 作誡來裔 塞源拔本 垂訓後昆 然懷柔伐叛 前王之令典 興亡繼絶 往哲之通規 事必師古 傳諸冊 故立前百濟大[주석39]司稼正卿扶餘隆 爲熊津都督 守其祭祀 保其桑梓 依倚新羅 長爲與國 各除宿憾 結好和親 各[주석40]承詔命 永爲藩服 仍遣使人右威衛將軍[주석41]魯城縣[주석42]公劉仁願 親臨勸誘[주석43] 寔[주석44]宣成旨 約之以婚姻 申之以盟誓 刑牲歃血 共敦終始 分災恤患 恩若弟兄 祗奉綸言[주석45] 不敢失墜[주석46] 旣盟之後 共保歲寒 若有背盟[주석47] 二三其德 興兵動衆 侵犯邊陲 明神[주석48]監[주석49]之 百殃是降[주석50] 子孫不育 社稷無守 禋祀磨滅 罔有遺餘

김씨 상계(金氏 上系)

故作金書鐵券 藏之宗廟 子孫萬代 無敢違犯[주석51] 神之聽之 是饗是福』
劉仁軌之辭也 歃訖 埋牲幣於壇之壬地 藏其書於我之宗廟 於是 仁軌領我使者
及百濟·耽[주석52]羅·倭人四國使 浮海西還 以會祠泰山 立王子政明爲太子 大
赦 冬 以一善·居列二州民 輸軍資於河西州 絹布舊以十尋爲一匹 改以長七步廣
二尺爲一匹

6년 (AD 666) : 봄 2월에 서울에 지진이 일어났다.

[번역문]

6년(666) 봄 2월에 서울에 지진이 일어났다. 여름 4월에 영묘사에 불이 났다. [죄수를] 크게 사면하였다. 천존의 아들 한림(漢林)과 유신의 아들 삼광(三光)은 모두 나마로서, 당나라에 들어가 숙위하였다. 왕은 이미 백제를 평정하였으므로 고구려를 멸망시키고자 하여 당나라에 군사를 요청하였다. 겨울 12월에 당나라는 이적(李勣)을 요동도행군대총관(遼東道行軍大摠管)으로 삼고 사열소상백(司列少常伯) 안륙현(安陸縣) 사람 학처준(郝處俊)을 부장(副將)으로 삼아 고구려를 쳤다. 고구려의 지위 높은 신하 연정토(淵淨土)가 12성 763호 3,543명을 이끌고 와서 항복하였다. 연정토와 그의 부하 24명에게 의복과 식량·집을 주고 서울 및 주·부(州府)에 안주시키고, 그 여덟 성은 온전하였으므로 군사를 보내 지키게 하였다.

[원문]

六年 春二月 京都地震 夏四月 靈廟寺災 大赦 天存之子漢林 庾信之子三光
皆以奈麻入唐宿衛 王以旣平百濟 欲滅高句麗 請兵於唐 冬十二月 唐以李勣爲
遼東道行軍大摠管 以司列少常伯安陸 郝處俊副之 以擊高句麗 高句麗貴臣淵淨
土 以城十二戶七百六十三口三千五百四十三來投 淨土及從官二十四人 給衣物·
糧料·家舍 安置王都及州府 其八城完 並[주석53]遣士卒鎭守

김씨 상계(金氏 上系)

7 년 (AD 667) : 7월에 큰 잔치를 베풀고 술과 음식을

[번역문]

　7년(667) 가을 7월에 3일 동안 큰 잔치를 베풀고 술과 음식을 내려 주었다. 당나라 황제가 칙명으로 지경(智鏡)과 개원(愷元)을 장군으로 삼고 요동의 싸움에 나아가게 하였다. 왕이 곧 지경을 파진찬, 개원을 대아찬으로 삼았다. 또 황제가 대아찬 일원(日原)을 운휘장군(雲麾將軍)으로 삼았는데, 왕은 [일원에게] 명하여 칙명을 왕궁의 뜰에서 받도록 하였다. 대나마 즙항세(汁恒世)를 당나라에 보내 조공하였다. [당] 고종이 유인원과 김인태(金仁泰)에게 명하여 비열도(卑列道)를 따라, 또 우리 군사를 징발하여 다곡(多谷)과 해곡(海谷) 두 길을 따라 평양에 모이도록 하였다. 가을 8월에 왕이 대각간 김유신 등 30명의 장군을 거느리고 서울을 출발하였다. 9월에 한성정(漢城停)에 도착하여 영공(英公)을 기다렸다. 겨울 10월 2일에 영공이 평양성 북쪽 200리 되는 곳에 도착하여 이동혜(尒同兮) 촌주 대나마 강심(江深)을 뽑아 보내었는데, 거란 기병 80여 명을 이끌고 아진함성(阿珍含城)을 거쳐 한성에 이르러 서신을 전하고 군사 동원 기일을 독려하니 왕이 그에 따랐다. 11월 11일에 장새(獐塞)에 이르러 영공이 돌아갔다는 말을 듣고 왕의 군사 또한 돌아왔다. 이에 강심에게 급찬의 관등을 주고 벼 500섬을 내려주었다. 12월에 중시 문훈이 죽었다. 당나라의 주둔하고 있는 장군(將軍) 유인원이 천자의 칙명을 전하여 고구려 정벌을 도우라 하고, 왕에게 대장군의 정절(旌節)을 주었다.

[원문]

　七年 秋七月 大酺三日 唐皇帝勅以智鏡·愷元爲將軍 赴遼東之役 王卽以智鏡爲波珍湌 愷元爲大阿湌 又皇帝勅以日原大阿湌爲雲麾將軍 王命於宮庭 受命 遣大奈麻汁恒世 入唐朝貢 高宗命劉仁願·金仁泰從卑列道 又徵我兵 從多谷·海谷二道 以會平壤 秋八月 王領大角干金庾信等三十將軍 出京 九月 至漢城停 以

김씨 상계(金氏 上系)

待英公 冬十月二日 英公到平壤城北二百里 差遣尒同兮村主大奈麻江深 率契丹騎兵八十餘人 歷阿珍含城 至漢城 移書以督兵期 大王從之 十一月十一日 至獐塞 聞英公歸 王兵亦還[주석54] 仍授江深位級湌 賜粟五百石 十二月 中侍文訓卒 唐留鎭將軍劉仁願 傳宣天子勅命 助征高句麗 仍賜王大將軍旌節

8년 (AD 668) : 봄에 아마(阿麻)가 와서 항복하였다.

[번역문]

8년(668) 봄에 아마(阿麻)가 와서 항복하였다. 원기(元器)와 [연]정토(淵淨土)를 당에 보냈다. 연정토(淵淨土)는 그 곳에 머물러 돌아오지 않고 원기만 돌아왔는데, 칙명을 내려 이후로는 여인 바치는 것을 금하도록 하였다. 파진찬 지경을 중시로 삼았다. 비열홀주(比列忽州)를 설치하고 파진찬 용문(龍文)을 총관으로 삼았다. 여름 4월에 살별[彗星]이 천선(天船)[별자리]를 지켰다. 6월 12일에 요동도안무부대사(遼東道安撫副大使) 요동행군부대총관(遼東行軍副大摠管) 겸 웅진도안무대사(熊津道安撫大使) 행군총관(行軍摠管) 우상(右相) 검교태자좌중호(檢校太子左中護) 상주국(上柱國) 낙성현개국남(樂城縣開國男) 유인궤가 황제의 칙명을 받들고 숙위 사찬 김삼광과 함께 당항진(党項津)에 도착하였다. 왕이 각간 김인문으로 하여금 성대한 예식(禮式)으로 맞이하게 했다. 이에 우상(右相)은 [군사 동원기일] 약속을 마치고 천강(泉岡)으로 향하였다. 21일에 대각간 김유신을 대당 대총관으로, 각간 김인문·흠순·천존·문충, 잡찬 진복, 파진찬 지경, 대아찬 양도·개원·흠돌을 대당 총관으로, 이찬 진순(陳純)과 죽지를 경정(京停) 총관으로, 이찬 품일, 잡찬 문훈, 대아찬 천품을 귀당 총관으로, 이찬 인태(仁泰)를 비열도 총관으로, 잡찬 군관, 대아찬 도유(都儒), 아찬 용장(龍長)을 한성주 행군총관으로, 잡찬 숭신(崇信), 대아찬 문영, 아찬 복세(福世)를 비열주 행군총관으로, 파진찬 선광(宣光), 아찬 장순(長順)·

김씨 상계(金氏 上系)

순장(純長)을 하서주 행군총관으로, 파진찬 의복(宜福)과 아찬 천광(天光)을 서당 총관으로, 아찬 일원과 흥원(興元)을 계금당 총관으로 삼았다. 22일에 웅진부성의 유인원이 귀간(貴干) 미힐(未肹)을 보내 고구려의 대곡성(大谷城)과 한성(漢城) 등 2군 12성이 항복해왔음을 알렸다. 왕은 일길찬(一吉湌) 진공(眞功)을 보내 축하하였다. 인문·천존·도유 등은 일선주 등 일곱 군 및 한성주의 병마를 이끌고 당나라 군영으로 나아갔다. 27일에 왕이 서울을 출발하여 당나라 군영으로 나아갔다. 29일에 여러 도(道)의 총관들이 출발하였다. 왕은 유신이 풍질(風疾)을 앓았으므로 서울에 남아 있게 하였다. 인문 등은 영공을 만나 영류산(嬰留山)<영류산은 지금[고려]의 서경(西京) 북쪽 20리 되는 곳에 있다.> 아래까지 진군하였다. 가을 7월 16일에 왕이 한성에 이르러 여러 총관들에게 명하여, 가서 당나라 군대와 회합하라고 하였다. 문영 등은 사천(蛇川) 벌판에서 고구려 군사를 만나 싸워 크게 무찔렀다.

　9월 21일에 당나라 군대와 합하여 평양을 에워쌌다. 고구려 왕은 먼저 연남산(淵男産) 등을 보내 영공을 찾아 뵙고 항복을 청하였다. 이에 영공은 보장왕(寶臧王)과 왕자 복남(福男)·덕남(德男) 그리고 대신 등 20여만 명을 이끌고 당나라로 돌아갔다. 각간 김인문과 대아찬 조주(助州)가 영공을 따라갔는데, 인태·의복·수세·천광·흥원 등도 수행하였다. 처음에 대군이 고구려를 평정할 때 왕은 한성을 출발하여 평양으로 향하다가 힐차양(肹次壤)에 이르렀는데, 당나라의 여러 장수가 이미 돌아갔다는 말을 듣고 한성으로 되돌아왔다.

　겨울 10월 22일에 유신에게 태대각간을, 인문에게 대각간의 관등을 주었다. 그 이외 이찬과 장군들을 모두 각간으로 삼았고, 소판 이하에게는 모두 한 등급씩 더해 주었다. 대당 소감(大幢小監) 본득(本得)은 사천 싸움에서 공이 첫째였고, 한산주 소감 박경한(朴京漢)은 평양성 안에서 군주

김씨 상계(金氏 上系)

(軍主) 술탈(述脫)을 죽여 공이 첫째였으며, 흑악령(黑嶽令) 선극(宣極)은 평양성 대문에서의 싸움에서 공이 제일 많았으므로 모두 일길찬의 관등을 주고 조(租) 1천 섬을 내려 주었다. 서당 당주(誓幢幢主) 김둔산(金遁山)은 평양 군영 싸움에서 공이 제일이었으므로 사찬의 관등과 조 700섬을 내려 주었다. 군사(軍師) 남한산(南漢山)의 북거(北渠)는 평양성 북문 싸움에서 공이 첫째였으므로 술간(述干)의 관등과 벼 1천 섬을 내려 주었고, 군사 부양(斧壤)의 구기(仇杞)는 평양 남교(南橋) 싸움에서 공이 제일이었으므로 술간의 관등과 벼 700섬을 내려 주었다. 가군사(假軍師) 비열홀의 세활(世活)은 평양소성(平壤小城) 싸움에서 공이 제일 많았으므로 고간(高干)의 관등과 벼 500섬을 내려 주었다. 한산주 소감 김상경(金相京)은 사천싸움에서 전사하였는데, 공이 제일이었으므로 일길찬의 관등을 추증하고 조(租) 1천 섬을 내려 주었다. 아술(牙述)의 사찬 구율(求律)은 사천싸움에서 다리 아래로 내려가 물을 건너 진격하여 적과 싸워 크게 이겼는데, 군령(軍令)을 받지 않고 스스로 위험한 곳에 들어갔기 때문에 공은 비록 제일이었으나 포상되지

않았다. [그는] 분하게 생각하고 목매어 죽고자 하였으나 주위 사람들이 구하여 죽지 못했다. 25일에 왕이 나라로 돌아오는 길에 욕돌역(褥突驛)에 이르렀는데, 국원 사신(國原仕臣) 대아찬 용장(龍長)이 사사로이 잔치를 베풀어 왕과 시종하는 사람들을 대접하였다. 음악이 시작되자 나마 긴주(繁周)의 아들 능안(能晏)은 15살인데 가야의 춤을 추어 보였다. 왕이 그 용모가 단정하고 아름다운 것을 보고는 앞에 불러 등을 어루만지며 금 술잔에 술을 권하고

페백(幣帛)을 자못 후하게 주었다. 11월 5일에 왕이 포로로 잡은 고구려 사람 7천 명을 이끌고 서울에 돌아왔다. 6일에 문무 관료를 이끌고 선조의 사당[先祖廟]에 배알하고 다음과 같이 아뢰었다. "삼가 조상들의 뜻을

김씨 상계(金氏 上系)

이어 당나라와 함께 의로운 군사를 일으켜 백제와 고구려에게 죄를 묻고 원흉들을 처단하여 국운이 태평하게 되었습니다. 이에 감히 고하오니 신이시여 들으소서!" 18일에 전쟁에서 죽은 자에게 물건을 주었는데 소감(少監) 이상에게는 10△△필, 종자(從者)에게는 20필을 주었다. 12월에 영묘사에 불이 났다.

[원문]

　八年 春 阿麻來服 遣元器與淨土入唐 淨土留不歸 元器還 有勅 此後禁獻女人 三月 拜波珍智鏡爲中侍 置比列忽州 仍命波珍湌龍文爲摠管 夏四月 彗星守天船 六月十二日 遼東道安撫副大使 遼東行軍副大摠管兼熊津道安撫大使行軍摠管右[주석55] 相檢校太[주석56] 子左中護上柱國樂城縣開國男劉仁軌 奉皇帝勅旨 與宿衛沙湌金三光 到党項津 王使角干金仁問 延迎之以大禮 於是 右相約束訖 向泉岡 二十一日 以大角干金庾信爲大幢[주석57]大摠管 角干金仁問 欽純 天存 文忠 迊湌眞福 波珍湌智鏡 大阿湌良圖 愷元 欽突爲大幢摠管 伊湌陳純一作春 竹旨爲京停摠管 伊湌品日 迊湌文訓 大[주석58]阿湌天品爲貴幢摠管 伊湌仁泰爲卑列道摠管 迊湌軍官·大阿湌都儒·阿湌龍長爲漢城州行軍摠管 迊湌崇信·大阿湌文穎·阿湌福世爲卑列城州行軍摠管 波珍湌宣光·阿湌長順·純長爲河西州行軍摠管 波珍湌宜福·阿湌天光爲誓幢摠管

　阿湌日[주석59])原·興元爲鬪衿幢摠管 二十二日 府城劉仁願 遣貴干[주석60]未肹 告高句麗大谷△ 漢城等二郡十二城歸服 王遣一吉湌眞功稱賀 仁問 天存 都等 領一善州等七郡及漢城州兵馬 赴唐軍營 二十七日 王發京 赴唐兵 二十九日 諸道摠管發行 王以庾信病風 留京 仁問等遇英公 進軍於嬰留山下 嬰留山在今西京北二十里 秋七月十六日 王行次漢城州 敎諸摠管 往會大軍 文穎等遇高句麗兵於蛇[주석61]川之原 對戰大敗之 九月二十一日 與大軍合圍平壤 高句麗王 先遣泉[주석62]男産等 詣英公請降 於是 英公以王寶臧 王子福男·德男 大臣等二十餘萬口廻唐 角干金仁問 大阿湌助州 隨英公歸 仁泰·義福·藪世·天

김씨 상계(金氏 上系)

光·興元隨行 初大軍平高句麗 王發漢城指平壤 次肹次壤 聞唐諸將已歸 還至漢城 冬十月二十二日 賜庾信位太大角干 仁問大角干 已外伊湌將軍等並爲角干 蘇判已下並增位一級 大幢少監本得 蛇川戰 功第一 漢山州少監朴京漢 平壤城內 殺軍主述脫 功第一 黑嶽令宣極 平壤城大門戰 功第一 並授位一吉湌 賜租一千石 誓幢幢主金遁山 平壤軍營戰 功第一 授位沙湌 賜租七百石 軍師南漢山北渠 平壤城北門戰 功第一 授位述干 賜粟一千石 軍師斧壤·仇杞 平壤南橋戰 功第一 授位述干 賜粟七百石 假軍師比列忽世活 平壤少城戰 功第一 授位高干 賜粟五百石 漢山州少監金相京 蛇川戰死 功第一 贈位一吉湌 賜租一千石 牙述沙湌求律 蛇川之戰 就橋下涉水 出與賊鬪大勝 以無軍令 自入危道 功雖第一而不錄 憤恨欲經死 旁人救之 不得死 二十五日 王還國 次褥突驛 國原仕臣龍長大阿湌 私設筵 饗王及諸侍從 及樂作 奈麻緊周子能晏 年十五歲 呈加耶之舞 王見容儀端麗 召前撫背 以金盞勸酒 賜幣帛頗厚 十一月五日 王以所虜高句麗人七千入京 六日 率文武臣寮 朝謁先祖廟 告曰 "祗承先志 與大唐同擧義兵 問罪於百濟·高句麗 元凶伏罪 國步泰靜 敢玆控告 神之聽之" 十八日 賚死事者 少監已上十△△匹 從者二十四 十二月 靈廟寺災

9년 (AD 669) : 신혜법사를 정관대서성으로 삼았다.
[번역문]
9년(669) 봄 정월에 신혜법사(信惠法師)를 정관대서성(政官大書省)으로 삼았다. 당나라 승려 법안(法安)이 와서 천자의 명을 전하여 자석을 구하였다. 2월 21일에 대왕이 여러 신하들을 모아놓고 교서를 내렸다. 지난날 신라는 두 나라 사이에 끼어 북쪽을 정벌하고 서쪽을 침공하여 잠시도 편안할 때가 없었다. 병사들의 해골은 들판에 쌓였고 몸과 머리는 서로 떨어져 먼 곳에 뒹굴게 되었다. 선왕께서는 백성들이 참혹하게 해를 당함을 불쌍히 여겨 천승(千乘)의 귀하신 몸을 생각지 않으시고 바다를 건너 중

김씨 상계(金氏 上系)

국에 들어가 조회하고 황제께 군사를 청하셨다. 이는 본래 두 나라를 평정하여 영원히 싸움을 없게 하고, 몇 대에 걸쳐 깊이 쌓인 원수를 갚으며 백성들의 가냘픈 남은 목숨을 보전하고자 하심이었다. [선왕께서] 백제는 비록 평정하였으나 고구려는 아직 멸망시키지 못하였는데, 과인이 평정을 이루시려던 유업을 이어받아 마침내 선왕의 뜻을 이루게 되었다. 지금 두 적국은 이미 평정되어 사방이 조용하고 편안해졌다. 전쟁터에 나아가 공을 세운 사람들에게는 이미 모두 상을 주었고, 싸우다 죽은 혼령들에게는 명복 빌 재물을 추증하였다. 다만 옥에 갇혀있는 사람들은 죄인을 보고 불쌍히 여겨 울어주던 은혜[泣辜]를 받지 못하였고, 칼을 쓰고 쇠사슬에 묶여 고생하는 사람들은 아직 새롭게 시작할 은택을 입지 못하였다. 이러한 일들을 생각하니 먹고 자는 것이 편안하지 못하다. 나라 안의 죄수들을 사면하니, 총장(總章) 2년(669) 2월 21일 새벽 이전에 5역(五逆)의 죄를 범하여 사형을 받은 죄목 이하로서 지금 감옥에 갇혀 있는 사람은 죄의 크고 작음을 따지지 말고 모두 석방하고, 앞서 사면해 준 이후에 또 죄를 범하여 관작을 빼앗긴 사람은 모두 그 전과 같게 하라. 남의 것을 훔친 사람은 다만 그 몸을 풀어주되, 훔친 물건을 돌려줄 재물이 없는 자에게는 징수의 기한을 두지 말라. 백성들이 가난하여 다른 사람에게 곡식을 빌려 쓴 사람으로서 흉년이 든 지방에 사는 사람은 이자와 원금을 모두 갚을 필요가 없고, 풍년이 든 지방에 사는 사람은 곡식이 익을 때에 이르러 단지 원금만 갚고 그 이자는 갚을 필요가 없다. △△ 30일을 기한으로 하여 담당 관청에서는 받들어 행하라.

여름 5월에 천정군(泉井郡), 비열홀군(比列忽郡), 각련군(各連郡) 세 군의 백성이 굶주렸으므로 창고를 열어 진휼하였다. 급찬 기진산(祇珍山) 등을 당나라에 보내 자석 두 상자를 바쳤다. 또 각간 흠순과 파진찬 양도를 당나라에 보내 사죄하였다. 겨울에 당나라 사신이 도착하여 조서를 전하고

김씨 상계(金氏 上系)

쇠뇌 기술자 사찬 구진천(仇珍川)과 함께 [당으로] 돌아갔다. [당에서 그에게] 나무 쇠뇌를 만들게 하여 화살을 쏘았는데 30보 나갔다. 황제가 그에게 물었다. "내가 듣기에

너희 나라에서 쇠뇌를 만들어 쏘면 1천 보를 나간다고 하는데, 지금은 겨우 30보밖에 나가지 않으니 어찌된 일이냐?" [구진천이] 대답하였다. "재목이 좋지 못해서 그렇습니다. 만약 우리나라에서 나무를 가져온다면 그것을 만들 수 있습니다." 이에 천자가 사신을 보내 재목을 구하자 곧 대나마 복한(福漢)을 보내 나무를 바쳤다. 다시 만들게 하여 쏘았는데 60보를 나갔다. 그 까닭을 물으니 대답하였다. "신도 역시 그 까닭을 모르겠습니다. 아마 바다를 건너는 동안 나무에 습기가 스며들었기 때문이 아닌가 합니다." 천자는 그가 일부러 제대로 만들지 않았다고 생각하고 무거운 벌로써 위협하였으나 끝내 자기의 재주를 다 드러내지 않았다. [왕이] 말 기르는 목장 무릇 174곳을 나누어 주었는데 소내(所內)에 22곳, 관청에 10곳을 속하게 하고 태대각간 유신에게 6곳, 대각간 인문에게 5곳, 각간 일곱 명에게 각각 3곳, 이찬 다섯 명에게 각각 2곳, 소판 네 명에게 각각 2곳, 파진찬 여섯 명과 대아찬 열두 명에게 각각 1곳씩 나누어 주고, 나머지 74곳은 적절하게 나누어 주었다.

[원문]

九年 春正月 以信惠法師爲政官大書省 唐僧法安來 傳天子命 求磁石 二月二十一日 大王會羣臣 下敎 "往者 新羅隔於兩國 北伐西侵 暫無寧歲 戰士曝骨 積於原野 身首分於庭界 先王愍百姓之殘害 忘千乘之貴重 越海入朝 請兵絳闕 本欲平定兩國 永無戰鬪 雪累代之深讎 全百姓之殘命 百濟雖平 高麗未滅 寡人承克定之遺業 終已成之先志 今兩敵旣平 四隅靜泰 臨陣立功者 並已酬賞 戰死幽魂者 追以冥資 但囹圄之中 不被泣辜之恩 枷鏁之苦 未蒙更新之澤 言念此事 寢食未安 可赦國內 自總章二年二月二十一日昧爽已前 犯五逆罪死已下 今見囚禁

김씨 상계(金氏 上系)

者 罪無小大 悉皆放出 其前赦已後 犯罪奪爵者 並令依舊 盜賊人 但放其身 更無財物可還者 不在徵限 其百姓貧寒 取他穀米者 在不熟之地者 子母俱不須還 若在熟處者 至今年收熟 只還其本 其子不須還 △△[주석63]三十日爲限 所司奉行" 夏五月 泉井64) 比列忽 各[주석65]連等三郡民饑 發倉賑恤 遣祇珍山級湌等 入唐獻磁石二箱 又遣欽純角干·良圖波珍湌 入唐謝罪 冬 唐使到傳詔 與弩師仇珍川[주석66]沙湌廻 命造木弩 放箭三十步 帝問曰 "聞在爾國造弩射一千步 今纔三十步 何也" 對曰 "材不良也 若取材本國 則可以作之" 天子降使求之 卽遣福漢大奈麻獻木 乃命改造 射至六十步 問其故 答曰 "臣亦不能知其所以然 殆木過海 爲濕氣所侵者歟" 天子疑其故不爲 劫之以重罪 而終不盡呈其能 頒馬阺凡[주석67]一百七十四所 屬所內二十二 官十 賜庾信太大角干六 仁問太角干五 角干七人各三 伊[주석68]湌五人各二 蘇判四人各二 波珍湌六人 大阿湌十二人各一 以下七十四所 隨宜賜之

10년 (AD 670) : 정월에 고종이 흠순에게는 귀국을 허락

[번역문]10년(670) 봄 정월에 [당나라] 고종이 흠순에게는 귀국을 허락하고 양도(良圖)는 억류하여 감옥에 가두었는데, 그는 감옥에서 죽었다. [이는] 왕이 마음대로 백제의 토지와 백성을 빼앗아 차지하였으므로 황제가 책망하고 노하여 거듭 사신을 억류하였던 것이다. 3월에 사찬 설오유(薛烏儒)가 고구려 태대형 고연무(高延武)와 함께 각기 정예군사 1만 명을 거느리고 압록강을 건너 옥골(屋骨)△△△에 이르렀는데, 말갈 군사들이 먼저 개돈양(皆敦壤)에 와서 기다리고 있었다. 여름 4월 4일에 마주 싸워 우리 군사가 크게 이겨 목베어 죽인 숫자를 이루 다 헤아릴 수가 없었다. 당나라 군사가 계속 이르렀으므로 우리 군사는 물러나 백성(白城)에서 지켰다. 6월에 고구려 수임성(水臨城) 사람 대형 모잠(牟岑)이 유민들을 모아 궁모성(窮牟城)으로부터 패강(浿江) 남쪽에 이르러 당나라 관리와 승

김씨 상계(金氏 上系)

려 법안(法安) 등을 죽이고 신라로 향하였다. 서해 사야도(史冶島)에 이르러 고구려 대신 연정토의 아들 안승(安勝)을 만나 한성 안으로 맞아들여 받들어 임금으로 삼았다. 소형(小兄) 다식(多式) 등을 [신라에] 보내 다음과 같이 슬피 고하였다. "망한 나라를 일으키고 끊어진 세대를 잇게 해주는것은 천하의 올바른 도리이니 오직 대국에게 이를 바랄 뿐입니다. 우리나라의선왕이 도를 잃어 멸망당하였으나, 지금 저희들은 본국의 귀족 안승을 맞아 받들어 임금으로 삼았습니다. 바라건대 대국을 지키는 울타리가 되어 영원히 충성을 다하고자 합니다." 왕은 그들을 나라 서쪽 금마저(金馬渚)에 살게 하였다. 한기부(漢祇部) 여자가 한꺼번에 아들 셋과 딸 하나를 낳았으므로 벼 200섬을 주었다. 가을 7월에 왕은 백제의 남은 무리들이 배반할까 의심하여 대아찬 유돈을 웅진도독부에 보내 화친을 청하였으나 [도독부는] 따르지 않고, 사마(司馬) 예군(禰軍)을 보내 우리를 엿보게 하였다. 왕은 [그들이] 우리를 도모하려는 것을 알고 예군을 붙잡아 두어 돌려 보내지 않고 군사를 일으켜 백제를 쳤다. 품일, 문충, 중신, 의관(義官), 천관(天官) 등이 성 63곳을 쳐서 빼앗고 그 사람들을 내지(內地)로 옮겼다. 천존과 죽지 등은 일곱 성을 빼앗고 2천 명을 목베었으며, 군관과 문영 등은 12성을 빼앗고 오랑캐 군사를 쳐서 7천 명을 목베었으며 빼앗은 말과 병기들이 매우 많았다. 왕이 돌아와서 중신, 의관, 달관, 흥원 등은 △△△사(寺) 군영에서 퇴각하였으므로 그 죄가 마땅히 죽어야 하지만 용서하여 관직에서 물러나게 하였다. 창길우(倉吉于)△△△△일(一)에게 각각 급찬의 관등을 주고 조(租)를 차등있게 내려 주었다. 사찬 수미산(須彌山)을 보내 안승을 고구려 왕으로 봉하였다. 그 책문(冊文)은 다음과 같다. 함형(咸亨)원년 경오(670) 가을 8월 1일 신축에 신라 왕은 고구려 후계자 안승에게 책봉의 명을 내리노라. 공(公)의 태조 중모왕(中牟王)은 덕을 북산(北山)에 쌓고 공을 남해(南海)에 세워, 위풍이 청구(靑丘)에 떨

김씨 상계(金氏 上系)

쳤고 어진 가르침이 현도를 덮었다. 자손이 서로 잇고 대대로 끊어지지 않았으며 땅은 천리를 개척하였고 햇수는 장차 800년이나 되려 하였다. 남건(男建)과 남산(南産) 형제에 이르러 화가 집안에서 일어나고 형제간에 틈이 생겨 집안과 나라가 멸망하고 종묘 사직이 없어지게 되었으며 백성들은 동요하여 마음 의탁할 곳이 없게 되었다. 공은 산과 들에서 위험과 곤란을 피해 다니다가 홀몸으로 이웃 나라에 의탁하였다. 떠돌아다닐 때의 괴로움은 그 자취가 진문공(晉文公)과 같고 망한 나라를 다시 일으킴은 그 사적이 위후(衛侯)와 같다. 무릇 백성에게는 임금이 없을 수 없고 하늘은 반드시 사람을 돌보아 주심이 있는 것이다. 선왕의 정당한 후계자로는 오직 공이 있을 뿐이니, 제사를 주재함에 공이 아니면 누가 하겠는가? 삼가 사신 일길찬 김수미산 등을 보내 책명을 펼치고 공을 고구려 왕으로 삼을지니, 공은 마땅히 유민들을 어루만져 모으고 옛 왕업을 잇고 일으켜 영원히 이웃 나라로서 형제처럼 친하게 지내야 할 것이다. 삼가하고 삼가할지어다. 아울러 멥쌀 2천 섬과 갑옷 갖춘 말 한 필, 무늬비단[綾] 다섯 필과 명주[絹]와 가는 실로 곱게 짠 베[細布] 각 10필, 목화솜[綿] 15칭(稱)을 보내니 왕은 그것을 받으라.

12월에 토성(土星)이 달에 들어갔고 서울에 지진이 일어났다. 중시 지경(智鏡)이 물러났다. 왜국(倭國)이 이름을 고쳐 일본(日本)이라 하였는데, 스스로 말하기를 해뜨는 곳에 가깝기 때문에 이렇게 이름붙였다고 하였다. 한성주 총관 수세(藪世)가 백제의 [6글자 결락]를 취하고 저쪽으로 가려다가 일이 발각되어 대아찬 진주(眞珠)를 보내 목베었다.[다음의 주는 결자가 많아 해석 불능]<十二△△△貢書所六△△僵事同異可攷>

[원문]

十年 春正月 高宗許欽純還國 留囚良圖 終死于圓獄 以王擅取百濟土地遺民 皇帝責怒 再留使者 三月 沙湌 薛烏儒與高句麗太大兄高[주석69]延武 各率精

김씨 상계(金氏 上系)

兵一[주석70]萬 度鴨淥71) 江 至屋骨 △△△靺鞨兵 先至皆敦壤待之 夏四月 四日 對戰 我兵大克之 斬獲不可勝計 唐兵繼至 我兵退保白城 六月 高句麗水臨城人牟[주석72]岑大兄 收合殘民 自窮牟城 至浿江南 殺唐官人及僧法安等 向新羅行 至[주석73]西海史冶島 見高句麗大臣淵淨土之子安勝 迎致漢城中 奉以爲君 遣小兄多式等 哀74)告曰 "興滅國繼絶世 天下之公義也 惟[주석75]大國是望 我國先王以[주석76]失道見滅 今臣等得國貴族安勝 奉以爲君 願作藩屛 永世盡忠" 王處之國西金馬渚 漢祇部女人 一産三男一女 賜粟二百石 秋七月 王疑百濟殘衆反覆 遣大阿湌 儒敦於熊津都督府 請和 不從 乃遣司馬禰[주석77]軍窺覘 王知謀我 止禰78) 軍不送 擧兵討百濟 品日·文忠·衆臣·義官·天官等 攻取城六十三 徙其人於內地 天存·竹旨等取城七 斬首二千 軍官·文穎取城十二 擊狄兵 斬首七千級 獲戰馬兵械甚多 王還 以衆臣 義官 達官 興元等△△△寺營退却 罪當死 赦之免職 倉吉于△△△△一 各授位級湌 賜租有差 遣沙湌 須彌山 封安勝爲高句麗王 其冊曰 "維咸亨元年歲次庚午秋八月一日辛丑 新羅王致命高句麗嗣子安勝 公太[주석79]祖中牟王 積德北[주석80]山 立功[주석81]南海 威風振於靑丘 仁敎被於玄菟 子孫相繼 本支不絶 開地千里 年將八百 至於建·産兄弟 禍起蕭墻釁 成骨肉 家國破亡 宗社湮[주석82]滅 生人波蕩 無所託心 公避危難於山野 投單身於鄰國 遊離辛苦 迹同晉文 更興亡國 事等衛侯 夫百姓不可以無主 皇天必有以眷命 先王正嗣 唯公而已 主於祭祀 非公而誰 謹遣使一吉湌 金須彌山等 就披策命公爲高句麗王 公宜撫集遺民 紹興舊緖 永爲鄰國 事同昆弟 敬哉敬哉 兼送粳米二千石 甲具馬一匹 綾五匹 絹·細布各十匹 綿十五稱 王其領之" 十二月 土星入月 京都地震 中侍智鏡退 倭國更號日[주석83]本 自言近日所出以爲名 漢城州摠管藪世 取百濟△△△△△△△國 適彼事覺 遣大阿湌 眞珠誅之 十二△△△貢書所六△△ 僵事同異可△ 三國史記 卷 第六

김씨 상계(金氏 上系)

11 년 (AD 671) : 봄 정월에 이찬 예원(禮元)을 중시로 삼았다

[번역문]

　11년(671) 봄 정월에 이찬 예원(禮元)을 중시로 삼았다. 군사를 일으켜 백제를 침공하여 웅진 남쪽에서 싸웠는데, 당주(幢主) 부과(夫果)가 죽었다. 말갈 군사가 쳐들어와 설구성(舌口城)을 포위하였다가 이기지 못하고 장차 물러가려 하자, 군사를 내어 쳐서 300여 명을 목베어 죽였다. 당나라 군사가 백제를 구원하러 온다는 말을 듣고 대아찬 진공(眞功)·아찬 △△△△ 등을 보내 군사를 이끌고 옹포(甕浦)를 지키게 하였다. 흰 물고기가 [원문 10자 결락] 뛰어들었는데 한 치(寸)였다. 여름 4월에 흥륜사 남문에 벼락이 쳤다. 6월에 장군 죽지(竹旨) 등을 보내 군사를 이끌고 백제 가림성(加林城)의 벼를 짓밟게 하였다. 마침내 당나라 군사와 석성(石城)에서 싸워 5천3백 명을 목베고 백제 장군 두 명과 당나라 과의(果毅) 여섯 명을 사로잡았다. 가을 7월 26일에 당나라 총관 설인귀(薛仁貴)가 임윤법사(琳潤法師)를 시켜 편지를 보내왔다.

　『행군총관(行軍總管) 설인귀(薛仁貴)는 신라 왕께 글월을 드립니다. 맑은 바람 만리 길, 큰 바다 삼천리에 황제의 명령을 받고 결정할 일이 있어 이 땅에 왔습니다. 삼가 듣건대 [왕께서는] 바르지 못한 마음을 조금 움직여서 변경의 성들에 무력(武力)을 쓴다고 하니, [이는] 중유(仲由)의 한 마디 말을 저버린 것이요, 후생(侯生)의 한번 승락을 잃으신 것입니다. 형은 역적의 우두머리가 되고 아우는 충신이 되어 꽃과 꽃받침의 그늘이 크게 벌어지고 서로 그리워하는 달이 헛되이 비추는 것과 같습니다. 이런 저런 것을 생각하면 실로 한숨과 탄식만 더할 뿐입니다. 선왕(先王) 개부(開府)께서는 한 나라의 다스림을 궁리하시고 나라 안 각 지역의 일들로 밤잠을 이루지 못하였습니다. 서쪽으로는 백제의 침략을 두려워하고 북쪽으로는 고구려의 노략질을 경계하였는데, 나라 안 천리 땅 곳곳에서 전쟁

김씨 상계(金氏 上系)

이 있어 누에치는 아낙네는 제때에 뽕잎을 따지 못하고 농사짓는 농부는 밭 갈 시기를 잃었습니다. [이에 선왕께서는] 나이가 예순[耳順]이 거의 되어 해가 저무는 것 같은 만년[楡景]임에도 불구하고 배타고 바다 건너는 위험을 두려워하지 않으시고 멀리 양후(陽侯)의 험한 풍파를 건너 마음을 중국 땅에 쏟았습니다. 천자가 계신 대궐 앞에 머리를 조아리고 [신라의] 외롭고 약함을 모두 진술하였으며, [고구려와 백제의] 침략을 명확하게 말하여 마음 속에 있는 것은 모두 드러내니 듣는 사람이 슬픔을 이길 수가 없었습니다. 태종 문황제(太宗文皇帝)는 기개가 천하에서 으뜸가고 정신은 우주에 군림하니, 반고(盤古)가 아홉 번 변화하고 거령(巨靈)이 손바닥을 한번 씀과 같았습니다. 쓰러지는 자를 붙들어 세우고 약한 사람을 구원하기에 날마다 겨를이 없어, 선왕을 애처롭게 여겨 맞아들이고 그 청한 바를 가엾게 생각하여 받아들였으며, 가벼운 수레와 날쌘 말[駿馬], 아름다운 옷과 좋은 약을 주고 하루 동안에도 여러 번 만나 특별한 총애로 대우하였습니다. 또한 이러한 은혜를 입고서 군사에 관하여 말하니 그 뜻맞음이 물고기가 물을 만남과 같았고, 쇠와 돌에 새긴 것보다 분명하였습니다. 봉황 자물쇠 1천 겹과 학 대문[鶴關] 1만 호(戶)되는 깊은 궁궐에서 여러 날 머물며 술을 마시고 담소하면서 금빛으로 빛나는 대궐의 계단에서 군사 문제를 함께 의논하여, 기일을 정하여 응원하기로 하고 하루 아침에 군사를 크게 일으켜 바다와 육지 양쪽에서 싸움을 벌였습니다. 이때는 변방의 풀에 꽃이 피고 느릅나무에 새 열매가 맺혔습니다. [지난번] 황제께서 직접 참여하신 전투 때에는 문제(文帝)께서 몸소 나가서 백성들을 위로하고 불쌍한 사람을 진휼하였으니 [이는] 의로움이 깊음을 보여주신 것입니다. 얼마 후 산과 바다가 모양을 바꾸고 해와 달이 빛을 잃은 후 성인(聖人)께서 계승하셨고[下武] 왕께서도 또한 가업(家業)을 잇게 되었습니다. 서로 바위와 칡처럼 얽혀 의지하여 토벌의 군사를 함께

김씨 상계(金氏 上系)

일으켜 무기를 손질하고 말을 훈련시켰으니, 이는 모두 선인(先人)들의 뜻을 따른 것이었습니다. 수십 년이 지나 중국은 피로하였으나, 천자의 곳간을 때때로 열어 곡식과 말먹이 풀을 급히 날라 날마다 대주었습니다. 조그만 신라 땅을 위하여 중국의 군사를 일으킴에, 이익됨이 적고 쓸모없는 데 애쓰게 되었으니 어찌 그칠 줄을 몰랐겠습니까마는 다만 선군(先君)의 신의를 잃을까 염려하셨던 것입니다. 지금 강한 적은 이미 없어졌고 원수들은 나라를 잃게 되어 군사와 말과 재물을 왕이 또한 갖게 되었으니, 마땅히 마음과 힘을 다른 데에 돌리지 말고, 안과 바깥이 서로 의지하여 병기를 녹이고 허술한 나라 안 다스리는데 마음을 두어 자연스럽게 그 좋은 방책을 후손에게 전해 주고 자손을 현명하게 도와주면, 훌륭한 역사가가 이를 칭찬할 것이니 어찌 아름답지 않겠습니까! 지금 왕께서는 편안히 할 수 있는 기틀을 버리고 떳떳한 정책 지키기를 꺼리어, 멀리는 천자의 명을 어기고 가깝게는 아버지의 말씀을 저버리고서 천시(天時)를 마음대로 업신여기고 이웃 나라와의 우호를 속이고 어기면서 한쪽 모퉁이 땅 구석진 나라에서 집집마다 군사를 징발하고 해마다 무기를 들어, 과부들이 군량의 수레를 끌고 어린 아이가 둔전(屯田)을 경작하기에 이르렀으니 지키려 해도 버틸 수 없고 나아가려 해도 당해내지 못합니다. 얻은 것으로써 잃은 것을 보충하고 있는 것으로써 없어진 것을 채우려 하였으나 크고 작음이 같지 않고 순리와 역리가 뒤바뀌었으니, 활을 당겨 나아가면서 발 앞의 마른 우물에 빠질 줄을 모르고 버마재비가 매미를 잡으려고 나아가면서 참새가 자기를 노리고 있음을 알지 못하는 것과 같습니다. 왕께서는 이를 헤아리지 못하고 계십니다. 선왕께서는 살아 계실 때 일찍이 천자의 돌보는 은혜를 입었습니다. 마음 속으로 음흉한 생각을 품고서 거짓으로 정성스런 예절을 나타내어 자신의 사욕(私慾)을 이루려 하고, 천자의 지극한 공적을 탐하여 앞에서는 구차하게 은혜를 바라고

김씨 상계(金氏 上系)

뒤에 가서 반역을 도모한다면, 이는 선왕을 받드는 것이 아닙니다. 황하의 물이 띠처럼 될 때까지 충성을 다하겠다는 서약을 지키고 의리와 분수를 서리처럼 엄하게 지켰어야 하는데, 임금의 명을 어기었으니 불충(不忠)이요 아비의 마음을 져버렸으니 불효(不孝)이니, 한 몸에 이 두 가지 불명예를 쓰고서 어찌 스스로 편안할 수 있겠습니까! 왕의 부자(父子)가 하루 아침에 떨쳐 일어서게 된 것은 모두 천자의 마음씀이 멀리까지 미치고 위엄과 힘이 서로 도와서 그렇게 된 것입니다. 주(州)와 군(郡)이 연이어 혼란스러워지자, 이로부터 거듭 책명을 받아 신하라 칭하고 꿇어앉아 경서(經書)를 읽고 시(詩)와 예(禮)를 익혔습니다. 의리를 듣고도 따르지 않고 선(善)을 보고도 가볍게 느끼며, 권모술수의 말[縱橫之說]을 듣고 눈과 귀를 번거롭게 하면 높은 가문의 기틀을 소홀히 하게 되고 귀신들이 엿보는 결과를 맞게 될 것입니다.

선왕의 뛰어난 위업을 계승한다고 하면서 딴 생각을 품고, 안으로는 의심스러운 신하를 죽이고 밖으로는 강한 군대를 불러들였으니 어찌 지혜롭다 할 수 있겠습니까? 또한 고구려 안승(安勝)은 나이 아직 어리고 남아 있는 고을과 성읍에는 사람이 반으로 줄어 스스로 어떻게 해야할 지 의구심을 품고 나라를 맡을 중임을 감당하지 못하고 있습니다. 인귀(仁貴)는 누선(樓船)에 돛을 활짝 펴서 달고 깃발을 휘날리며 북쪽 해안을 순시할 때 그가 지난 날 활에 상한 새의 신세가 된 것을 불쌍히 여겨 차마 공격하지 않았습니다. 그런데 그를 바깥의 응원 세력이라고 여겼으니 이 얼마나 잘못된 것입니까? 황제의 은덕은 끝이 없고 어지신 교화는 멀리 미쳐 그 사랑은 햇볕처럼 따뜻하고 그 빛남은 봄꽃과 같았습니다. [황제가] 멀리서 이런 소식을 들으시고도 쉽게 믿지 않으시고 저에게 명하여 가서 곡절을 살펴보라고 하셨습니다. 그러나 왕께서는 사신을 보내 위로하지도 않고 소를 잡고 술을 빚어 우리 군사를 먹이지도 않으며, 도리어 낮은 언덕

김씨 상계(金氏 上系)

에 군사를 숨기고 강어귀에 무기를 감추어 벌레처럼 숲 사이에 기어다니고 무성한 언덕에서 숨차게 기어올라 뒤에 후회할 칼날을 몰래 내었으나 버틸 기세가 없었습니다. 대군이 아직 출발하기 전에 소규모 군대가 대열을 갖추어 바다와 강에 뜨니 물고기와 새도 놀라 도망하였습니다. 이런 형세로 보면 사람이 해야 할 일을 찾을 수 있을 것이니, 미혹에 빠져 날뛰기를 아무쪼록 그칠 줄 아십시오. 무릇 큰 일을 이루려는 사람은 작은 이익을 탐내지 않고 고상한 절의를 지키려는 사람은 뛰어난 행실에 의지함이니, 난새와 봉황도 길들이지 않으면 반드시 승냥이와 이리같은 사악한 마음이 일어나게 되는 것입니다.

고장군(高將軍)의 중국 기병과 이근행(李謹行)의 변방군사, 오(吳)·초(楚) 지방의 수군과 유주(幽州)·병주(幷州)의 사나운 군사[惡少]가 사방에서 구름처럼 모여들어 배를 나란히 하고 내려가 험한 곳에 의지하여 요새를 쌓고 [왕의] 땅을 개간하여 농사를 짓는다면 이는 왕에게 있어서 고칠 수 없는 가슴 속 깊은 병이 될 것입니다. 왕께서 만약 피로한 자들에게 노래 부르게 하고 잘못된 일을 바로 잡으려면, 그 이유를 자세히 논하고 자초지종을 분명하게 밝히십시오. 인귀는 일찍이 임금의 수레를 함께 탔고 직접 위임을 받았으니 상황을 기록하여 보고한다면 일이 반드시 잘 해결될 것인데, 어찌하여 초조해 하며 스스로 일을 헝클어 놓으십니까?

오호라! 전에는 충성스럽고 의롭더니 지금은 역적의 신하가 되었구나! 처음에 잘하다가 끝에 가서는 나빠진 것이 한스럽고, 근본은 같았는데 끝이 달라진 것이 원망스럽습니다. 바람은 높고 날씨는 절실하며 잎은 떨어지고 세월은 비감한데, 산에 올라 멀리 바라보니 마음만 상하게 됩니다. 왕께서는 지혜가 뛰어나시고 위풍과 정신이 맑고 수려하시니, 겸손한 뜻으로 돌아가[流謙] 도를 따르는 마음[順迪之心]을 가지신다면, 제향[血食]을 제때에 받을 것이요 사직[茅(苴)]이 바뀌지 않게 되어 길(吉)함을

김씨 상계(金氏 上系)

가려 복을 받을 것이니 [이것이] 왕에게 좋은 계책입니다. 삼엄한 싸움 중에도 사신은 다니는 법이니, 이제 왕의 신하 승려 임윤(琳潤)을 시켜 서신를 가져가게 하여 한두 가지 생각을 폅니다.』

대왕이 답서에서 일러 말하였다.

『선왕께서 정관(貞觀) 22년(648)에 입조(入朝)하여 태종 문황제를 직접 뵙고 은혜로운 칙명을 받았는데, 이르기를 '내가 지금 고구려를 치려는 것은 다른 이유가 있어서가 아니라, 너희 신라가 두 나라 사이에 끼어서 매번 침략을 당여 편안할 때가 없음을 불쌍히 여기기 때문이다. 산천과 토지는 내가 탐내는 바가 아니고 보배[玉帛]와 사람들은 나도 충분히 가지고 있다. 내가 두 나라를 평정하면 평양(平壤) 이남의 백제 땅은 모두 너희 신라에게 주어 길이 편안하게 하겠다.' 하시고는 계책을 내려주시고 군사 행동의 기일을 정해주셨습니다.

신라 백성들이 은혜로운 칙명을 듣고 사람마다 힘을 기르고 집집마다 쓰이기를 기다렸습니다. 그러나 큰 일이 마무리되기 전에 문제(文帝)께서 먼저 돌아가시고 지금 황제께서 제위에 오르셔서[踐祚] 지난날의 은혜를 계속 이으셨는데, 인자한 베푸심을 자주 입어 지난날보다 정도가 더하였습니다. 저희 형제와 아들들이 금인(金印)을 품고 자주색 인끈을 달게 되니 영예와 은총의 지극함이 전에 없었던 일이오라 몸이 바스러지고 뼈가 가루가 되더라도 부리시는데 쓸모가 되기를 바랬으며, 간과 뇌를 땅에 발라서라도[肝腦途原] 은혜의 만 분의 일이라도 갚고자 하였습니다.

현경(顯慶) 5년(660)에 이르러 성상(聖上)께서는 선왕(先王)의 뜻이 마저 이루어지지 못함을 유감으로 여기시고 지난날 남겨둔 사업을 이루고자 하여 배를 띄우고 장수에게 명하여 수군(水軍)을 크게 일으키셨습니다. 선왕께서는 연세가 많으시고 힘이 쇠약해져서 군사를 이끄실 수 없었으나, 과거의 은혜를 생각하셔서 억지로 국경까지 나가 저를 보내 군사를

김씨 상계(金氏 上系)

이끌고 대군을 맞이하게 하였습니다. 그리하여 동서가 서로 호응하고 수군과 육군이 함께 나아갔습니다.

　수군(水軍)이 겨우 백강(白江) 어구에 들어섰을 때 육군은 이미 적의 큰 부대를 격파하고 양군이 같이 [백제] 왕도에 도착하여 함께 한 나라를 평정하였습니다. 선왕께서는 대총관(大摠管) 소정방(蘇定方)과 함께 상의하여, 중국 군사 1만 명을 남아 있게 하고 신라도 역시 아우 인태(仁泰)를 보내 군사 7천 명을 거느리고 함께 웅진에 머무르게 하였습니다. 대군이 돌아간 후 적신(賊臣) 복신(福信)이 강의 서쪽에서 일어나 남은 무리들을 모아서 웅진도독부성을 에워싸고 핍박하였는데, 먼저 바깥 성책을 깨뜨려 군량을 모두 빼앗아가고 다시 [웅진]부성(府城)을 공격하여 거의 함락될 지경이 되었습니다. 또한 부성의 가까운 네 곳에 성을 쌓고 에워싸 지키니 부성은 거의 출입할 수도 없었습니다.

　제가 군사를 이끌고 나아가 포위를 풀고 사방에 있는 적의 성들을 모두 쳐부수어 먼저 그 위급함을 구하였습니다. 다시 식량을 날라서 마침내 1만 명의 중국병사들이 호랑이에게 잡혀 먹힐 위기에서 벗어나도록 하였으며, 머물러 지키고 있던 굶주린 군사들이 자식을 서로 바꿔 잡아먹는 일이 없도록 하였습니다.

　[현경] 6년(661)에 이르러 복신의 무리들이 점점 많아지고 강의 동쪽 땅을 침범하여 빼앗았으므로, 웅진의 중국 군사 1천 명이 적의 무리들을 공격하러 갔다가 적에게 격파당하여 한 사람도 돌아오지 못하였습니다. 이 싸움에 패한 이후 웅진에서 군사를 청함이 밤낮 계속되었는데, 때마침 신라에는 전염병이 돌아 군사와 말을 징발할 수가 없었음에도 불구하고 어렵게 청하는 것을 거절하기 어려워 드디어 군사를 일으켜 주류성(周留城)을 포위하러 갔으나 적이 [우리] 군사가 적음을 알고 곧 달려와 공격하여 많은 군사와 말을 잃고 이득없이 돌아오게 되니, 남쪽의 여러 성들

김씨 상계(金氏 上系)

이 일시에 모두 배반하여 복신에게 속하였습니다. 복신은 승세를 타고 다시 웅진부성을 에워싸니 이로써 웅진은 길이 끊겨서 성 안에 소금과 간장이 떨어지게 되었습니다. 이에 곧 장정들을 모집하여 몰래 소금을 보내 그 곤경을 구원해 주었습니다. 6월에 이르러 선왕께서 돌아가셨습니다. 장례 의식은 겨우 끝났으나 상복을 채 벗지도 못하였으므로 [구원 요청에] 응하여 달려갈 수 없었는데, 칙명을 내려 군사를 일으켜 북쪽으로 보내라고 하였습니다. 함자도총관(含資道摠管) 유덕민(劉德敏) 등이 와서 칙명을 받든 바, 신라로 하여금 평양으로 군량을 나르라고 하셨습니다. 이때 웅진에서는 사람을 보내와 웅진부성이 고립되어 위태로운 사정을 자세히 말하였습니다. 유총관이 저와 상의하였는데, 제가 말하기를 '만약 먼저 평양으로 군량을 보낸다면 웅진으로 통하는 길이 끊어질까 두렵다. 만약 웅진의 길이 끊어진다면 남아 지키던 중국 군사는 곧 적의 손에 들어가게 될 것이다.'라 하였습니다. 유총관이 마침내 저와 함께 동행하여 먼저 옹산성(甕山城)을 쳐서 곧 옹산을 함락시키고 웅진에 성을 쌓아 웅진으로의 길을 통하게 하였습니다.

12월에 이르러 웅진의 양식이 떨어지게 되었습니다. 먼저 웅진에 양식을 나르자니 황제의 명을 어기게 될까 두렵고 만약 평양으로 [군량을] 수송한다면 웅진의 양식이 떨어질까 두려웠습니다. 그런 까닭에 늙고 약한 자를 시켜 웅진으로 양식을 나르게 하고 건장하고 날랜 군사들은 평양으로 향하도록 하였습니다. 웅진에 양식을 수송하러 간 사람들은 도중에 눈을 만나 사람과 말들이 모두 죽어 100명 중 한 명도 돌아오지 못하였습니다. 용삭(龍朔) 2년(662) 정월에 이르러 유총관은 신라의 양하도(兩河道) 총관 김유신 등과 함께 평양으로 군량을 운송했습니다. 당시 궂은 비가 한 달 이상 계속되고 눈보라가 치고 날씨가 몹시 추워 사람과 말이 얼어 죽었으므로 가져갔던 군량을 모두 다는 전달할 수가 없었습니다. 평양의

김씨 상계(金氏 上系)

대군이 또 돌아가려 하였고 신라 군사도 양식이 다 어졌으므로 역시 군사를 돌렸습니다. 병사들은 굶주리고 추위에 떨어 손발이 얼고 상하여 길에서 죽은 사람을 이루 다 헤아릴 수 없었습니다. 행렬이 호로하(瓠瀘河)에 이르렀을 때 고구려 군사가 막 뒤를 쫓아와서 강 언덕에 나란히 진을 쳤습니다. 신라 군사들은 피로하고 굶주린 날이 오래되었지만 적이 멀리까지 쫓아올까 두려워 적이 미처 강을 건너기 전에 먼저 강을 건너 접전하였는데, 선봉이 잠깐 싸우자마자 적의 무리가 뿔뿔이 흩어졌으므로 곧 군사를 거두어 돌아왔습니다. 이 군사들이 집에 돌아와 한 달도 채 지나지 않아 웅진부성에서 자주 곡식을 요구하였는데, 전후로 보낸 것이 수만 섬에 달하였습니다. 남으로는 웅진으로 [식량을] 나르고 북으로는 평양에 공급하였으니, 조그마한 신라가 두 곳으로 나눠 공급하느라 인력의 피로함이 극에 달하고 소와 말이 거의 다 죽었으며 농사의 때를 놓쳐 곡식이 잘 자라지 못하였습니다. 창고에 쌓아둔 양식은 날라주느라 다 써버려 신라의 백성은 풀뿌리도 오히려 부족하였는데, 웅진의 중국 군사는 양식에 여유가 있었습니다. 또 남아 지키던 중국 군사들은 집을 떠나온 지가 오래되어 의복이 헤어져 몸에 걸칠 만한 온전한 옷이 없었으므로 신라는 백성들에게 할당하여 철에 맞는 옷을 지어 보냈습니다. 도호(都護)

유인원이 멀리서 고립된 성을 지킬 때 사면이 모두 적이어서 늘 백제의 공격과 포위를 당하였는데, 그 때마다 항상 신라가 구원하여 풀어주었습니다. 1만 명의 중국 군사는 4년 동안 신라의 옷을 입고 신라의 식량을 먹었으니, 유인원 이하 군사 모두는 뼈와 가죽은 비록 중국 땅에서 태어났다 하더라도 피와 살은 모두 이곳 신라의 것이라 할 수 있습니다. 중국의 은혜가 비록 끝이 없다 하지만 신라에서 충성을 바친 것 또한 가엽게 여길 만한 것입니다. 용삭 3년(663)에 이르러 총관 손인사(孫仁師)가 군사를 거느리고 부성(府城)을 구원하러 왔는데, 신라 군사 또한 나아가 함께

김씨 상계(金氏 上系)

정벌하여 주류성 아래에 이르게 되었습니다. 이때 왜(倭)의 수군이 백제를 도우러 와, 왜의 배 1천 척은 백강(白江)에 정박해 있고 백제의 정예기병이 언덕 위에서 배를 지키고 있었습니다. 신라의 용맹한 기병이 중국 군사의 선봉이 되어 먼저 언덕의 진지를 깨뜨리니 주류성에서는 간담이 서늘해져 곧바로 항복하였습니다. 남쪽이 이미 평정되자 군사를 돌려 북쪽을 정벌하였는데, 임존성(任存城) 하나만이 헛되이 고집을 부리고 항복하지 않았습니다. 두 나라 군대가 힘을 합하여 함께 하나의 성을 쳤으나, 그들이 굳게 지키고 반항하였으므로 깨뜨릴 수가 없었습니다.

신라가 곧 돌아오려 할 때 두대부(杜大夫)가 '칙명에 의거하면 평정을 마친 후 함께 모여 맹약을 맺으라고 하였으니, 비록 임존성 하나가 아직 항복하지 않았지만 곧바로 함께 맹세를 하는 것이 옳다.'고 말하였습니다. 신라가 생각하기에, 칙명에 따르면 이미 평정한 이후에 서로 함께 회맹(會盟)하라고 하였는데, 임존성이 아직 항복하지 않았으니 이미 평정되었다고 할 수 없고 또 백제는 간사하고 속임수가 한이 없고 이랬다 저랬다 함이 무상하니 지금 비록 함께 맹약을 맺는다 하여도 뒷날 반드시 배꼽을 깨물 걱정이 생길 것이라 하여 맹약 맺는 일을 중지할 것을 아뢰어 청하였습니다.

인덕(麟德) 원년(664)에 이르러 다시 엄한 칙명을 내려 맹약하지 않은 것을 꾸짖었으므로 곧 웅령(熊嶺)에 사람을 보내 제단을 쌓고 함께 서로 맹세하고, 회맹한 곳을 드디어 두 나라의 경계로 삼았습니다. 모여 맹세한 일이 비록 원하는 바는 아니었지만 감히 칙명을 어길 수 없었던 것입니다. 또 취리산(就利山)에 제단을 쌓고 칙사 유인원을 상대로 피를 마시고 서로 맹세하여 산과 강으로

서약하였고, 경계를 긋고 푯말을 세워 영원히 국경으로 삼아 백성을 머물러 살게 하고 각기 생업을 꾸려나가도록 하였습니다. 건봉(乾封) 2년

김씨 상계(金氏 上系)

 (667)에 이르러 대총관 영국공(英國公)이 요동을 정벌한다는 말을 듣고 저는 한성주(漢城州)에 가서 군사를 국경으로 보내 모이게 하였습니다. 신라 군사가 단독으로 쳐들어가서는 안되겠기에 먼저 정탐을 세 번이나 보내고 배를 계속해서 띄워 대군의 동정을 살펴보게 하였습니다. 정탐이 돌아와 모두 말하기를 '대군이 아직 평양에 도착하지 않았다.'고 하였으므로, 우선 고구려 칠중성(七重城)을 쳐서 길을 뚫고 대군이 도착하기를 기다리고자 하였습니다. 그래서 성을 막 깨뜨리려고 할 때 영공의 사인(使人) 강심(江深)이 와서 '대총관의 처분을 받들어 신라 군사는 성을 공격할 필요없이 빨리 평양으로 와 군량을 공급하고 와서 모이라.'고 말하였습니다. 행렬이 수곡성(水谷城)에 이르렀을 때 대군이 이미 돌아갔다는 말을 듣고 신라 군사도 역시 곧 빠져나왔습니다.

 건봉 3년(668)에 이르러 대감 김보가(金寶嘉)를 보내 바닷길로 들어가 영공(英公)[이적]의 분부를 받아오게 하였더니, 신라 군사는 평양으로 와서 모이라는 처분을 받아왔습니다. 5월에 유 우상(劉右相)이 와서 신라의 군사를 징발하여 함께 평양으로 갔는데 나도 또한 한성주에 가서 군사들을 검열하였습니다. 이때 번방(蕃方)의 군사와 중국의 여러 군대가 사수(蛇水)에 모두 모여 있었는데, 남건(男建)이 군사를 내어 한 번 싸움으로 승부를 결판내려 하였습니다. 신라 군사가 홀로 선봉이 되어 먼저 큰 진영을 깨뜨리니 평양성안은 강한 기세가 꺾이고 사기가 위축되었습니다. 이후 다시 영공이 신라의 용맹한 기병 500명을 뽑아 먼저 성안으로 들어가 마침내 평양을 평정하고 큰 공을 이루게 되었습니다. 이에 신라 군사는 모두 '정벌을 시작한 이래 이미 9년이 지나 인력이 다할 대로 다하였지만 끝내 두 나라를 평정하였으니 여러 대를 두고 가졌던 오랜 희망이 오늘에야 이루어졌다. 반드시 우리나라는 충성을 다한 것에 대한 은택을 입을 것이요, 인민들은 힘을 다한 상을 받게 될 것이다.'라고 말하였습니다.

김씨 상계(金氏 上系)

그런데 영공이 넌지시 말하기를 '신라는 전에 군대 동원기일을 어겼으니 모름지기 그것을 헤아려 정할 것이다.'라고 하자, 신라 군사들은 이 말을 듣고 다시 두려움이 더했습니다. 공을 세운 장군들이 모두 기록되어 [당나라에] 들어가 조회하였는데, 당나라 수도에 도착하자 곧 말하기를 '지금 신라는 아무도 공이 없다.'고 하여 군장(軍將)들이 되돌아오니 백성들이 더욱 두려움을 더하게 되었습니다.

또한 비열성(卑列城)은 본래 신라 땅이었는데 고구려가 쳐서 빼앗은 지 30여 년만에 신라가 다시 이 성을 되찾아 백성을 옮겨 살게 하고 관리를 두어 수비하였습니다. 그런데 [당나라가] 이 성을 가져다 고구려에 주었습니다. 또 신라는 백제를 평정한 때부터 고구려를 평정할 때까지 충성을 다하고 힘을 다바쳐 당나라를 배신하지 않았는데 무슨 죄로 하루아침에 버림을 받게되었는지 모르겠습니다. 비록 이와 같이 억울함이 있었지만 끝내 반역할 마음은 없었습니다.

총장(總章) 원년(668)에 이르러 백제가 함께 맹세했던 곳에서 국경을 옮기고 푯말을 바꿔 농토를 빼앗았으며 우리 노비를 달래고 우리 백성들을 꾀어 자기나라 안에 감추고는 번번이 찾아도 끝내 돌려주지 않았습니다. 또 소식을 들으니 '당나라가 배를 수리하는 것은 겉으로는 왜국을 정벌한다고 하지만 실제는 신라를 치고자 하는 것이다.' 하여, 백성들이 그 말을 듣고 놀라고 두려워서 불안해 하였습니다. 또 백제의 여자를 데려다 신라의 한성 도독(漢城都督) 박도유(朴都儒)에게 시집보내고 그와 함께 모의하여 몰래 신라의 병기를 훔쳐서 한 주(州)의 땅을 습격하기로 하였는데, 때마침 일이 발각되어 도유를 목베고 꾀하였던 바는 이루어지지 않았습니다.

함형(咸亨) 원년(670) 6월에 이르러 고구려가 반역을 꾀하여 중국 관리를 모두 죽였습니다. 신라는 곧 군사를 일으키려고 하여 먼저 웅진에 알리기를 '고구려가 이미 반란을 일으켰으니 정벌하지 않을 수 없다. 그쪽

김씨 상계(金氏 上系)

과 우리는 모두 황제의 신하이니 이치로 보아 마땅히 함께 흉악한 적을 토벌하여야 할 것이다. 군사를 일으키는 일은 모름지기 함께 의논하여 처리하여야 할 것이므로, 바라건대 관리를 이곳에 보내 함께 모여 계획을 세우자.'고 하였습니다. 그래서 백제의 사마(司馬) 예군이 여기에 와서 함께 의논하기를 '군사를 일으킨 이후에 피차 서로 의심할까 걱정되니 마땅히 두 곳의 관인을 서로 바꾸어서 볼모로 삼자.'고 하였으므로, 곧 김유돈(金儒敦)과 백제의 주부(主簿) 수미장귀(首彌長貴) 등을 보내 웅진부로 향하게 하여 볼모 교환에 관한 일을 의논하게 하였습니다. 백제가 비록 볼모 교환을 승낙하였지만 성 안에서는 군사와 말을 모아 그 성 아래 도착하여 밤이 되면 와서 공격하곤 하였습니다. 7월에 이르러 당나라 조정에 사신으로 갔던 김흠순(金欽純) 등이 땅의 경계를 그린 것을 가지고 돌아왔는데, 지도를 펴서 살펴보니 백제의 옛 땅을 모두 다 돌려주도록 하는 것이었습니다. 황하(黃河)가 아직 띠와 같이 되지 않았고 태산(泰山)이 아직 숫돌이 되지 않았는데, 3~4년 사이에 한 번 주었다 한 번

빼앗으니 신라 백성은 모두 본래의 희망을 잃었습니다. 그래서 모두 말하기를 '신라와 백제는 여러 대에 걸친 깊은 원수인데, 지금 백제의 상황을 보니 따로 한 나라를 세우고 있으니 백년 후에는 자손들이 반드시 그들에게 먹혀 없어지고 것이다. 신라는 이미 중국의 한 주(州)이니 두 나라로 나누는 것은 합당치 않다.

바라건대 하나의 나라로 만들어 길이 뒷 근심이 없게 하자.'고 하였습니다.
지난해 9월에 이런 사실을 모두 기록하여 사신을 보내 아뢰게 하였으나 바다에서 표류하다가 되돌아왔으므로 다시 사신을 보냈지만 역시 도달할 수 없었습다. 이후는 바람이 차고 파도가 세어 미처 아뢸 수 없었는데, 백제가 거짓을 꾸며 '신라가 반역하였다.'고 아뢰었습니다. 신라는 앞서는 [당나라] 고관[貴臣]의 뜻을 잃었고 후에는 백제의 참소를 당하여, 나아

김씨 상계(金氏 上系)

가고 물러감에 모두 허물을 입게 되어 충성스러운 마음을 펼 수가 없었습니다. 이와 같은 참소가 날마다 황제의 귀에 들리니 두 마음 없는 충성심을 일찍이 한 번도 통할 수가 없었습니다. 사인(使人) 임윤(琳潤)이 영광스러운 편지를 가지고 이르러서야 총관께서 풍파를 무릅쓰고 멀리 해외에 온 것을 알았습니다. 이치로 보아 마땅히 사신을 보내 교외에서 영접하고 쇠고기와 술을 보내 대접하여야 할 것이나, 멀리 떨어진 다른 지역에 사는 까닭에 예를 드리지 못하고 제때에 미처 영접을 못하였으니 부디 괴이하게 여기지 마십시오. 총관이 보내온 편지를 펴서 읽어보니, 전적으로 신라가 이미 반역한 것으로 되어 있으나 이는 본래 마음이 아니어서 두렵고 놀라울 뿐입니다. 공로를 스스로 헤아린다면 욕된 비방을 받을까 두렵지만 입을 다물고 책망을 받는다면 또한 불행한 운명에 빠지게 될 것이므로, 지금 억울하고 잘못된 것을 간략히 진술하고 반역한 사실이 없음을 함께 기록하였습니다. 당나라는 한 사람의 사신을 보내 일의 근본과 사유를 물어보지도 않으시고 곧바로 수만의 무리를 보내 저희 나라를 뒤엎으려 하여 누선(樓船)들이 푸른 바다에 가득하고 배들이 잇대어 강어귀에 줄지어 있으면서 저 웅진을 생각하여 저희 신라를 공격하시는 것입니까?

오호라! 두 나라를 평정하기 전에는 발자취를 쫓는 부림을 당하더니 들에 짐승이 없어지자 요리사에게 쫓기는 신세가 된 꼴이며, 잔악한 적 백제는 오히려 옹치(雍齒)의 상(賞)을 받고 중국을 위하여 죽은 신라는 정공(丁公)의 죽음을 당하고 있습니다. 태양이 비록 그 빛을 비춰주지 않으나 해바라기와 콩잎의 본심은 여전히 해를 향하는 마음을 품고 있습니다. 총관께서는 영웅의 뛰어난 기품을 타고났고 장수와 재상의 높은 자질을 품고 있으며 일곱 가지 덕을 두루 갖추었고 아홉 가지 학문을 섭렵하셨으니, 황제의 책벌을 삼가 집행함에 있어

죄없는 사람에게 함부로 벌을 가하지 않을 것입니다. 천자의 군대를 출

김씨 상계(金氏 上系)

동시키기 전에 먼저 일의 근본과 이유를 묻는 서신을 보내왔으니, 이에 반역하지 않았음을 감히 말씀드립니다. 바라건대 총관께서는 스스로 살피고 헤아리셔서 글월을 갖추어 황제께 아뢰어 주십시오. 계림주대도독 좌위대장군 개부의동삼사 상주국 신라왕 김법민(金法敏)이 사룁니다.』

소부리주(所夫里州)를 설치하고 아찬 진왕(眞王)을 도독으로 삼았다. 9월에 당나라 장군 고간(高偘) 등이 번방의 군사 4만 명을 거느리고 평양에 도착하여 도랑을 깊이 파고 보루를 높이 쌓아 대방(帶方)을 침입하였다. 겨울 10월 6일에 당나라 조운선 70여 척을 공격하여 낭장(郎將) 겸이대후(鉗耳大侯)와 병사 100여 명을 사로잡았는데, 물에 빠져 죽은 사람은 이루 다 헤아릴 수 없었다. 급찬 당천(當千)의 공이 첫째였으므로 사찬의 관등을 주었다.

[원문]

十一年 春正月 拜伊湌禮元爲中侍 發兵侵百濟 戰於熊津南 幢主夫果死之 靺鞨兵來圍舌口城 不克 將退出兵擊之 斬殺三百餘人 聞唐兵欲來救[주석1]百濟 遣大阿湌眞功·阿湌△△△△兵守甕浦 白魚躍入△△△△△△△△△△一寸 夏四月 震興輪寺南門 六月 遣將軍竹旨等 領兵踐百濟加林城禾 遂與唐兵戰於石城 斬首五千三百級 獲百濟將軍二人 唐果毅六人 秋七月二十六日 大唐摠管薛仁貴 使琳潤法師寄書曰 『行軍摠管薛仁貴 致書新羅王 清風萬里 大海三千 天命有期 行遵此境 奉承機心稍動 窮武邊城 去由也之片言 失侯生之一諾 兄爲逆首 弟作忠臣 遠分花萼之陰 空照相思之月 興言彼此 良增歎詠 先王開府 謀猷一國 展轉百城 西畏百濟之侵 北警高麗之寇 地方千里 數處爭鋒 蠶女不及桑時 耘人失其疇序 年將耳順 楡景日侵 不懼船海之危 遠涉陽侯之險 瀝心華境 頓顙天門 具陳孤弱 明論侵擾 情之所露

聽不勝悲 太宗文皇帝 氣雄天下 神王宇宙 若盤古之九變 同巨靈之一掌 扶傾救弱 日不暇給 哀納先君 矜收所請 輕車駿馬 美衣上藥 一日之內 頻遇殊私 亦

김씨 상계(金氏 上系)

旣承恩 對揚軍事 契同 魚水 明於金石 鳳鑰>千重[주석2] 鶴關萬戶 留連酒德 讌笑金除 參論兵馬 分期聲援 一朝大擧 水陸交鋒 于時 塞草分花 楡星上莢 駐驛之戰 文帝親行 弔人恤隱 義之深也 旣而山海異形 日月廻薄 聖人下武 王亦承家 巖葛因依 聲塵共擧 洗兵刷馬 咸遵先志 數十年外 中國疲勞 帑藏時開 飛蒭日[주석3]給 以蒼島[주석4]之地 起黃圖之兵 貴於有益 貪於無用 豈不知止 恐失先君之信也 今強寇已淸 雛人喪國 士馬玉帛 王亦有之 當應心膂不移 中外相輔 銷鏑而化虛室 爲情自然 貽厥孫謀 以燕翼子 良史之讚 豈不休哉 今王去安然之基 厭守常之策 遠乖天命 近棄[주석5]父言 侮暴天時 侵欺鄰好 一隅之地 僻左之陬 率戶徵兵 連年擧斧 孀姬輓粟 稚子屯田 守無所支 進不能拒 以得禆喪 以存補亡 大小不侔 逆順乖紊 亦由持彈而往 暗於枯井之危 捕蟬而前 不知黃雀之難 此王之不知量也 先王在日

早蒙天睠 審懷險詖之心 假以披誠之禮 從己私欲 貪天至功苟希前惠 圖爲後逆 此先君之不長者也 必其誓河若帶 義分如霜 違君之命不忠 背父之心非孝 一身二名 何以自寧 王之父子 一朝振立 此並天情遠及 威力相持 方州連郡 遂爲盤錯 從此 遞蒙冊命 拜以稱臣 坐治經書 備詳詩禮 聞義不從 見善而輕 聽縱橫之說 煩耳目之神 忽高門之基 延鬼瞰之責 先君盛業 奉而異圖 內潰疑臣 外招強陣 豈爲智也 又高麗安勝 年尙幼冲 遺壓殘郛 生人減半 自懷去就之疑 匪堪襟帶之重 仁貴樓船 竟翼風帆 連旗巡於北岸 矜其舊日傷弓之羽 未忍加兵 恃爲外援 斯何謬也 皇帝德澤無涯 仁風遠洎 愛同日景 炤若春華 遠聞消息 悄然不信 爰命下臣 來觀由委 而王不能行人相問 牛酒犒師 遂便隱甲雀陂 藏兵江口 蚊行林薄 喘息萊[주석6]丘 潛生自噬之鋒 而無相持之氣 大軍未出 游兵具行 望海浮江 魚驚鳥竄 以此形況 人事可求 沈迷猖惑

幸而知止 夫擧大事者 不貪小利 杖高節者 寄以英奇 必其鸞鳳不馴 豺狼有顧 高將軍之漢騎 李謹行之蕃兵 吳楚棹歌 幽幷惡少 四面雲合 方舟而下 依險築戍 關地耕田 此王之膏肓[주석7]也 王若勞者歌 事屈而頓申 具論所由 明陳彼此

김씨 상계(金氏 上系)

仁貴夙陪大駕 親承委寄 錄狀聞奏 事必昭蘇 何苦怱怱 自相縈擾 嗚呼 昔爲忠義 今乃逆臣 恨始吉而終凶 怨本同而末異 風高氣切 葉落年悲 憑山遠望 有傷懷抱 王以機晤[주석8]淸明 風神爽秀 歸以流謙之義 存於順迪之心 血食依時 茅苴不易 占休納祐 王之策也 嚴鋒之間 行人來往 今遣王所部僧琳潤賫書 佇布一二』

大王報書云 『先王貞觀二十二年 入朝 面奉太宗文皇帝 恩勅 朕今伐高麗 非有他故 憐你新羅 攝乎兩國 每被侵陵 靡有寧歲 山川土地 非我所貪 玉帛子女 是我所有 我平定兩國 平壤已南百濟土地 並乞你新羅 永爲安逸 垂以計會 賜以軍期 新羅百姓 具聞恩勅 人人畜力 家家待用 大事未終 文帝先崩 今帝踐祚 復繼前恩 頻蒙慈造 有踰往日 兄弟及兒 懷金拖紫 榮寵之極 敻古未有 粉身碎骨 望盡驅馳之用 肝腦塗原 仰報萬分之一 至顯慶五年 聖上感先志之未終 成曩日[주석9]之遺緖 泛舟命將 大發船兵 先王年衰力弱 不堪行軍 追感前恩 勉强至於界首 遣某領兵 應接大軍 東西唱和 水陸俱進 船兵纔入江口 陸軍已破大賊 兩軍俱到王都 共平一國 平定已後 先王遂共蘇大摠管平章 留漢兵一萬 新羅亦遣弟仁泰 領兵七千 同鎭熊津 大軍廻後 賊臣福信 起於江西 取集餘燼 圍逼府城 先破外柵 摠奪軍資 復攻府城 幾將陷沒 又於府城側近四處 作城圍守 於此 府城不得出入 某領兵往赴解圍 四面賊城 並皆打破 先救其危 復運粮食 遂使一萬漢兵 免虎吻之危難 留鎭餓軍 無易子而相食 至六年 福信徒黨漸多 侵取江東之地 熊津漢兵一千 往打賊徒 被[주석10]賊摧破 一人不歸 自敗已來 熊津請兵 日夕相繼 新羅多有疫病 不可徵發兵馬 苦請難違 遂發兵衆 往圍周留城 賊知兵小 遂卽來打 大損兵馬 失利而歸 南方諸城 一時摠叛 並屬福信 福信乘勝 復圍府城 因卽熊津道斷 絶於鹽豉 卽募健[주석11]兒 偸道送鹽 救其乏困 至六月 先王薨 送葬纔訖 喪服未除 不能應赴 勅旨發兵北歸 含資道摠管劉德敏等至 奉勅遣新羅供運平壤軍粮 此時 熊津使人來 具陳府城孤危 劉摠管與某平章自云 若先送平壤軍粮 卽恐熊津道斷 熊津若其道斷 留鎭漢兵 卽入賊手 劉摠管遂共某相隨 先打甕[주석12]山城 旣拔甕山 仍於熊津造城 開通熊津道路 至十二月 熊津粮盡

김씨 상계(金氏 上系)

先運熊津 恐違勅旨 若送平壤 卽恐熊津絶粮 所以差遣老弱 運送熊津 强健精兵 擬向平壤 熊津送粮 路上逢雪 人馬死盡 百不一歸 至龍朔二年正月 劉摠管共新羅兩河道摠管金庾信等 同送平壤軍粮 當時陰雨連月 風雪極寒 人馬凍死 所將兵粮 不能勝致 平壤大軍 又欲歸還 新羅兵馬 粮盡亦廻 兵士饑寒 手足凍瘃 路上死者 不可勝數 行至瓠瀘河 高麗兵馬 尋後來趂 岸上列陣 新羅兵士 疲乏日久 恐賊遠趂

 賊未渡河 先渡交刃 前鋒暫交 賊徒瓦解 遂收兵歸來 此兵到家 未經一月 熊津府城 頻索種子 前後所送 數萬餘斛 南運熊津 北供平壤 蕞小新羅 分供兩所 人力疲極 牛馬死盡 田作失時 年穀不熟 所貯倉粮 漕運並盡 新羅百姓 草根猶自不足 熊津漢

 兵 粮食有餘 又留鎭漢兵 離家日久 衣裳破壞 身無全褐 新羅勸課百姓 送給時服 都護劉仁願 遠鎭孤城 四面皆賊 恒被百濟侵圍 常蒙新羅解救 一萬漢兵 四年衣食新羅 仁願已下 兵士已上 皮骨雖生漢地 血肉俱是新羅 國家恩澤 雖復無涯 新羅效忠 亦足矜憫 至龍朔三年 摠管孫仁師 領兵來救府城 新羅兵馬 亦發同征 行至周留城下 此時 倭國船兵 來助百濟 倭船千艘 停在白江[주석13] 百濟精騎 岸上守船 新羅驍騎 爲漢前鋒 先破岸陣 周留失膽 遂卽降下 南方已定 廻軍北伐 任存一城

 執迷不降 兩軍倂力 共打一城 固守拒捍 不能打得 新羅卽欲廻還 杜大夫云 準勅 旣平已後 共相盟會 任存一城 雖未降下 卽可共相盟誓 新羅以爲準勅 旣平已後 共相盟會 任存未降 不可以爲旣平 又且百濟 姦詐百端 反覆不恒[주석14] 今雖共相盟會 於後恐有噬臍之患 奏請停盟 至麟德元年 復降嚴勅 責不盟誓 卽遣人於熊嶺 築壇共相盟會 仍於盟處 遂爲兩界 盟會之事 雖非所願 不敢違勅 又於就利山築壇 對勅使劉仁願 歃血相盟 山河爲誓 畫界立封 永爲疆[주석15]界 百姓居住 各營産業 至乾封二年 聞大摠管英國公征遼 某往漢城州 遣兵集於界首 新羅兵馬 不可獨入 先遣細作三度 船相次發遣 覘候大軍 細作廻來 並云 大

김씨 상계(金氏 上系)

軍未到平壤 且打高麗七重城 開通道路 佇待大軍來至 其城垂垂欲破 英公使人 江深來云 奉大摠管處分 新羅兵馬 不須打城 早赴平壤 卽給兵粮 遣令赴會 行至 水谷城 聞大軍已廻 新羅兵馬 遂卽抽來 至乾封三年 遣大監金寶嘉入海 取英公 進止 奉處分 新羅兵馬 赴集平壤 至五月 劉右相來 發新羅兵馬 同赴平壤 某亦 往漢城州 檢校兵馬 此時 蕃漢諸軍 摠集蛇[주석16]水 男建出兵 欲決一戰 新 羅兵馬 獨爲前鋒 先破大陣 平壤城中 挫鋒縮氣 於後 英公更取新羅驍騎五百人 先入城門 遂破平壤 克成大功 於此新羅兵士並云 自征伐已經九年 人力殫盡 終 始平兩國 累代長望 今日乃成 必當國蒙盡忠之恩 人受效力之賞 英公漏云 新羅 前失軍期 亦須計定 新羅兵士 得聞此語 更增怕懼 又立功軍將 並錄入朝 已到京 下 卽云 今新羅並無功 夫軍將歸來 百姓更加怕懼 又卑列之城 本是新羅 高麗打 得三十餘年 新羅還得此城 移配百姓 置官守捉 又取此城 還與高麗 且新羅自平 百濟 迄定高麗 盡忠效力 不負國家 未知何罪 一朝遺棄 雖有如此冤枉 終無反叛 之心 至總章元年 百濟於盟會處 移封易標 侵取田地 詃我奴婢 誘我百姓 隱藏內 地 頻從索取 至竟不還 又通消息云 國家修理船艘 外託征伐倭國 其實欲打新羅 百姓聞之 驚懼不安 又將百濟婦女 嫁與新羅漢城都督朴都儒 同謀合計 偸取新 羅兵器 襲打一州之地 賴得事覺 卽斬都儒 所謀不成 至咸亨元年六月 高麗謀叛 摠殺漢官 新羅卽欲發兵 先報熊津云 高麗旣叛 不可不伐 彼此俱是帝臣 理須同 討凶賊 發兵之事 須有平章 請遣官人來此 共相計會 百濟司馬禰軍來此 遂共平 章云 發兵已後 卽恐彼此相疑 宜令兩處官人 互相交質 卽遣金儒敦及府城百濟 主簿首彌長貴等 向府 平論交質之事 百濟雖許交質 城中仍集兵馬 到彼城下 夜 卽[주석17]來打 至七月 入朝使金欽純等至 將畫界地 案圖披撿 百濟舊地 摠令 割還 黃河未帶 太[주석18]山未礪 三四年間 一與一奪 新羅百姓 皆失本望 並 云 新羅·百濟累代深讎 今見百濟形況 別當自立一國 百年已後 子孫必見呑滅 新 羅旣是國家之州 不可分爲兩國 願爲一家 長無後患 去年九月 具錄事狀 發使奏 聞 被漂却來 更發遣使 亦不能達 於後 風寒浪急 未及聞奏 百濟構架奏云 新羅

김씨 상계(金氏 上系)

反叛 新羅前失貴臣之志[주석19] 後被百濟之譖 進退見咎 未申忠款 似是之讒 日經聖聽 不貳之忠[주석20] 曾無一達 使人琳潤至辱書 仰承摠管 犯冒風波 遠來海外 理須發使郊迎 致其牛酒 遠居異城 未獲致禮 時闕迎接 請不爲怪 披讀摠管來書 專以新羅已爲叛逆 旣非本心 惕然驚懼 數自功夫 恐被斯辱之譏 緘口受責 亦入不弔之數 今略陳寃枉 具錄無叛 國家不降一介之使 垂問元由 卽遣數萬之衆 傾覆巢穴 樓船滿於滄海 艫舳連於江口 數[주석21]彼熊津[주석22] 伐此新羅 嗚呼 兩國未定平 蒙指蹤之驅馳 野獸今盡 反見烹宰之侵逼 賊殘百濟 反[주석23]蒙雍齒之賞 殉漢新羅 已見丁公之誅 大陽之曜 雖不廻光 葵藿本心 猶懷[주석24]向日 摠管禀英雄之秀氣 抱將相之高材 七德兼備 九流涉獵 恭行天罰 濫加非罪 天兵未出 先問元由 緣此來書 敢陳不叛 請摠管審自商量 具狀申奏 雞林州大都督左衛大將軍開府儀同三司上柱國新羅王金法敏白』 置所夫里州 以阿湌眞王爲都督 九月 唐將軍高侃等 率蕃兵四萬到平壤 深溝高壘 侵帶方 冬十月六日 擊唐漕船七十餘艘 捉郞將鉗耳大侯 士卒百餘人 其淪沒死者 不可勝數 級湌當千[주석25] 功第一 授位沙湌

12년 (AD 672) : 봄 정월에 왕이 백제 고성성을 공격

[번역문]

12년(672) 봄 정월에 왕이 장수를 보내 백제 고성성(古省城)을 공격하여 이겼다. 2월에 백제의 가림성(加林城)을 쳤으나 이기지 못하였다. 가을 7월에 당나라 장수 고간이 군사 1만 명, 이근행이 군사 3만 명을 이끌고 일시에 평양에 이르러 여덟 곳에 진영을 설치하고 주둔하였다. 8월에 당나라 군사가 한시성(韓始城)과 마읍성(馬邑城)을 공격하여 이기고, 군사를 백수성(白水城)으로부터 500보쯤 떨어진 곳까지 전진시켜 군영을 설치하였다. 우리 군사와 고구려 군사가 맞아 싸워 수천 명을 목베었다. 고간 등이 후퇴하자 석문(石門)까지 뒤쫓아가 싸웠는데, 우리 군사가 패하여 대아

김씨 상계(金氏 上系)

찬 효천(曉川), 사찬 의문(義文)·산세(山世), 아찬 능신(能申)·두선(豆善), 일길찬 안나함(安那含)·양신(良臣) 등이 죽었다. 한산주의 주장성(晝長城)을 쌓았는데 둘레가 4,360보였다. 9월에 살별[彗星]이 북방에 일곱 번 나타났다. 왕은 지난번 백제가 당나라에 가서 호소하고 군사를 청하여 우리를 쳤을 때, 사정이 급박하여 황제께 아뢰지 못하고 군사를 내어 쳤었다. 이 때문에 당 조정으로부터 죄를 얻게 되었으므로 마침내 급찬 원천(原川)과 나마 변산(邊山)을 보내 붙잡아 두었던 [당나라] 병선 낭장(兵船郎將) 겸이대후, 내주 사마(萊州司馬) 왕예(王藝), 본열주 장사(本烈州長史) 왕익(王益), 웅주도독부 사마 예군(禰軍), 증산 사마(曾山司馬) 법총(法聰)과 군사 170명을 돌려 보냈다. 아울러 다음과 같은 표(表)를 올려 죄를 빌었다.

『신(臣) 아무개는 죽을 죄를 짓고 삼가 아룁니다. 옛날에 신의 처지가 위급함이 거꾸로 매달린 것 같았을 때 멀리서 건져주신 은혜를 입어 겨우 죽을 것을 면하였으니, 몸이 가루가 되고 뼈가 바스러진다 하여도 크나큰 은혜를 갚기 부족하고 머리가 부수어져 재가 되고 먼지가 된다 하여도 어찌 자애로우신 은혜에 보답할 수 있겠읍니까? 그러나 원한 깊은 백제는 저희 나라 가까이까지 침입하면서 황제의 군사를 끌어들여 신을 죽이고 치욕을 갚으려 하였습니다. 신은 파멸의 처지에 놓여 스스로 살 길을 찾으려다가 억울하게도 흉악한 역적의 이름을 뒤집어쓰고 마침내 용서받기 어려운 죄에 빠지게 되었습니다. 신이 런 일의 내용을 아뢰지 못하고 먼저 형벌을 받아 죽게 된다면, 살아서는 천자의 명령을 거스른 신하가 되고 죽어서는 은혜를 저버린 귀신이 될까 두려워 삼가 일의 사정을 기록하여 죽음을 무릅쓰고 아룁니다. 엎드려 바라건대 잠깐 귀를 기울여 들으셔서 근본 이유를 명확히 살펴주십시오.

신은 전대(前代) 이래로 조공을 끊이지 않았으나 근래에 백제 때문에 두

김씨 상계(金氏 上系)

번이나 조공을 빠뜨려서 마침내는 황제의 조정으로 하여금 조서를 내고 장수에게 명하여 신의 죄를 성토하게 하였으니, 신의 죄는 죽어도 오히려 남음이 있어

남산(南山)의 대나무로도 신의 죄를 다 기록할 수 없고 포야(褒斜)의 수풀로도 신을 처벌할 형틀을 만들기에 부족할 것입니다. 저희 종묘와 사직을 헐어 늪과 연못으로 만들고 신의 몸을 찢어 죽이더라도 사정을 듣고 판단을 내려주신다면 달게 죽음을 받겠습니다. 신의 관을 옆에 놓고 진흙 묻은 머리도 마르지 않은채 피눈물을 흘리며 조정의 처분을 기다려 삼가 형벌의 명을 따르겠습니다. 엎드려 생각컨대 황제 폐하께서는 밝으심이 해와 달 같으셔서 포용의 빛을 구석구석까지 비추시고, 덕은 천지와 합치하여 동식물 모두 양육의 은혜를 입었으며 살리기 좋아하는 덕은 곤충에게까지 멀리 미치고 죽이기를 싫어하는 어진 마음은 물고기와 날짐승에까지 이르렀습니다. 만일 복종하면 놓아주는 용서를 내리시고 허리와 머리를 온전하게 해주는 은혜를 내려 주신다면, 비록 죽더라도 산 것이나 다름없을 것입니다. 바라는 바는 아니었지만 감히 마음 속의 품은 바를 말씀드리며 칼에 엎드려 죽을 생각을 이기지 못하겠습니다.

삼가 원천(原川) 등을 보내 글월을 올려 사죄하고 엎드려 칙명에 따르겠습니다.

저는 머리를 조아리고 또 조아리며 죽어 마땅하고 또 마땅합니다.』

이와 아울러 은 33,500푼[分], 구리 33,000푼, 침 400개, 우황 120푼, 금 120푼, 40승포(升布) 6필, 30승포 60필을 바쳤다. 이 해에 곡식이 귀하여 사람들이 굶주렸다.

[원문]

十二年 春正月 王遣將攻百濟古省城 克之 二月 攻百濟加林城 不克 秋七月 唐將高侃[주석26]率兵一萬 李謹行率兵三萬 一時至平壤 作八營留屯 八月 攻

김씨 상계(金氏 上系)

韓始城·馬邑城 克之 進兵距白水城五百許步 作營 我兵與高句麗兵逆戰 斬首數千級 高侃[주석27]等退 追至石門戰之 我兵敗績 大阿湌曉川·沙湌義文·山世·阿湌能申·豆善·一吉湌安那含·良臣等死之 築漢山州晝長城 周四千三百六十步 九月 彗星七出北方 王以向者百濟往訴於唐 請兵侵我 事勢急迫 不獲申奏 出兵討之 由是 獲罪大朝 遂遣級湌原川 奈麻邊山 及所留兵船郞將鉗耳大侯 萊州司馬王藝 本烈州長史王益 熊州都督府司馬禰[주석28]軍 曾山司馬法聰 軍士一百七十人 上表乞罪曰 『臣某死罪謹言 昔臣危急 事若倒懸 遠蒙拯救 得免屠滅 粉身糜骨 未足上報鴻恩 碎首灰塵 何能仰酬慈造 然深讎百濟 逼近臣蕃 告引天兵 滅臣雪恥[주석29] 臣忙破滅 自欲求存 枉被凶逆之名 遂入難赦之罪 臣恐事意未申 先從刑戮 生爲逆命之臣 死爲背恩之鬼 謹錄事狀 冒死奏聞 伏願 少垂神聽 炤審元由 臣前代已來 朝貢不絶 近爲百濟 再虧職貢 遂使聖朝出言命將 討臣之罪 死有餘刑 南山之竹 不足書臣之罪 褒斜之林 未足作臣之械 潴池宗社 屠裂臣身 事聽勅裁 甘心受戮 臣櫬轝在側 泥首未乾 泣血待朝 伏聽刑命 伏惟 皇帝陛下 明同日月 容光並蒙曲炤 德合乾坤 動植咸被亭毒 好生之德 遠被昆蟲 惡殺之仁 爰流翔泳 儻降服捨之宥 賜全腰領之恩 雖之年 猶生之日 非所希冀 敢陳所懷 不勝伏劍之志 謹遣原川等 拜表謝罪 伏聽勅旨 某頓首頓首 死罪死罪』 兼進貢銀三萬三千五百分 銅三萬三千分 針四百枚 牛黃百二十分 金百二十分 四十升[주석30]布六匹 三十升[주석31]布六十匹 是歲 穀貴人飢

13년 (AD 673) : 정월에 별똥별이 황룡사와 재성 중간에

[번역문]

13년(673) 봄 정월에 커다란 별똥별이 황룡사와 재성(在城) 중간에 떨어졌다. 강수(强首)를 사찬으로 삼고 해마다 조[租] 200섬을 주었다. 2월에 서형산성(西兄山城)을 증축하였다. 여름 6월에 호랑이가 대궁(大宮) 뜰에 들어왔으므로 죽였다. 가을 7월 1일에 유신이 죽었다. 아찬 대토(大吐)

김씨 상계(金氏 上系)

가 모반하여 당에 붙으려 하다가 일이 탄로나 목베여 죽임을 당하고 처와 자식들은 천인(賤人)으로 만들었다. 8월에 파진찬 천광(天光)을 중시로 삼았다. 사열산성(沙熱山城)을 증축하였다. 9월에 국원성(國原城),<옛날의 완장성(薍長城)이다.> 북형산성(北兄山城), 소문성(召文城), 이산성(耳山城), 수약주(首若州)의 주양성(走壤城),<또는 질암성(迭巖城)이라고도 하였다.> 달함군(達含郡)의 주잠성(主岑城), 거열주(居烈州)의 만흥사산성(萬興寺山城), 삽량주(歃良州)의 골쟁현성(骨爭峴城)을 쌓았다. 왕이 대아찬 철천(徹川) 등을 보내 병선 100척을 거느리고 서해를 지키게 하였다. 당의 군사가 말갈·거란 군사와 함께 북쪽 변경을 침범하여 왔는데, 무릇 아홉 번 싸워 우리 군사가 이겨 2천여 명을 목베었고 당의 군사 중 호로(瓠瀘)와 왕봉(王逢) 두 강에 빠져 죽은 자는 이루 셀 수 없었다.

겨울에 당나라 군사가 고구려의 우잠성(牛岑城)을 공격하여 항복시켰고, 거란·말갈 군사는 대양성(大楊城)과 동자성(童子城)을 공격하여 멸하였다. 처음으로 외사정(外司正)을 두었는데, 주(州)에 두 사람 군(郡)에 한 사람이었다. 일찍이 태종왕이 백제를 멸망시키고 수자리 군사를 없앴으나 이 때 이르러 다시 두었다.

[원문]

十三年 春正月 大星隕皇龍寺在城中間 拜强首爲沙飡 歲賜租二百石 二月 增築西兄山城 夏六月 虎入大宮庭 殺之 秋七月一日 庚信卒 阿飡大吐謀叛付唐 事泄伏誅妻孥充賤 八月 以波珍飡天光爲中侍

增築沙熱山城 九月 築國原城古薍長城 北兄山城 召文城 耳山城 首若州走壤城 一名迭巖城 達含郡主岑城·居烈州萬興寺山城·歃良州骨爭峴城 王遣大阿飡徹川等 領兵船一百艘 鎭西海 唐兵與靺鞨·契丹兵來侵北邊 凡九戰 我兵克之 斬首二千[주석32]餘級 唐兵溺瓠瀘·王逢二河 死者不可勝計 冬 唐兵攻高句麗牛岑城 降之 契丹·靺鞨兵攻大楊城·童子城 滅之 始置外司正 州二人 郡一人 初太

김씨 상계(金氏 上系)

宗王滅百濟 罷戌兵 至是復置

14 년 (AD 674) : 정월에 당나라에 들어가 숙위하던

[번역문]

14년(674) 봄 정월에 당나라에 들어가 숙위하던 대나마 덕복(德福)이 역술(曆術)을 배워서 돌아와 새 역법으로 고쳐 사용하였다. 왕이 고구려의 배반한 무리를 받아들이고 또 백제의 옛 땅을 차지하고서 사람을 시켜 지키게 하니, 당나라 고종이 크게 화를 내어 조서로써 왕의 관작을 깎아 없앴다. 왕의 동생 우효위원외대장군(右驍衛員外大將軍) 임해군공(臨海郡公) 김인문이 당의 서울[京師]에 있어, [그를] 신라 왕으로 삼아 귀국하게 하고 좌서자동중서문하삼품(左庶子同中書門下三品) 유인궤(劉仁軌)를 계림도 대총관으로 삼고, 위위경(衛尉卿) 이필(李弼), 우령군대장군(右領軍大將軍) 이근행으로 보좌하게 하여 군사를 일으켜 공격해 왔다.

2월에 궁궐 안에 연못을 파고 산을 만들어 화초를 심고 진기한 새와 짐승을 길렀다. 가을 7월에 큰 바람이 불어 황룡사 불전을 무너뜨렸다. 8월에 서형산 아래에서 군대를 크게 사열하였다. 9월에 의안법사(義安法師)를 대서성(大書省)으로 삼고 안승을 보덕왕(報德王)으로 봉하였다.<[문무왕] 10년에 안승을 고구려 왕으로 봉하였는데 지금 다시 봉한 것이다. 보덕(報德)이란 말이 귀순[歸命]한다는 말과 같은 뜻인지 혹은 땅 이름인지 모르겠다.> 영묘사 앞 길에 나아가 군대를 사열하고, 아찬 설수진(薛秀眞)의 육진병법(六陣兵法)을 관람하였다.

[원문]

十四年 春正月 入唐宿衛大奈麻德福 傳學曆術還 改用新曆法 王納高句麗叛衆 又據百濟故地 使人守之 唐高宗大怒 詔削王官爵 王弟右驍衛員外大將軍臨海郡公仁問 在京師 立以爲新羅王 使歸國 以左庶子同中書門下三品劉仁軌爲 雞林

김씨 상계(金氏 上系)

道大摠管

衛尉卿李弼·右領軍大將軍李謹行副之 發兵來討 二月 宮內穿池造山 種花草 養珍禽奇獸 秋七月 大風毀皇龍寺佛殿 八月 大閱於西兄山下 九月 命義安法師 爲大書省 封安勝爲報德王 十年 封安勝高句麗王 今再封 不知報德之言 若歸命 等耶 或地名耶 幸靈廟寺前路閱兵 觀阿湌薛秀眞六陣兵法

15년 (AD 675) : 정월에 구리로 관청의 인장을 만들어
[번역문]

15년(675) 봄 정월에 구리로 각 관청 및 주·군의 인장(印章)을 만들어 나누어 주었다. 2월에 유인궤가 칠중성에서 우리 군사를 깨뜨렸다. 인궤는 군사를 이끌고 돌아가고, 조칙으로 이근행을 안동진무대사(安東鎭撫大使)로 삼아 경략케 하였다. 그래서 왕은 사신을 보내 조공하고 사죄하니 황제가 용서하고 왕의 관작을 회복시켜 주었다. 김인문은 중간에서 [당으로] 되돌아갔는데, 그를 임해군공으로 고쳐 봉하였다. 그러나 백제 땅을 많이 빼앗아 드디어 고구려 남쪽 경계지역에 이르기까지를 주와 군으로 삼았다. 당나라 군사가 거란·말갈 군사와 함께 침략해 온다는 말을 듣고 아홉 부대의 군사[九軍]를 내어 그것에 대비하였다.

가을 9월에 설인귀가 숙위학생 풍훈(風訓)의 아버지 김진주(金眞珠)가 본국에서 처형당한 것을 이용하여 풍훈을 이끌어 길잡이[鄕導]로 삼아 천성(泉城)을 쳐들어 왔다. 우리의 장군 문훈(文訓) 등이 맞아 싸워 이겨서 1천4백 명을 목베고 병선 40척을 빼앗았으며, 설인귀가 포위를 풀고 도망감에 전마(戰馬) 1천 필을 얻었다. 29일에 이근행이 군사 20만 명을 거느리고 매초성(買肖城)에 주둔하였는데, 우리 군사가 공격하여 쫓고 말 30,380필을 얻었으며 그 밖의 병기도 이만큼 되었다. 사신을 당에 보내 토산물을 바쳤다. 안북하(安北河)를 따라 관(關)과 성을

김씨 상계(金氏 上系)

설치하고 또 철관성(鐵關城)을 쌓았다. 말갈이 아달성(阿達城)에 침입하여 노략질하자 성주 소나(素那)가 맞아 싸우다 죽었다. 당나라 군사가 거란·말갈 군사와 함께 와서 칠중성을 에워쌌으나 이기지 못하였는데, 소수(小守) 유동(儒冬)이 전사하였다. 말갈이 또 적목성(赤木城)을 에워싸 멸하였다. 현령 탈기(脫起)가 백성을 거느리고 대항하여 싸우다가 힘이 다하여 모두 죽었다. 당나라 군사가 다시 석현성(石峴城)을 포위하여 함락시켰는데, 현령 선백(仙伯)과 실모(悉毛) 등이 힘껏 싸우다가 죽었다. 또 우리 군사가 당나라 군사와 열여덟 번의 크고 작은 싸움에서 모두 이겨서 6,047명을 목베고 말 200필을 얻었다.

[원문]

十五年 春正月 以銅鑄百司及州郡印 頒之 二月 劉仁軌破我兵於七重城 仁軌引兵還 詔以李謹行爲安東鎭撫大使 以經略之 王乃遣使 入貢且謝罪 帝赦之 復王官爵 金仁問中路而還 改封臨海郡公 然多取百濟地 遂抵[주석33]高句麗南境爲州郡 聞唐兵與契丹·靺鞨兵來侵 出九軍待之 秋九月 薛仁貴以宿衛學生風訓之父金眞珠 伏誅於本國 引風訓爲鄕導 來攻泉[주석34]城 我將軍文訓等 逆戰勝之 斬首一千四百級 取兵船四十艘 仁貴解圍退走 得戰馬一千匹 二十九日 李謹行率兵二十萬 屯買肖城 我軍擊走之 得戰馬三萬三百八十四 其餘兵仗稱是 遣使入唐貢方物 緣安北河設關城 又築鐵關城 靺鞨入阿達城劫掠 城主素那逆戰死 唐兵與契丹·靺鞨兵來 圍七重城 不克 小守儒冬死之 靺鞨又圍赤木城 滅之 縣令脫起率百姓拒之 力竭俱死 唐兵又圍石峴城 拔之 縣令仙伯·悉毛等 力戰死之 又我兵與唐兵大小十八戰 皆勝之 斬首六千四十七級 得戰馬二百匹

16년 (AD 676) : 2월에 고승 의상(義相)이 부석사를 창건

[번역문]

16년(676) 봄 2월에 고승 의상(義相)이 왕명을 받들어 부석사(浮石寺)를

김씨 상계(金氏 上系)

창건하였다. 가을 7월에 살별[彗星]이 북하(北河)와 적수(積水) 두 별 사이에서 나타났는데 길이가 6~7보쯤 되었다. 당나라 군사가 도림성(道臨城)을 공격해 와 함락시켰는데, 현령 거시지(居尸知)가 전사하였다. 양궁(壤宮)을 지었다. 겨울 11월에 사찬 시득(施得)이 수군을 거느리고 설인귀와 소부리주 기벌포(伎伐浦)에서 싸우다가 크게 패하였다. 다시 나아가 크고 작은 22회의 싸움에서 승리하고 4천여 명을 목베었다. 재상 진순(陳純)이 벼슬에서 물러나기를 요청하였으나 허락하지 않고 안석과 지팡이를 주었다.

[원문]

十六年 春二月 高僧義相奉旨 創浮石寺 秋七月 彗星出北河積水之間 長六七許步 唐兵來攻道臨城 拔之 縣令居尸知死之 作壤宮 冬十一月 又進大小二十二戰 克之 斬首四千餘級 宰相陳純乞致仕 不允 賜几杖

17년 (AD 677) : 3월에 강무전(講武殿) 남문에서 활쏘기를

[번역문]

17년(676) 봄 3월에 강무전(講武殿) 남문(南門)에서 활쏘기를 관람하였다. 좌사록관(左司祿館)을 처음 두었다. 소부리주에서 흰 매를 바쳤다.

[원문]

十七年 春三月 觀射於講武殿南門 始置左司祿館 所夫里州獻白鷹

18년 (AD 678) : 정월에 선부령 1인을 두어 선박에 관한 일을

[번역문]

18년(678) 봄 정월에 선부령(船府令) 1인을 두어 선박에 관한 일을 맡게 하고 좌·우리방부(左右理方府)에 경(卿)을 각 1인씩을 더 두었다. 북원소경(北原小京)을 설치하고 대아찬 오기(吳起)로 하여금 지키게 하였다. 3

월에 대아찬 춘장(春長)을 중시로 삼았다. 여름 4월에 아찬 천훈(天訓)을 무진주(武珍州) 도독으로 삼았다. 5월에 북원(北原)에서 이상한 새를 바쳤는데, 깃에 무늬가 있고 다리에 털이 나 있었다.

[원문]

十八年 春正月 置船府令一員 掌船楫事 加左右理方府卿各一員

置北原小京 以大阿湌吳起守之 三月 拜大阿湌春長爲中侍 夏四月

阿湌天訓爲武珍州都督 五月 北原獻異鳥 羽翮有文 脛有毛

19년 (AD 679) : 정월에 중시 춘장이 관직을 그만두었으므로

[번역문]

19년(679) 봄 정월에 중시 춘장이 병으로 관직을 그만두었으므로 서불한 천존(天存)을 중시로 삼았다. 2월에 사신을 보내 탐라국을 경략하였다. 궁궐을 다시 수리하였는데 매우 웅장하고 화려하였다. 여름 4월에 형혹(熒惑)이 우림(羽林) [별자리]를 지켰다. 6월에 태백성이 달의 자리에 들어가고 유성이 삼대(參大) [별자리]를 침범하였다. 가을 8월에 금성[太白]이 달에 들어갔다. 각간 천존이 죽었다. 동궁(東宮)을 짓고 궁궐 안팎의 여러 문 이름을 처음으로 정하였다. 사천왕사(四天王寺)가 완성되었다. 남산성을 증축하였다.

[원문]

十九年 春正月 中侍春長病免 舒弗邯天存爲中侍 二月 發使略耽[주석35]羅國

重修宮闕 頗極壯麗 夏四月 熒惑守羽林 六月 太[주석36]白入月 流星犯參大星

秋八月 太[주석37]白入月 角干天存卒 創造東宮 始定內外諸門額號

四天王寺成 增築南山城

김씨 상계(金氏 上系)

20년 (AD 680) : 2월에 이찬 김군관을 상대등으로 삼았다

[번역문]

20년(680) 봄 2월에 이찬 김군관(金軍官)을 상대등으로 삼았다. 3월에 금은으로 만든 그릇과 여러가지 채색 비단 100단을 보덕왕 안승에게 내려주고 왕의 여동생<또는 잡찬 김의관(金義官)의 딸이라고도 하였다.>으로 아내를 삼게 하였다. [그리고] 다음과 같은 교서를 내렸다.

『인륜의 근본은 부부가 무엇보다 우선이고, 왕의 교화의 기틀은 후손을 잇는 것이 가장 중요하다. 왕의 까치 둥지[鵲巢]에 자리가 비어 있어 닭이 울었음을 일러줄 아내 얻을 생각이 있을 것이고, 안에서 도와줄 배필의 자리를 오래 비워두어 길이 집안을 일으킬 사업을 잃어서는 안될 것이다. 지금 좋은 때 좋은 날에 옛 법도를 따라 내 누이의 딸로써 배필을 삼게 하니 왕은 마땅히 마음과 뜻을 함께 돈독히 하여 조상의 제사를 받들고 자손이 무성하게 하여 길이 반석같이 번창한다면 어찌 장한 일이 아니며 어찌 아름다운 일이 아니겠는가?』

여름 5월에 고구려 왕이 대장군 연무(延武) 등을 보내 표(表)를 올려 말하였다.

『신(臣) 안승은 말씀을 올립니다. 대아찬 김관장(金官長)이 이르러 교지를 받들어 선포하고 아울러 교서를 내려, 생질로써 저의 안주인을 삼으라고 하셨습니다. 이윽고 4월 15일에 이곳에 이르렀으니 기쁨과 두려움이 마음속에 엇갈려 어찌한 바를 모르겠습니다. 생각컨대 요임금은 딸을 규(嬀)에게 시집보내고 주(周)의 왕은 공주를 제(齊)나라에 시집보낸 것은 본래 신성한 덕을 드러내어 평범한 사람이라도 관계치 않은 것입니다. 그러나 신은 원래 용렬한 부류로 행동과 재능이 이렇다할 것이 하나도 없었습니다. 다행히 좋은 운수를 만나 성인의 교화에 젖게 되었고 매번 특별한 은택을 받았으니, 은혜를 갚고자 해도 갚을 길이 없었습니다. 그럼에

김씨 상계(金氏 上系)

도 거듭 대왕의 총애를 입어 대왕의 인척을 내려주었습니다. 마침내 무성한 꽃이 경사를 표하고 정숙하고 화목한 덕을 갖추어 은달 좋은 때에 저의 집에 시집온다고 하니, 억년(億年)에 만나기 힘든 행운을 하루 아침에 얻었습니다. 처음에 바라지 못했던 일이고 뜻밖의 기쁨입니다. 어찌 한두 사람의 부형(父兄)만이 실로 그러한 이 은혜를 받겠습니까? 선조 이하가 다 기뻐할 일인 것입니다. 저는 아직 교지를 받지 못하여 직접 찾아 뵙지 못하지만 지극한 기쁨을 어찌할 수 없어 삼가 대장군 태대형 연무를 보내 표(表)를 올려 아룁니다.』

가야군(加耶郡)에 금관 소경(金官小京)을 설치하였다.

[원문]

二十年 春二月 拜伊湌金軍官爲上大等 三月 以金銀器及雜綵百段 賜報德王安勝 遂以王妹妻之 一云迊湌金義官之女也 下敎書曰 『人倫之本 夫婦攸先 王化之基 繼嗣爲主 王鵲巢位曠 雞鳴在心 不可久空內輔之儀 永闕起家之業 今良辰吉日 率順舊章 以寡人妹女爲伉儷 王宜共敦心義 式奉宗祧 克茂子孫 永豐盤石 豈不盛歟 豈不美歟』 夏五月 高句麗王使大將軍延武等 上表曰 『臣安勝言 大阿湌金官長至 奉宣敎旨 幷賜敎書 以外生公[주석38] 爲下邑內主 仍以四月十五日至此 喜懼交懷 罔知攸寘 竊以帝女降嬀 王姬適齊 本揚聖德 匪關凡才 臣本庸流 行能無擩 幸逢昌運 沐浴聖化 每荷殊澤 欲報無堦 重蒙天寵 降此姻親 遂卽穠華表慶 肅雝成德 吉月令辰 言歸弊館 億載難遇 一朝獲申 事非望始 喜出意表 豈惟一二父兄 實受其賜 其自先祖已下 寔寵喜之 臣未蒙敎旨 不敢直朝 無任悅豫之至 謹遣臣大將軍太大兄延武 奉表以聞』 加耶郡置金官小京

21년 (AD 681) : 정월 초하루에 하루 종일 밤처럼 어두웠다.

[번역문]

21년(681) 봄 정월 초하루에 하루 종일 밤처럼 어두웠다. 사찬 무선(武

김씨 상계(金氏 上系)

仙)이 정예군사 3천 명을 이끌고 비열홀을 지켰다. 우사록관(右司祿館)을 설치하였다. 여름 5월에 지진이 일어났다. 유성이 삼대성(參大星)을 침범하였다. 6월에 천구(天狗)가 서남쪽에 떨어졌다. 왕이 왕경에 성을 새로 쌓으려고 하여 승려 의상(義相)에게 물어보니, 의상이 대답하였다 "비록 들판의 띠집에 살아도 바른 도를 행하면 곧 복업이 길 것이요, 진실로 그렇지 않으면 비록 사람을 힘들게 하여 성을 만들지라도 또한 이익되는 바가 없습니다."

이에 왕이 공사를 그만두었다. 가을 7월 1일에 왕이 죽었다. 시호를 문무(文武)라 하고 여러 신하들이 유언에 따라 동해 어구 큰 바위 위에 장사지냈다. 민간에서 전하기를, 왕이 화(化)하여 용이 되었다 하고 또 그 바위를 가리켜 대왕석(大王石)이라 한다. 왕의 유조(遺詔)는 다음과 같다.

『과인은 나라의 운(運)이 어지럽고 싸움의 때를 당하여 서쪽을 정벌하고 북쪽을 토벌하여 영토를 안정시켰고, 배반하는 무리를 치고 협조하는 무리를 불러들여 멀고 가까운 곳을 모두 평안케 하였다. 위로는 조상들의 남기신 염려를 안심시켰고 아래로는 부자(父子)의 오랜 원수를 갚았으며, 살아남은 사람과 죽은 사람에게 상을 두루 주었고, 벼슬을 터서 중앙과 지방에 있는 사람들에게 균등하게 하였다. 무기를 녹여 농기구를 만들었으며 백성을 어질고 장수(長壽)하는 땅으로 이끌었다. 세금을 가볍게 하고 요역을 덜어주니 집집이 넉넉하고 백성들이 풍요하며 민간은 안정되고 나라 안에 근심이 없게 되었다. 곳간에는 [곡식이] 산언덕처럼 쌓여 있고 감옥은 풀이 무성하게 되니, 신과 인간 모두에 부끄럽지 않고 관리와 백성의 뜻을 저버리지 않았다고 말할 만하다. 스스로 온갖 어려운 고생을 무릅쓰다가 마침내 고치기 어려운 병에 걸렸고, 정치와 교화에 근심하고 힘쓰느라 더욱 심한 병이 되었다. 목숨은 가고 이름만 남는 것은 예나 지금이나 마찬가지이니 홀연히 긴 밤[죽음]으로 돌아가는 것이 어찌 한스

김씨 상계(金氏 上系)

러움이 있겠는가? 태자는 일찍이 밝은 덕을 쌓았고 오랫동안 태자의 자리에 있었으니, 위로는 여러 재상으로부터 아래로는 뭇 관원들에 이르기까지 죽은 사람을 보내는 도리를 어기지 말고 살아있는 이 섬기는 예의를 빠뜨리지 말라. 종묘의 주인은 잠시도 비워서는 안되니 태자는 곧 관 앞에서 왕위를 잇도록 하라.

또 산과 골짜기는 변하여 바뀌고 사람의 세대도 바뀌어 옮아가니, 오(吳)나라 왕의 북산(北山) 무덤에서 어찌 금으로 만든 물오리 모양의 빛나는 향로를 볼 수 있을 것이며 위(魏)나라 임금이 묻힌 서릉(西陵)의 망루는 단지 동작(銅雀)이라는 이름만을 전할 뿐이다. 지난날 만사를 처리하던 영웅도 마침내는 한 무더기의 흙이 되어, 나무꾼과 목동은 그 위에서 노래하고 여우와 토끼는 그 옆에 굴을 판다. 헛되이 재물을 쓰는 것은 서책(書冊)에 꾸짖음만 남길 뿐이요, 헛되이 사람을 수고롭게 하는 것은 죽은 사람의 넋을 구원하는 것이 못된다. 가만히 생각하면 슬프고 애통함이 끝이 없을 것이나, 이와 같은 일은 즐거이 행할 바가 아니다. 죽고 나서 10일이 지나면 곧 고문(庫門) 바깥의 뜰에서 서국(西國)의 의식에 따라 화장(火葬)하라. 상복을 입는 등급은 정해진 규정이 있거니와 장례 치르는 제도는 검소하고 간략하게 하는데 힘쓰라. 변경의 성·진(城鎭)을 지키는 일과 주·현의 세금 징수는 긴요한 것이 아니면 마땅히 모두 헤아려 폐지하고 율령격식(律令格式)에 불편한 것이 있으면 곧 고치도록 하라. 멀고 가까운 곳에 널리 알려 이 뜻을 알도록 할 것이며 주관하는 이는 시행하도록 하라.』

[원문]

二十一年 春正月朔 終日黑暗如夜 沙湌武仙率精兵三千 以戌比列忽 置右司祿館夏五月 地震 流星犯參大星 六月 天狗落坤方 王欲新京城 問浮屠義相 對曰 "雖在草野茅屋 行正道 則福業長 苟爲不然 雖勞人作城 亦無所益" 王乃止役

김씨 상계(金氏 上系)

秋七月一日 王薨 諡曰文武 羣羣臣以遺言葬東海口[주석39]大石上 俗傳 王化 爲龍 仍指其石爲大王石 遺詔曰 『寡人運屬紛紜 時當爭戰 西征北討 克定疆封 伐叛招携 聿寧遐邇 上慰宗祧之遺顧 下報父子之宿寃 追賞遍於存亡 疏爵均於 內外 鑄兵戈爲農器 驅黎元於仁壽 薄賦省徭 家給人足 民間安堵 域內無虞 倉廩 積於丘山 囹圄成於茂草 可謂無愧於幽顯 無負於士人 自犯冒風霜 遂成痼疾 憂 勞政敎 更結沈痾 運往名存 古今一揆 奄歸大夜 何有恨焉 太子早蘊離輝 久居震 位 上從羣宰 下至庶寮 送往之義勿違 事居之禮莫闕 宗廟之主 不可暫空 太子卽 於柩前 嗣立王位 且山谷遷貿 人代推[주석40]移 吳王北山之墳 詎見金鳧之彩 魏主西陵之望 唯聞銅雀之名 昔日萬機之英 終成一封之土 樵牧歌其上 狐兎穴 其旁 徒費資財 貽譏簡牘 空勞人力 莫濟幽魂 靜而思之 傷痛無已 如此之類 非 所樂焉 屬纊之後十日 便於庫門外庭依西國之式 以火燒葬 服輕重 自有常科 喪 制度 務從儉約 其邊城鎭遏 及州縣課稅 於事非要者 並宜量廢 律令格式 有不便 者 卽便改張 布告遠近 令知此意 主者施行』

신문왕(神文王, ?~692)

신라 제31대 왕. 국학을 창설하여 학문을 장려하였으며 9주를 정비하였 고 서원소경을 설치, 봉성사·망덕사를 창건했다. 항복한 고구려 유민에 게도 벼슬을 주고 녹읍을 폐지하고 조를 주기로 개정하였다.

휘 정명(政明)·명지(明之). 자 일초(日怊). 문무왕의 맏아들. 어머니는 자 의왕후(慈儀王后). 비는 소판(蘇判) 김흠돌(金欽突)의 딸. 665년(문무왕 5) 태자에 책봉, 문무왕에 이어 즉위한 후, 장인인 김흠돌이 모반을 일으키 자 이를 평정, 김흠돌을 주살(誅殺)하고 비 김씨를 폐위시켰다. 682년 위 화부령(位和府令) 2명을 두어 선거(選擧) 사무를 맡게 하고 국학을 창설하

김씨 상계(金氏 上系)

여 학문을 장려하였으며, 683년(신문왕 3) 김흠운(金欽運)의 딸을 맞아들여 왕비로 삼았다. 또 보덕왕(報德王) 안승(安勝)을 소판으로 기용하여 김(金)씨 성(姓)을 하사하였고, 이듬해 안승의 족자(族子) 대문(大文)이 금마저(金馬渚)에서 모반을 일으키자 이를 평정하고 그 땅을 금마군(金馬郡)으로 하고 고구려 유민들을 분산, 거주하게 하였다.

685년 9주를 정비하였고, 서원소경(西原小京)을 설치, 봉성사(奉聖寺)·망덕사(望德寺)를 창건하였으며, 항복한 고구려 유민에게도 벼슬을 주었다. 689년에는 녹읍(祿邑)을 폐지하고 조(租)를 주기로 개정하였다. 이 밖에도 일본과 당(唐)나라에 사신이 빈번하게 내왕하였고 문화의 흥륭정책을 도모하여 설총(薛聰)과 강수(強首)와 같은 대학자가 배출되는 등 전성시대를 이루었다.

O 년 (AD 681) : 신문왕이 왕위에 올랐다.

[번역문]

신문왕(神文王)이 왕위에 올랐다. 이름은 정명(政明)이다.<명(明)의 자(字)는 일초(日怊)이다.> 문무대왕의 맏아들로 어머니는 자의왕후(慈儀王后)이다. 왕비 김씨는 소판(蘇判) 흠돌(欽突)의 딸이다. 왕이 태자로 있을 때 그를 맞아들였는데, 오래도록 아들이 없다가 나중에 그 아버지의 반란에 연루되어 궁중에서 쫓겨났다. 문무왕 5년에 태자가 되었고 이때 이르러 임금의 자리를 이었다. 당 고종(高宗)이 사신을 보내 신라 왕으로 책봉하고 선왕(先王)의 관작(官爵)을 그대로 잇게 하였다.

[원문]

神文王 立 諱政明 明之字日怊[주석1] 文武大王長子也 母慈儀一作義王后 妃金氏 蘇判欽突之女 王爲太子時納之 久而無子 後坐父作亂 出宮 文武王五年 立爲太子 至是繼位 唐高宗遣使冊立爲新羅王 仍襲先王官爵

김씨 상계(金氏 上系)

1년 (AD 681) : 8월에 서불한 진복을 상대등으로 삼았다.

[번역문]

 원년(681) 8월에 서불한 진복(眞福)을 상대등으로 삼았다. 8일에 소판 김흠(金欽突)·파진찬 흥원(興元)·대아찬 진공(眞功) 등이 반란을 꾀하다가 죽임을 당하였다. 13일에 보덕왕이 소형 수덕개(首德皆)를 사신으로 보내 역적을 평정한 일을 축하하였다. 16일에 다음과 같은 교서(敎書)를 내렸다.

 『공이 있는 사람에게 상을 내리는 것은 옛 성인의 아름다운 규범이요, 죄가 있는 사람을 처벌하는 것은 선왕의 훌륭한 법이다. 과인은 보잘것 없는 몸과 두텁지 못한 덕으로써 숭고한 왕업을 이어 지킴에, 먹는 것도 잊어버리고 새벽 일찍 일어나서부터 밤 늦게 자리에 들 때까지 중신들과 함께 나라를 편안케 하려고 하였더니, 어찌 상중(喪中)에 서울[京城]에서 반란이 일어날 줄 생각이나 하였으랴! 역적의 우두머리 흠돌·흥원·진공 등은 벼슬이 재능으로 오른 것이 아니요, 관직은 실로 은전(恩典)에 의하여 오른 것이다. 처음부터 끝까지 몸을 삼가하여 부귀를 보전하지 못하고 어질고 의롭지 못한 행동으로 복과 위세를 마음대로 부리고 관료들을 업신여겼으며, 아래 위 가릴 것 없이 모두 속였다. 날마다 탐욕스러운 뜻을 거리낌 없이 드러내 보이고 포학한 마음을 멋대로 부렸으며, 흉악하고 간사한 자들을 불러들이고 궁중의 근시(近侍)들과 서로 결탁하여 화가 안팎으로 통하게 하였으며 나쁜 무리들이 서로 도와 날짜와 기한을 정하여 반란을 일으키려고 하였다.

 내가 위로는 하늘과 땅의 도움을 받고 아래로는 조상의 신령스러운 돌보심을 입어, 흠돌 등의 악이 쌓이고 죄가 가득 차자 그 음모가 탄로나고 말았다. 이는 곧 사람과 신이 함께 배척하는 바요 하늘과 땅 사이에 용납될 수 없는 바이니, 도의(道義)를 범하고 풍속(風俗)을 훼손함에 있어 이보다 더 심한 것은 없을 것이다. 이 때문에 병사들을 끌어 모아 효경같은

김씨 상계(金氏 上系)

무도한 자들을 제거하고자 하였더니, 혹은 산골짜기로 도망쳐 숨고 혹은 대궐 뜰에 와서 항복하였다. 그러나 가지나 잎사귀 같은 잔당들을 찾아내어 이미 모두 죽여 없앴고 3~4일 동안에 죄인의 우두머리들이 소탕되었다. 마지못하여 취한 조치였으나 사람들을 놀라게 하였으니, 근심하고 부끄러운 마음이야 어찌 한시라도 잊으랴. 지금은 이미 요망한 무리들이 숙청되어 멀고 가까운 곳에 우려할 것이 없으니, 소집하였던 병마들을 빨리 돌려 보내고 사방에 포고하여 이 뜻을 알게 하라.』

28일에 이찬 군관(軍官)을 목베고 교서(敎書)를 내려 말하였다.

『임금을 섬기는 법은 충성을 다하는 것을 근본으로 삼고 벼슬살이하는 도리는 두 마음을 가지지 않는 것을 으뜸으로 여긴다. 병부령(兵部令) 이찬 군관(軍官)은 반열의 순서에 따라 마침내 높은 지위에까지 올랐으나, 임금의 실수를 챙겨주고 결점을 보충하여 결백한 절개를 조정에 드러내지 않았고 임금의 명령을 받음에 제몸을 잊으면서 사직(社稷)에 붉은 충성을 표하지도 않았다. 이에 역신(逆臣) 흠돌 등과 사귀면서 그들의 반역을 도모하고 있다는 사실을 알고서도 일찍이 알리지 않았으니, 이는 이미 나라를 걱정하는 생각이 없을 뿐 아니라 공사(公事)를 위하여 몸바칠 뜻도 없는 것이니, 어찌 중요한 재상 자리에 두어 국헌[憲章]을 함부로 흐리게 할 것인가? 마땅히 무리들과 함께 처형함으로써 뒷 사람들을 경계시키노라. 군관과 그의 친아들[嫡子] 한 명은 자살케 할 것이니 멀고 가까운 곳에 포고하여 이것을 함께 알게 하라.』

겨울 10월에 시위감(侍衛監)을 없애고 장군 6인을 두었다.

[원문]

元年 八月 拜舒弗邯眞福爲上大等 八日 蘇判金欽突 波珍湌興元 大阿湌眞功 等 謀叛伏[주석2]誅 十三日 報德王遣使小兄首德皆 賀平逆賊 十六日 下敎曰 『賞有功者 往聖之良規 誅有罪者 先王之令典 寡人以眇躬凉德 嗣守崇基 廢食

김씨 상계(金氏 上系)

忘[주석3]餐 晨興晏寢 庶與股肱 共寧邦家 豈圖繢絰之內 亂起京城 賊首欽突·興元·眞功等 位非才進 職實恩升 不能克愼始終 保全富貴 而乃不仁不義 作福作威 侮慢官寮 欺凌上下 比日[주석4] 逞其無厭之志 肆其暴虐之心 招納凶邪 交結近竪 禍通內外 同惡相資 剋日定期 欲行亂逆 寡人 上賴天地之祐 下蒙宗廟之靈 欽突等惡積罪盈 所謀發露 此乃人神之所共棄[주석5] 覆載之所不容 犯義傷風 莫斯爲甚 是以追集兵衆 欲除梟獍[주석6] 或逃竄山谷 或歸降闕庭 然尋枝究葉 並已誅夷 三四日間 囚首蕩盡 事不獲已 驚動士人 憂愧之懷 豈忘旦夕 今旣妖徒廓淸 遐邇無虞 所集兵馬 宜速放歸 布告四方 令知此意』二十八日 誅伊湌軍官 敎書曰 『事上之規 盡忠爲本 居官之義 不二爲宗 兵部令伊湌軍官 因緣班序 遂升上位 不能拾遺補闕 效素節於朝廷 授命忘軀 表丹誠於社稷 乃與賊臣欽突等交涉 知其逆事 曾不告言 旣無憂國之心 更絶徇公之志 何以重居宰輔 濫濁憲章 宜與衆棄 以懲後進 軍官及嫡子一人 可令自盡 布告遠近 使共知之』冬十月 罷侍衛監 置將軍六人

2년 (AD 682) : 정월에 왕이 신궁에 제사지내고 죄수를 사면

[번역문]

2년(682) 봄 정월에 왕이 몸소 신궁(神宮)에 제사지내고 죄수를 크게 사면하였다. 여름 4월에 위화부령(位和府令) 2인을 두어 관리의 선발에 관한 일을 맡게 하였다. 5월에 금성[太白]이 달을 침범하였다. 6월에 국학(國學)을 세우고 경(卿) 1인을 두었다. 또 공장부감(工匠府監) 1인과 채전감(彩典監) 1인을 두었다.

[원문]

二年 春正月 親祀神宮 大赦 夏四月 置位和府令二人 掌選擧之事 五月 太[주석7]白犯月 六月 立國學 置卿一人 又置工匠府監一人 彩典監一人

김씨 상계(金氏 上系)

3년 (AD 683) : 2월에 순지(順知)를 중시로 삼았다.

[번역문]

3년(683) 봄 2월에 순지(順知)를 중시로 삼았다. 일길찬 김흠운(金欽運)의 작은 딸을 맞아들여 부인으로 삼았다. 먼저 이찬 문영(文穎)과 파진찬 삼광(三光)을 보내 기일을 정하고, 대아찬 지상(智常)을 보내 납채(納采)하게 하였는데, 예물로 보내는 비단이 15수레이고 쌀, 술, 기름, 꿀, 간장, 된장, 포, 젓갈이 135수레였으며, 조(租)가 150수레였다. 여름 4월에 평지에 눈이 한 자나 내렸다. 5월 7일에 이찬 문영(文穎)과 개원(愷元)을 그 집에 보내 책봉하여 부인(夫人)으로 삼았다. 그날 묘시(卯時)에 파진찬 대상(大常), 손문(孫文), 아찬 좌야(坐耶), 길숙(吉叔) 등을 보내 각각 그들의 아내와 양부(梁部) 및 사량부(沙梁部) 두 부의 여자 각 30명과 함께 부인을 맞아오게 하였다. 부인이 탄 수레의 좌우에 시종하는 관원들과 부녀자들이 매우 많았는데, 왕궁의 북문에 이르러 수레에서 내려 대궐로 들어갔다. 겨울 10월에 보덕왕 안승(安勝)을 불러 소판으로 삼고 김씨의 성을 주어 서울에 머물게 하고 훌륭한 집과 좋은 토지를 주었다. 살별[彗星]이 오거(五車) [별자리]에 나타났다.

[원문]

三年 春二月 以順知爲中侍 納一吉湌金欽運少女爲夫人 先差伊湌文穎 波珍湌三光定期 以大阿湌智常納采 幣帛十五轝 米·酒·油·蜜·醬·豉·脯·醯[주석8]一百三十五轝 租一百五十車 夏四月 平地雪一尺 五月七日 遣伊湌文穎·愷元抵其宅 冊爲夫人 其日卯時 遣波珍湌大常·孫文 阿湌坐耶·吉叔等 各與妻娘及梁·沙梁二部嫗各三十人迎來 夫人乘車 左右侍從 官人及娘嫗甚盛 至王宮北門 下車入內 冬十月 徵報德王安勝爲蘇判 賜姓金氏 留京都 賜甲第良田 彗星出五車

김씨 상계(金氏 上系)

4 년 (AD 684) : 10월에 저녁부터 새벽까지 유성이

[번역문]

4년(684) 겨울 10월에 저녁부터 새벽까지 유성이 어지럽게 나타났다. 11월에 안승의 조카뻘[族子]되는 장군 대문(大文)이 금마저(金馬渚)에 있으면서 반역을 도모하다가 일이 발각되어 죽임을 당하였다. 남은 무리들은 대문이 목베여 죽는 것을 보고서 관리들을 죽이고 읍(邑)을 차지하여 반란을 일으켰다. 왕이 군사들에게 명하여 이를 토벌하였는데, 맞서 싸우던 당주(幢主) 핍실(逼實)이 전사하였다. 그 성을 함락하여 그 곳 사람들을 나라 남쪽의 주와 군으로 옮기고, 그 땅을 금마군(金馬郡)으로 삼았다.[대문을 혹은 실복(悉伏)이라고도 하였다.]

[원문]

四年 冬十月 自昏及曙 流星縱橫 十一月 安勝族子將軍大文 在金馬渚謀叛 事發伏誅 餘人見大文誅死 殺害官吏 據邑叛 王命將士討之 逆鬪 幢主逼實死之 陷其城 徙其人於國南州郡 以其地爲金馬郡 大文或云悉伏

5 년 (AD 685) : 완산주를 다시 설치하고 용원을 총관으로

[번역문]

5년(685) 봄에 완산주를 다시 설치하고 용원(龍元)을 총관으로 삼았다. 거열주(居列州)에 청주(菁州)를 설치하여 비로소 9주(九州)가 갖추어졌는데, 대아찬 복세(福世)를 총관으로 삼았다. 3월에 서원소경(西原小京)을 설치하고 아찬 원태(元泰)를 사신(仕臣)으로 삼았으며, 남원소경(南原小京)을 설치하고 여러 주와 군의 백성들을 옮겨 그곳에 나누어 살게 하였다. 봉성사(奉聖寺)가 완성되었다. 여름 4월에 망덕사(望德寺)가 완성되었다.

[원문]

五年 春 復置完山州 以龍元爲摠管 挺居列州 以置菁州 始備九州 以大阿湌福

世爲摠管 三月 置西原小京 以阿飡元泰爲仕臣 置南原小京 徙諸州郡民戶分居之 奉聖寺成 夏四月 望德寺成

6년 (AD 686) : 정월에 이찬 대장(大莊)을 중시로
[번역문]
6년(686) 봄 정월에 이찬 대장(大莊)<또는 장(將)으로도 썼다.>을 중시로 삼았다. 예작부(例作府)에 경(卿) 2인 두었다. 2월에 석산현(石山縣), 마산현(馬山縣), 고산현(孤山縣), 사평현(沙平縣)의 네 현을 설치하였고, 사비주(泗沘州)를 군(郡)으로 삼았으며 웅천군(熊川郡)을 주(州)로 삼았다. 발라주(發羅州)를 군으로 삼고 무진군(武珍郡)을 주로 삼았다. 당나라에 사신을 보내 예기(禮記)와 문장(文章)을 청하니, 측천무후(則天武后)가 담당 관청에 명하여 길흉요례(吉凶要禮)를 베끼고 문관사림(文館詞林) 가운데 모범으로 삼을 만한 글을 골라 50권의 책으로 만들어 주었다.

[원문]
六年 春正月 以伊飡大莊一作將爲中侍 置例作府卿二人 二月 置石山
馬山 孤山 沙平四縣 以泗沘州爲郡 熊川郡爲州 發羅州爲郡
武珍郡爲州 遣使入唐 奏請禮記幷文章 則天令所司 寫吉凶要禮
幷於文舘詞林 採其詞涉規誡者 勒成五十卷 賜之

7년 (AD 687) : 2월에 왕의 맏아들[元子]이 태어났다.
[번역문]
7년(687) 봄 2월에 왕의 맏아들[元子]이 태어났다. 이 날 날씨가 음침하고 어두컴컴하였으며 천둥과 번개가 심하게 쳤다. 3월에 일선주(一善州)를 폐지하고 다시 사벌주(沙伐州)를 두어 파진찬 관장(官長)을 총관으로 삼았다. 여름 4월에 음성서(音聲署)의 장관을 고쳐 경(卿)이라 하였다.

김씨 상계(金氏 上系)

대신을 조묘(祖廟)에 보내 제사를 올리고 아뢰었다.

"왕 아무개는 머리 숙여 재배(再拜)하고 삼가 태조대왕(太祖大王), 진지대왕(眞智大王), 문흥대왕(文興大王), 태종대왕(太宗大王), 문무대왕(文武大王) 영전에 아룁니다. 저는 재주와 덕이 없이 숭고한 유업을 계승하여 지킴에 자나깨나 정하고 애쓰느라 편안하게 지낼 겨를이 없었습니다. 종묘의 돌보심과 하늘과 땅이 내리는 복에 힘입어 사방이 안정되고 백성들이 화목하며, 외국에서 오는 손님들은 보물을 실어다 바치고, 형벌이 밝고 송사(訟事)가 없이 오늘에 이르렀습니다. 요즈음 임금으로서 할 바 도(道)를 잃고 의리가 하늘의 뜻에 어그러졌음인지, 별의 형상에 괴변(怪變)이 나타나고 해는 빛을 잃고 침침해지니 몸이 벌벌 떨려 마치 깊은 못과 골짜기에 떨어지는 것만 같습니다. 삼가 아무 관직에 있는 아무개를 보내 변변치 못한 것을 차려 놓고 살아 계신 듯한[如在] 영혼 앞에 정성을 올리오니, 엎드려 바라옵건대 미미한 정성을 밝게 살피시고 하찮은 이 몸을 불쌍히 여기시어 사철 기후를 순조롭게 하시고 오사(五事)의 징후에 허물이 없게 하시며 곡식이 잘되고 질병을 없게 하며 입고 먹는 것이 넉넉하고 예의를 갖추며 안팎이 편안하고 도적이 사라지며 넉넉한 것을 자손들에게 남겨 길이 많은 복을 누리게 하여 주십시오. 삼가 아룁니다."

5월에 교서를 내려, 문무 관료들에게 토지를 차등있게 주었다. 가을에 사벌주(沙伐州)와 삽량주(歃良州) 두 주에 성을 쌓았다.

[원문]

七年 春二月 元子生 是日 陰沉昧暗 大雷電 三月 罷一善州 復置沙伐州 以波珍湌官長爲摠管 夏四月 改音聲署長爲卿 遣大臣於祖廟 致祭曰 "王某稽首再拜 謹言太祖大王·眞智大王·文興大王·太宗大王·文武大王之靈 某以虛薄 嗣守崇基 寤寐憂勤 未遑寧處 奉賴宗廟 護[주석9]持乾坤降祿 四邊[주석10]安靜 百姓雍和 異域來賓 航琛奉職 刑淸訟息 以至于今 比者 道喪君臨 義乖天鑒 怪成星

김씨 상계(金氏 上系)

象 火宿沈輝 戰戰慄慄[주석11] 若墜淵谷 謹遣使某官某 奉陳不腆之物 以虔如在之靈 伏望 炤察微誠 矜恤眇末 以順四時之候 無愆五事之徵 禾稼豊而疫癘消 衣食足而禮義備 表裏淸謐 盜賊消亡 垂裕後昆 永膺多福 謹言" 五月 敎賜文虎[주석13]官僚田有差 秋 築沙伐·歃良二州城

8 년 (AD 688) : 정월에 대장이 죽었으므로 원사를 중시로

[번역문]

8년(688) 봄 정월에 중시 대장(大莊)이 죽었으므로 이찬 원사(元師)를 중시로 삼았다. 2월에 선부(船府)에 경(卿) 1인을 더 두었다.

[원문]

八年 春正月 中侍大莊卒 伊湌元師爲中侍 二月 加船府卿一人

9 년 (AD 689) : 정월에 중앙과 지방관리들의 녹읍을 폐지

[번역문]

9년(689) 봄 정월에 중앙과 지방관리들의 녹읍(祿邑)을 폐지하고 해마다 조(租)를 차등있게 주어 일정한 법을 삼았다. 가을 윤 9월에 왕이 장산군(獐山郡)에 거둥하였다. 서원경(西原京)에 성을 쌓았다. 왕이 달구벌(達句伐)로 도읍을 옮기려 하다가 실행하지 못하였다.

[원문]

九年 春正月 下敎罷內外官祿邑 逐年賜租有差 以爲恒式 秋閏九月二十六日 幸獐山城 築西原京城 王欲移都達句伐 未果

10 년 (AD 690) : 2에 중시 원사가 병으로 관직에서 물러났다.

[번역문]

10년(690) 봄 2월에 중시 원사가 병으로 관직에서 물러났으므로 아찬 선

김씨 상계(金氏 上系)

원(仙元)을 중시로 삼았다. 겨울 10월에 전야산군(轉也山郡)을 설치하였다.

[원문]

十年 春二月 中侍元師病免 阿湌仙元爲中侍 冬十月 置轉也山郡

11년 (AD 691) : 3월 1일에 왕자 이홍을 태자로 봉하였다.

[번역문]

11년(691) 봄 3월 1일에 왕자 이홍(理洪)을 태자로 봉하였다. 13일에 죄수들을 크게 사면하였다. 사화주(沙火州)에서 흰 참새[白雀]를 바쳤다. 남원성(南原城)을 쌓았다.

[원문]

十一年 春三月一日 封王子理洪爲太子 十三日 大赦 沙火州獻白雀 築南原城

12년 (AD 692) : 대나무가 말랐다. 당나라 중종이 사신을 보내

[번역문]

12년(692) 봄에 대나무가 말랐다. 당나라 중종(中宗)이 사신을 보내 조칙을 말로 전하였다.

"우리 태종 문황제(太宗文皇帝)는 신묘한 공과 거룩한 덕이 천고(千古)에 뛰어났으므로, 황제께서 세상을 떠나신 날 묘호(廟號)를 태종이라 하였다. 너희 나라의 선왕 김춘추에게도 그것과 같은 묘호를 쓰니 [이는] 매우 분수에 넘치는 일이다. 모름지기 빨리 칭호를 고쳐야 할 것이다."

이에 왕이 여러 신하들과 함께 의논하여 대답하였다.

"저희 나라[小國]의 선왕 춘추의 시호(諡號)가 우연히 성조(聖祖)의 묘호와 서로 저촉되어 칙령으로 이를 고치라 하니, 제가 어찌 감히 명령을 좇지 않을 수 있겠는가? 그러나 생각컨대 선왕 춘추는 자못 어진 덕이 있었고, 더욱이 생전에 어진 신하 김유신을 얻어 한마음으로 정치를 하여

김씨 상계(金氏 上系)

삼한을 통일하였으니, 그

공적을 이룩한 것이 많지 않다고 할 수 없다. 그리하여 그가 별세했을 때 온 나라의 백성들이 슬퍼하고 사모하는 마음을 이기지 못하여, 추존한 묘호(廟號)가 성조와 서로 저촉되는 것을 깨닫지 못하였던 것이다. 지금 교칙(敎勅)을 들으니 두려움을 이기지 못하겠다. 엎드려 바라건대 사신께서 대궐의 뜰에서 복명할 때 이대로 아뢰어 주시오."

그 후에 다시는 별다른 칙명이 없었다. 가을 7월에 왕이 죽었다. 시호를 신문(神文)이라 하고 낭산(狼山) 동쪽에 장사하였다.

[원문]

十二年 春 竹枯 唐中宗遣使 口勅曰 "我太宗文皇帝 神功聖德 超出千古 故上僊之日 廟號太[주석13]宗 汝國先王金春秋 與之同號 尤爲僣越 須急改稱" 王與羣臣同議 對曰 "小國先王春秋諡號 偶與聖祖廟號相犯 勅令改之 臣敢不惟命是從 然念先王春秋 頗有賢德 況生前得良臣金庾信 同心爲政 一統三韓 其爲功業 不爲不多 捐館之際 一國[주석14]臣民 不勝哀慕 追尊之號 不覺與聖祖相犯 今聞敎勅 不勝恐懼 伏望 使臣復命闕庭 以此上聞" 後更無別勅 秋七月 王薨 諡曰神文 葬狼山東

효성왕(孝成王, ?~742)

신라 제34대 왕(재위 737~742). 후궁이 왕비의 질투로 살해된 것에 분개한 후궁의 아버지 파진찬 영종이 모반하자 이를 평정했다.

성 김(金). 이름 승경(承慶). 성덕왕의 둘째아들. 어머니는 소덕왕후(炤德王后). 비는 이찬(伊湌) 순원(順元)의 딸 혜명부인(惠明夫人) 김씨. 즉위 후 당현종(唐玄宗)으로부터 개부의동삼사 신라왕(開府儀同三司新羅王)에 책봉

김씨 상계(金氏 上系)

되고, 739년 동생 헌영(憲永)을 태자로 책립하였다. 이듬해 후궁(後宮)이 왕비의 질투로 살해된 것에 분개한 후궁의 아버지인 파진찬(波珍湌) 영종(永宗)이 모반하자 이를 평정했다. 죽은 뒤 유언에 따라 법류사(法流寺) 남쪽에 화장, 그 골분(骨粉)은 동해에 뿌려졌다.

0년 (AD 737) : 효성왕이 왕위에 올랐다.

[번역문]

효성왕(孝成王)이 왕위에 올랐다. 이름은 승경(承慶)으로, 성덕왕의 둘째 아들이고 어머니는 소덕왕후(炤德王后)이다. [죄수들을] 크게 사면하였다. 봄 3월에 사정부(司正府)의 승(丞)과 좌·우의방부(左·右議方府)의 승(丞)을 모두 좌(佐)로 고쳤다. 이찬 정종(貞宗)을 상대등(上大等)으로 삼고, 아찬 의충(義忠)을 중시(中侍)로 삼았다. 여름 5월에 지진이 일어났다. 가을 9월에 유성(流星)이 태미(太微) [별자리]에 들어갔다. 겨울 10월에 당나라에 갔던 사찬 포질(抱質)이 돌아왔다. 12월에 당나라에 사신을 보내 토산물을 바쳤다.

[원문]

孝成王 立 諱承慶 聖德王第二子 母炤德王后 大赦 三月 改司正府[주석1]丞 及左右議方府丞 並爲佐 以伊湌貞宗爲上大等 阿湌義忠爲中侍 夏五月 地震 秋九月 流星入大微 冬十月 入唐沙湌抱質廻 十二月 遣使入唐獻方物

2년 (AD 738) : 당나라 현종이 성덕왕이 죽었다는 소식을

[번역문]

2년(738) 봄 2월에 당나라 현종이 성덕왕이 죽었다는 소식을 듣고 오랫동안 슬퍼하고, 좌찬선대부(左贊善大夫) 형숙(邢璹)을 홍려소경(鴻臚少卿)으로 삼아 보내 조문·제사하게 하였으며 [전왕에게] 태자태보(太子太保)

김씨 상계(金氏 上系)

를 추증하였다. 또 새로 왕위를 이은 임금을 개부의동삼사(開府儀同三司) 신라왕(新羅王)으로 책봉하였다. 형숙이 장차 [당나라를] 떠날 즈음 황제가 시의 서문을 짓고 태자 이하 백관들이 모두 부(賦)와 시(詩)를 지어 전송하였다. 황제가 형숙에게 말하였다. "신라는 군자(君子)의 나라라 일컬어지고, 자못 글을 잘 알아 중국과 비슷함이 있다. 그대는 독실한 선비인 까닭에 신임표를 주어 보내는 것이니, 마땅히 경서(經書)의 뜻을 강연하여 그들로 하여금 대국(大國)에 유교(儒敎)가 성함을 알게 하라!" 또 신라 사람들은 바둑을 잘 두었으므로 조칙으로 솔부병조참군(率府兵曹參軍) 양계응(楊季膺)을 부사(副使)로 삼았는데, 우리나라 바둑의 고수는 모두 그 밑에서 나왔다. 이에 왕은 형숙 등에게 금으로 된 보물과 약품을 후하게 주었다. 당나라가 사신을 보내 조칙으로 왕비 박씨를 책봉하였다. 3월에 김원현(金元玄)을 당나라에 보내 새해를 축하하였다. 여름 4월에 당나라 사신 형숙이 노자(老子) 도덕경(道德經) 등의 서책을 왕에게 바쳤다. 흰 무지개가 해를 꿰뚫었고, 소부리군(所夫里郡)의 강물이 핏빛으로 변하였다.

[원문]

二年 春二月 唐玄宗聞聖德王薨 悼惜久之 遣左贊善大夫邢璹 以鴻臚少卿 往吊祭 贈太子太[주석2]保 且冊嗣王爲開府儀同三司新羅王 璹將發 帝製詩序 太子已下百寮 咸賦詩以送 帝謂璹曰 "新羅號爲君子之國 頗知書記 有類中國 以卿惇儒 故持節往 宜演經義 使知大國儒敎之盛" 又以國人善碁 詔率府兵曹參軍 楊季膺[주석3]爲副 國高弈 皆出其下 於是 王厚贈璹等金寶藥物 唐遣使 詔冊王妃朴氏 三月 遣金元玄入唐賀正 夏四月 唐使臣邢璹 以老子道德經等文書 獻于王 白虹貫日 所夫里郡河水變血

김씨 상계(金氏 上系)

3년 (AD 739) : 왕이 할아버지와 아버지 사당에 참배

[번역문]

　3년(739) 봄 정월에 왕이 할아버지와 아버지 사당[祖考廟]에 참배하였다. 중시 의충(義忠)이 죽었으므로 이찬 신충(信忠){14}을 중시로 삼았다. 선천궁(善天宮)이 완성되었다. 왕이 형숙에게 황금 30량, 베 50필, 인삼 100근을 주었다. 2월에 왕의 아우 헌영(憲英){15}을 파진찬으로 삼았다. 3월에 이찬 순원(順元)의 딸 혜명(惠明)을 맞아들여 왕비로 삼았다.{16} 여름 5월에 파진찬 헌영(憲英)을 태자(太子)로 책봉하였다. 가을 9월에 완산주에서 흰 까치를 바쳤다. 여우가 월성(月城)의 궁 안에서 울었는데 개가 그것을 물어 죽였다.

[원문]

　三年 春正月 拜祖考廟 中侍義忠卒 以伊湌信忠爲中侍 善天宮成 賜邢璹黃金三十兩·布五十匹·人蔘一百斤 二月 拜王弟憲英爲波珍湌 三月 納伊湌順元女惠明爲妃 夏五月 封波珍湌憲英爲太子 秋九月 完山州獻白鵲 狐鳴月城宮中 狗咬殺之

4년 (AD 740) : 당나라가 부인 김씨를 왕비로 책봉

[번역문]

　4년(740) 봄 3월에 당나라가 사신을 보내와 부인 김씨를 왕비로 책봉하였다.{17} 여름 5월에 진성(鎭星)이 헌원대성(軒轅大星){18}을 침범하였다. 가을 7월에 다홍색 옷을 입은 어떤 여자가 예교(隷橋) 아래에서 나와 나라의 정치를 비방하다가 효신공(孝信公)의 대문을 지나서 갑자기 사라졌다. 8월에 파진찬 영종(永宗){19}이 반역을 꾀하다가 죽임을 당하였다. 이보다 앞서 영종의 딸이 후궁(後宮)으로 들어왔는데, 왕이 그를 몹시 사랑하여 은총이 날로 더해지자 왕비가 이를 질투하여 집안 사람들과 더

김씨 상계(金氏 上系)

불어 그를 죽이고자 도모하였다. 영종은 왕비와 그 친족들을 원망하였는데, 이로 인하여 반역을 일으킨 것이다.

[원문]

四年 春三月 唐遣使 冊夫人金氏爲王妃 夏五月 鎭星犯軒轅大星 秋七月 有一緋衣女人 自隸橋下出 謗朝政 過孝信公門 忽不見 八月 波珍湌永宗謀叛 伏誅 先是 永宗女入後宮 王絶愛之 恩渥日甚 王妃嫉妬 與族人謀殺之 永宗怨王妃宗黨 因此叛

5년 (AD 741) : 4월에 대신 정종과 사인에게 명령

[번역문]

5년(741) 여름 4월에 대신(大臣) 정종(貞宗)과 사인(思仁)에게 명령하여 노병(弩兵)을 사열하게 하였다.

[원문]

五年 夏四月 命大臣貞[주석4]宗思仁 閱弩兵

6년 (AD 742) : 2월에 동북쪽에서 지진이 일어났는데

[번역문]

6년(742) 봄 2월에 동북쪽에서 지진이 일어났는데, 그 소리가 천둥치는 것과 같았다. 여름 5월에 유성이 삼대(參大) [별자리]를 침범하였다. 왕이 죽어 시호를 효성(孝成)이라 하였다. 유언에 따라 널을 법류사(法流寺) 남쪽에서 태우고, 그 뼈를 동해에 뿌렸다.

[원문]

六年 春二月 東北地震 有聲如雷 夏五月 流星犯參大星 王薨 諡曰孝成 以遺命 燒柩於法流寺南 散骨東海

김씨 상계(金氏 上系)

경덕왕(景德王, ?~765)

휘는 헌영(憲英)이다. 제33대 성덕왕(聖德王)의 셋째 아들이며, 어머니는 소덕왕후(炤德王后)이고, 제34대 왕인 효성왕(孝成王)의 친아우(同母弟)이다. 효성왕에게 아들이 없어 대신 아우로서 태자가 되었으며 효성왕이 재위 6년에 죽자 왕위를 이었다. 왕비는 본래 이찬(伊湌) 순정(順貞)의 딸이었으나 자식을 낳지 못하자 쫓아내고 재위 2년(743) 4월에 서불한(舒弗邯) 김의충(金義忠)의 딸을 다시 왕비로 맞아들였다고 한다.

재위 2년(743) 3월에 당(唐)나라로부터 '개부의동삼사(開府儀同三司) 사지절(使持節) 대도독계림주제군사(大都督鷄林州諸軍事) 겸 충지절영해군사(充持節寧海軍事) 신라왕(新羅王)'이라는 벼슬을 받았는데, 이는 효성왕의 벼슬을 이어받은 것이다. 재위 4년(745)에는 동궁(東宮)을 수리하고 동궁관아(東宮官衙)를 설치하였으며 국학(國學)을 강화하였다. 재위 6년(747)에는 집사부(執事部)의 중시(中侍)를 시중(侍中)으로 고쳤다.

신라 역사에서 경덕왕 때는 정치적 변동이 많은 시기였다. 이는 고위 관직자가 자주 바뀐 데에서도 알 수 있다. 신라의 최고위 관직인 상대등은 왕이 바뀔 때에나 교체되는 것이 보통이지만, 경덕왕 때에는 재위 4년(745)에 이찬 김사인(金思仁)을 상대등으로 삼았다가 16년(757)에 이찬 신충(金信忠)으로 바꾸었으며, 22년(753)에 갑자기 신충이 시중과 함께 물러나자 이듬해 정월에 이찬 만종(萬宗)을 상대등에 임명하였다.

집사부의 수장인 중시(中侍)의 경우에도 재위 3년(744)에 유정(惟正)을 임명하였다가 이듬해에 대정(大正)으로 바꾸었으며, 6년에는 명칭을 시중(侍中)으로 고쳤다. 재위 14년(755)에 김기(金耆)를 시중으로 삼았으나, 17년(758)에 김기가 죽자 이찬 염상(廉相)을 시중에 임명하였다가 19년에 이찬 김옹(金邕)으로 바꾸었다. 김옹도 3년만인 22년(763)에 관직에서 물러났고, 이듬해에 이찬 양상(良相)을 시중으로 삼았다. 김양상은 나중에 경덕왕의 맏아들인 혜공왕(惠恭王)을 몰아내고 즉위하여 제37대 선덕왕(宣德王)이 된다.

경덕왕은 한화정책(漢化政策)을 널리 편 것으로도 유명하다. 재위 6년(747)에 중시라는 관직 명칭을 시중으로 바꾸고 국학(國學)에 박사와 조교를 두었으며, 16년(757)에는 신라의 땅이름을 모두 중국식[漢字式]으로 바꾸었고, 18년에는 벼슬 이름까지 중국식으로 바꾸었다.

0 년 (AD 742) : 경덕왕이 왕위에 올랐다.
[번역문]
경덕왕(景德王)이 왕위에 올랐다. 이름은 헌영(憲英)으로
효성왕(孝成王)의 친동생이다. 효성왕에게 아들이 없어 헌영을 태자로
삼았던 까닭에 [그가] 왕위를 이을 수 있었다. 왕비는 이찬
순정(順貞)의 딸이다.
[원문]
景德王立 諱憲英 孝成王同母弟 孝成無子 立憲英爲太子 故得嗣位
妃伊湌順貞之女也

1 년 (AD 742) : 10월에 일본국 사신이 이르렀으나
[번역문]
원년(742) 겨울 10월에 일본국(日本國) 사신이 이르렀으나 받아 들이지 않았다.
[원문]
元年 冬十月 日本國使至 不納

김씨 상계(金氏 上系)

2 년 (AD 743) : 3월에 주력공 집의 소가 송아지 세 마리를

[번역문]

　2년(743) 봄 3월에 주력공(主力公) 집의 소가 한꺼번에 송아지 세 마리를 낳았다. 당나라 현종이 찬선대부(贊善大夫) 위요(魏曜)를 보내와 조문·제사하고, 이어 왕을 신라왕(新羅王)으로 책봉하고 앞 임금의 관작을 잇게 하였다. 조서에 일러 말하였다. 『죽은 개부의동삼사(開府儀同三司) 사지절(使持節) 대도독계림주제군사(大都督鷄林州諸軍事) 겸 지절영해군사(持節寧海軍使) 신라왕(新羅王) 김승경(金承慶)의 아우 헌영(憲英)에게 [조칙을 내린다.] 대대로 어진 덕을 품고 떳떳한 예의에 마음을 써서, 위대한 현인[大賢]{5)}의 풍교(風敎)와 법치[理]가 더욱 밝아졌고 중국 제도와 의관(衣冠)도 진작부터 이어 받았다. 바다 동쪽의 보물을 실어 사신을 보냈고 구름을 벗삼아[雲呂] 조정에 통하였으며, 대대로 사심없는 신하가 되어 여러 번 충성스러운 절의를 나타내었다. 지난 날 왕의 형이 나라를 계승하였으나 죽고, 아들이 없었으므로 아우가 받아서 그 뒤를 이었으니, 생각컨대 떳떳한 법도로 여겨진다. 이에 빈객의 예절로써 우대하여 책명하노니 마땅히 옛 왕업을 지켜 번국 왕[蕃長]의 이름을 계승하라. 이에 특별한 예우를 더하여 중국의 관작 칭호를 주니, 형의 관작인 신라왕(新羅王) 개부의동삼사((開府儀同三司) 사지절(使持節) 대도독계림주제군사(大都督鷄林州諸軍事) 겸 충지절영해군사(充持節寧海軍使)를 이어 받아라. 아울러 황제가 직접 풀이한 효경(孝經) 한 부를 주었다. 여름 4월에 서불한(舒弗邯) 김의충(金義忠)의 딸을 맞아들여 왕비로 삼았다. 가을 8월에 지진이 일어났다. 겨울 12월에 왕의 아우를 당나라에 보내 새해를 축하하였더니, 황제가 좌청도솔부 원외장사(左淸道率府員外長史)의 벼슬을 주고 녹색 관복과 은으로 장식한 띠를 주어 돌려 보냈다.

　[원문]

김씨 상계(金氏 上系)

二年 春三月 主力公宅 牛一産三[주석1]犢 唐玄宗 遣贊善大夫魏曜來吊祭 仍冊王爲新羅王 襲先王官爵 制曰 『故開府儀同三司使持節大都督 鷄林州諸軍事兼持節寧海軍使新羅王金承慶弟憲英 奕葉[주석2]懷仁 率心常[주석3]禮 大賢風敎 條理尤明 中夏軌儀 衣冠素襲 馳海琛而遣使 準雲呂而通朝 代爲純臣 累効忠節 頃者 兄承土宇 沒而絶嗣 弟鷹繼及 抑惟常經 是用賓懷 優以冊命 宜用舊業 俾承藩[주석4]長之名 仍加殊禮 載錫漢官之號 可襲兄 新羅王開府儀同三司使持節大都督 鷄林州諸軍事兼充持節寧海軍使』 幷賜御註孝經一部 夏四月 納舒弗邯金義忠女爲王妃 秋八月 地震 冬十二月 遣王弟入唐賀正 授左淸道率府員外長史 賜綠袍銀帶放還

3년 (AD 744) : 정월에 이찬 유정을 중시로 삼았다.
[번역문]
3년(744) 봄 정월에 이찬 유정(惟正)을 중시로 삼았다. 윤 2월에 당나라에 사신을 보내 새해를 축하하고 아울러 토산물을 바쳤다. 여름 4월에 왕이 몸소 신궁(神宮)에 제사지냈다. 당나라에 사신을 보내 말을 바쳤다. 겨울에 요사스러운 별이 하늘 가운데에 나타났는데, 크기가 다섯 말들이 그릇만 하였고 열흘만에 없어졌다.

[원문]
三年 春正月 以伊湌惟正爲中侍 閏二月 遣使入唐賀正 幷獻方物
夏四月 親祀神宮 遣使入唐獻馬 冬 妖[주석5]星出中天 大如五斗器 浹旬乃滅

4년 (AD 745) : 정월에 이찬 김사인을 상대등으로 삼았다
[번역문]
4년(745) 봄 정월에 이찬 김사인(金思仁)을 상대등(上大等)으로 삼았다. 여름 4월에 서울에 우박이 내렸는데 크기가 달걀만 하였다. 5월에 가물었

김씨 상계(金氏 上系)

다. 중시 유정이 [관직에서] 물러났으므로 이찬 대정(大正)을 중시로 삼았다. 가을 7월에 동궁(東宮)을 수리하였다. 또 사정부(司正府), 소년감전(少年監典), 예궁전(穢宮典)을 설치하였다.

[원문]

四年 春正月 拜伊湌金思仁爲上大等 夏四月 京都雹 大如鷄子 五月 旱 中侍惟正退 伊湌大正爲中侍 秋七月 葺東宮 又置司正府 少年監典 穢宮典

5년 (AD 746) : 2월에 당나라에 사신을 보내 새해를 축하

[번역문]

5년(746) 봄 2월에 당나라에 사신을 보내 새해를 축하하고 아울러 토산물을 바쳤다. 여름 4월에 [죄수들을] 크게 사면하고 백성들에게 큰 잔치를 베풀어 술과 음식을 내려주었으며, 150명에게 승려가 되는 것을 허락하였다.

[원문]

五年 春二月 遣使入唐賀正 幷獻方物 夏四月 大赦 賜大酺 度僧一百五十人

6년 (AD 747) : 봄 정월에 중시를 시중(侍中)으로 고쳤고,

[번역문]

6년(747) 봄 정월에 중시(中侍)를 시중(侍中)으로 고쳤고, 국학(國學)의 여러 학업 과정에 박사(博士)와 조교(助敎)를 두었다. 당나라에 사신을 보내 새해를 축하하고 아울러 토산물을 바쳤다. 3월에 진평왕릉(眞平王陵)에 벼락이 쳤다. 가을에 가물었다. 겨울에 눈이 내리지 않았다. 백성들이 굶주리고 또 전염병이 번졌으므로 사자(使者)를 10개 방면으로 내보내어

백성들을 위로하고 안정시켰다.

[원문]

六年 春正月 改中侍爲侍中 置國學諸業博士·助敎 遣使入唐賀正
幷獻方物 三月 震眞平王陵 秋 旱 冬 無雪 民饑且疫 出使十道安撫

7년 (AD 748) : 봄 정월에 천구(天狗)가 땅에 떨어졌다.

[번역문]

7년(748) 봄 정월에 천구(天狗)가 땅에 떨어졌다. 가을 8월에 태후가 영명신궁(永明新宮)으로 옮겨 거처하였다. 처음으로 정찰(貞察) 1인을 두어 관리들의 잘못을 살펴 바로잡게 하였다. 아찬 정절(貞節) 등을 보내 북쪽 변경을 검찰(檢察)케 하고, 처음으로 대곡성(大谷城) 등 14개의 군과 현을 두었다.

[원문]

七年 春正月 天狗落地 秋八月 太[주석6]后移居永明新宮 始置貞察一員
糾正百官 遣阿湌貞節等 檢察北邊 始置大谷城等十四郡縣

8년 (AD 749) : 봄 2월에 폭풍이 불어 나무가 뽑혔다.

[번역문]

8년(749) 봄 2월에 폭풍이 불어 나무가 뽑혔다. 3월에 천문박사(天文博士) 1인과 누각박사(漏刻博士) 6인을 두었다.

[원문]

八年 春二[주석7]月 暴風拔木 三月 置天文博士一員 漏刻博士六員

9년 (AD 750) : 중 대정이 관직에서 물러났으므로

[번역문]

9년(750) 봄 정월에 시중 대정이 관직에서 물러났으므로 이찬

김씨 상계(金氏 上系)

조량(朝良)을 시중으로 삼았다. 2월에 어룡성(御龍省)에 봉어(奉御) 2인을 두었다.

[원문]

九年 春正月 侍中大正免 伊飡朝良爲侍中 二月 置御龍省奉御二員

11년 (AD 752) : 급찬 원신과 용방을 대아찬으로 삼았다.

[번역문]

11년(752) 봄 3월에 급찬 원신(原神)과 용방(龍方)을 대아찬으로 삼았다. 가을 8월에 동궁아관(東宮衙官)을 두었다. 겨울 10월에 창부(倉部)에 사(史) 3인을 더 두었다.

[원문]

十一年 春三月 以級飡原神 龍方爲大阿飡 秋八月 置東宮衙官

冬十月 加置倉部史三人

12년 (AD 753) : 8월에 일본국 사신이 이르렀는데, 오만하고

[번역문]

12년(753) 가을 8월에 일본국 사신이 이르렀는데, 오만하고 예의가 없었으므로 왕이 그들을 접견하지 않자 마침내 돌아갔다.

무진주(武珍州)에서 흰 꿩을 바쳤다.

[원문]

十二年 秋八月 日本國使至 慢而無禮 王不見之 乃廻 武珍州獻白雉

13년 (AD 754) : 서울에 우박이 내렸는데 크기가 달걀만

[번역문]

13년(754) 여름 4월에 서울에 우박이 내렸는데 크기가 달걀만 하였다.

김씨 상계(金氏 上系)

5월에 성덕왕비(聖德王碑)를 세웠다. 우두주에서 상서로운 지초[瑞芝]를 바쳤다. 가을 7월에 왕이 관리에게 명하여 영흥사(永興寺)와 원연사(元延寺)의 두 절을 수리하도록 하였다. 8월에 가물고 누리의 재해가 있었다. 시중 조량(朝良)이 관직에서 물러났다.

[원문]

十三年 夏四月 京都雹 大[주석8]如鷄卵 五月 立聖德王碑 牛頭州獻瑞芝 秋七月 王命官修葺永興 元延[주석9]二寺 八月 旱蝗 侍中朝良退

14 년 (AD 755) : 봄에 곡식이 귀하여 백성들이 굶주렸다.

[번역문]

14년(755) 봄에 곡식이 귀하여 백성들이 굶주렸다. 웅천주의 향덕(向德)이란 사람은 가난하여 [어버이를] 봉양할 수 없었으므로 다리의 살을 베어 그 아버지에게 먹였다. 왕이 소문을 듣고 그에게 많은 물품을 주고 마을에 정문(旌門)을 세워 표창하였다. 망덕사(望德寺) 탑이 흔들렸다.<당나라 영호징(令狐澄)의 신라국기(新羅國記)에 이르기를 『그 나라가 당나라를 위하여 이 절을 세웠던 까닭에 이름을 그렇게 지었다.』고 하였다. 두 탑이 서로 마주보며 서 있고 높이는 13층인데, 갑자기 심하게 흔들리며 떨어졌다 붙었다 하며 곧 넘어질 듯하기를 며칠 동안 그러하였다. 이 해에 안록산(安祿山)의 난이 일어났는 바, 아마도 그 감응이 아니었을까?> 여름 4월에 당나라에 사신을 보내 새해를 축하하였다. 가을 7월에 죄인을 사면하고 늙고 병든사람과 홀아비, 홀어미, 부모없는 어린아이, 자식 없는 늙은이들을 위문하고 곡식을 차등있게 내려 주었다. 이찬 김기(金耆)를 시중으로 삼았다.

[원문]

十四年 春 穀貴民饑 熊川州向德 貧無以爲養 割股肉 飼其父 王聞 賜賚頗厚

김씨 상계(金氏 上系)

仍使旌表門閭 望德寺塔動 唐令狐澄新羅國記日 『其國爲唐 立此寺 故以爲名』 兩塔相對 高十三層 忽震動開合 如欲傾倒者數日 其年祿山亂 疑其應也 夏四月 遣使入唐賀正 秋七月 赦罪人 存問老疾鰥寡孤獨 賜穀有差 以伊湌金耆爲侍中

15년 (AD 756) : 사대등 김사인이 왕에게 글을 올려
[번역문]

15년(756) 봄 2월에 상대등 김사인이 근년에 재앙과 이상한 일들이 자주 나타났으므로 왕에게 글을 올려 시국 정치의 잘되고 잘못된 점을 극론하니 왕이 이를 기꺼이 받아 들였다. 왕은 당나라 현종이 촉(蜀)지방에 있다는 말을 듣고 당나라에 사신을 보내 강(江)을 거슬러 올라가 성도(成都)에 이르러 조공하였다. 현종이 오언십운시(五言十韻詩)를 몸소 짓고 써서 왕에게 주면서 말하기를

『신라 왕은 해마다 조공을 잘 행하고 예악과 대의명분을 잘 실천하므로 시 한 편을 지어 주노라.』 하였다. 그 시는 다음과 같다.

『우주는 해와 별[景緯]로 나뉘어 있지만,
만물은 중심축[中樞]에 물려 있도다.
구슬과 비단은 천하에 두루 퍼져 있어,
산 넘고 물 건너 장안(長安)으로 몰려든다.
생각하니 푸른 물은 아득히 떨어져 있으나,
오랜 세월 중국을 부지런히 섬겼도다.
멀고 멀리 땅이 다한 그 곳,
푸르디 푸르게 이어진 바다의 구석에 있음에도
명분과 의리의 나라로 일컬어지니,
어찌 산과 물이 다르다 하겠는가?

김씨 상계(金氏 上系)

사신은 돌아가 풍속과 가르침을 전하고,

사람들은 찾아와 법도를 익혔네.

의관(衣冠)을 갖춘 이는 예절을 받들 줄 알고,

충성과 신의가 있는 자는 유학(儒學)을 높일 줄 아는구나.

성실하도다! 하늘이 이를 굽어볼 것이며

어질도다! 덕행은 외롭지 않으리라.

가지고 있는 깃발은 작목(作牧)과 같고,

후한 선물은 생추(生芻)에 비할 만하다.

푸르고 푸른 지조 더욱 소중히 하여,

바람과 서리에도 늘 변하지 말지라!』

황제가 촉(蜀)지방에 가 있을 때 신라는 천리 길을 멀다 않고 황제가 있는 곳[行在所]까지 찾아가 조회하였으므로, 그 지극한 정성을 가상히 여겨 시를 지어 준 것이다. 시 구절 중에 『푸르고 푸른 지조 더욱 소중히 하여, 바람과 서리에도 늘 변하지 말지라!』 한 것은 어찌 옛날 시 구절의 『모진 바람이 있은 뒤에야 굳센 풀을 알게 되고, 어지러운 세상이라야 곧은 신하를 알 수 있다.』 라는 의미가 아닐까? 선화(宣和) 연간에 [송나라에] 사신으로 갔던 김부의(金富儀)가 시를 새긴 판본을 가지고 변경(汴京)에 가서 관반학사(舘伴學士) 이병(李邴)에게 보였다. 이병이 황제에게 올리니 황제가 양부(兩府)와 여러 학사들에게 돌려 보인 후 황제의 의견을 전하여 "진봉시랑(進奉侍郞)이 올린 시는 틀림없는 명황(明皇)의 글씨다."라 하면서 감탄해 마지않았다. 여름 4월에 큰 우박이 내렸다. 대영랑(大永郞)이 흰 여우를 바쳤으므로 남변제일(南邊第一)의 벼슬을 주었다.

[원문]

十五年 春二月 上大等金思仁 以比年災異屢見 上疏極論時政得失 王嘉納之 王聞玄宗在蜀 遣使入唐 泝江至成都 朝貢 玄宗御製御書五言十韻詩 賜王曰

김씨 상계(金氏 上系)

『嘉新羅王歲修朝貢 克踐禮樂名義 賜詩一首 「四維分景緯 萬象含中樞 玉帛遍天下 梯航歸上都 緬懷阻青陸 歲月勤黃圖 漫漫窮地際 蒼蒼連海隅 興言名義國 豈謂山河殊 使去傳風敎 人來習典謨 衣冠知奉禮 忠信識尊儒 誠矣天其鑑 賢哉德不孤 擁旄同作牧 厚貺比生蒭〉 益重靑靑志 風霜恒不渝」』 帝幸蜀時 新羅能不遠千里 朝聘行在所 故嘉其至誠 賜之以詩 其云 『益重靑靑志 風霜恒不渝』者 豈古詩 『疾風知勁草 板[주석10]蕩識貞臣』之意乎 宣和中 入朝使臣 金富儀 將刻本入汴京 示舘伴學士李邴 李邴上皇帝 因宣示兩府及諸學士訖 傳宣曰 "進奉侍郞所上詩 眞明皇書" 嘉嘆不已 夏四月 大雹 大永郞獻白狐 授位南邊第一

16년 (AD 757) : 상대등 사인이 병으로 관직을 그만

[번역문]

16년(757) 봄 정월에 상대등 사인(思仁)이 병으로 관직을 그만두었으므로 이찬신충(信忠)을 상대등으로 삼았다. 3월에 중앙과 지방의 여러 관리들에게 매달 주던 녹봉을 없애고 다시 녹읍(祿邑)을 주었다. 가을 7월에 영창궁(永昌宮)을 다시 수리하였다. 8월에 조부(調府)에 사(史) 2인을 더 두었다. 겨울 12월에 사벌주(沙伐州)를 상주(尙州)로 고치고 1주·10군·30현을 거느리게 하였고, 삽량(歃良州)를 양주(良州)로 고치고 1주, 1소경, 12군, 34현을 거느리게 하였으며, 청주(菁州)를 강주(康州)로 고치고 1주, 11군, 27현을 거느리게 하였다. 한산주(漢山州)를 한주(漢州)로 고치고 1주, 1소경, 27군, 46현을 거느리게 하였고, 수약주(首若州)를 삭주(朔州)로 고치고 1주, 1소경, 11군, 27현을 거느리게 하였으며, 웅천주(熊川州)를 웅주(熊州)로 고치고 1주, 1소경, 13군, 29현을 거느리게 하였다. 하서주(河西州)를 명주(溟州)로 고치고 1주, 9군, 25현을 거느리게 하였고, 완산주(完山州)를 전주(全州)로 고치고 1주, 1소경, 10군, 31현을 거느리게

하였으며, 무진주(武珍州)를 무주(武州)로 고치고 1주, 14군, 44현을 거느리게 하였다.<양주(良州)를 또는 양주(梁州)로도 썼다.>

[원문]

十六年 春正月 上大等思仁病免 伊湌信忠爲上大等 三月 除內外群官月俸 復賜祿邑 秋七月 重修永昌宮 八月 加調府史二人 冬十二月 改沙伐州爲尙州 領州一 郡十 縣三十 歃良州爲良州 領州一 小京一 郡十二 縣三十四 菁州爲康州 領州一 郡十一 縣二十七 漢山州爲漢州 領州一 小京一 郡二十七 縣四十六 首若州爲朔州 領州一 小京一 郡十一 縣二十七 熊川州爲熊州 領州一 小京一 郡十三 縣二十九 河西州爲溟州 領州一 郡九 縣二十五 完山州爲全州 領州一 小京一 郡十 縣三十一 武珍州爲武州 領州一 郡十四 縣四十四 良州一作梁州

17년 (AD 758) : 정월에 시중 김기(金耆)가 죽었으므로

[번역문]

17년(758) 봄 정월에 시중 김기(金耆)가 죽었으므로 이찬 염상(廉相)을 시중으로 삼았다. 2월에 교서를 내려 말하였다. 『중앙과 지방의 관리로서 휴가를 청한 것이 만(滿) 60일이 된 사람은 관직에서 물러남을 들어주라!』 여름 4월에 의술을 맡은 관리 가운데 의학을 깊이 연구한 사람을 뽑아 내공봉(內供奉){50)}에 충당하고, 율령박사(律令博士) 2인을 두었다. 가을 7월 23일에 왕자가 태어났다. 천둥과 번개가 크게 쳤고, 절 16곳에 벼락이 떨어졌다. 8월에 당나라에 사신을 보내 조공하였다.

[원문]

十七年 春正月 侍中金耆卒 伊湌廉相爲侍中 二月 下敎 『內外官請暇滿六十日者 聽解官』 夏四月 選醫官精究者 充內供奉 置律令博士二員 秋七月二十三日 王子生 大雷電 震佛寺十六所 八月 遣使入唐朝貢

김씨 상계(金氏 上系)

18 년 (AD 759) : 정월에 병부와 창부의 경(卿)과 감(監)을
[번역문]

18년(759) 봄 정월에 병부(兵部)와 창부(倉部)의 경(卿)과 감(監)을 시랑(侍郞)으로 고치고 대사(大舍)를 낭중(郞中)으로 고쳤으며, 집사 사지(執事舍知)를 집사 원외랑(執事員外郞)으로 고치고 집사 사(執事史)를 집사 랑(執事郞)으로 고쳤다. 조부(調府), 예부(禮部), 승부(乘府), 선부(船府), 영객부(領客府), 좌우의방부(左右議方府), 사정부(司正府), 위화부(位和府), 예작전(例作典), 대학감(大學監), 대도서(大道署), 영창궁(永昌宮) 등의 대사(大舍)를 주부(主簿)로 고치고, 상사서(賞賜署), 전사서(典祀署), 음성서(音聲署), 공장부(工匠府), 채전(彩典) 등의 대사(大舍)를 주서(主書)로 고쳤다. 2월에 예부(禮部)의 사지(舍知)를 사례(司禮)로 고치고, 조부(調府)의 사지(舍知)를 사고(司庫)로, 영객부(領客府)의 사지(舍知)를 사의(司儀)로, 승부(乘府)의 사지(舍知)를 사목(司牧)으로, 선부(船府)의 사지(舍知)를 사주(司舟)로, 예작부(例作府)의 사지(舍知)를 사례(司例)로, 병부(兵部)의 노사지(弩舍知)를 사병(司兵)으로, 창부(倉部)의 조사지(租舍知)를 사창(司倉)으로 고쳤다. 3월에 살별[彗星]이 나타났다가 가을이 되어서야 없어졌다.

[원문]

十八年 春正月 改兵部·倉部卿監爲侍郎 大舍爲郎中 改執事舍知爲執事員外郎 執事史爲執事郎 改調府 禮部 乘府 船府 領客府 左右議方府 司正 位和府 例作典 大學監 大道署 永昌宮等大舍爲主簿 賞賜署 典祀署 音聲署 工匠府 彩典等大舍爲主書 二月 改禮部舍知爲司禮 調府舍知爲司庫 領客府舍知爲司儀 乘府舍知爲司牧 船府舍知爲司[주석11]舟 例作府舍知爲司例 兵部弩舍知爲司兵 倉部租舍知爲司倉 三月 彗星見 至秋乃滅

김씨 상계(金氏 上系)

19 년 (AD 760) : 도성 동쪽에서 북치는 것과 같은 소리가
[번역문]
19년(760) 봄 정월에 도성(都城) 동쪽[寅方]에서 북치는 것과 같은 소리가 들렸는데, 사람들이 말하기를 귀신의 북소리라 하였다. 2월에 궁궐 안에 큰 못을 팠고, 또 궁궐 남쪽의 문천(蚊川) 위에 월정교(月淨橋)와 춘양교(春陽橋)의 두 다리를 놓았다. 여름 4월에 시중 염상(廉相)이 관직에서 물러났으므로 이찬 김옹(金邕)을 시중으로 삼았다. 가을 7월에 왕자 건운(乾運)을 왕태자로 봉하였다.
[원문]
十九年 春正月 都城寅方 有聲如伐鼓[주석12] 衆人謂之鬼鼓 二月 宮中穿大池 又於宮南蚊川之上 起月淨·春陽二橋 夏四月 侍中廉相退 伊飡金邕爲侍中 秋七月 封王子乾運爲王太子

20 년 (AD 761) : 정월 초하루에 무지개가 해를 꿰뚫었는데,
[번역문]
20년(761) 봄 정월 초하루에 무지개가 해를 꿰뚫었는데, 해에 귀고리 같은 것이 형성되었다. 여름 4월에 살별[彗星]이 나타났다.
[원문]
二十年 春正月朔 虹貫日 日有珥 夏四月 彗星出

21 년 (AD 762) : 오곡, 휴암, 한성, 장새, 지성, 덕곡성을
[번역문]
21년(762) 여름 5월에 오곡(五谷), 휴암(鵂巖), 한성(漢城), 장새(獐塞), 지성(池城), 덕곡(德谷)의 여섯 성을 쌓고 각각 태수를 두었다. 가을 9월에 당나라에 사신을 보내 조공하였다.

김씨 상계(金氏 上系)

[원문]

二十一年 夏五月 築五谷 鵂巖 漢城 獐塞 池城 德谷六城 各置太守
秋九月 遣使入唐朝貢

22년 (AD 763) : 여름 4월에 당나라에 사신을 보내 조공하

[번역문]

22년(763) 여름 4월에 당나라에 사신을 보내 조공하였다. 가을 7월에 서울에 큰 바람이 불어 기와가 날라가고 나무가 뽑혔다. 8월에 복숭아꽃과 오얏꽃이 다시 피었다. 상대등 신충(信忠)과 시중 김옹(金邕)이 관직에서 물러났다. 대나마 이순(李純)은 왕이 총애하는 신하였는데, 갑자기 하루 아침에 세상을 피하여 산 속으로 들어갔다. 왕이 여러 번 불렀으나 나오지 않고 머리를 깎고 승려가 되어 왕을 위하여 단속사(斷俗寺)를 세우고 거기서 살았다. 후에 왕이 풍악을 좋아한다는 말을 듣고 곧 궁궐문에 나아가 간(諫)하여 아뢰었다.

"신(臣)이 듣건대 옛날 걸(桀)과 주(紂)가 술과 여자에 빠져 음탕한 음악을 그치지 않다가, 이로 말미암아 정치가 쇠퇴하게 되고 나라가 망하였다고 합니다. 앞에 엎어진 수레가 있으면 뒷 수레는 마땅히 경계하여야 될 것입니다. 엎드려 바라건대 대왕께서는 허물을 고치시고 자신을 새롭게 하여 나라의 수명을 길게 하소서!"

왕이 이 말을 듣고 감탄하여 풍악을 그치고는 곧 그를 방으로 인도하여 불교의 오묘한 이치와 나라를 다스리는 방책을 며칠 동안 듣다가 그쳤다.

[원문]

二十二年 夏四月 遣使入唐朝貢 秋七月 京都大風 飛瓦拔樹 八月 桃[주석13]李再花 上大等信忠 侍中金邕免 大奈麻李純爲王寵臣 忽一旦避世入山 累徵不就 剃髮爲僧 爲王創立斷俗寺居之 後聞王好樂 卽詣宮門 諫奏曰 "臣聞 昔者

김씨 상계(金氏 上系)

桀·紂 荒于酒色 淫樂不止 由是 政事凌遲 國家敗滅 覆轍在前 後車宜戒 伏望 大王改過自新 以永國壽" 王聞之感歎 爲之停樂 便引之正室 聞說道妙 以及理世之方 數日乃止

23 년 (AD 764) : 이찬 만종(萬宗)을 상대등으로 삼고

[번역문]

23년(764) 봄 정월에 이찬 만종(萬宗)을 상대등으로 삼고 아찬 양상(良相)을 시중으로 삼았다. 3월에 살별[星孛]이 동남쪽에 나타났고, 용이 양산(楊山) 아래에 나타났다가 조금 후에 날아가 버렸다. 겨울 12월 11일에 크고 작은 유성이 나타났는데, 보는 사람들이 그 수를 이루 다 셀 수 없었다.

[원문]

二十三年 春正月 伊湌萬宗爲上大等 阿湌良相爲侍中 三月 星孛于東南 龍見楊山下 俄而飛去 冬十二月十一日 流星或大或小 觀者不能數

24 년 (AD 765) : 지진이 일어났다. 당나라에 사신을 보내

[번역문]

24년(765) 여름 4월에 지진이 일어났다. 당나라에 사신을 보내 조공하니 황제가 사신에게 검교예부상서(檢校禮部尙書)의 벼슬을 주었다. 6월에 유성이 심(心) [별자리]를 범하였다. 이 달에 왕이 죽었다. 시호를 경덕(景德)이라 하고 모지사(毛祇寺) 서쪽 산봉우리에 장사지냈다. <고기에 이르기를 『영태(永泰) 원년 을사(765)에 죽었다.』고 하였으나, 구당서와 자치통감에는 모두 『대력(大曆) 2년(767)에 신라 왕 헌영(憲英)이 죽었다.』고 하였다. 어찌하여 그것이 잘못되었을까?>

[원문]

二十四年 夏四月 地震 遣使入唐朝貢 帝授使者檢校禮部尙書 六月 流星犯心

김씨 상계(金氏 上系)

是月 王薨 諡曰景德 葬毛祇寺西岑 古記云 『永泰元年乙巳卒』 而舊唐書及資理[주석14]通鑑皆云 『大曆二年 新羅王憲英卒』 豈其誤耶

혜공왕(惠恭王, 758~780)

　신라의 제36대 왕(재위 765~780). 어린 나이에 왕위에 올라 태후가 섭정하였으며, 재위기간동안 왕당파와 귀족세력 간의 대립이 지속되었다. 김지정이 일으킨 반란의 과정에서 살해되었으며 혜공왕의 죽음으로 귀족중심의 신라 하대가 시작되었다.

　신라의 제 36대 왕(재위 765~780)으로 본명은 김건운(金乾運)이다. 경덕왕의 큰 아들로 어머니는 서불한(舒弗邯) 의충(義忠)의 딸 만월부인(滿月夫人) 김씨(金氏)이다. 경덕왕 사후 8세에 즉위하여 태후(太后)가 섭정하였다. 768년 당나라 대종(代宗)으로부터 신라왕에 책봉되었다.

　태후의 섭정 기간 동안 경덕왕 대의 전제주의(專制主義)를 기반으로 한 왕당파는 당(唐)과의 관계 속에서 전제왕권을 강화하려 하였으나, 이미 세력을 구축한 김옹(金邕), 김양상(金良相) 등의 귀족세력이 이에 반발하였다. 이들 두 세력의 대립은 여러 차례의 반란을 통해 나타났다. 768년 일길찬(一吉湌) 대공(大恭)의 모반을 비롯하여, 770년 대아찬(大阿湌) 김융(金融)이 모반을 일으켰으며, 775년 이찬(伊湌) 김은거(金隱居)가 모반을 일으켰다.

　전제왕권을 지지한 왕당파와 반전제주의(反專制主義)를 지지한 귀족세력 간의 갈등은 혜공왕대에 계속되었으며, 이 과정에서 급기야 혜공왕이 살해된다. 780년 이찬 김지정(金志貞)이 반란을 일으키자 상대등(上大等) 김양상(金良相)으로 하여금 이를 진압하게 하였으나, 난군(亂軍)에 의해

김씨 상계(金氏 上系)

왕과 왕비가 피살되었다. 혜공왕의 죽음으로 신라는 귀족에 의한 정치가 이루어지는 하대(下代)로 접어들게 된다. 한편 혜공왕 재위 기간 중 천재지변이 자주 일어나고 흉년이 들어 민심이 흉흉하였으며, 왕은 사치와 음탕한 생활을 일삼아 궁중의 기강을 문란하게 하였다.

0 년 (AD 765) : 혜공왕이 왕위에 올랐다.
[번역문]
혜공왕(惠恭王)이 왕위에 올랐다. 이름은 건운(乾運)으로 경덕왕의 맏아들이다. 어머니는 김씨 만월부인(滿月夫人)인데, 서불한 의충(義忠)의 딸이다. 왕이 즉위할 때 나이가 여덟 살이었으므로 태후가 섭정하였다.
[원문]
惠恭王立 諱乾運 景德王之嫡子 母金氏 滿月夫人 舒弗邯義忠之女 王卽位 時年八歲 太[주석1]后攝政

1 년 (AD 765) : [죄수들을] 크게 사면하였다.
[번역문]
원년(765) [죄수들을] 크게 사면하였다. 왕이 태학(太學)에 거둥하여 박사들에게 명하여 상서(尙書)를 강의하게 하였다.
[원문]
元年 大赦 幸太[주석2]學 命博士講尙書義

2 년 (AD 766) : 봄 정월에 해가 두 개 나타났다.
[번역문]
2년(766) 봄 정월에 해가 두 개 나타났다. [죄수들을] 크게 사면하였다. 2월에 왕이 몸소 신궁에 제사지냈다. 양리공(良里公)의 집 암소가 다리

김씨 상계(金氏 上系)

가 다섯인 송아지를 낳았는데, 다리 하나는 위쪽으로 향하고 있었다. 강주(康州)에서 땅이 꺼져 못이 되었는데, 길이와 넓이가 50여 자나 되고 물빛은 검푸른 색이었다. 겨울 10월에 하늘에서 북치는 것과 같은 소리가 났다.

[원문]

二年 春正月 二日並出 大赦 二月 王親祀新宮 良里公家 牝牛生犢五脚 一脚向上 康州地陷成池 縱廣五十餘尺 水色青黑 冬十月 天有聲如鼓

3년 (AD 767) : 여름 6월에 지진이 일어났다.

[번역문]

3년(767) 여름 6월에 지진이 일어났다. 가을 7월에 이찬 김은거(金隱居)를 당나라에 보내 토산물을 바치고 책봉해 주기를 청하였다. 황제가 자신전(紫宸殿)에 나와 연회를 베풀고 접견하였다. 별 세 개가 왕궁 뜰에 떨어져 서로 맞부딪쳤는데, 그 빛이 불꽃처럼 치솟았다가 흩어졌다. 9월에 김포현(金浦縣)에서 벼이삭이 모두 쌀이 되었다.

[원문]

三年 夏六月 地震 秋七月 遣伊湌金隱居 入唐貢方物 仍請加册命 帝御紫宸[주석3]殿宴見 三星隕王庭 相擊 其光如火迸散 九月 金浦縣禾實皆米

3) 原本 「震」. 三國史節要에 의거 수정. 熹 「震(宸)」.

4년 (AD 768) : 봄에 살별[彗星]이 동북쪽에 나타났다.

[번역문]

4년(768) 봄에 살별[彗星]이 동북쪽에 나타났다. 당나라 대종(代宗)이 창부랑중(倉部郎中) 귀숭경(歸崇敬)에게 어사중승(御史中丞)을 겸직시켜

김씨 상계(金氏 上系)

보내, 부절과 책봉조서를 가지고 와 왕을 개부의동삼사(開府儀同三司) 신라왕(新羅王)으로 책봉하고 아울러 왕의 어머니 김씨를 대비(大妃)로 책봉하였다. 여름 5월에 사형죄 이하의 죄수들을 사면하였다. 6월에 서울에 천둥이 치고 우박이 내려 풀과 나무들이 상하였다. 큰 별이 황룡사 남쪽에 떨어졌는데, 땅이 진동하는 소리가 천둥소리와 같았다. 우물과 샘이 모두 말랐고 호랑이가 궁궐 안에 들어 왔다. 가을 7월에 일길찬 대공(大恭)이 아우 아찬 대렴(大廉)과 함께 반란을 일으켰는데, 무리를 모아 33일간 왕궁을 에워쌌으나 왕의 군사가 이를 쳐서 평정하고 9족(九族)을 목베어 죽였다. 9월에 당나라에 사신을 보내 조공하였다. 겨울 10월에 이찬 신유(神猷)를 상대등으로 삼고 이찬 김은거를 시중으로 삼았다.

[원문]

四年 春 彗星出東北 唐代宗遣倉部郞中歸崇敬兼御史中丞 持節賚冊書 冊王爲開府儀同三司新羅王 兼冊王母金氏爲大妃 夏五月 赦殊死已下罪 六月 京都雷雹 傷草木 大星隕皇龍寺南 地震聲如雷 泉井皆渴 虎入宮中 秋七月 一吉湌大恭 與弟阿湌大廉叛 集衆圍王宮三十三日 王軍討平之 誅九族 九月 遣使入唐朝貢 冬十月 以伊湌神猷爲上大等 伊湌金隱居爲侍中

5년 (AD 769) : 3월에 여러 신하들에게 연회를 베풀었다.

[번역문]

5년(769) 봄 3월에 임해전에서 여러 신하들에게 연회를 베풀었다. 여름 5월에 누리의 재해가 있었고 가뭄이 들었다. 백관들에게 명하여 각자 아는 인물들을 천거하게 하였다. 겨울 11월에 치악현(雉岳縣)에서 쥐 80여 마리가 평양(平壤)을 향하여 갔다. 눈이 내리지 않았다.

[원문]

五年 春三月 燕群臣於臨海殿 夏五月 蝗旱 命百官各擧所知 冬十一月

김씨 상계(金氏 上系)

雉岳縣鼠八十[주석4]許 向平壤 無雪

6년 (AD 770) : 정월에 왕이 서원경에 거둥하였는데,
[번역문]
6년(770) 봄 정월에 왕이 서원경(西原京)에 거둥하였는데, 지나는 주와 현의 죄수들의 정상을 살펴 사면하였다. 3월에 흙이 비처럼 내렸다. 여름 4월에 왕이 서원경으로부터 돌아왔다. 5월 11일에 살별[彗星]이 오거(五車) [별자리] 북쪽에 나타났다가 6월 12일에 이르러서야 없어졌다. 29일에 호랑이가 집사성(執事省)에 들어왔으므로 잡아 죽였다. 가을 8월에 대아찬 김융(金融)이 반란을 일으켰다가 목베여 죽임을 당하였다. 겨울 11월에 서울에 지진이 일어났다. 12월에 시중 은거(隱居)가 관직에서 물러났으므로 이찬 정문(正門)을 시중으로 삼았다.

[원문]
六年 春正月 王幸西原京 曲赦所經州縣繫囚 三月 雨土 夏四月 王至自西原 五月十一日 彗星出五車[주석5]北 至六月十二日滅 二十九日 虎入執事省 捉殺之 秋八月 大阿湌金融叛 伏誅 冬十一月 京都地震 十二月 侍中隱居退 伊湌正門爲侍中

8년 (AD 772) : 정월에 이찬 김표석을 당나라에 보내
[번역문]
8년(772) 봄 정월에 이찬 김표석(金標石)을 당나라에 보내 새해를 축하하니, [당나라] 대종(代宗)이 위위원외소경(衛尉員外少卿)의 관작을 주어 돌려 보냈다.

[원문]
八年 春正月 遣伊湌金標石朝唐賀正 代宗授衛尉員外少卿放還

9 년 (AD 773) : 4월에 당나라에 사신을 보내 새해를 축하

[번역문]

9년(773) 여름 4월에 당나라에 사신을 보내 새해를 축하하고, 금, 은, 우황, 어아주(魚牙紬), 조하주(朝霞紬) 등의 토산물을 바쳤다. 6월에 당나라에 사신을 보내 은혜에 감사하니, 대종이 연영전(延英殿)에서 접견하였다.

[원문]

九年 夏四月 遣使如唐賀正 獻金銀 牛黃 魚牙紬 朝霞[주석6]等方物 六月 遣使如唐謝恩 代宗引見於延英殿

10 년 (AD 774) : 여름 4월에 당나라에 사신을 보내 조공

[번역문]

10년(774) 여름 4월에 당나라에 사신을 보내 조공하였다. 가을 9월에 이찬 양상(良相)을 상대등으로 삼았다. 겨울 10월에 당나라에 사신을 보내 새해를 축하하고 연영전에서 [황제를] 뵈니, 원외위위경(員外衛尉卿)의 관작을 주어 돌려 보냈다.

[원문]

十年 夏四月 遣使如唐朝貢 秋九月 拜伊湌良相爲上大等 冬十月

遣使如唐賀正 見于延英殿 授員外衛尉卿遣之

11 년 (AD 775) : 봄 정월에 당나라에 사신을 보내 조공

[번역문]

11년(775) 봄 정월에 당나라에 사신을 보내 조공하였다. 3월에 이찬 김순(金順)을 시중으로 삼았다. 여름 6월에 당나라에 사신을 보내 조회하였다. 이찬 김은거가 반란을 일으켰다가 목베여 죽임을 당하였다. 가을 8월에 이찬 염상(廉相)이 시중 정문(正門)과 함께 반역을 꾀하다가 목베여 죽

김씨 상계(金氏 上系)

임을 당하였다.

[원문]

十一年 春正月 遣使如唐朝貢 三月 以伊湌金順爲侍中 夏六月 遣使朝唐 伊湌金隱居叛 伏誅 秋八月 伊湌廉相與侍中正門謀叛 伏誅

12년 (AD 776) : 교서를 내려, 관직 이름을 모두 옛 것으로

[번역문]

12년(776) 봄 정월에 교서를 내려, 관직의 이름을 모두 옛 것으로 회복시켰다. [왕이] 감은사(感恩寺)에 거둥하여 바다에 망제(望祭)를 지냈다. 2월에 국학(國學)에 거둥하여 강의를 들었다. 3월에 창부(倉部)에 사(史) 8인을 더 두었다. 가을 7월에 당나라에 사신을 보내 조회하고 토산물을 바쳤다. 겨울 10월에 당나라에 사신을 보내 조공하였다.

[원문]

十二年 春正月 下敎 百官之號[주석7] 盡合復舊 幸感恩寺望海 二月 幸國學聽講8) 三月 加倉部史八人 秋七月 遣使朝唐獻方物 冬十月 遣使入唐朝貢

13년 (AD 777) : 봄 3월에 서울에 지진이 일어났다.

[번역문]

13년(777) 봄 3월에 서울에 지진이 일어났다. 여름 4월에 또 지진이 일어났다. 상대등 양상(良相)이 왕에게 글을 올려 시국의 정치를 극론(極論)하였다. 겨울 10월에 이찬 주원(周元)을 시중으로 삼았다.

[원문]

十三年 春三月 京都地震 夏四月 又震 上大等良相上疏 極論時政 冬十月 伊湌周元爲侍中

김씨 상계(金氏 上系)

15 년 (AD 779) : 서울에 지진이 일어나, 백성들의 집이

[번역문]

15년(779) 봄 3월에 서울에 지진이 일어나, 백성들의 집이 무너지고 죽은 사람이 100여 명이었다. 금성[太白]이 달에 들어갔다. 백좌법회(百座法會)를 열었다.

[원문]

十五年 春三月 京都地震 壞民屋 死者百餘人 太[주석9]白入月 設百座法會

16 년 (AD 780) : 봄 정월에 누런 안개가 끼었다.

[번역문]

16년(780) 봄 정월에 누런 안개가 끼었다. 2월에 흙이 비처럼 내렸다. 왕은 어려서 왕위에 올랐는데, 장성하자 음악과 여자에 빠져 나돌아 다니며 노는 데 절도가 없고 기강이 문란해졌으며, 천재지변이 자주 일어나고 인심이 등을 돌려 나라가 불안하였다. [이에] 이찬 김지정(金志貞)이 반란을 일으켜 무리를 모아서 궁궐을 에워싸고 침범하였다. 여름 4월에 상대등 김양상(金良相)이 이찬 경신(敬信)과 함께 군사를 일으켜 김지정 등을 죽였으나, 왕과 왕비는 반란군에게 살해되었다. 양상 등이 왕의 시호를 혜공왕(惠恭王)이라 하였다. 첫째 왕비 신보왕후(新寶王后)는 이찬 유성(維誠)의 딸이고 둘째 왕비는 이찬 김장(金璋)의 딸인데 사서(史書)에는 궁중에 들어온 날짜가 빠져 있다.

[원문]

十六年 春正月 黃霧 二月 雨土 王幼少卽位 及壯淫于聲色 巡遊不度 綱紀紊亂 災異屢見 人心反側 社稷杌陧 伊湌金志貞叛 聚衆 圍犯宮闕 夏四月 上大等 金良相與伊湌敬信 擧兵誅志貞等 王與后妃爲亂兵所害 良相等諡王爲惠恭王 元妃新寶王后 伊湌維誠之女 次妃 伊湌金璋之女 史失入宮歲月

김씨 상계(金氏 上系)

선덕왕(宣德王)

0년 (AD 780) : 선덕왕이 왕위에 올랐다.

[번역문]

선덕왕(宣德王)이 왕위에 올랐다. 성은 김씨이고 이름은 양상(良相)이다. 나물왕(奈勿王)의 10대손으로, 아버지는 해찬(海湌) 효방(孝芳)이다. 어머니는 김씨 사소부인(四炤夫人)으로 성덕왕(聖德王)의 딸이다. 왕비는 구족부인(具足夫人)으로 각간 양품(良品)의 딸이다.<또는 아찬 의공(義恭)의 딸이라고도 하였다.> [죄들을] 크게 사면하였다. 아버지를 개성대왕(開聖大王)으로 추봉하고 어머니 김씨를 정의태후(貞懿太后)로 추존(追尊)하였으며 처를 왕비로 삼았다. 이찬 경신(敬信)을 상대등으로 삼고 아찬 의공(義恭)을 시중으로 삼았다. 어룡성(御龍省)의 봉어(奉御)를 경(卿)으로 고쳤다가, 다시 경을 감(監)으로 고쳤다.

[원문]

宣德王立 姓金氏 諱良相 奈勿王十世孫也 父海湌孝芳 母金氏 四炤夫人 聖德王之女也 妃具足夫人 角干良品之女也 一云義恭阿湌之女 大赦 追封父爲開聖大王 尊母金氏爲貞懿太[주석1]后 妻爲王妃 拜伊湌敬信爲上大等 阿湌義恭爲侍中 改御龍省奉御爲卿 又改卿爲監

2년 (AD 781) : 봄 2월에 몸소 신궁에 제사지냈다.

[번역문]

2년(781) 봄 2월에 몸소 신궁에 제사지냈다. 가을 7월에 사자를 보내 패강(浿江) 남쪽의 주와 군을 위로하였다.

[원문]

김씨 상계(金氏 上系)

二[주석2]年 春二月 親祀神宮 秋七月 發使安撫浿江南州郡

3년 (AD 782) : 봄 윤 정월에 당나라에 사신을 보내 조공
[번역문]
3년(782) 봄 윤 정월에 당나라에 사신을 보내 조공하였다. 2월에 왕이 한산주를 두루 돌며 살펴보고 백성들을 패강진(浿江鎭)으로 옮겼다. 가을 7월에 시림(始林)의 벌판에서 군사를 크게 사열하였다.
[원문]
三年 春閏正月 遣使入唐朝貢 二月 王巡幸漢山州 移民戶於浿江鎭
秋七月 大閱於始林之原

4년 (AD 783) : 아찬 체신을 대곡진 군주(軍主)로 삼았다
[번역문]
4년(783) 봄 정월에 아찬 체신(體信)을 대곡진(大谷鎭) 군주(軍主)로 삼았다. 2월에 서울에 눈이 세 자나 내렸다.
[원문]
四年 春正月 以阿湌體信爲大谷鎭軍主 二月 京都雪三尺

5년 (AD 784) : 여름 4월에 왕이 왕위를 양보하려 하였으나
[번역문]
5년(784) 여름 4월에 왕이 왕위를 양보하려 하였으나 여러 신하들이 세 번이나 글을 올려 말렸으므로 그만두었다.
[원문]
五年 夏四月 王欲遜位 群臣三上表諫 乃止

김씨 상계(金氏 上系)

6년 (AD 785) : 당나라 덕종이 호부랑중 개훈을 보내

[번역문]

6년(785) 봄 정월에 당나라 덕종(德宗)이 호부랑중(戶部郎中) 개훈(蓋塤)을 보내 부절을 가지고 왕을 검교태위(檢校大尉) 계림주자사(雞林州刺史) 영해군사(寧海軍使) 신라왕(新羅王)으로 책봉하였다. 이 달에 왕이 병으로 자리에 누워 오랫동안 낫지 않았으므로 조서를 내려 말하였다. 『과인은 본래 재주와 덕이 없어 왕위에 마음이 없었으나 추대함을 피하기 어려워 왕위에 오르게 되었다. 왕위에 있는 동안 농사가 잘 되지 않고 백성들의 살림이 곤궁하여졌으니, 이는 모두 나의 덕이 백성들의 소망에 맞지 아니하고 정치가 하늘의 뜻에 합치되지 못하였기 때문이다. 늘 왕위를 물려주고 밖에 물러나와 살고자 하였으나, 많은 관리와 신하들이 매양 지성으로 말렸기 때문에 뜻대로 하지 못하고 지금까지 주저하고 있다가 갑자기 병에 걸려 다시는 일어날 수 없게 되었다. 죽고 사는 것은 하늘에 달려 있으니, 돌이켜 보건대 무슨 여한이 있겠는가? 나 죽은 뒤에는 불교 법식에 따라 [시신을] 불태워 뼈를 동해에 뿌려라.』

13일에 이르러 죽으니 시호를 선덕(宣德)이라 하였다.

[원문]

六年 春正月 唐德宗遣戶部郎中蓋塤 持節冊命 王爲檢校太[주석3]尉雞林州刺史寧海軍使新羅王 是月 王寢疾彌留 乃下詔曰 『寡人本惟菲薄 無心大寶 難逃推戴 作其卽位 居位以來 年不順成 民用窮困 此皆德不符民望 政未合天[주석4]心 常欲禪讓 退居于外 群官百辟 每以誠止 未果如意 因循至今 忽遘疾疹 不寤不興 死生有命 顧復何恨 死後 依佛制燒火 散骨東海』 至十三日薨 諡曰宣德

김씨 상계(金氏 上系)

원성왕(元聖王, ?~798)

신라 제38대 왕(재위 785~798).

본명 김경신(金敬信). 비(妃)는 각간(角干) 김신술(金神述)의 딸 연화부인(蓮花夫人: 淑貞夫人)이다. 780년(혜공왕 16) 이찬(伊湌) 때 상대등(上大等) 김양상(金良相: 선덕왕)과 함께 김지정(金志貞)의 난을 평정한 후, 그 공로를 인정받아 선덕왕 즉위하자 곧 상대등이 되었다.

선덕왕이 죽자 당시 상대등직에 있던 김경신이 원성왕으로 즉위하였다. 《삼국사기》에 의하면 선덕왕이 아들이 없이 죽자, 대신들은 김경신보다 서열이 높은 김주원(金周元)을 추대하였다. 그러나 김주원이 홍수로 인해 알천(閼川)을 건너오지 못하자, 이를 하늘의 뜻으로 믿고 김경신을 왕으로 추대하였고 곧 원성왕으로 즉위했다.

786년 당나라에 조공(朝貢)을 하고 신라왕의 책봉을 청하였다. 유교정치를 지향한 원성왕은 788년(재위4년) 독서삼품과(讀書三品科)를 두어 인재를 등용하였다. 독서삼품과는 국학(國學)학생을 대상으로 치러졌던 일종의 졸업시험으로 유교경전의 해석능력에 따라 학생들의 등급을 나누었으며 이 성적은 곧 관리임용으로 연결되었다. 790년 김제(金堤) 벽골제(碧骨堤)를 증축, 농사를 장려하였다. 죽은 뒤 유언에 따라 화장되어 봉덕사(奉德寺) 남쪽에 묻혔다.

0 년 (AD 785) : 원성왕이 왕위에 올랐다.

[번역문]

원성왕(元聖王)이 왕위에 올랐다. 이름은 경신(敬信)이고 나물왕(奈勿王)의 12세손이다. 어머니는 박씨 계오부인(繼烏夫人)이고, 왕비 김씨는 각간 신술(神述)의 딸이다. 일찍이 혜공왕 말년에 반역하는 신하가 발호했을 때

김씨 상계(金氏 上系)

선덕(宣德)은 당시 상대등으로서, 임금 주위에 있는 나쁜 무리들을 제거할 것을 앞장서 주장하였다. 경신도 여기에 참가하여 반란을 평정하는 데 공이 있었기 때문에, 선덕이 즉위하자 곧바로 상대등이 되었다. 선덕왕이 죽자 아들이 없으므로 여러 신하들이 의논한 후 왕의 조카뻘[族子]되는 주원(周元)을 왕으로 세우려 하였다. 이때 주원은 서울[京] 북쪽 20리 되는 곳에 살았는데, 마침 큰 비가 내려 알천(閼川)의 물이 불어서 주원이 건널 수가 없었다. 어느 사람이 말하였다.

"임금의 큰 지위란 본시 사람이 어떻게 할 수 있는 것이 아니다. 오늘의 폭우는 하늘이 혹시 주원(周元)을 왕으로 세우려 하지 않는 것이 아닌가? 지금의 상대등 경신(敬信)은 전 임금의 아우로 본디부터 덕망이 높고 임금의 체모를 가졌다."

이에 여러 사람들의 의논이 단번에 일치되어 그를 세워 왕위를 계승하게 하였다. 얼마 후 비가 그치니 나라 사람들이 모두 만세를 불렀다. 2월에 왕의 고조부 대아찬 법선(法宣)을 현성대왕(玄聖大王)으로, 증조부 이찬 의관(義寬)을 신영대왕(神英大王)으로, 할아버지 이찬 위문(魏文)을 흥평대왕(興平大王)으로, 죽은 아버지 일길찬 효양(孝讓)을 명덕대왕(明德大王)으로 추봉하였다. 어머니 박씨를 소문태후(昭文太后)로 삼고 아들 인겸(仁謙)을 왕태자로 삼았다. 성덕대왕(聖德大王)과 개성대왕(開聖大王)의 두 사당을 헐고 시조대왕, 태종대왕, 문무대왕 및 할아버지 흥평대왕과 아버지 명덕대왕으로써 5묘(五廟)를 삼았다. 문무백관들의 관작을 한 등급씩 올려주고, 이찬 병부령 충렴(忠廉)을 상대등으로 삼았으며 이찬 제공(悌恭))을 시중으로 삼았다. 제공이 관직에서 물러나자 이찬 세강(世强))을 시중으로 삼았다. 3월에 전왕의 왕비 구족왕후(具足王后)를 바깥 궁으로 내보내고 조(租) 3만 4천 섬을 주었다. 패강진에서 붉은 까마귀를 바쳤다. 총관(摠管)을 도독(都督)으로 고쳤다.)

김씨 상계(金氏 上系)

[원문]

元聖王立 諱敬信 奈勿王十二世孫 母朴氏繼烏夫人 妃金氏 神述角干之女 初惠恭王末年 叛臣跋扈 宣德時爲上大等 首唱除君側之惡 敬信預之 平亂有功 洎宣德卽位 卽[주석1]爲上大等 及宣德薨 無子 群臣議後 欲立王之族子周元 周元宅於京北二十里 會大雨 閼川水漲 周元不得渡 或曰 "卽人君大位 固非人謀 今日暴雨 天其或者不欲立周元乎 今上大等敬信 前王之弟 德望素高 有人君之體" 於是 衆議翕然 立之繼位 旣而雨止 國人皆呼萬歲 二月 追封高祖大阿飡法宣爲玄聖大王 曾祖伊飡義寬爲神英大王 祖伊飡魏文爲興平大王 考一吉飡孝讓爲明德大王 母朴氏爲昭文太[주석2]后 立子仁謙爲王太子 毁聖德大王 開聖大王二廟 以始祖大王 太宗大王 文武大王及祖興平大王 考明德大王爲五廟 增文武百官爵一級 拜伊飡兵部令忠廉爲上大等 伊飡悌恭爲侍中 悌恭免 伊飡世強爲侍中 三月 出前妃具足王后於外宮 賜租三萬四千石 浿江鎭進赤烏 改摠管爲都督

2년 (AD 786) : 여름 4월에 나라 동쪽 지방에 우박이 내려

[번역문]

2년(786) 여름 4월에 나라 동쪽 지방에 우박이 내려 뽕나무와 보리가 모두 상하였다. 김원전(金元全)을 당나라에 보내 토산물을 바쳤다.) 덕종(德宗)이 조서를 내려 말하였다. 『신라 왕 김경신(金敬信)에게 조칙을 내린다. 김원전이 가지고 온 표문과 바친 물건들을 살펴보니 모두 잘 갖추어 있었다. 경(卿)의 나라 풍속은 믿음과 의리가 두텁고 뜻을 지킴이 곧고 순수하여 일찍부터 중국을 받들어 천자의 교화에 순종하였고, 번방을 편하게 하여 모두 유교의 유풍을 받아서 예법이 시행되고 나라 안이 평온하여졌다. 그리고 정성을 다하여 천자의 대궐로 향하고 천자에 조회하는 일을 빠뜨리지 아니하였으며, 자주 사신을 보내 윗대로부터 내려온 덕을 이어 조공과 진상을 잘 하였다. 비록 바다가 멀고 넓으며 길이 멀어도 예물

김씨 상계(金氏 上系)

을 가지고 왕래하는 데는 옛 법을 좇아 충성스러움이 더욱 돋보이니, 진실로 매우 가상히 여기고 감탄하는 바이다. 내가 온 세상을 다스리고 인민의 부모가 된지라, 안으로부터 밖에 이르기까지 법도를 맞게 하고 문화를 같이하여 태평화락을 이루고 다 함께 안락장수의 길에 오를까 한다. 경은 마땅히 나라 안을 안정시키고 부지런히 백성들을 돌보아 길이 번방의 신하[藩臣]가 되어, 바다 모퉁이에 있는 나라를 평온케 하라. 지금 경에게 나금(羅錦), 능채(綾彩)) 등 30필과 옷 한 벌, 은대접 한 개를 주노니 이르거든 받으시오. 왕비에게는 금채(錦彩), 능라(綾羅)) 등 20필과 금실로 수놓은 비단 치마 한 벌 및 은쟁반 한 개, 대재상(大宰相)) 한 사람에게는 옷 한 벌과 은주발 한 개, 차재상(次宰相)) 두 사람에게는 각각 옷 한 벌과 은주발 한 개를 주노니, 경이 받아서 나누어 주시오. 한여름이라 날씨가 몹시 더운데 경은 늘 평안하기를 바란다. 재상 이하 모두에게 아울러 안부를 전하는 바이다. 보내는 글에 나의 뜻을 모두 다 펴지 못하겠노라.』

가을 7월에 가물었다. 9월에 서울[王都]의 백성들이 굶주렸으므로 벼 33,240섬을 내어서 진휼하였다. 겨울 10월에 또 벼 33,000섬을 내어 나누어 주었다. 대사 무오(武烏)가 병법(兵法) 15권과 화령도(花鈴圖) 2권을 바쳤으므로, 굴압현령(屈押縣令))의 관직을 주었다.

[원문]

二年 夏四月 國東雨雹 桑麥皆傷 遣金元全入唐 進奉方物 德宗下詔書曰

『勅新羅王金敬信 金元全至 省表及所進奉具悉 卿俗敦信義 志秉貞純

夙奉邦家 克遵聲教 撫玆藩服 皆禀儒風 禮法興行 封部寧乂

而竭誠向闕 述職無虧 累遣使臣 聿修貢獻 雖溟渤遐廣 道路悠長

贄幣往來 率循舊典[주석3] 忠効益著 嘉歎良深 朕君臨萬方 作人父母

自中及外 合軌同文 期致大[주석4]和 共躋仁壽 卿宜保安封內 勤恤蒼生

永作藩臣 以寧海裔 今賜卿羅錦綾綵等三十匹 衣一副 銀榼一口

김씨 상계(金氏 上系)

至宜領之 妃錦綵綾羅等二十匹 押金線繡羅裙衣一副 銀椀一 大宰相一人
衣一副·銀椀一 次宰相二人 各衣一副 銀椀各一 卿宜領受分給 夏中盛熱
卿比平安好 宰相已下 並存問之 遣書指不多及』 秋七月 旱 九月
王都民饑 出粟三萬三千二百四十石 以賑給之 冬十月 又出粟三萬三千石
以給之 大舍武烏 獻兵法十五卷·花鈴圖二卷 授以屈押[주석5]縣令

3년 (AD 787) : 봄 2월에 서울에 지진이 일어났다.
[번역문]
3년(787) 봄 2월에 서울에 지진이 일어났다. 몸소 신궁에 제사지내고 크게 사면하였다. 여름 5월에 금성[太白]이 낮에 나타났다. 가을 7월에 누리가 곡식을 해쳤다. 8월 초하루 신사에 일식이 있었다.
[원문]
三年 春二月 京都地震 親祀神宮 大赦 夏五月 太白晝見 秋七月 蝗害穀 八月 辛巳朔 日有食之

4년 (AD 788) : 봄에 처음으로 독서삼품과}를 제정하여
[번역문]
4년(788) 봄에 처음으로 독서삼품과(讀書三品科))를 제정하여 벼슬길에 나아가게 하였다. 춘추좌씨전(春秋左氏傳))과 예기(禮記) 또는 문선(文選))을 읽어서 그 뜻에 능통하고 아울러 논어(論語))와 효경(孝經))에 밝은 사람을 상품(上品)으로 하고, 곡례(曲禮))·논어·효경을 읽은 사람을 중품(中品)으로 하였으며, 곡례와 효경을 읽은 사람을 하품(下品)으로 하였다. 만약 오경(五經))과 삼사(三史)) 그리고 제자백가(諸子百家))의 글에 두루 능통한 사람은 등급을 뛰어 넘어 이를 등용하였다. 전에는 단지 활쏘는 것으로 인물을 선발하였는데, 이때 이르러 고쳤다. 가을에 나라 서쪽 지방

김씨 상계(金氏 上系)

에 가뭄이 들고 누리가 발생하였으며 도적이 많이 일어났으므로, 왕이 사신을 보내 위로하고 안정시켰다.

[원문]

四年 春 始定讀書三品以出身 讀春秋左氏傳 若禮記 若文選 而能通其義 兼明論語·孝經者爲上 讀曲禮·論語·孝經者爲中 讀曲禮·孝經者爲下 若博通五經·三史·諸子百家書者 超擢用之 前祇[주석6]以弓箭選人 至是改之 秋 國西旱蝗 多盜賊 王發使安撫之

5년 (AD 789) : 봄 정월 초하루 갑진에 일식이 있었다.

[번역문]

5년(789) 봄 정월 초하루 갑진에 일식이 있었다. 한산주 백성들이 굶주렸으므로 곡식을 내어 진휼하였다. 가을 7월에 서리가 내려 곡식을 해쳤다. 9월에 자옥(子玉)을 양근현(楊根縣) 소수(小守))로 삼으니 집사 사(執事史)) 모초(毛肖)가 논박하여 말하였다. "자옥은 문적(文籍)으로 등용되지) 않았으니 지방 관직을 맡길 수 없다." 그러자 시중이 말하였다. "비록 문적으로 등용되지는 않았지만 일찍이 당나라에 들어가 학생이 되었으니 써도 좋지 않겠는가?" 왕은 이 말을 좇았다. 사론(史論): 오직 학문을 한 다음에 도리(道理)를 듣게 되고, 도리를 들은 뒤에야 사물의 근본과 말단을 밝게 알게 되는 것이다. 그러므로 학문을 배운 뒤에 벼슬을 한 사람은 일에 있어서 근본이 되는 것을 먼저 하게 되므로 말단은 저절로 바르게 된다. 비유하면 그물의 벼리[網] 하나를 추켜 들면 모든그물의 고[目]가 따라서 모두 바르게 되는 것과 같다. 학문을 하지 못한 자는 이와 반대로 일의 선후(先後)와 본말(本末)의 순서가 있음을 알지 못하고 다만 자질구레하게 정신을 지엽말단에만 기울여, 백성들로부터 긁어 모으는 것으로써 이익을 삼고 혹은 까다롭게 검찰하는 것으로 서로 높다고 하므로 비록 나라를 이롭게 하고 백성을 안정시키려고 하나 도리어 해가 된다. 이런 까닭에 학기(學記))에는 『근본을 힘쓴다.』는 말로 마쳤고, 상서(尙書)에는 『배우지 아니하면 담벽에 얼굴을 맞댄 것만 같아 일에 당해서는 오직 답답할 뿐이다.』)라 말하였으니 집사(執事) 모초(毛肖)의 한마디 말은 만대(萬代)의 모범이 될 만하다고 하겠다.

[원문]

五年 春正月甲辰朔 日有食之 漢山州民饑 出粟以賙之 秋七月 隕霜傷穀 九月 以子玉爲楊根縣小守 執事史毛肖駁[주석7]言 "子玉不以文籍出身 不可委分憂之職" 侍中議云 "雖不以文籍出身 曾入大唐爲學生 不亦可用耶" 王從之 論曰 惟學焉然後聞道 惟聞道然後 灼知事之本末 故學而後仕者 其於事也 先本而末自正 譬如擧一綱 萬目從而皆正 不學者反此 不知事有先後本末之序 但區區弊精神於枝末 或掊斂[주석8]以爲利 或苛察以相高 雖欲利國安民 而反害之 是故學記之言 終於 『務本』 而書亦言 『不學牆面 涖事惟煩』 則執事毛肖一言 可爲萬世之模範者焉

6년 (AD 790) : 봄 정월에 종기(宗基))를 시중으로 삼았다

[번역문]

6년(790) 봄 정월에 종기(宗基))를 시중으로 삼았다. 벽골제(碧骨堤)를 증축하였는데, 전주 등 일곱 주(州)의 사람을 징발하여 공사를 일으켰다. 웅천주에서 붉은 까마귀를 바쳤다. 3월에 일길찬 백어(伯魚)를 북쪽 나라[北國])에 사신으로 보냈다. 크게 가물었다. 여름 4월에 금성[太白]과 진성(辰星))이 동정(東井))에 모였다. 5월에 곡식을 내어 한산주와 웅천주 두 주(州)의 굶주린 백성들을 진휼하였다.

[원문]

六年 春正月 以宗基爲侍中 增築碧骨堤 徵全州等七州人興役 熊川州進赤烏

김씨 상계(金氏 上系)

三月 以一吉湌伯魚使北國 大旱 夏四月 太[주석9]白辰星 聚于東井 五月 出粟 賑漢山·熊川二州饑民

7년 (AD 791) : 봄 정월에 왕태자가 죽어 시호를 혜충이라

[번역문]

7년(791) 봄 정월에 왕태자가 죽어 시호를 혜충(惠忠)이라 하였다. 이찬 제공(悌恭)이 반역하다가 목베여 죽임을 당하였다. 웅천주의 대사 향성(向省)의 아내가 한꺼번에 아들 셋을 낳았다. 겨울 10월에 서울에 눈이 세 자 내렸고, 얼어 죽은 사람이 있었다. 시중 종기(宗基)가 관직을 그만두었으므로 대아찬 준옹(俊邕)을 시중으로 삼았다. 11월에 서울에 지진이 일어났다. 내성 시랑(內省侍郎) 김언(金言)을 삼중아찬으로 삼았다.

[원문]

七年 春正月 王太子卒 諡曰惠忠 伊湌悌恭叛 伏誅 熊川州向省大舍妻 一産三男 冬十月 京都雪三尺 人有凍死 侍中宗基免 大阿湌俊邕爲侍中 十一月 京都地震 內省侍郞金言爲三重阿湌

8년 (AD 792) : 7월에 당나라에 미녀를 바쳤다.

[번역문]

8년(792) 가을 7월에 당나라에 사신을 보내 미녀 김정란(金井蘭)을 바쳤다. 그 여자는 나라 안에서 제일가는 미인으로 몸에서 향내가 났다.

8월에 왕자 의영(義英)을 태자로 봉하였다. 상대등 충렴이 죽었으므로 이찬 세강(世强)을 상대등으로 삼았다. 시중 준옹이 병으로 관직을 그만두었으므로 이찬 숭빈(崇斌)을 시중으로 삼았다. 겨울 11월 초하루 임자에 일식이 있었다.

[원문]

김씨 상계(金氏 上系)

八年 秋七月 遣使入唐 獻美女金井蘭 其女國色身香 八月 封王子義英爲太[주석10]子 上大等忠廉卒 伊飡世强爲上大等 侍中俊邕病免 伊飡崇斌爲侍中 冬十一月壬子朔 日有食之

9 년 (AD 793) : 8월에 큰 바람이 불어 나무가 부러지고
[번역문]
9년(793) 가을 8월에 큰 바람이 불어 나무가 부러지고 벼가 쓰러졌다. 나마 김뇌(金惱)가 흰 꿩을 바쳤다.
[원문]
九年 秋八月 大風折木偃禾 奈麻金惱獻白雉

10 년 (AD 794) : 2월에 지진이 일어났다. 태자 의영이 죽어
[번역문]
10년(794) 봄 2월에 지진이 일어났다. 태자 의영(義英)이 죽어 시호를 헌평(憲平)이라 하였다. 시중 숭빈이 관직을 그만두었으므로 잡찬 언승(彦昇)을 시중으로 삼았다. 가을 7월에 봉은사(奉恩寺)를 처음으로 세웠다. 한산주에서 흰 새를 바쳤다. 궁궐 서쪽에 망은루(望恩樓)를 세웠다.
[원문]
十年 春二月 地震 太子義英卒 諡曰憲平 侍中崇斌免 以迊飡彦昇爲侍中 秋七月 始創奉恩寺 漢山州進白鳥[주석11] 起望恩樓於宮西

11 년 (AD 795) : 정월에 혜충 태자의 아들 준옹을 태자로
[번역문]
11년(795) 봄 정월에 혜충 태자의 아들 준옹(俊邕)을 태자로 봉하였다. 여름 4월에 가물었으므로 몸소 죄수들의 정상을 살폈다. 6월에 이르러 비

김씨 상계(金氏 上系)

가 내렸다. 가을 8월에 서리가 내려 곡식을 해쳤다.

[원문]

十一年 春正月 封惠忠太子之子俊邕爲太子 夏四月 旱 親錄囚 至六月乃雨 秋八月 隕霜害穀

12 년 (AD 796) : 서울에 기근이 들고 전염병이 번졌으므로

[번역문]

12년(796) 봄에 서울에 기근이 들고 전염병이 번졌으므로 왕이 창고를 열어 진휼하였다. 여름 4월에 시중 언승을 병부령으로 삼고 이찬 지원(智原))을 시중으로 삼았다.

[원문]

十二年 春 京都飢疫 王發倉廩賑恤之 夏四月 侍中彦昇爲兵部令 伊湌智原爲侍中

13 년 (AD 797) : 나라 동쪽 지방에 누리가 곡식을 해쳤고

[번역문]

13년(797) 가을 9월에 나라 동쪽 지방에 누리가 곡식을 해쳤고, 홍수가 나서 산이 무너졌다. 시중 지원이 관직을 그만두었으므로 아찬 김삼조(金三朝))를 시중으로 삼았다.

[원문]

十三年 秋九月 國東蝗害穀 大水山崩 侍中智原免 阿湌金三朝爲侍中

14 년 (AD 798) : 3월에 궁궐 남쪽의 누교에 화재가 났고,

[번역문]

14년(798) 봄 3월에 궁궐 남쪽의 누교(樓橋)에 화재가 났고, 망덕사(望德寺)의 두 탑이 마주 부딪쳤다. 여름 6월에 가물었고 굴자군(屈自郡))의

김씨 상계(金氏 上系)

대사 석남오(石南烏)의 아내가 한꺼번에 아들 셋과 딸 하나를 낳았다. 겨울 12월 29일에 왕이 죽어 시호를 원성(元聖)이라 하였다. 유언에 따라 널을 들어 봉덕사 남쪽에서 불태웠다.)<당서(唐書)>에 이르기를 『정원(貞元) 14년(798)에 경신(敬信)이 죽었다.』) 하였고, 통감(通鑑)에는 『정원 16년(800)에 경신이 죽었다.』)고 하였는데 본사(本史)로써 상고해 보면 통감이 잘못이다.>

[원문]

十四年 春三月 宮南樓橋災 望德寺二塔相擊 夏六月 旱

屈自郡石南烏大舍妻 一産三男一女 冬十二月二十九日 王薨 諡曰元聖

以遺命 擧柩燒於奉德寺南 唐書云 『貞元十四年 敬信死』 通鑑云

『貞元十六年 敬信死』 以本史考[주석12]之 通鑑誤

소성왕(昭聖王, ?~800)

신라 제39대 왕. 휘(諱) 준옹(俊邕). 원성왕(元聖王)의 태자인 인겸(仁謙)의 아들. 어머니는 성목왕후(聖穆王后) 김씨. 비는 대아찬(大阿湌) 숙명(叔明)의 딸인 계화부인(桂花夫人) 김씨. 원성왕의 태자 인겸이 왕위에 오르기 전에 요절(夭折)하자 왕세손으로서 왕위를 계승하여 즉위하였으나 재위 1년 7개월 만에 승하하였다. 이후부터 신라에서는 왕위 쟁탈전이 심해졌다.

0 년 (AD 798) : 소성왕이 왕위에 올랐다.
[번역문]
소성왕(昭聖王)<혹은 소성(昭成)이라고도 하였다.>이 왕위에 올랐다. 이

김씨 상계(金氏 上系)

름은 준옹(俊邕)으로 원성왕(元聖王)의 태자 인겸(仁謙)의 아들이다. 어머니는 김씨이고 왕비는 김씨 계화부인(桂花夫人)인데 대아찬 숙명(叔明)의 딸이다. 원성대왕 원년에 아들 인겸을 태자로 봉하였으나 7년에 이르러 죽었으므로 원성왕이 태자의 아들을 궁중에서 길렀다. 5년에 사신으로서 당나라에 갔다 와서 대아찬의 관등을 받았고, 6년에는 파진찬으로서 재상이 되었으며, 7년에 시중이 되었고, 8년에는 병부령이 되었다. 11년에 태자가 되었다가 원성왕이 죽자 왕위를 계승하였다.

[원문]

昭聖或云昭成王立 諱俊邕 元聖王太子仁謙之子也 母金氏 妃金氏桂花夫人 大阿湌叔明女也 元聖大王元年 封子仁謙爲太子 至七年卒 元聖養其子於宮中 五年 奉使大唐 受位大阿湌 六年 以波珍湌爲宰相 七年爲侍中 八年爲兵部1)令 十一年爲太子 及元聖薨繼位

1 년 (AD 799) : 3월에 청주 거로현을 학생의 녹읍으로

[번역문]

원년(799) 봄 3월에 청주(菁州) 거로현(居老縣)을 학생의 녹읍으로 삼았다. 냉정현령(冷井縣令) 염철(廉哲)이 흰 사슴을 바쳤다. 여름 5월에 죽은 아버지 혜충태자를 혜충대왕(惠忠大王)으로 추봉하였다. 우두주(牛頭州) 도독이 사자를 보내 아뢰었다. "소 같이 생긴 이상한 짐승이 있는데, 몸은 길고 높으며 꼬리의 길이가 세 자 가량이나 되고 털은 없고 코가 긴 놈이 현성천(峴城川)으로부터 오식양(烏食壤)으로 향하여 갔습니다."

가을 7월에 아홉 자 되는 인삼을 얻었는데, 매우 기이하게 여겨 당나라에 사신을 보내 바쳤더니, 덕종이 인삼이 아니라 하여 받지 않았다. 8월에 어머니 김씨를 성목태후(聖穆太后)로 추봉하였다. 한산주에서 흰 까마귀를 바쳤다.

김씨 상계(金氏 上系)

[원문]

元年 春三月 以菁州居老縣爲學生祿邑 冷井縣令廉哲進白鹿 夏五月 追封考惠忠太子爲惠忠大王 牛頭州都督 遣使奏言 "有異獸若牛 身長且高 尾長三尺許 無毛長鼻 自峴城川 向烏食壤去" 秋七月 得人蔘九尺 甚異之 遣使如唐進奉 德宗謂非人蔘 不受 八月 追封母金氏爲聖穆太后 漢山州獻白烏

2년 (AD 800) : 왕비 김씨를 왕후로, 충분을 시중으로

[번역문]

2년(800) 봄 정월에 왕비 김씨를 왕후로 봉하고, 충분(忠芬)을 시중으로 삼았다. 여름 4월에 폭풍이 나무를 부러뜨리고 기와를 날려 보냈으며, 서란전(瑞蘭殿)에 쳤던 발[簾]이 날려 어디로 갔는지 알 수 없었다. 그리고 임해문(臨海門)과 인화문(仁化門) 두 문이 무너졌다. 6월에 왕자를 태자로 봉하였다. 왕이 죽어 시호를 소성(昭聖)이라 하였다.

[원문]

二年 春正月 封妃金氏爲王后 以忠芬爲侍中 夏四月 暴風折木蜚2)瓦 瑞蘭殿簾 飛不知處 臨海·仁化二門壞 六月 封王子爲太子 王薨 諡曰昭聖

애장왕(哀莊王, 788~809)

재위기간(800년~809년). 휘(諱)는 청명(淸明)·중희(重熙). 소성왕과 계화부인(桂花夫人) 김씨의 맏아들. 13세에 즉위하였으나 숙부 김언승(金彦昇)이 섭정하였다. 801년에 태종무열왕과 문무왕의 묘당(廟堂)을 세우고, 802년에는 해인사를 창건하였다. 일본과 우호를 증진하고, 807년에는 공식(公式: 法規) 20여 조를 반포하였다. 809년 섭정으로서 실권을 장악한

김씨 상계(金氏 上系)

김언승의 반란 때 살해되었다.

0 년 (AD 800) : 애장왕이 왕위에 올랐다.

[번역문]

애장왕(哀莊王)이 왕위에 올랐다. 이름은 청명(淸明)으로, 소성왕의 태자이고 어머니는 김씨 계화부인(桂花夫人)이다. 즉위할 때 나이가 13세였으므로 아찬 병부령 언승(彦昇)이 섭정하였다. 처음에 원성왕이 죽자 당나라 덕종(德宗)이 사봉랑중(司封郎中) 겸 어사중승(御史中丞) 위단(韋丹)을 보내 부절을 가지고서 조문하고, 또 왕 준옹(俊邕)을 개부의동삼사(開府儀同三司) 검교태위(檢校太尉) 신라왕(新羅王)으로 책봉케 하였으나, 위단이 운주(鄆州)에 이르렀다가 왕이 죽었다는 말을 듣고 그만 되돌아갔다. 가을 7월에 왕의 이름을 중희(重熙)로 바꾸었다. 8월에 앞서 당나라에 들어가 숙위하던 학생 양열(梁悅)에게 두힐현(豆肹縣) 소수(小守) 벼슬을 주었다. 일찍이 덕종이 봉천(奉天)으로 갔을 때 양열이 난리통에 따라 가서 공로가 있었으므로 황제가 우찬선대부(右贊善大夫) 벼슬을 주어 돌려 보냈다. 그래서 왕이 그를 발탁하여 등용한 것이다.

[원문]

哀莊王立 諱淸明 昭聖王太子也 母金氏桂花夫人 卽位時年十三歲 阿湌兵部令 彦昇攝政 初元聖之薨也 唐德宗遣司封郎中兼御史中丞韋丹 持節吊慰 且冊命王俊邕爲開府儀同三司檢校太[주석1]尉新羅王 丹至鄆州 聞王薨乃還 秋七月 王更名重熙 八月 授前入唐宿衛學生梁悅豆肹小守 初德宗幸奉天 悅從難有功 帝授右贊善大夫還之 故王擢用之

2 년 (AD 801) : 봄 2월에 왕이 시조묘에 배알하였다

김씨 상계(金氏 上系)

[번역문]

2년(801) 봄 2월에 왕이 시조묘에 배알하였다. 태종대왕과 문무대왕의 두 사당을 따로 세우고 시조대왕(始祖大王)과 왕의 고조부 명덕대왕(明德大王), 증조부 원성대왕, 할아버지 혜충대왕, 아버지 소성대왕으로 5묘(五廟)를 삼았다. 병부령 언승을 어룡성(御龍省) 사신(私臣)으로 삼았다가, 얼마 안 있어 상대등으로 삼았다. [죄수들을] 크게 사면하였다. 여름 5월 초하루 임술에 응당 있어야 할 일식이 일어나지 않았다. 가을 9월에 형혹(熒惑)이 달에 들어가고 별이 비오듯 떨어졌다. 무진주(武珍州)에서 붉은 까마귀를 바치고 우두주(牛頭州)에서 흰 꿩을 바쳤다. 겨울 10월에 몹시 추워서 소나무와 대나무가 모두 죽었다. 탐라국(耽羅國)에서 사신을 보내와 조공하였다.

[원문]

二年 春二月 謁始祖廟 別立太宗大王·文武大王二廟 以始祖大王及王高祖明德大王 曾祖元聖大王 皇祖惠忠大王 皇考昭聖大王爲五廟 以兵部令彦昇爲御龍省私臣 未幾爲上大等 大赦 夏五月壬戌朔 日當食不食 秋九月 熒惑入月 星隕如雨 武珍州進赤烏 牛頭州進白雉 冬十月 大寒 松竹皆死 耽[주석2]羅國遣使朝貢

3년 (AD 802) : 봄 정월에 왕이 몸소 신궁에 제사지냈다.

[번역문]

3년(802) 봄 정월에 왕이 몸소 신궁에 제사지냈다. 여름 4월에 아찬 김주벽(金宙碧)의 딸을 후궁으로 들였다. 가을 7월에 지진이 일어났다. 8월에 가야산(加耶山)에 해인사(海印寺)를 창건하였다. 삽량주에서 붉은 까마귀를 바쳤다. 겨울 12월에 균정(均貞)에게 대아찬의 관등을 주어서 거짓 왕자[假王子]로 삼아 왜국에 볼모로 보내려 하였으나 균정이 이를 사양하였다.

김씨 상계(金氏 上系)

[원문]

　三年 春正月 王親祀神宮 夏四月 以阿湌金宙[주석3]碧女 入後宮 秋七月 地震 八月 創加耶山海印寺 歃良州進赤烏 冬十二月 授均貞大阿湌爲假王子 欲以質倭國 均貞辭[주석4]之

4 년 (AD 803) : 4월에 왕이 보리농사를 둘러보았다.

[번역문]

4년(803) 여름 4월에 왕이 남쪽 교외에 나가서 보리 농사를 둘러보았다. 가을 7월에 일본국과 서로 사신을 교환하여 예방하고 우호를 맺었다. 겨울 10월에 지진이 일어났다.

[원문]

四年 夏四月 王幸南郊觀麥 秋七月 與日本國 交聘結好 冬十月 地震

5 년 (AD 804) : 정월에 이찬 수승을 시중으로 삼았다.

[번역문]

5년(804) 봄 정월에 이찬 수승(秀昇)을 시중으로 삼았다. 여름 5월에 일본국이 사신을 보내와 황금 300량을 바쳤다. 가을 7월에 알천(閼川) 가에서 군대를 크게 사열하였다. 삽량주에서 흰 까치를 바쳤다. 임해전을 거듭 수리하고 동궁(東宮) 만수방(萬壽房)을 새로 지었다. 우두주(牛頭州) 난산현(蘭山縣)에서 엎어진 돌이 일어섰다. 웅천주 소대현(蘇大縣) 부포(釜浦)의 물이 핏빛으로 변하였다. 9월에 망덕사의 두 탑이 흔들려 서로 싸우는 듯하였다.

[원문]

　五年 春正月 以阿湌秀昇爲侍中 夏五月 日本國遣使 進黃金三百兩 秋七月 大閱於閼川之上 歃良州進白鵲 重修臨海殿 新作東宮萬壽房 牛頭州蘭山縣 伏石

김씨 상계(金氏 上系)

起立 熊川州蘇大縣釜浦水變血 九月 望德寺二塔戰

6년 (AD 805) : 정월에 어머니 김씨를 대왕후로 봉하고,

[번역문]

6년(805) 봄 정월에 어머니 김씨를 대왕후(大王后)로 봉하고, 왕비 박씨를 왕후로 삼았다. 이 해에 당나라 덕종이 죽었다. 순종(順宗)이 병부랑중(兵部郞中) 겸 어사중승(御史大夫) 원계방(元季方)을 보내 죽음을 알리고, 또 왕을 개부의동삼사(開府儀同三司) 검교태위(檢校太尉) 사지절(使持節) 대도독 계림주제군사(大都督 雞林州諸軍事) 계림주자사(雞林州刺史) 겸 지절충영해군사 (持節充寧海軍使) 상주국(上柱國) 신라왕(新羅王)으로 책봉하고, 그 어머니 숙씨(叔氏)를 대비(大妃)로 책봉하였다.<왕 어머니의 아버지인 숙명(叔明)은 나물왕의 13대손이다. 그러므로 어머니의 성은 김씨인데, 그 아버지의 이름자를 따서 숙(叔)씨라 한 것은 잘못이다.> 아내 박씨를 왕비로 책봉하였다. 가을 8월에 공식(公式) 20여 조(條)를 반포하였다. 겨울 11월에 지진이 일어났다.

[원문]

六年 春正月 封母金氏爲大王后 妃朴氏爲王后 是年 唐德宗崩 順宗遣兵部郞中兼御史大夫元季方 告哀 且冊王爲開府儀同三司 檢校太[주석5]尉 使持節大都督 雞林州諸軍事 雞林州刺史兼 持節充寧海軍使 上柱國新羅王 其母叔氏爲大妃 王母父叔明 奈勿王十三世孫 則母姓金氏 以父名爲叔氏誤也 妻朴氏爲妃 秋八月 頒示公式二十餘條 冬十一月 地震

7년 (AD 806) : 일본 사신이 왔으므로 조원전에 불러 접견

[번역문]

7년(806) 봄 3월에 일본국 사신이 왔으므로 조원전(朝元殿)에 불러 접

김씨 상계(金氏 上系)

견하였다. 교서를 내려 말하였다.

『절을 새로 짓는 것을 금하되, 다만 수리하는 것은 허락한다. 또 수놓은 비단을 불교 행사에 사용하는 것과 금과 은으로 만든 그릇의 사용을 금한다. 마땅히 담당 관청으로 하여금 이를 널리 알려 시행하도록 하라.』 당나라 헌종(憲宗)이 숙위하던 왕자 김헌충(金獻忠)을 본국으로 돌려보내면서, 그에게 시비서감(試秘書監)의 관작을 더하여 주었다. 가을 8월에 당나라에 사신을 보내 조공하였다.

[원문]

七年 春三月 日本國使至 引見朝元殿 下敎 『禁新創佛寺 唯許修葺 又禁以錦繡爲佛事 金銀爲器用 宜令所司 普告施行』 唐憲宗 放宿衛王子金獻忠歸國 仍加試秘書監 秋八月 遣使入唐朝貢

8 년 (AD 807) : 정월에 이찬 김헌창을 시중으로 삼았다

[번역문]

8년(807) 봄 정월에 이찬 김헌창(金憲昌)<또는 정(貞)으로도 썼다.>을 시중으로 삼았다. 2월에 왕이 숭례전(崇禮殿)에 앉아 음악 연주를 관람하였다. 가을 8월에 큰 눈이 내렸다.

[원문]

八年 春正月 伊湌金憲昌一作貞爲侍中 二月 王坐崇禮殿觀樂 秋八月 大雪

9 년 (AD 808) : 일본국 사신이 왔는데, 왕이 예로 접대

[번역문]

9년(808) 봄 2월에 일본국 사신이 왔는데, 왕이 두터운 예로 그들을 접대하였다. 김력기(金力奇)를 당나라에 보내 조공하였다. [김]력기가 [당나라 황제에게] 아뢰어 말하였다. "정원(貞元) 16년(800)에 조칙으로 저희

김씨 상계(金氏 上系)

나라의 죽은 임금 김준옹을 신라 왕으로 책봉하고, 어머니 신(申)씨를 대비(大妃)로 책봉하였으며, 아내 숙(叔)씨를 왕비로 책봉하였는데, 책봉 사신 위단(韋丹)이 도중에 왕이 죽었다는 말을 듣고 되돌아갔습니다. 그 책봉문서가 중서성(中書省)에 있다 하오니, 지금 제가 귀국하는 길에 저에게 주셔서 가지고 돌아가도록 하여 주십시오."

황제가 명을 내려 말하였다.

"김준옹(金俊邕) 등의 책봉문서를 홍려시에 명하여 중서성에서 받아오게 하고, [그것이] 홍려시에 이르면 김력기에게 주어서 가지고 돌아가도록 하라!" 이어 왕의 숙부 언승(彦昇)과 그 아우 중공(仲恭) 등에게 문극(門戟)을 주되 본국의 예에 따라 주도록 하였다.<신(申)씨는 김신술(金神述)의 딸인데, 신(神) 자와 음운이 같다 하여 신(申)을 성씨로 삼았으니 잘못이다.> 12방면으로 사자를 보내 여러 군과 읍의 경계를 나누어 획정하였다. 가을 7월 초하루 신사에 일식이 있었다.

[원문]

九年 春二月 日本國使至 王厚禮待之 遣金力奇入唐朝貢 力奇上言 "貞元十六年 詔冊臣故主金俊邕爲新羅王 母申氏爲大妃 妻叔氏爲王妃 冊使韋丹至中路 聞王薨却廻 其冊在中書省 今臣還國 伏請授臣以歸" 勅 "金俊邕等冊 宜令鴻臚寺 於中書省受領 至寺宣授與金力奇 令奉歸國" 仍賜王叔彦昇及其弟仲恭等門戟 令本國准例給之 申氏金神述之女 以神字同韻 申爲氏誤也 發使十二道 分定諸郡邑疆境 秋七月辛巳朔 日有食之

10년 (AD 809) : 봄 정월에 달이 필성(畢星)을 침범하였다.

[번역문]

10년(809) 봄 정월에 달이 필성(畢星)을 침범하였다. 여름 6월에 서형산성(西兄山城)의 소금 창고가 울었는데, 그 소리가 소 우는 것과

김씨 상계(金氏 上系)

같았다. 벽사(碧寺)에서 두꺼비가 뱀을 잡아먹었다. 가을 7월에 대아찬 김륙진(金陸珍)을 당나라에 보내 은혜에 감사하고 아울러 토산물을 바쳤다. 크게 가물었다. 왕의 숙부 언승 및 그 아우 이찬 제옹(悌邕)이 군사를 거느리고 궁궐로 들어가 난을 일으켜 왕을 죽였다. 왕의 아우 체명(體明)이 왕을 지키다가 함께 죽임을 당하였다. 왕의 시호를 추증하여 애장(哀莊)이라 하였다.

[원문]

十年 春正月 月犯畢 夏六月 西兄山城鹽庫鳴 聲如牛 碧寺蝦蟆食蛇[주석6] 秋七月 遣大阿湌金陸珍入唐 謝恩兼進奉方物 大旱
王叔父彦昇與弟伊湌悌邕 將兵入內 作亂弑王 王弟體[주석7]明侍衛王 幷害之 追諡王爲哀莊

헌덕왕(憲德王, ?~826)

신라의 제41대 왕(재위 809~826).

휘는 언승(彦昇). 소성왕(昭聖王)의 동생. 비(妃)는 각간(角干) 예영(禮英)의 딸 귀승부인(貴勝夫人). 790년(원성왕 6) 당나라에 다녀와 대아찬(大阿湌)이 되고, 이듬해 역신(逆臣) 제공(悌恭)을 죽인 공으로 잡찬(迊湌)에 승진하였다. 794년 시중(侍中)을 거쳐, 이듬해 이찬(伊湌)으로서 재상에 올랐다. 애장왕(哀莊王)이 즉위하자 섭정을 하였으며, 801년(애장왕 2)상대등(上大等)이 되었다. 809년 난을 일으켜 조카인 애장왕을 죽이고 즉위한 뒤 당나라에 사신을 보내어 신라왕으로 책봉받고, 이듬해 제방(堤防)을 수리하여 농사를 장려하였다. 또한 왕자 헌장(憲章)을 당나라에 보내어 금·은으로 만든 불상(佛像)과 불경을 바치고, 당나라 순제(順帝)의 명복을 비

김씨 상계(金氏 上系)

는 등 친당(親唐)정책에 힘썼다.

819년 당나라 헌종(憲宗)의 청으로 운주(鄆州:山東省)에 일어난 반란을 진압하기 위해 군사 3만을 파견하였으며, 822년 웅주도독 김헌창(金憲昌)의 반란을 평정하고, 825년 김헌창의 아들 범문(梵文)의 모반을 진압하였다. 이듬해 우잠태수(牛岑太守) 백영(白永)에게 명하여, 한산(漢山) 북쪽의 군민(郡民) 1만을 동원하여 패강(浿江:大同江)에 장성(長城) 약 3백리를 쌓게 하였다. 능은 천림사(泉林寺) 북쪽에 있다.

0 년 (AD 809) : 헌덕왕이 왕위에 올랐다.
[번역문]

헌덕왕(憲德王)이 왕위에 올랐다. 이름은 언승(彦昇)이고 소성왕(昭聖王)의 친동생이다. 원성왕 6년에 사신으로서 당나라에 갔다 와서 대아찬의 관등을 받았고, 7년에는 반역한 신하를 죽임으로써 잡찬이 되었으며, 10년에 시중이 되었고, 11년에 이찬으로 재상이 되었다. 12년에 병부령이 되었고 애장왕 원년에 각간이 되었으며, 2년에 어룡성 사신(私臣)이 되었고 얼마 안 있어 상대등이 되었다가 이때 와서 즉위하였다. 왕비는 귀승부인(貴勝夫人)인데 각간 예영(禮英)의 딸이다. 이찬 김숭빈(金崇斌)을 상대등으로 삼았다.

가을 8월에 [죄수들을] 크게 사면하였다. 이찬 김창남(金昌南) 등을 당나라에 보내 왕의 죽음을 알렸다. 헌종이 직방원외랑(職方員外郞) 섭어사중승(攝御史中丞) 최정(崔廷)을 보내면서 신라의 볼모 김사신(金士信)을 부사로 삼아 부절을 가지고 조문·제사하고, 왕을 개부의동삼사(開府儀同三司) 검교태위(檢校太尉) 지절(持節) 대도독계림주제군사(大都督雞林州諸軍事) 겸 지절충영해군사(持節充寧海軍使) 상주국(上柱國) 신라왕(新羅王)으로 책봉하고 아내 정씨(貞氏)를 왕비로 책봉하였으며, 대재상 김숭빈(金崇

김씨 상계(金氏 上系)

斌) 등 세 사람에게 문극(門戟)을 내려 주었다.<살펴보건대 왕비는 각간 예영(禮英)의 딸인데, 지금 정(貞)씨라 하니 모를 일이다.>

[원문]

　憲德王立 諱彦昇 昭聖王同母弟也 元聖王六年 奉使大唐 受位大阿湌 七年 誅逆臣爲迊湌 十年爲侍中 十一年 以伊湌爲宰相 十二年爲兵部令 哀莊王元年爲角干 二年爲御龍省私臣 未幾爲上大等 至是卽位 妃貴勝夫人 禮英角干女也 以伊湌金崇斌爲上大等 秋八月 大赦 遣伊湌金昌南等入唐 告哀 憲宗遣職方員外郞攝御史中丞崔廷 以其質子金士信副之 持節吊祭 冊立王爲開府儀同三司 檢校太[주석1]尉 持節大都督雞林州諸軍事兼持節充寧海軍使 上柱國新羅王冊妻貞氏爲妃 賜大宰相金崇斌等三人門戟 按王妃禮英角干女也 今云貞氏 未詳

2년 (AD 810) : 봄 정월에 파진찬 양종을 시중으로 삼았다.

[번역문]

　2년(810) 봄 정월에 파진찬 양종(亮宗)을 시중으로 삼았다. 하서주(河西州)에서 붉은 까마귀를 바쳤다. 2월에 왕이 몸소 신궁에 제사지내고 사자를 보내 나라안 제방을 수리하도록 하였다. 가을 7월에 유성이 자미(紫微)에 들어갔고, 서원경에서 흰 꿩을 바쳤다. 겨울 10월에 왕자 김헌장(金憲章)을 당나라에 보내 금·은으로 만든 불상과 불경 등을 바치고 아뢰기를 "순종(順宗)을 위하여 명복을 빕니다."라 하였다. 유성이 왕량(王良) [별자리]로 들어갔다.

[원문]

　二年 春正月 以波珍湌亮宗爲侍中 河西州進赤烏[주석2] 二月 王親祀神宮 發使修葺國內隄防 秋七月 流星入紫微 西原京進白雉 冬十月 遣王子金憲章入唐 獻金銀佛像及佛經等 上言 "爲順宗祈福" 流星入王良

김씨 상계(金氏 上系)

3 년 (AD 811) : 시중 양종이 병으로 관직을 그만두었으므로
[번역문]
3년(811) 봄 정월에 시중 양종(亮宗)이 병으로 관직을 그만두었으므로 이찬 원흥(元興)을 시중으로 삼았다. 2월에 이찬 웅원(雄元)을 완산주 도독으로 삼았다. 여름 4월에 처음으로 평의전(平議殿)에 나아가 정사(政事)를 처리하였다.
[원문]
三年 春正月 侍中亮宗以病免 伊湌元興爲侍中 二月 以伊湌雄元
爲完山州都督 夏四月 始御平議殿聽政

4 년 (AD 812) : 이찬 충영에게 안석과 지팡이를 내려
[번역문]
4년(812) 봄에 균정(均貞)을 시중으로 삼고, 이찬 충영(忠永)의 나이가 70세였으므로 안석과 지팡이를 내려 주었다. 가을 9월에 급찬 숭정(崇正)을 북쪽 나라[北國]에 사신으로 보냈다.
[원문]
四年 春 以均貞爲侍中 以伊湌忠永年七十 賜几杖 秋九月 遣級湌崇正使北國

5 년 (AD 813) : 정월에 이찬 헌창을 무진주 도독으로
[번역문]
5년(813) 봄 정월에 이찬 헌창(憲昌)을 무진주 도독으로 삼았다. 2월에 시조묘에 배알하였다. 현덕문(玄德門)에 불이 났다.
[원문]
五年 春正月 以伊湌憲昌爲武珍州都督 二月 謁始祖廟 玄德門火

김씨 상계(金氏 上系)

6년 (AD 814) : 숭례전에서 여러 신하들에게 잔치를 베풀었다.

[번역문]

6년(814) 봄 3월에 숭례전에서 여러 신하들에게 잔치를 베풀었다. 흥이 한껏 올라 왕이 거문고를 타니, 이찬 충영(忠榮)이 일어나 춤을 추었다. 여름 5월에 나라 서쪽 지방에 홍수가 났으므로 사자를 보내 수해를 당한 주와 군의 백성들을 위문하고 1년 조세[租調]를 면제해 주었다. 가을 8월에 서울에 바람이 불고 안개가 끼어 밤과 같았다. 무진주 도독 헌창이 [중앙에] 들어와 시중이 되었다. 겨울 10월에 대사 검모(黔牟)의 아내가 한꺼번에 아들 셋을 낳았다.

[원문]

六年 春三月 宴羣臣於崇禮殿 樂極 王鼓[주석3]琴 伊湌忠榮起舞 夏五月 國西大水 發使撫問經水州郡人民 復一年租調 秋八月 京都風霧如夜 武珍州都督憲昌 入爲侍中 冬十月 黔牟大舍妻 一産三男

7년 (AD 815) : 정월에 당나라에 사신을 보내 조회하였다.

[번역문]

7년(815) 봄 정월에 당나라에 사신을 보내 조회하였다. 헌종이 접견하고 연회를 베풀어 주었으며 물건을 차등있게 내려 주었다. 여름 5월에 눈이 내렸다. 가을 8월 초하루 기해에 일식이 있었다. 서쪽 변방의 주와 군에 큰 기근이 들고 도적이 벌떼처럼 일어났으므로 군사를 내어 이를 토벌하였다. 큰 별이 익성(翼星)과 진성(軫星) 사이에 나타나 서쪽으로 향하여 갔는데, 뻗쳐진 빛의 길이가 여섯 자쯤 되고 넓이가 두 치[寸] 가량 되었다.

[원문]

七年 春正月 遣使朝唐 憲宗引見 宴賜有差 夏五月 下雪 秋八月己亥朔 日有食之 西邊州郡大飢 盜賊蜂起 出軍討平之 大星出翼軫間 指庚

김씨 상계(金氏 上系)

芒長六許尺 廣二許寸

8년 (AD 816) : 정월에 시중 헌창을 청주(菁州) 도독으로

[번역문]

8년(816) 봄 정월에 시중 헌창을 [지방으로] 내보내 청주(菁州) 도독으로 삼고 장여(璋如)를 시중으로 삼았다. 농사가 흉년이 들어 백성들이 굶주렸으므로 절동(浙東)지방에까지 가서 먹을 것을 구하는 사람이 170명이나 되었다. 한산주 당은현(唐恩縣)에서 길이 열 자, 넓이 여덟 자, 높이 세 자 다섯 치되는 돌이 저절로 100여 보를 옮겨갔다. 여름 6월에 망덕사의 두 탑이 흔들려 싸우는 듯하였다.

[원문]

八年 春正月 侍中憲昌 出爲菁州都督 璋如爲侍中 年荒民飢 抵浙東求食者一百七十人 漢山州唐恩縣[주석4] 石長十尺 廣八尺 高三尺五寸 自移一百餘步 夏六月 望德寺二塔戰

9년 (AD 817) : 정월에 이찬 김충공을 시중으로 삼았다.

[번역문]

9년(817) 봄 정월에 이찬 김충공(金忠恭)을 시중으로 삼았다. 여름 5월에 비가 내리지 않아 산천에 두루 기도하였더니 가을 7월에 비가 내렸다. 겨울 10월에 사람들이 많이 굶어죽었으므로 주와 군에 명을 내려 창고의 곡식을 내어 진휼하도록 하였다. 왕자 김장렴(金張廉)을 당나라에 보내 조공하였다.

[원문]

九年 春正月 以伊湌金忠恭爲侍中 夏五月 不雨 遍祈山川 至秋七月 乃雨 冬十月 人多飢死 敎州郡發倉穀存恤 遣王子金張廉入唐朝貢

김씨 상계(金氏 上系)

10 년 (AD 818) : 여름 6월 초하루 계축에 일식이 있었다.
[번역문]
10년(818) 여름 6월 초하루 계축에 일식이 있었다.
[원문]
十年 夏六月癸丑朔 日有食之

11 년 (AD 819) : 이찬 진원에게 안석과 지팡이를 내려
[번역문]
　11년(819) 봄 정월에 이찬 진원(眞元)의 나이가 70세였으므로 안석과 지팡이를 내려 주었다. 이찬 헌정(憲貞)이 병으로 걸어다닐 수 없었으므로, 나이는 70세가 되지 않았으나, 금으로 장식한 자단목(紫檀木) 지팡이를 내려 주었다. 2월에 상대등 김숭빈(金崇斌)이 죽었으므로 이찬 김수종(金秀宗)을 상대등으로 삼았다. 3월에 초적(草賊)들이 사방에서 일어났으므로 여러 주와 군의 도독과 태수에게 명하여 붙잡게 하였다. 가을 7월에 당나라 운주절도사(鄆州節度使) 이사도(李師道)가 반란을 일으켰으므로 헌종이 장차 이를 토벌하고자 조칙으로 양주절도사(楊州節度使) 조공(趙恭)을 보내 우리 군사를 징발하였다. 왕이 황제의 뜻을 받들어 순천군장군(順天軍將軍) 김웅원(金雄元)에게 명하여 무장한 군사 3만 명을 거느리고 가서 돕게 하였다.
[원문]
十一年 春正月 以伊飡眞元年七十 賜几杖 以伊飡憲貞 病不能行
年未七十 賜金飾紫檀杖 二月 上大等金崇斌卒 伊飡金秀宗爲上大等
三月 草賊遍起 命諸州郡都督太[주석5]守 捕捉之 秋七月 唐鄆州節度使李師道叛 憲宗將欲討平 詔遣楊州節度使趙恭 徵發我兵馬
王奉勅旨 命順天軍將軍金雄元 率甲兵三萬以助之

김씨 상계(金氏 上系)

12 년 (AD 820) : 가물고 기근이 들었다.

[번역문]

12년(820) 봄과 여름에 가물었다. 겨울에 기근이 들었다. 11월에 당나라에 사신을 보내 조공하였다. 목종(穆宗)이 인덕전(麟德殿)에서 불러 접견하고 잔치를 베풀어 주었으며 물품을 차등있게 내려 주었다.

[원문]

十二年 春夏旱 冬飢 十一月 遣使入唐朝貢 穆宗召見麟德殿 宴賜有差

13 년 (AD 821) : 백성들이 굶주려 자손을 팔아 생활하였다.

[번역문]

13년(821) 봄에 백성들이 굶주려 자손을 팔아 생활하였다. 여름 4월에 시중 김충공(金忠恭)이 죽었으므로 이찬 영공(永恭)을 시중으로 삼았다. 청주 도독(菁州都督) 헌창을 웅천주 도독으로 [직책을] 바꾸었다. 가을 7월에 패강(浿江)과 남천(南川)의 두 돌이 서로 싸웠다. 겨울 12월 29일에 천둥이 크게 쳤다.

[원문]

十三年 春 民饑 賣子孫自活 夏四月 侍中金忠恭卒 伊湌永恭爲侍中

菁州都督憲昌 改爲熊川州都督 秋七月 浿江南川二石戰

冬十二月二十九日 大雷

14 년 (AD 822) : 정월에 왕의 동생 수종을 부군(副君)으로 삼아

[번역문]

14년(822) 봄 정월에 왕의 친동생 수종(秀宗)을 부군(副君)으로 삼아 월지궁(月池宮)에 들어가게 하였다.<수종을 혹은 수승(秀升)이라고도 하였다.> 2월에 눈이 다섯 자 내렸고 나무들이 말랐다. 3월에 웅천주 도독 헌

김씨 상계(金氏 上系)

창(憲昌)이 그의 아버지 주원(周元)이 왕이 되지 못한 것을 이유로 반란을 일으켜 나라 이름을 장안(長安)이라 하고, 연호를 세워 경운(慶雲) 원년이라 하였다. 무진주(武珍州), 완산주(完山州), 청주(菁州), 사벌주(沙伐州)의 네 주 도독과 국원경(國原京), 서원경(西原京), 금관경(金官京)의 사신(仕臣) 및 여러 군·현의 수령들을 위협하여 자기 소속으로 삼으려 하였다. 청주 도독 향영(向榮)이 몸을 빠져나와 추화군(推火郡)으로 달아났고 한산주, 우두주, 삽량주, 패강진, 북원경 등은 헌창의 반역 음모를 미리 알고 군사를 일으켜 스스로 지켰다.

18일에 완산주 장사(長史) 최웅(崔雄)과 주조(州助) 아찬 정련(正連)의 아들 영충(令忠) 등이 서울[王京]로 도망해 와 그 일을 알렸다. 왕은 곧 최웅에게 급찬의 관등과 속함군(速含郡) 태수의 관직을 주고 영충에게는 급찬의 관등을 주었다. 마침내 장수 여덟 명을 뽑아 서울을 여덟 방면에서 지키게 한 다음 군사를 출동시켰는데, 일길찬 장웅(張雄)이 먼저 출발하고 잡찬 위공(衛恭)과 파진찬 제릉(悌凌)이 그 뒤를 이었으며 이찬 균정과 잡찬 웅원(雄元) 그리고 대아찬 우징(祐徵) 등이 3군을 이끌고 출정하였다. 각간 충공(忠恭)과 잡찬 윤응(允膺)은 문화관문(蚊火關門)을 지켰다. 명기(明基)와 안락(安樂) 두 화랑이 각각 종군할 것을 청하여, 명기는 낭도의 무리들과 함께 황산(黃山)으로 나아가고 안락은 시미지진(施彌知鎭)으로 나아갔다. 이에 헌창이 장수를 보내 중요한 길목에 자리잡고 관군을 기다렸다. 장웅은 도동현(道冬峴)에서 적병을 만나 이를 공격해 이겼고, 위공과 제릉은 장웅의 군사와 합하여 삼년산성을 쳐서 이기고 속리산으로 진군하여 적병을 공격하여 섬멸시켰으며, 균정 등은 성산(星山)에서 적군과 싸워 이를 멸하였다.

여러 군대가 함께 웅진에 이르러 적과 크게 싸워, 죽이고 사로잡은 것을 이루 다 셀 수 없었다. 헌창은 겨우 몸을 피하여 성에 들어가 굳게 지키고

김씨 상계(金氏 上系)

있었다. 여러 군사들이 성을 에워싸고 열흘동안 공격하여 성이 장차 함락되려 하자, 헌창은 화를 면할 수 없음을 알고 스스로 죽으니 그를 따르던 사람이 머리를 베어 몸과 각각 따로 묻어 두었다. 성이 함락되자 그의 몸을 옛 무덤에서 찾아내어 다시 베고 그의 종족(宗族)과 함께 일을 도모했던 무리들 무릇 239명을 죽였으며 그 백성들은 풀어주었다. 그런 다음 싸움의 공을 논하여 벼슬과 상을 차등있게 주었는데, 아찬 녹진(祿眞)에게 대아찬 관등을 주었으나 사양하고 받지 않았다. 삽량주의 굴자군(屈自郡)은 적군에 가까이 있었으나, 반란에 물들지 않았으므로 7년간의 조세를 면제해 주었다. 이보다 앞서 청주(菁州) 태수가 집무하는 관청 남쪽 못에 이상한 새가 있었는데, 몸 길이가 다섯 자이고 검은 색이었으며 머리는 다섯 살쯤 되는 아이의 머리만하고 부리 길이가 한 자 다섯 치나 되었다. 또 눈은 사람 눈 같았고 모이 주머니는 다섯 되들이 그릇만하였는데 사흘만에 죽었다. 이는 헌창이 패망할 징조였다. 각간 충공의 딸 정교(貞嬌)를 맞아 태자비(太子妃)로 삼았다. 패강의 산골짜기에 쓰러진 나무에서 움이 돋아 하룻밤 동안에 높이가 열세 자, 둘레가 네 자 일곱 치나 되었다. 여름 4월 13일에 달빛이 핏빛 같았다. 가을 7월 12일에 해에 검은 햇무리가 생겨 남북으로 뻗어 있었다. 겨울 12월에 주필(柱弼)을 당나라에 보내 조공하였다.

[원문]

　十四年 春正月 以母弟秀宗爲副君 入月池宮 秀宗或云秀升 二月 雪五尺 樹木枯 三月 熊川州都督憲昌 以父周元不得爲王 反叛 國號長安 建元慶雲元年 脅武珍· 完山· 菁· 沙伐四州都督 國原· 西原· 金官仕臣及諸郡縣守令 以爲已屬 菁州都督向榮 脫身走推火郡 漢山· 牛頭· 歃良· 浿江· 北原等 先知憲昌逆謀 擧兵自守 十八日 完山長史崔雄 助阿湌正連之子令忠等 遁走王京告之 王卽授崔雄位級湌 速含郡太[주석6]守 令忠位級湌 遂差員將八人 守王都八方 然後出師

김씨 상계(金氏 上系)

一吉湌張雄先發 迊湌衛恭·波珍湌悌凌繼之 伊湌均貞· 迊湌雄元· 大阿湌祐徵等 掌三軍徂征 角干忠恭· 迊湌允膺 守蚊火關門 明基· 安樂二郎 各請從軍 明基與徒衆赴黃山 安樂赴施彌知鎭 於是 憲昌遣其將 據要路以待 張雄遇賊兵於道冬峴 擊敗之 衛恭·悌凌 合張雄軍 攻三年山城克之 進兵俗離山 擊賊兵滅之 均貞等與賊戰星山 滅之 諸軍共到熊津 與賊大戰 斬獲不可勝計 憲昌僅以身免 入城固守 諸軍圍攻浹旬 城將陷 憲昌知不免自死 從者斷首與身各藏 及城陷 得其身於古塚 誅之 戮宗族黨與 凡二百三十九人 縱其民 後論功爵賞有差 阿湌祿眞 授位大阿湌 辭[주석7]不受 以歃良州屈自郡 近賊不汙於亂 復七年 先是 菁州太守廳事南池中 有異鳥 身長五尺 色黑 頭如五歲許兒 喙長一尺五寸 目如人 嗉如受五升許器 三日而死 憲昌敗亡兆也 聘角干忠恭之女貞嬌爲太子妃 浿江山谷間顚木生蘖 一夜高十三尺 圍四尺七寸 夏四月十三日 月色如血 秋七月十二日 日有黑暈 指南北 冬十二月 遣柱弼入唐朝貢

15 년 (AD 823) : 서원경에서 벌레가 하늘로부터 떨어졌고,
[번역문]

　15년(823) 봄 정월 5일에 서원경에서 벌레가 하늘로부터 떨어졌고, 9일에 흰 색, 검은 색, 붉은 색 세 종류의 벌레가 눈을 무릅쓰고서 기어다니다가 햇볕을 보자 그쳤다. 원순(元順)과 평원(平原) 두 각간이 나이가 70세였으므로 관직에서 물러나기를 아뢰자 안석과 지팡이를 내려 주었다. 2월에 수성군(水城郡)과 당은현(唐恩縣)을 합하였다. 여름 4월 12일에 유성이 천시(天市)에서 일어나 제좌(帝座)를 범하고 천시(天市) 동북쪽과 직녀(織女)·왕량(王良)을 지나 각도(閣道)에 이르러 셋으로 갈라져 북치는 것 같은 소리를 내면서 없어졌다. 가을 7월에 눈이 내렸다.
[원문]
　十五年 春正月五日 西原京 有蟲從天而墮 九日 有白·黑·赤三種蟲 冒雪能行

見陽而止 元順·平原二角干 七十告老 賜几杖 二月 合水城郡·唐恩縣 夏四月十二日 流星起天市 犯帝座 過天市東北垣·織女·王良 至閣道分爲三 聲如擊鼓而滅 秋七月 雪

17 년 (AD 825) : 헌창의 아들 범문이 도적과 함께 반란을

[번역문]

17년(825) 봄 정월에 헌창의 아들 범문(梵文)이 고달산(高達山) 도적 수신(壽神) 등 100여 명과 함께 반란을 꾀하여, 평양(平壤)에 도읍을 세우고자 하여 북한산주를 공격하였다. 도독 총명(聰明)이 군사를 거느리고 그들을 붙잡아 죽였다.<평양은 지금[고려]의 양주(楊州)이다. [고려] 태조가 지은 장의사 재문(齋文)에, 『고려의 옛 땅이요, 평양의 명산이다.』라는 구절이 있다.>

3월에 무진주 마미지현(馬彌知縣)의 여자가 아이를 낳았는데, 머리가 둘이고 몸도 둘이었으며 팔이 넷이었다. 아이를 낳을 때 하늘에서 큰 천둥이 쳤다. 여름 5월에 왕자 김흔(金昕)을 당나라에 보내 조공하고 [황제에게] 아뢰어 말하였다. "앞서 와 있는 대학생 최리정(崔利貞), 김숙정(金叔貞), 박계업(朴季業) 등을 본국으로 돌려보내 주시고, 새로 간 김윤부(金允夫), 김립지(金立之), 박량지(朴亮之) 등 12명이 머물러 숙위하게 해주십시오. 아울러 국자감에 소속시켜 학업을 닦게 해 주시고 홍려시(鴻臚寺)에서 경비와 양식을 지급해 주십시오."[황제가] 그대로 따랐다. 가을에 삽량주에서 흰 까마귀를 바쳤다. 우두주(牛頭州) 대양관군(大楊管郡) 나마 황지(黃知)의 아내가 한꺼번에 아들 둘 딸 둘을 낳았으므로 조(租) 100섬을 주었다.

[원문]

十七年 春正月 憲昌子梵文 與高達山賊壽神等百餘人 同謀叛 欲立都於平壤

김씨 상계(金氏 上系)

攻北漢山州 都督聰明 率兵捕殺之 平壤 今楊州也 太祖製 義寺齋文 有高麗舊壤平壤名山之句 三月 武珍州馬彌知縣女人産兒 二頭二身四臂 産時天大雷 夏五月 遣王子金昕入唐朝貢 遂奏言"先在大學生 崔利貞·金叔貞·朴季業等 請放還蕃 其新赴朝金允夫·金立之·朴亮之等一十二人 請留宿衛 仍請配國子監習業 鴻臚寺給資粮" 從之 秋 歃良州獻白烏[주석8] 牛頭州大楊管郡黃知奈麻妻 一産二男二女 賜租一百石

18 년 (AD 826) : 백영에게 명하여 패강에 장성을 쌓았다.

[번역문]

18년(826) 가을 7월에 우잠군(牛岑郡) 태수 백영(白永)에게 명하여 한산(漢山) 북쪽의 여러 주와 군 사람들 1만 명을 징발하여 패강에 장성(長城) 300리를 쌓았다. 겨울 10월에 왕이 죽었다. 시호를 헌덕(憲德)이라 하고 천림사(泉林寺) 북쪽에 장사지냈다.<고기에 이르기를 『왕위에 있은 지 18년인 보력(寶曆) 2년 병오(826) 4월에 죽었다.』 하였고, 신당서에는 『장경(長慶)과 보력 연간에 신라 왕 언승이 죽었다.』라고 하였다. 그런데 자치통감과 구당서에는 모두 『태화(太和) 5년(831)에 죽었다.』고 하였으니, 어찌하여 그것이 잘못되었을까?>

[원문]

十八年 秋七月 命牛岑太守白永 徵漢山北諸州郡人一萬 築浿江長城三百里 冬十月 王薨 諡曰憲德 葬于泉林寺北 古記云 『在位十八年 寶曆二年丙午四月卒』 新唐書云 『長慶寶曆間 羅王彦昇卒』 而資理[주석9]通鑑及舊唐書皆云 『太[주석10]和五年卒』 豈其誤耶

김씨 상계(金氏 上系)

흥덕왕(興德王, ?~836)

신라 제42대 왕(재위 826~836). 升). 원성왕의 손자이며 헌덕왕의 동생으로, 비는 소성왕의 딸 장화부인(章和夫人) 김씨(金氏). 819년(헌덕왕 11) 이찬(伊湌)으로 상대등(上大等)이 되었으며, 822년 부군(副君)이 되어 월지궁(月池宮)에 들어갔다. 즉위하자 당(唐)나라에 사신을 파견, 당 문종(文宗)으로부터 신라왕에 책봉되고, 828년(흥덕왕 3) 대아찬(大阿湌) 김우징(金祐徵)을 시중(侍中)에 임명하여 정사를 맡기고, 장보고(張保皐)를 청해진대사(淸海鎭大使)로 삼아 해적의 침입을 막게 하였다.

이 해 대렴(大廉)이 당나라로부터 차(茶)의 종자를 가져와서 재배, 이때부터 차의 재배가 전국적으로 성행하였다. 834년 복색제도(服色制度)를 고치고 백성들에게 사치를 금하였다. 유언에 따라 경주시 안강읍 북쪽에 있는 장화부인, 즉 정목왕후(定穆王后)의 능에 합장되었다.

0 년 (AD 826) : 흥덕왕이 왕위에 올랐다.
[번역문]
흥덕왕(興德王)이 왕위에 올랐다. 이름이 수종(秀宗)이었는데 나중에 경휘(景徽)로 고쳤다. 헌덕왕의 친동생이다. 겨울 12월에 왕비 장화부인(章和夫人)이 죽자, 정목왕후(定穆王后)로 추봉하였다. 왕이 [왕비] 생각을 잊지 못해 슬픔에 싸여 즐거워하지 않았으므로 여러 신하들이 글을 올려 다시 왕비를 맞아들일 것을 청하니, 왕이 말하였다. "외짝 새도 제짝을 잃은 슬픔을 가지거늘, 하물며 훌륭한 배필을 잃었는데 어떻게 차마 무정하게도 금방 다시 장가를 든다는 말인가?" 그리고는 끝내 따르지 않았다. 또한 시녀들까지 가까이 하지 않았으며, 좌우의 심부름꾼은 오직 환관뿐이

김씨 상계(金氏 上系)

었다.<장화(章和)는 성이 김씨이고 소성왕의 딸이다.>

[원문]

興德王立 諱秀宗 後改爲景徽 憲德王同母弟也 冬十二月 妃章和夫人卒 追封爲定穆王后 王思不能忘 悵然不樂 羣臣表請再納妃 王曰 "隻鳥有喪匹之悲 況失良匹 何忍無情遽再娶乎" 遂不從 亦不親近女侍 左右使令 唯宦竪而己 章和姓金氏 昭聖王之女也

2년 (AD 827) : 정월에 왕이 몸소 신궁에 제사지냈다.

[번역문]

2년(827) 봄 정월에 왕이 몸소 신궁에 제사지냈다. 당나라 문종(文宗)이 헌덕왕이 죽었다는 말을 듣고 조회를 폐하고 태자좌유덕(太子左諭德) 겸 어사중승(御史中丞) 원적(源寂)에게 명하여 부절을 가지고서 조문·제사하고, 왕위를 이은 임금을 개부의동삼사(開府儀同三司) 검교태위(檢校太尉) 사지절(使持節) 대도독 계림주제군사(大都督 雞林州諸軍事) 겸 지절충영해군사(持節充寧海軍使) 신라왕(新羅王)으로 책봉하고, 어머니 박씨를 대비(大妃)로 책봉하였으며 아내 박씨를 왕비로 책봉하였다. 3월에 고구려 승려 구덕(丘德)이 당나라에 들어가 불경을 가지고 왔으므로, 왕이 여러 절의 승려들을 모아 나가서 그를 맞이하였다. 여름 5월에 서리가 내렸다. 가을 8월에 금성[太白]이 낮에 나타났다. 서울에 큰 가뭄이 들었다. 시중 영공(永恭)이 관직에서 물러났다.

[원문]

二年 春正月 親祀神宮 唐文宗聞王薨 廢朝 命太子左諭德兼 御史中丞源寂 持節弔祭 仍冊立嗣王 爲開府儀同三司 檢校太尉 使持節 大都督 雞林州諸軍事兼 持節充寧海軍使新羅王 母朴氏爲大妃 妻朴氏爲妃 三月 高句麗僧丘德入唐 貴經至 王集諸寺僧徒 出迎之 夏五月 降霜 秋八月 太白晝見 京都大旱 侍中永恭退

김씨 상계(金氏 上系)

3 년 (AD 828) : 정월에 대아찬 김우징을 시중으로 삼았다.

[번역문]

3년(828) 봄 정월에 대아찬 김우징(金祐徵)을 시중으로 삼았다. 2월에 당나라에 사신을 보내 조공하였다. 3월에 눈이 세 자나 내렸다. 여름 4월에 청해대사(淸海大使) 궁복(弓福)은 성이 장씨(張氏)인데,<일명 보고(保皐)라고도 하였다.> 당나라 서주(徐州)에 들어가 군중소장(軍中小將)이 되었다가 후에 본국으로 돌아와 왕을 찾아 뵙고 군사 1만 명으로 청해(淸海)를 지켰다.<청해는 지금[고려]의 완도(莞島)이다.> 한산주 표천현(瓢川縣)의 요망한 사람이 스스로 말하기를, 빨리 부자가 되는 술법을 가지고 있다고 하였으므로 많은 사람들이 그 말에 홀렸다. 왕이 이 말을 듣고 "옳지 않은 도[左道]로써 여러 사람들을 미혹케 하는 자를 벌하는 것은 선왕의 법도이다."라 하고는 그 사람을 먼 섬으로 쫓아 버렸다. 겨울 12월에 당나라에 사신을 보내 조공하니, 문종이 인덕전(麟德殿)에 불러 접견하고 연회를 베풀어 물건을 차등있게 내려 주었다. 당나라에 갔다가 돌아온 사신 대렴(大廉)이 차나무 씨앗을 가지고 왔으므로 왕이 지리산(地理山)에 심게 하였다. 차는 선덕왕(善德王) 때부터 있었는데, 이때 이르러 매우 성행하였다.

[원문]

三年 春正月 大阿湌金祐徵爲侍中 二月 遣使入唐朝貢 三月 雪深三尺 夏四月 淸海大使弓福 姓張氏 一名保皐 入唐徐州爲軍中小將 後歸國謁王 以卒萬人鎭淸海 淸海 今之莞島 漢山州瓢川縣妖人 自言有速富之術 衆人頗惑之 王聞之曰 "執左道以惑衆者 刑之 先王之法也" 投畀[주석1]其人遠島[주석2] 冬十二月 [주석3] 遣使入唐朝貢 文宗召對于麟德殿 宴賜有差 入唐廻使大廉 持茶種子來 王使植地理山 茶自善德王時有之 至於此盛焉

김씨 상계(金氏 上系)

4 년 (AD 829) : 2월에 당은군을 당성진(唐城鎭)으로 삼고

[번역문]

4년(829) 봄 2월에 당은군(唐恩郡)을 당성진(唐城鎭)으로 삼고 사찬 극정(極正)을 보내 가서 지키게 하였다.

[원문]

四年 春二月 以唐恩郡爲唐城鎭 以沙湌極正往守之

5 년 (AD 830) : 4월에 왕이 병환이 났으므로 기도를 드리고

[번역문]

5년(830) 여름 4월에 왕이 병환이 났으므로 기도를 드리고 아울러 150명에게 승려가 되는 것을 허락하였다. 겨울 12월에 당나라에 사신을 보내 조공하였다.

[원문]

五年 夏四月 王不豫祈禱 仍許度僧一百五十人 冬十二月 遣使入唐朝貢

6 년 (AD 831) : 봄 정월에 지진이 일어났다.

[번역문]

6년(831) 봄 정월에 지진이 일어났다. 시중 우징(祐徵)이 관직을 그만두었으므로 이찬 윤분(允芬)을 시중으로 삼았다. 2월에 왕자 김능유(金能儒)를 승려 아홉 명과 함께 당나라에 보내 조회하였다. 가을 7월에 당나라에 들어갔던 진봉사(進奉使) 능유 등 일행이 돌아오던 길에 바다에 빠져 익사하였다. 겨울 11월에 당나라에 사신을 보내 조공하였다.

[원문]

六年 春正月 地震 侍中祐徵免 伊湌允芬爲侍中 二月 遣王子金能儒幷僧九人朝唐 秋七月 入唐進奉使能儒等一行人

김씨 상계(金氏 上系)

廻次溺海[주석4] 冬十一月 遣使入唐朝貢

7 년 (AD 832) : 가물어 초목이 말라 죽은 빈땅이 되었으므로,
[번역문]
7년(832) 봄과 여름에 가물어 초목이 말라 죽은 빈 땅[赤地]이 되었으므로, 왕이 정전(正殿)에 나가지 않고 평상시에 먹던 음식을 줄였으며 중앙과 지방의 죄수들을 사면하였다. 가을 7월에 비가 내렸다. 8월에 흉년이 들어 도적이 곳곳에서 일어났다. 겨울 10월에 왕이 사자로 하여금 백성들을 위로하게 하였다.
[원문]
七年 春夏旱 赤地 王避正殿 減常膳 赦內外獄囚 秋七月 乃雨 八月 飢荒 盜賊遍起 冬十月 王命使安撫之

8 년 (AD 833) : 큰 기근이 들어 왕이 시조묘를 배알
[번역문]
8년(833) 봄에 나라 안에 큰 기근이 들었다. 여름 4월에 왕이 시조묘에 배알하였다. 겨울 10월에 복숭아꽃과 오얏꽃이 다시 피었다. 백성들이 전염병으로 많이 죽었다. 11월에 시중 윤분(允芬)이 관직에서 물러났다.
[원문]
八年 春 國內大飢 夏四月 王謁始祖廟 冬十月 桃李再華 民多疫死 十一月 侍中允芬退

9 년 (AD 834) : 정월에 우징을 다시 시중으로 삼았다.
[번역문]
9년(834) 봄 정월에 우징을 다시 시중으로 삼았다. 가을 9월에 왕이 서

김씨 상계(金氏 上系)

형산(西兄山) 아래 거둥하여 군대를 크게 사열하고, 무평문(武平門)에 나아가 활쏘기를 관람하였다. 겨울 10월에 왕이 나라 남쪽의 주와 군을 두루 돌면서 늙은이와 홀아비, 홀어미, 부모없는 어린아이, 자식없는 늙은이들을 위문하고 곡식과 베를 차등있게 내려 주었다.

[원문]

九年 春正月 祐徵復爲侍中 秋九月 王幸西兄山下大閱 御武平門觀射

冬十月 巡幸國南州郡 存問耆老及鰥寡孤獨 賜穀布有差

10년 (AD 835) : 2월에 아찬 김균정을 상대등으로 삼았다.

[번역문]

10년(835) 봄 2월에 아찬 김균정(金均貞)을 상대등으로 삼았다. 시중 우징이, 그의 아버지 균정이 재상으로 들어갔기 때문에 글을 올려 관직을 그만둘 것을 청하였으므로 대아찬 김명(金明)을 시중으로 삼았다.

[원문]

十年 春二月 拜阿湌金均貞爲上大等 侍中祐徵 以父均貞入相 表乞解職

大阿湌金明爲侍中

11년 (AD 836) : 봄 정월 초하루 신축에 일식이 있었다

[번역문]

11년(836) 봄 정월 초하루 신축에 일식이 있었다. 왕자 김의종(金義琮)을 당나라에 보내 은혜에 감사하고 아울러 숙위하게 하였다. 여름 6월에 살별[星孛]이 동쪽에 나타났다. 가을 7월에 금성[太白]이 달을 침범하였다. 겨울 12월에 왕이 죽었다. 시호를 흥덕(興德)이라 하고, 조정에서 왕의 유언에 따라 장화왕비(章和王妃)의 능에 합장(合葬)하였다.

[원문]

김씨 상계(金氏 上系)

十一年 春正月辛丑朔 日有食之 遣王子金義琮如唐 謝恩兼宿衛 夏六月 星孛于東 秋七月 太白犯月 冬十二月 王薨 諡曰興德 朝廷以遺言 合葬章和王妃之陵

희강왕(僖康王, ?~838)

신라 제43대 왕(재위 836~838).

성 김(金). 이름 제륭(悌隆)·제옹(悌顒). 원성왕의 손자인 이찬(伊湌) 김헌정(金憲貞)의 아들이다. 어머니는 포도부인(包道夫人). 비는 대아찬(大阿湌) 충공(忠恭)의 딸 문목부인(文穆夫人)이다. 흥덕왕이 후사(後嗣) 없이 죽자, 삼촌인 균정(均貞)과 왕위 다툼을 하다가 시중(侍中) 김명(金明:민애왕), 아찬(阿湌) 이홍(利弘) 등의 도움으로 균정을 살해하고 즉위하였다. 김명을 상대등(上大等), 이홍을 시중에 임명하여 정권을 맡겼으나, 838년 김명과 이홍이 반란을 일으켜 측근자를 살해하자 스스로 목을 매어 자결하였다. 능은 경주의 소산(蘇山)에 있다.

0 년 (AD 836) : 희강왕이 왕위에 올랐다.

[번역문]

희강왕(僖康王)이 왕위에 올랐다. 이름은 제륭(悌隆)이다.<또는 제옹(悌顒)이라고도 하였다.> 원성대왕의 손자 이찬 헌정(憲貞)<또는 초노(草奴)라고도 하였다.>의 아들이고 어머니는 포도부인(包道夫人)이다. 왕비는 문목부인(文穆夫人)인데 갈문왕 충공(忠恭)의 딸이다. 이보다 앞서 흥덕왕이 죽자 그의 사촌 아우[堂弟] 균정과 [다른] 사촌 아우의 아들 제륭이 모두 임금이 되고자 하였다. 이에 시중 김명과 아찬 이홍(利弘)·배훤백(裵萱伯) 등은 제륭을 받들었고, 아찬 우징(祐徵)은 조카 예징(禮徵) 및 김양(金陽)

김씨 상계(金氏 上系)

과 함께 그의 아버지 균정을 받들어 한꺼번에 궁궐로 들어가 서로 싸웠다. 김양이 화살에 맞아 우징 등과 함께 도망해 달아나고 균정은 살해되었다. 그런 다음에 제륭이 왕위에 오를 수 있었다.

[원문]

僖康王立 諱悌隆 一云悌顒 元聖大王孫伊飡憲貞一云草奴之子也 母包道夫人 妃文穆夫人 葛文王忠恭之女 初興德王之薨也 其堂弟均貞 堂弟之子悌隆 皆欲爲君 於是 侍中金明 阿飡利弘·裵萱伯等 奉悌隆 阿飡祐徵與姪禮徵及金陽 奉其父均貞 一時入內相戰 金陽中箭 與祐徵等逃走 均貞遇害 而後悌隆乃得卽位

2년 (AD 837) : 사형죄 이하의 죄수들을 크게 사면하였다.

[번역문]

2년(837) 봄 정월에 사형죄 이하의 죄수들을 크게 사면하였다. 왕의 죽은 아버지를 익성대왕(翌成大王)으로 추봉하고, 어머니 박씨를 순성태후(順成太后)로 삼았다. 시중 김명을 상대등으로 삼고, 아찬 이홍을 시중으로 삼았다. 여름 4월에 당나라 문종이 숙위하던 왕자 김의종(金義琮)을 돌려 보냈다. 아찬 우징은 그의 아버지 균정이 해를 입은 것에 대하여 원망하는 말을 했는데, 김명과 이홍 등이 이를 못마땅하게 여겼다. 5월에 우징이 화가 미칠까 두려워 그의 처·자식과 함께 황산진(黃山津) 어구로 달아나, 배를 타고 청해진(淸海鎭) 대사(大使) 궁복(弓福)에게 가서 의탁하였다. 6월에 균정의 매부 아찬 예징(禮徵)이 아찬 양순(良順)과 함께 도망하여 우징에게 의지하였다. 당나라 문종이 숙위하던 김충신(金忠信) 등에게 비단을 차등있게 내려 주었다.

[원문]

二年 春正月 大赦獄囚殊[주석1]死已下 追封考爲翌成大王 母朴氏爲順成太[주석2]后 拜侍中金明爲上大等 阿飡利弘爲侍中 夏四月 唐文宗 放還宿衛王子

김씨 상계(金氏 上系)

金義琮 阿飡祐徵 以父均貞遇害 出怨言 金明·利弘等不平之 五月 祐徵懼禍及 與妻子奔黃山津口 乘舟往依 於淸海鎭大使弓福 六月 均貞妹壻阿飡禮徵與阿飡 良順 亡投於祐徵 唐文宗賜宿衛金忠信等錦綵有差

3년 (AD 838) : 김명과 시중 이홍 등이 난을 일으키고

[번역문]

3년(838) 봄 정월에 상대등 김명과 시중 이홍 등이 군사를 움직여 난을 일으키고 왕의 좌우 측근들을 죽이니, 왕은 자신이 무사하지 못할 것을 알고 궁중에서 목을 매어 죽었다. 시호를 희강(僖康)이라 하고 소산(蘇山) 에 장사지냈다.

[원문]

三年 春正月 上大等金明 侍中利弘等 興兵作亂 害王左右 王知不能自全 乃縊於宮中 諡曰僖康 葬于蘇山

민애왕(閔哀王, ?~839)

신라 제44대 왕(재위 838~839). 휘는 명(金明). 원성왕의 증손. 대아찬 충공(忠恭)의 아들. 민애왕(敏哀王)이라고도 한다. 835년(흥덕왕 10) 대아찬으로 시중(侍中)이 되었다. 836년 제륭(悌隆)과 균정(均貞)이 왕위를 다툴 때, 제륭을 도와 왕(僖康王)이 되게 하고 자신은 상대등(上大等)이 되었다. 838년 시중 이홍(利弘)·배훤백(裵萱伯) 등과 함께 희강왕을 협박, 자살하게 하고 스스로 왕이 되었다.

아버지 충공(忠恭)을 선강대왕(宣康大王), 어머니 박씨귀보부인(朴氏貴寶夫人)을 선의태후(宣懿太后)라 추시(追諡)하고, 처 김씨는 윤용왕후(允容王

김씨 상계(金氏 上系)

后)라고 하였다. 균정의 아들 우징(祐徵)이 청해진(淸海鎭)으로 가서 진장(鎭將) 장보고(張保皐)에 의탁해 있었는데, 민애왕이 즉위하자 장보고의 힘을 빌려 군사를 이끌고 쳐들어왔다. 민애왕은 같은 해 12월 김민주(金敏周) 등을 파견하여 싸우게 하였으나, 패하고 병사들에게 살해되었다.

0 년 (AD 838) : 민애왕이 왕위에 올랐다.
[번역문]
민애왕(閔哀王)이 왕위에 올랐다. 성은 김씨이고 이름은 명(明)이다.
원성대왕의 증손이며 대아찬 충공(忠恭)의 아들이다. 여러 관직을 거쳐 상대등이 되어, 시중 이홍(利弘)과 함께 왕을 핍박하여 죽이고 스스로 왕위에 올라 임금이 되었다. 죽은 아버지를 선강대왕(宣康大王)으로 추존하고, 어머니 박씨 귀보부인(貴寶夫人)을 선의태후(宣懿太后)라 하였으며, 아내 김씨를 윤용왕후(允容王后)라 하였다. 이찬 김귀(金貴)를 상대등으로 삼고, 아찬 헌숭(憲崇)을 시중으로 삼았다.

2월에 김양(金陽)이 군사를 모아서 청해진에 들어가 우징(祐徵)을 찾아 뵈었다. 아찬 우징은 청해진에 있으면서 김명이 왕위를 빼앗았다는 소문을 듣고 청해진 대사 궁복에게 말하였다. "김명(金明)은 임금을 죽이고 스스로 왕이 되었고, 이홍(利弘)은 임금과 아버지를 억울하게 죽였으니 같은 하늘 아래 함께 살 수 없는 자들이다. 바라건대 장군의 군사를 빌어서 임금과 아버지의 원수를 갚게 해주시오."

궁복이 말하였다.

"옛사람의 말에 의로움을 보고도 실행하지 않는 자는 용기가 없는 사람이라 하였으니, 내 비록 용렬하지만 명령대로 따르겠습니다."

드디어 군사 5천 명을 나누어 그의 친구 정년(鄭年)에게 주면서 말하기를 "그대가 아니고서는 이 화란(禍亂)을 평정할 수 없다."고 하였다.

김씨 상계(金氏 上系)

 겨울 12월에 김양이 평동장군(平東將軍)이 되어 염장(閻長), 장변(張弁), 정년(鄭年), 낙금(駱金), 장건영(張建榮), 이순행(李順行)과 함께 군사를 거느리고 무주(武州) 철야현(鐵冶縣)에 도착하였다. 왕은 대감(大監) 김민주(金敏周)로 하여금 군사를 내어 맞서 싸우게 하였는데, [김양이] 낙금과 이순행을 보내 기병 3천 명으로 돌격하여 거의 다 죽이거나 상하게 하였다.
 [원문]
 閔[주석1]哀王 立 姓金氏 諱明 元聖大王之曾孫也 大阿湌忠恭之子 累官爲上大等 與侍中利弘 逼王殺之 自立爲王 追諡考爲宣康大王 母朴氏 貴寶夫人爲宣懿太[주석2]后 妻金氏爲允容王后 拜伊湌金貴爲上大等 阿湌憲崇爲侍中 二月 金陽募集兵士 入淸海鎭 謁祐徵 阿湌祐徵在淸海鎭 聞金明簒[주석3]位 謂鎭大使弓福曰 "金明弑君自立 利弘枉殺君[주석4]父 不可共戴天也 願仗將軍之兵 以報君父之讐" 弓福曰 "古人有言 見義不爲無勇 吾雖庸劣 唯命是從" 遂分兵五千人 與其友鄭年曰 "非子 不能平禍亂" 冬十二月 金陽爲平東將軍 與閻長·張弁·鄭年·駱金·張建榮·李順行 統軍 至武州鐵冶[주석5]縣 王使大監金敏周出軍迎戰 遣駱金·李順行 以馬軍三千突擊 殺傷殆盡

2년 (AD 839) : 이찬과 대아찬에게 명하여 군사를 막도록
[번역문]
 2년(839) 봄 윤 정월에 밤낮 없이 행군하여 19일에 달벌(達伐) 언덕에 이르렀다. 왕은 군사가 이르렀다는 말을 듣고 이찬 대흔(大昕)과 대아찬 윤린(允璘)·억훈(嶷勛) 등에게 명하여 군사를 거느리고 이를 막도록 하였다. 또 한번 싸움에 크게 이기니, 왕의 군사는 죽은 사람이 절반이 넘었다. 이때 왕은 서쪽 교외 큰 나무 밑에 있었는데, 좌우 측근들이 모두 흩어지고 혼자 남아 어찌할 바를 모르다가 월유택(月遊宅)으로 달려 들어갔으나 군사들이 찾아내어 죽였다. 여러 신하들이 예를 갖추어 장사지내고

김씨 상계(金氏 上系)

시호를 민애(閔哀)라 하였다.

[원문]

二年 春閏正月 晝夜兼行 十九日 至于達伐之丘 王聞兵至 命伊湌大昕 大阿湌 允璘·嶷勛等 將兵拒之 又一戰大克 王軍死者過半 時王在西郊大樹之下 左右皆 散 獨立不知所爲 奔入月遊宅 兵士尋而害之 羣臣以禮葬之 諡曰閔哀

신무왕(神武王, ?~839)

신라 제45대 왕. 휘는 우징(祐徵). 원성왕(元聖王)의 증손, 희강왕(僖康王)의 종제(從弟). 어머니는 진교부인(眞矯夫人) 박씨(朴氏), 비는 진종부인(眞從夫人). 828년(흥덕왕 3) 대아찬으로 시중(侍中)이 되었다가 831년 면직, 834년 다시 시중이 되었으나 이듬해 아버지 균정이 상대등이 되자 사임, 836년(희강왕 1) 흥덕왕이 죽어 희강왕이 왕위를 탐내자 아버지를 왕으로 추대하여 싸웠으나 패배하였다. 이듬해 청해진대사(淸海鎭大使) 장보고(張保皐)에게로 가 은신, 839년(민애왕 2) 1월 장보고의 지원을 받아 대군을 이끌고 경주로 쳐들어가 민애왕(閔哀王)을 죽이고 왕위에 올랐으나 같은 해 7월에 병사하였다. 능은 경주시 동방동(東方洞)에 있다.

0 년 (AD 839) : 신무왕(神武王)이 왕위에 올랐다.

[번역문]

신무왕(神武王)이 왕위에 올랐다. 이름은 우징(祐徵)으로, 원성대왕의 손자 상대등 균정(均貞)의 아들이고 희강왕의 사촌 아우이다. 예징(禮徵) 등이 궁중을 깨끗이 하고 예를 갖추어 그를 맞아 왕위에 오르게 하였다. 할아버지 이찬 예영(禮英) <또는 효진(孝眞)이라고도 하였다.>을 혜강대왕

김씨 상계(金氏 上系)

(惠康大王)으로, 죽은 아버지를 성덕대왕(成德大王)으로 추존하였으며, 어머니 박씨 진교부인(眞矯夫人)을 헌목태후(憲穆太后)로 삼고, 아들 경응(慶膺)을 태자로 삼았다. 청해진 대사 궁복을 감의군사(感義軍使)로 봉하고 식읍 2천 호를 봉해 주었다. 이홍(利弘)은 두려워 처·자식을 버리고 산 속으로 도망하였는데, 왕이 기병을 보내 뒤쫓아가 잡아 죽였다.

가을 7월에 당나라에 사신을 보내 치청절도사(淄靑節度使)에게 노비를 주었더니, 황제가 그것을 듣고 먼 곳 사람이라 불쌍히 여겨 조칙으로 그들을 본국으로 돌려 보내게 하였다. 왕이 병으로 몸져 누웠는데, 꿈에 이홍이 활을 쏘아 왕의 등을 맞추었다. 잠을 깨어나 보니 등에 종기가 났다. 이 달 23일에 이르러 왕이 죽었다. 시호를 신무(神武)라 하고 제형산(弟兄山) 서북쪽에 장사지냈다.

사론(史論): 구양자(歐陽子)가 논하였다.

『노(魯)나라 환공(桓公)은 은공(隱公)을 죽이고 스스로 왕위에 오른 사람이고 선공(宣公)은 자적(子赤)을 죽이고 스스로 임금이 된 사람이며, 정(鄭)나라 여공(厲公)은 세자(世子) 홀(忽)을 쫓아내고 스스로 왕위에 오른 사람이고 위(衛)나라 공손표(公孫剽)는 그의 임금 간(衎)을 내쫓고 스스로 임금이 된 사람이다. 성인(聖人)이 춘추(春秋)에서 그들이 임금이 된 것을 하나도 잘라 내버리지 않은 것은 각각 그 사실을 전하여, 후세 사람들로 하여금 그것을 믿도록 하기 위함이었다. 그러면 [위의] 네 임금의 죄는 사람들의 귀를 가릴 수 없는 것이 되어, 사람들이 [그런] 악한 짓을 그치기를 바랬던 것이다.』

신라의 언승(彦昇)은 애장왕을 죽이고 임금 자리에 올랐고, 김명(金明)은 희강왕을 죽이고 왕위에 올랐으며, 우징(祐徵)은 민애왕을 죽이고 왕위에 올랐다. 지금 그 사실을 모두 기록하는 것 또한 춘추(春秋)의 뜻이다.

[원문]

김씨 상계(金氏 上系)

神武王立 諱祐徵 元聖大王孫均貞上大等之子 僖康王之從弟也 禮徵等旣淸宮禁 備禮迎之卽位 追尊祖伊湌禮英 一云孝眞 爲惠康大王 考爲成德大王 母朴氏眞矯夫人爲憲穆太[주석1]后 立子慶膺爲太子 封淸海鎭大使弓福爲感義軍使 食實封二千戶 利弘懼 棄[주석2]妻子遁山林 王遣騎士 追捕殺之 秋七月 遣使如唐 遺淄靑節度使奴婢 帝聞之 矜遠人 詔令歸國 王寢疾 夢利弘射中背 旣寤瘡發背 至是月二十三日 薨 諡曰[주석3]神武 葬于弟兄山西北

論曰 歐陽子之論曰 『魯桓公 弑隱公而自立者 宣公 弑子赤而自立者 鄭厲公 逐世子忽而自立者 衛公孫剽 逐其君衎而自立者 聖人於春秋 皆不絶其爲君 各傳其實 而使後世信之 則四君之罪 不可得而掩耳 則人之爲惡 庶乎其息矣』 羅之彦昇 弑哀莊而卽位 金明 弑僖康而卽位 祐徵 弑閔哀而卽位 今皆書其實 亦春秋之志也

문성왕(文聖王, ?~857)

신라의 제46대 왕(재위 839~857)으로 신무왕의 아들이다.

휘는 경응(慶膺). 신무왕과 정계부인(貞繼夫人)의 태자로, 비(妃)는 위흔(魏昕)의 딸 소명왕후(炤明王后)이다. 아버지인 신무왕이 왕위계승쟁탈전에서 승리한 뒤, 즉위하여 정치적 안정을 다져갔으나 재위 반년 만에 사망하고 문성왕 재위기간 동안 많은 반란이 일어난다.

841년 일길찬(一吉湌) 홍필(弘弼)이 반란을 일으키고, 846년 청해진대사(大使) 장보고(張保皐)가 자기 딸을 왕비로 삼게 하려다가 실패한 데 대한 보복으로 반란을 일으켰다. 847년 양순(良順)·홍종(興宗) 등이 모반하였으며, 849년 이찬(伊湌) 김식(金式)·대흔(大昕) 등이 반란을 일으켰다. 그러나 즉위 초에는, 장보고가 청해진대사로서 청해장군(淸海將軍)이 되어 남해일대의 제해권(制海權)을 장악하여, 해적을 소탕하고 무역을 성하게 하여 많은 이익을 취하였다. 그가 안전항해를 보장해 주었으므로 사신·승려들의 왕래도 많았고, 당나라와의 관계도 개선되었다.

재위 19년에 숙부인 상대등 의정(誼靖 혹은 義正으로 표기)을 후계자로 지목하고 죽었으며 능은 경주 공작지(孔雀址)에 있다.

0 년 (AD 839) : 문성왕이 왕위에 올랐다.

[번역문]

문성왕(文聖王)이 왕위에 올랐다. 이름은 경응(慶膺)이고 신무왕의 태자이며 어머니는 정계부인(貞繼夫人)이다.<또는 정종태후(定宗太后)라고도 하였다.> 8월에 [죄수들을] 크게 사면하였다. 교(敎)를 내려 말하였다. "청해진대사(淸海鎭大使) 궁복은 일찍이 군사로써 돌아가신 나의 아버지를 도와 앞 조정의 큰 적(賊)을 없앴으니 그 공적을 잊을 수 있겠는가?" 그리고는 [궁복을] 진해장군(鎭海將軍)으로 삼고, 아울러 장복(章服)을 내려 주었다.

[원문]

文聖王 立 諱慶膺 神武王太子 母貞繼夫人 一云定宗太[주석1]后 八月 大赦 敎曰 "淸海鎭大使弓福 嘗以兵助神考 滅先朝之巨賊 其功烈可忘耶"

乃拜爲鎭海將軍 兼賜章服

2 년 (AD 840) : 예징을 상대등으로 삼고 의종을 시중으로

[번역문]

2년(840) 봄 정월에 예징(禮徵)을 상대등으로 삼고 의종(義琮)을 시중으로 삼았으며 양순(良順)을 이찬으로 삼았다. 여름 4월부터 6월까지 비가 내리지 않았다. 당나라 문종이 홍려시(鴻臚寺)에 조칙을 내려, 볼모로 와

김씨 상계(金氏 上系)

있던 사람과 연한이 만료되어 마땅히 귀국해야 할 학생 등 모두 105명을 돌려 보내도록 하였다. 겨울에 기근(饑饉)이 들었다.

[원문]

二年 春正月 以禮徵爲上大等 義琮爲侍中 良順爲伊湌 自夏四月至六月 不雨 唐文宗勅鴻臚寺 放還質子及年滿合歸國學生 共一百五人 冬 饑

3년 (AD 841) : 서울에 전염병이 돌았다.

[번역문]

3년(841) 봄에 서울에 전염병이 돌았다. 일길찬 홍필(弘弼)이 반역을 도모하다가 일이 발각되자 도망쳐 섬으로 들어갔는데, 그를 잡으려 했으나 잡지 못하였다. 가을 7월에 당나라 무종(武宗)이 조칙으로 신라에 돌아갈 관리로서, 앞서 신라에 들어갔던 선위부사(宣慰副使) 충연주도독부사마(充兗州都督府司馬)로서 비어대(緋魚袋)를 받은 김운경(金雲卿)을 치주장사(淄州長史)로 임명하고, 그를 사신으로 삼아 왕을 개부의동삼사(開府儀同三司) 검교태위(檢校大尉) 사지절(使持節) 대도독계림주제군사(大都督雞林州諸軍事) 겸 지절충영해군사(持節充寧海軍使) 상주국(上柱國) 신라왕(新羅王)으로 책봉하고, 아내 박씨를 왕비로 책봉하였다.

[원문]

三年 春 京都疾疫 一吉湌弘弼謀叛 事發逃入海島[주석2] 捕之不獲 秋七月 唐武宗勅 歸國新羅官 前入新羅宣慰副使充[주석3]兗州都督府司馬 賜緋魚袋金雲卿 可淄州長史 仍爲使 冊王爲開府儀同三司 檢校太[주석4]尉 使持節大都督雞林州諸軍事兼持節充寧海軍使上柱國新羅王

妻朴氏爲王妃

김씨 상계(金氏 上系)

4 년 (AD 842) : 이찬 위흔의 딸을 맞아들여 왕비로 삼았다
[번역문]
4년(842) 봄 3월에 이찬 위흔(魏昕)의 딸을 맞아들여 왕비로 삼았다.
[원문]
四年 春三月 納伊湌[주석5]魏昕之女爲妃

5 년 (AD 843) : 시중 의종이 병으로 벼슬을 그만두었으므로
[번역문]
5년(843) 봄 정월에 시중 의종(義琮)이 병으로 벼슬을 그만두었으므로 이찬 양순(良順)을 시중으로 삼았다. 가을 7월에 호랑이 다섯 마리가 신궁(神宮)의 뜰에 들어왔다.
[원문]
五年 春正月 侍中義琮病免 伊湌良順爲侍中 秋七月 五虎入神宮園

6 년 (AD 844) : 봄 2월 초하루 갑인에 일식이 있었다.
[번역문]
6년(844) 봄 2월 초하루 갑인에 일식이 있었다. 금성[太白]이 진성(鎭星)을 침범하였다. 3월에 서울에 우박이 내렸다. 시중 양순이 물러나고, 대아찬 김여(金茹)를 시중으로 삼았다. 가을 8월에 혈구진(穴口鎭)을 설치하고 아찬 계홍(啓弘)을 진두(鎭頭)로 삼았다.
[원문]
六年 春二月甲寅朔 日有食之 太[주석6]白犯鎭星 三月 京都雨雹 侍中良順退 大阿湌金茹爲侍中 秋八月 置穴口鎭 以阿湌啓弘爲鎭頭

김씨 상계(金氏 上系)

7 년 (AD 845) : 청해진대사 궁복의 딸을 왕비로 삼으려 했으나,

[번역문]

7년(845) 봄 3월에 청해진대사 궁복(弓福)의 딸을 아내로 맞이하여 둘째 왕비로 삼으려 했으나, 조정의 신하들이 간(諫)하여 말하였다. "부부의 도리는 사람의 큰 윤리입니다. 그러므로 하(夏)나라는 도산씨(塗山氏)로 인하여 흥하였고 은(殷)나라는 신씨(娎氏)로 인하여 번창하였으며, 주(周)나라는 포사(褒姒) 때문에 망하였고 진(晉)나라는 여희(驪姬) 때문에 어지러워졌습니다. 그러한 즉 나라의 존망은 여기에 있는 것이니 신중해야 할 일이 아니겠습니까? 지금 궁복(弓福)은 섬사람인데, 그의 딸이 어찌 왕실의 배우자가 될 수 있겠습니까?" 이에 왕이 그 말에 따랐다. 겨울 11월에 천둥이 쳤고 눈이 오지 않았다. 12월 초하루에 세 개의 해가 나란히 나타났다.

[원문]

七年 春三月 欲娶淸海鎭大使弓福女爲次妃 朝臣諫曰 "夫婦之道 人之大倫也 故夏以塗山興 殷以娎氏昌 周以褒姒滅 晉以驪姬亂 則國之存亡 於是乎在 其可不愼乎 今弓福海島人也 其女 豈可以配王室乎" 王從之 冬十一月 雷 無雪 十二月朔 三日並出

8 년 (AD 846) : 청해진 궁복이 반란을 일으켰다.

[번역문]

8년(846) 봄에 청해진 궁복이, 왕이 자기의 딸을 맞아들이지 않은 것을 원망하여 청해진을 근거지로 하여 반란을 일으켰다. 조정에서는 장차 그를 토벌하자니 뜻하지 않을 우환이 있을까 두렵고 그냥 방치해 두자니 그 죄를 용서할 수 없었으므로, 근심하고 염려하여 어떻게 해야 할 바를 알지 못하였다. 무주(武州) 사람 염장(閻長)은 용감하고 굳세기로 당시에 소

문이 나 있었는데, [그가] 와서 아뢰었다. "조정에서 다행히 저의 말을 들어 준다면, 저는 한 명의 병졸도

수고롭게 하지 않고 맨주먹을 가지고서 궁복의 목을 베어 바치겠습니다." 왕이 그에 따랐다. 염장은 거짓으로 나라를 배반한 것처럼 꾸며 청해진에 투항했는데, 궁복은 장사(壯士)를 아꼈으므로 의심하지 않고 불러들여 높은 손님으로 삼고 그와 더불어 술을 마시면서 매우 즐거워하였다. 궁복이 술에 취하자 [염장이] 궁복의 칼을 빼앗아 목을 벤 후, 그 무리들을 불러 달래니 엎드려 감히 움직이지 못하였다.

[원문]

八年 春 淸海弓福 怨王不納女 據鎭叛 朝廷將討之 則恐有不測之患

將置之 則罪不可赦 憂慮不知所圖 武州人閻長者 以勇壯聞於時 來告曰

"朝廷幸聽臣 臣不煩一卒 持空拳 以斬弓福以獻" 王從之 閻長伴叛國

投淸海 弓福愛壯士 無所猜疑 引爲上客 與之飮極歡 及其醉

奪弓福劒斬訖 召其衆說之 伏不敢動

9년 (AD 847) : 평의전과 임해전을 거듭 수리하였다.

[번역문]

9년(847) 봄 2월에 평의전(平議殿)과 임해전(臨海殿) 두 전각(殿閣)을 거듭 수리하였다. 여름 5월에 이찬 양순(良順)과 파진찬 흥종(興宗) 등이 반란을 일으켰다가 목베여 죽임을 당하였다. 가을 8월에 왕자를 왕태자(王太子)로 봉하였다. 시중 김여(金茹)가 죽었으므로 이찬 위흔(魏昕)을 시중으로 삼았다.

[원문]

九年 春二月 重修平議·臨海二殿 夏五[주석7]月 伊湌良順 波珍湌興宗等叛

伏誅 秋八月 封王子爲王太子 侍中金茹卒 伊湌魏昕爲侍中

김씨 상계(金氏 上系)

10년 (AD 848) : 봄과 여름에 가물었다.

[번역문]

10년(848) 봄과 여름에 가물었다. 시중 위흔이 관직에서 물러나고, 파진찬 김계명(金啓明)을 시중으로 삼았다. 겨울 10월에 하늘에서 천둥치는 듯한 소리가 났다.

[원문]

十年 春夏旱 侍中魏昕退 波珍湌金啓明爲侍中 冬十月 天有聲如雷

11년 (AD 849) : 이찬 의정(義正)을 상대등으로 삼았다.

[번역문]

11년(849) 봄 정월에 상대등 예징이 죽었으므로 이찬 의정(義正)을 상대등으로 삼았다. 가을 9월에 이찬 김식(金式)과 대흔(大昕) 등이 반란을 꾀하다가 목베여 죽임을 당하였고, 대아찬 흔린(昕鄰)이 연루되어 죄를 받았다.

[원문]

十一年 春正月 上大等禮徵卒 伊湌義正爲上大等 秋九月 伊湌金式[주석8]·大昕等叛 伏誅 大阿湌昕鄰緣坐罪

12년 (AD 850) : 봄 정월에 토성(土星)이 달에 들어갔다.

[번역문]

12년(850) 봄 정월에 토성(土星)이 달에 들어갔다. 서울에 흙이 비처럼 내렸다. 큰 바람이 불어 나무가 뽑혔다. 사형죄 이하의 죄수들을 사면하였다.

[원문]

十二年 春正月 土星入月 京都雨土 大風拔木 赦獄囚殊[주석9]死已下

김씨 상계(金氏 上系)

13 년 (AD 851) : 청해진을 폐하고 사람들을 벽골군으로 옮겼다.
[번역문]
13년(851) 봄 2월에 청해진(淸海鎭)을 폐지하고 그 사람들을 벽골군(碧骨郡)으로 옮겼다. 여름 4월에 서리가 내렸다. 당나라에 갔던 사신 아찬 원홍(元弘)이 불경과 부처의 치아(齒牙)를 가지고 왔으므로 왕이 교외에 나가 맞이하였다.
[원문]
十三年 春二月 罷淸海鎭 徙其人於碧骨郡 夏四月 隕霜 入唐使阿湌元弘 賷佛經幷佛牙來 王出郊迎之

14 년 (AD 852) : 파진찬 진량을 웅천주 도독으로 삼았다.
[번역문]
14년(852) 봄 2월에 파진찬 진량(眞亮)을 웅천주(熊川州) 도독으로 삼았다. 조부(調府)에 불이 났다. 가을 7월에 명학루(鳴鶴樓)를 거듭 수리하였다. 겨울 11월에 왕태자가 죽었다.
[원문]
十四年 春二月 波珍湌眞亮爲熊川[주석10]都督 調府火 秋七月 重修鳴鶴樓 冬十一月 王太子卒

15 년 (AD 853) : 서남지방의 주와 군에 재해가 있었다.
[번역문]
15년(853) 여름 6월에 홍수가 났다. 가을 8월에 서남지방의 주(州)와 군(郡)에 누리의 재해가 있었다.
[원문]
十五年 夏六月 大水 秋八月 西南州郡 蝗

김씨 상계(金氏 上系)

17 년 (AD 855) : 사자를 보내 서남지방의 백성을 위문하였다.

[번역문]

17년(855) 봄 정월에 사자를 보내 서남지방의 백성을 위문하였다. 겨울 12월에 진각성(珍閣省)에 화재가 났고, 토성(土星)이 달에 들어갔다.

[원문]

十七年 春正[주석11]月 發使撫問西南百姓 冬十二月 珍閣省災 土星入月

19 년 (AD 857) : 왕이 죽었다. 시호를 문성이라 하고

[번역문]

19년(857) 가을 9월에 왕이 병환이 났으므로 유조(遺詔)를 내려 말하였다. 『과인은 보잘 것 없는 자질로 높은 지위에 있어, 위로는 하늘로부터 죄를 얻을까 두렵고 아래로는 사람들 마음으로부터 신망을 잃을까 염려스러워 이른 아침부터 늦은 밤까지 삼가하고 두려워하여 마치 깊은 못과 얇은 얼음을 건너는 것과 같았다. 공경대부(公卿大夫)와 여러 신하가 좌우에서 도와 준 데 힘입어 왕위를 떨어뜨리지 않았는데, 지금 갑자기 병이 들어 열흘이나 되었으니 정신없는 사이에 아침 이슬보다 먼저 사라질까 걱정이다. 생각컨대 선조로부터 전해져온 큰 사업에 임금이 없어서는 안 되고, 군사와 정치의 중요한 일들은 잠시도 버려둘 수가 없다.

돌이켜 생각해보건대 서불한 의정(誼靖)은 앞 임금의 손자이고 나의 숙부로, 효성과 우애가 있고 총명하며 민첩하고 너그럽고 인자하다. 오랫동안 재상의 자리에 있으면서 임금의 정치를 도와 위로는 종묘를 공경히 받들 만하고 아래로는 백성을 돌보아 기를 만하다. 이에 무거운 짐을 벗어 어질고 덕있는 사람에게 맡긴다. 부탁할 사람을 얻었으니 또 무엇이 한스럽겠는가? 하물며 태어나면 죽고 시작이 있으면 끝이 있음은 만물의 큰 법칙이고, 수명의 길고 짧음은 천명(天命)의 떳떳한 분수이다. 죽는 것은

김씨 상계(金氏 上系)

이치에 따라 이르는 것이니 살아있는 사람은 지나치게 슬퍼하지 말라. 그대 여러 신하들은 힘껏 충성을 다하고 죽은 사람을 보내고 산 사람을 섬기는데 혹시라도 예절에 어긋나지 말도록 하라! 나라 안에 널리 알려 나의 뜻을 분명하게 알게 하라!』 7일이 지나서 왕이 죽었다. 시호를 문성이라 하고 공작지(孔雀趾)에 장사지냈다.

[원문]

十九年 秋九月 王不豫 降遺詔曰 『寡人以眇末之資 處崇高之位 上恐獲罪於天鑑 下慮失望於人心 夙夜兢兢 若涉淵氷 賴三事大夫 百辟卿士 左右挾維 不墜重器 者 忽染疾疹 至于旬日 怳惚之際 恐先朝露 惟祖宗之大業 不可以無主 軍國之萬機 不可以暫廢 顧惟舒弗邯誼靖 先皇之令孫 寡人之叔父 孝友明敏 寬厚仁慈 久處台[주석12]衡 挾贊王政 上可以祗奉宗廟 下可以撫育蒼生 爰釋重負 委之賢德 付託[주석13]得人 夫復何恨 況生死始終 物之大期 壽夭脩短 命之常分 逝者可以達理 存者不必過哀 伊爾多士 竭力盡忠 送往事居 罔或違禮 布告國內 明知朕懷』 越七日 王薨 諡曰文聖 葬于孔雀趾[주석14]

헌안왕(憲安王, ?~861)

신라의 제47대 왕(재위 857~860). 휘는 의정(誼靖)·우정(祐靖). 신무왕의 이복동생. 어머니는 조명부인(照明夫人) 김씨(金氏). 859년(헌안왕 3) 전국에 흉년이 들자 백성의 구원에 힘썼고, 제방을 쌓아 농사를 장려하였다. 후사가 없어 왕족 응렴(膺廉:景文王)을 맏사위로 삼아 그에게 왕위를 물려주었다. 능은 경주 공작지(孔雀趾)이다.

0 년 (AD 857) : 헌안왕이 왕위에 올랐다.

김씨 상계(金氏 上系)

[번역문]

헌안왕(憲安王)이 왕위에 올랐다. 이름은 의정(誼靖)<또는 우정(祐靖)이라고도 하였다.>으로 신무왕의 배다른 동생이다. 어머니는 조명부인(照明夫人)으로, 선강왕(宣康王)의 딸이다. [왕은] 문성왕의 고명(顧命)에 의하여 즉위하였다. [죄수들을] 크게 사면하였다. 이찬 김안(金安)을 상대등으로 삼았다.

[원문]

憲安王立 諱誼靖 一云祐靖 神武王之異母弟也 母照明夫人 宣康王之女
以文聖顧命卽位 大赦 拜伊湌金安爲上大等

2년 (AD 858) : 봄 정월에 몸소 신궁에 제사지냈다.

[번역문]

2년(858) 봄 정월에 몸소 신궁에 제사지냈다. 여름 4월에 서리가 내렸다. 5월부터 가을 7월에 이르기까지 비가 내리지 않았다. 당성군(唐城郡)의 남쪽 강가에 큰 고기가 나왔는데, 길이가 40보(步)이고 높이가 여섯 자이었다.

[원문]

二年 春正月 親祀神宮 夏四月 降霜 自五月至秋七月 不雨 唐城郡南河岸
有大魚出 長四十步 高六丈1)

3년 (AD 859) : 사람들이 굶주렸으므로 왕이 진휼하였다.

[번역문]

3년(859) 봄에 곡식이 귀하여 사람들이 굶주렸으므로 왕이 사자를 보내 진휼하였다. 여름 4월에 명을 내려, 제방을 완전하게 수리하게 하고 농사를 권장하였다.

김씨 상계(金氏 上系)

[원문]

三年 春 王遣使賑救 夏四月 敎修完隄防勸農貴人饑 王遣使賑救 夏四月 敎修完隄防勸農

4 년 (AD 860) : 임해전에서 잔치를 베풀었는데

[번역문]

4년(860) 가을 9월에 왕이 임해전에서 여러 신하들을 모아 잔치를 베풀었는데, 왕족 응렴(膺廉)이 15세의 나이로 그 자리에 참석하였다. 왕이 그의 마음을 알아보려고 갑자기 물었다. "너는 한동안 돌아다니면서 공부했는데, 착한 사람을 본 일이 없는가?" [응렴]이 대답하였다. "저는 일찍이 세 사람을 보았는데, 착한 행실이 있다고 생각됩니다." 왕이 "어떤 것인가?" 하니, 다음과 같이 말하였다. "한 사람은 귀한 집 자제이면서 남과 사귐에 있어서는 자기를 먼저 하지 않고 남의 아래에 처하였으며, 또 한 사람은 집에 재물이 넉넉하여 사치스러운 옷을 입을 수 있는데도 항상 삼베와 모시옷으로 스스로 즐거워했습니다. 그리고 한 사람은 권세와 영화를 누리고 있었으나 일찍이 한번도 다른 사람에게 위세를 부리지 않았습니다. 제가 본 것은 이와 같습니다." 왕이 듣고서 잠자코 있다가 왕비에게 귀엣말로 말하기를 "내가 많은 사람을 보아 왔지만 응렴같은 사람은 없었다." 하고는 딸을 그의 아내로 삼게 할 마음을 가지게 되어, 응렴을 돌아보고 말하였다. "바라건대 그대는 자중자애 하라. 나에게 딸자식이 있는데 그로 하여금 잠자리를 모시도록 하겠다." 다시 술자리를 베풀고 같이 마시다가 조용히 말하였다. "내게는 두 딸이 있는데 언니는 지금 20세이고 동생은 19세이다. 오직 그대가 장가들고자 하는 대로 하라!"

응렴이 사양하였으나 어쩔 수 없어 일어나 절하여 감사하고는 집에 돌아와 부모에게 알렸다. 부모가 말하였다. "듣건대 왕의 두 딸의 용모는 언

김씨 상계(金氏 上系)

니가 동생만 못하다고 한다. 만약 어쩔 수 없다면 마땅히 그 동생에게 장가드는 것이 좋겠다." 그러나 여전히 주저하며 결정하지 못하였다. 그래서 흥륜사(興輪寺) 승려에게 물으니, 승려가 말하였다. "언니에게 장가들면 유익한 것이 세 가지 있고, 동생에게 장가들면 반대로 손해되는 것이 세 가지 있습니다." 응렴은 이에 [왕에게] 아뢰었다. "저는 감히 스스로 결정할 수가 없습니다. 오직 왕께서 명하시는 대로 따르겠습니다." 이에 왕은 맏딸을 [응렴에게] 시집보냈다.

[원문]

四年 秋九月 王會羣臣於臨海殿 王族膺廉年十五歲 預坐焉 王欲觀其志 忽問曰 "汝游學有日矣 得無見善人者乎" 答曰 "臣嘗見三人 竊以爲有善行也" 王曰 "何如" 曰 "一高門子弟 其與人也 不自先而處於下 一家富於財 可以侈衣服 而常以麻紵自喜 一有勢榮 而未嘗以其勢加人 臣所見如此" 王聞之默然 與王后耳語曰 "朕閱人多矣 無如膺廉者" 意以女妻之 顧謂膺廉曰 "願郞自愛 朕有息女 使之薦枕" 更置酒同飮 從容言曰 "吾有二女 兄今年二十歲 弟十九歲 惟郞所娶" 膺廉辭不獲起拜謝 便歸家告父母 父母言 "聞王二女容色 兄不如弟 若不得已 宜娶其弟" 然尙疑未決 乃問興輪寺僧 僧曰 "娶兄則有三益 弟則反是有三損" 膺廉乃奏 "臣不敢自決 惟王命是從" 於是 王長女出降焉

5년 (AD 861) : 왕이 죽었다. 시호를 헌안이라 하고

[번역문]

5년(861) 봄 정월에 왕이 병으로 자리에 누워 오랫동안 낫지 않았으므로 좌우의 신하들에게 일렀다. "과인은 불행히도 아들은 없고 딸만 있다. 우리나라의 옛일에 비록 선덕(善德)과 진덕(眞德) 두 여자 임금이 있었으나, 이는 암탉이 새벽을 알리는 것과 비슷하므로 본받을 일이 못된다. 사위 응렴은 비록 나이는 어리지만 노련하고 성숙한 덕을 가지고 있다. 경

김씨 상계(金氏 上系)

들은 그를 왕으로 세워 섬기면 반드시 선조로부터 이어 온 훌륭한 왕업을 떨어뜨리지 않을 것이다. 그러면 과인은 죽어도 또한 썩지 않을 것이다."
이달 29일에 [왕이] 죽었다. 시호를 헌안(憲安)이라 하고 공작지(孔雀趾)에 장사지냈다.

[원문]

五年 春正月 王寢疾彌留 謂左右曰 "寡人不幸 無男子有女 吾邦故事 雖有善德·眞德二女主 然近於牝鷄之晨 不可法也 甥膺廉 年雖幼少 有老成之德 卿等立而事之 必不墜祖宗之令緖 則寡人死且不朽矣"
是月二十九日 薨 諡曰憲安 葬于孔雀趾

경문왕(景文王, ?~875)

신라 제48대 왕(재위 861~875).
휘는 응렴(膺廉:凝廉). 아버지는 아찬(阿湌) 계명(啓明), 어머니는 신무왕(神武王)의 딸 광화부인(光和夫人), 할아버지는 희강왕(僖康王)이다. 비는 헌안왕(憲安王)의 큰 딸 영화부인(寧花夫人) 김씨이다.
아들은 황(晃: 정강왕)·정(晸: 헌강왕)·윤(胤), 딸은 만(曼: 진성여왕)이다. 헌안왕에게 아들이 없었고, 여왕 선덕(善德)·진덕(眞德)의 예를 따르지 않게 됨으로써 왕위를 계승하였다. 즉위한 뒤 아버지 계명을 의공대왕(懿恭大王), 어머니 광화부인을 광의왕태후(光懿王太后)로, 왕비를 문의왕후(文懿王后)로 책봉하고 왕자 정을 태자로 봉했다.
신라의 쇠퇴기를 당하여 빈번히 일어나는 중앙귀족의 모반과 지방의 반란을 평정하기에 힘썼다. 한편 사신을 당(唐)나라에 파견하여 긴밀한 유대를 맺었고, 황룡사탑(皇龍寺塔)을 수축하는 등의 업적도 남겼으나, 재위

김씨 상계(金氏 上系)

중에 천재지변(天災地變)이 많아 백성이 곤궁하였다.

0 년 (AD 861) : 경문왕이 왕위에 올랐다.
[번역문]
경문왕(景文王)이 왕위에 올랐다. 이름은 응렴(膺廉)<응(膺)을 또는 의(疑)로도 썼다.>이고 희강왕의 아들 아찬 계명(啓明)의 아들이다. 어머니는 광화부인(光和夫人)이고, 왕비는 김씨 영화부인(寧花夫人)이다.
[원문]
景文王立 諱膺廉 膺一作疑[주석1] 僖康王子啓明阿湌之子也
母曰光和一云光義夫人 妃金氏寧花夫人

1 년 (AD 861) : 무평문(武平門)에 나가서 크게 사면하였다.
[번역문]
원년(861) 3월에 왕이 무평문(武平門)에 나가서 크게 사면하였다.
[원문]
元年 三月 王御武平門 大赦

2 년 (AD 862) : 김정을 상대등으로 삼고 위진을 시중으로
[번역문]
2년(862) 봄 정월에 이찬 김정(金正)을 상대등으로 삼고 아찬 위진(魏珍)을 시중으로 삼았다. 2월에 왕이 몸소 신궁에 제사지냈다. 가을 7월에 당나라에 사신을 보내 토산물을 바쳤다. 8월에 당나라에 가던 사신 아찬 부량(富良) 등의 일행이 익사하였다.
[원문]
二年 春正月 以伊湌金正爲上大等 阿湌魏珍[주석2]爲侍中 二月

김씨 상계(金氏 上系)

王親祀神宮 秋七月 遣使如唐貢方物 八月 入唐使阿飡富良等一行人 溺沒

3년 (AD 863) : 국학에 거둥하여 경전의 뜻을 강론케 하고
[번역문]
3년(863) 봄 2월에 왕이 국학(國學)에 거둥하여 박사 이하에게 경전의 뜻을 강론케 하고 물건을 차등있게 내려 주었다. 겨울 10월에 복숭아꽃과 오얏꽃이 피었다. 11월에 눈이 내리지 않았다. 영화부인(寧花夫人)의 동생을 맞아들여 둘째 왕비로 삼았다. 뒷날에 왕이 흥륜사 승려에게 물었다. "스님께서 전에 말한 세 가지 이익이라는 것이 무엇입니까?"[승려가] 대답하였다. "당시 왕과 왕비가 자기들의 뜻과 같이한 것을 기뻐하여 총애가 더욱 깊어진 것이 첫째요, 이로 인하여 왕위를 잇게 된 것이 두번째이며 전부터 바라던 막내딸을 마침내 아내로 삼을 수 있게 된 것이 세번째입니다." 그러자 왕이 크게 웃었다.

[원문]
三年 春二月 王幸國學 令博士已下 講論經義 賜物有差 冬十月 桃李華 十一月 無雪 納寧花夫人弟爲次妃 異日[주석3] 王問興[주석4]輪寺僧曰 "師前所謂三益者何也" 對曰 "當時 王及王妃喜其如意 寵愛浸深一也 因此 得繼大[주석5]位二也 卒得娶嚮所求季女三也" 王大笑

4년 (AD 864) : 감은사에 거둥하여 망제를 지냈다.
[번역문]
4년(864) 봄 2월에 왕이 감은사(感恩寺)에 거둥하여 바다에 망제(望祭)를 지냈다. 여름 4월에 일본국 사신이 이르렀다.
[원문]
四年 春二月 王幸感恩寺望海 夏四月 日本國使至

김씨 상계(金氏 上系)

5 년 (AD 865) : 당나라 의종이 사신을 보내 조문

[번역문]

5년(865) 여름 4월에 당나라 의종(懿宗)이 사신 태자우유덕(太子右諭德) 어사중승(御史中丞) 호귀후(胡歸厚)와 부사(副使) 광록주부(光祿主簿) 겸 감찰어사(監察御史) 배광(裵光) 등을 보내 앞 임금의 죽음에 조문·제사하고, 아울러 1천 필을 부의(賻儀)로 주었으며, 왕을 개부의동삼사(開府儀同三司) 검교태위(檢校太尉) 지절(持節) 대도독계림주제군사(大都督雞林州諸軍事) 상주국(上柱國) 신라왕(新羅王)으로 책봉하였다. 그리고 왕에게 관고(官誥) 한 통, 정절(旌節) 한 벌, 채색비단 500필, 옷 두 벌, 금은그릇 일곱 개를 주었고, 왕비에게는 채색비단 50필, 옷 한 벌, 은그릇 두 개를 주었으며, 왕태자에게는 채색비단 40필, 옷 한 벌, 은그릇 한 개를 주었고 대재상(大宰相)에게는 채색비단 30필, 옷 한 벌, 은그릇 한 개를 주었으며 차재상(次宰相)에게는 채색비단 20필, 옷 한 벌, 은그릇 한 개를 주었다.

[원문]

五年 夏四月 唐懿宗降使太子右諭德御史中丞胡歸厚 使副光祿主簿兼監察御史裵光等 弔祭先王 兼賻贈一千匹 冊立王爲開府儀同三司檢校太[주석6]尉持節大都督林州諸軍事上柱國新羅王 仍賜王官誥一道·旌節一副·錦綵五百匹·衣二副· 金銀器七事 賜王妃錦綵五十匹·衣一副·銀器二事 賜王太子錦綵四十匹·衣一副·銀器一事 賜大宰相錦綵三十匹· 衣一副· 銀器一事 賜次宰相錦綵二十匹·衣一副·銀器一事

6 년 (AD 866) : 죽은 아버지를 의공대왕으로 봉하고,

[번역문]

6년(866) 봄 정월에 왕의 죽은 아버지를 의공대왕(懿恭大王)으로 봉하고, 어머니 박씨 광화부인을 광의왕태후(光懿王太后)로 봉하였으며, 부인

김씨 상계(金氏 上系)

김씨를 문의왕비(文懿王妃)로 삼았고 왕의 아들 정(晸)을 왕태자로 삼았다. 15일에 황룡사에 거둥하여 연등을 구경하고 백관들에게 잔치를 열어주었다. 겨울 10월에 이찬 윤흥(允興)이 동생 숙흥(叔興)·계흥(季興)과 더불어 반역을 꾀하다가 일이 발각되어 대산군(岱山郡)으로 달아났다. 왕이 명을 내려 뒤쫓아가서 붙잡아 목베어 죽이고 일족(一族)을 멸하였다.

[원문]

六年 春正月 封王考爲懿恭大王 母朴氏光和夫人爲光懿王太[주석7]后

夫人金氏爲文懿王妃 立王子晸爲王太子 十五日 幸皇龍寺看燈

仍賜燕[주석8]百寮 冬十月 伊湌允興與弟叔興·季興謀逆 事發覺 走岱山郡

王命追捕斬之 夷一族

7년 (AD 867) : 봄 정월에 임해전을 거듭 수리하였다.

[번역문]

7년(867) 봄 정월에 임해전을 거듭 수리하였다. 여름 5월에 서울에 전염병이 돌았다. 가을 8월에 홍수가 났으며 곡식이 익지 않았다. 겨울 10월에 사자를 여러 길[道]로 나누어 보내 위문하였다. 12월에 객성(客星)이 금성[太白]을 범하였다.

[원문]

七年 春正月 重修臨海殿 夏五月 京都疫 秋八月 大水 三年 春 王遣使賑救 夏四月 敎修完隄防勸農不登 冬十月

發使分道撫問 十二月 客星犯太[주석10]白

8년 (AD 868) : 김예와 김현 등이 반란을 꾀하다가

[번역문]

8년(868) 봄 정월에 이찬 김예(金銳)와 김현(金鉉) 등이 반란을 꾀하다

김씨 상계(金氏 上系)

가 목베여 죽임을 당하였다. 여름 6월에 황룡사탑에 벼락이 쳤다. 가을 8월에 조원전(朝元殿)을 거듭 수리하였다.

[원문]

八年 春正月 伊湌金銳·金鉉等謀叛 伏誅 夏六月 震皇龍寺塔 秋八月 重修朝元殿

9년 (AD 869) : 김윤 등을 당나라에 보내 은혜에 감사하고

[번역문]

9년(869) 가을 7월에 왕자 소판 김윤(金胤) 등을 당나라에 보내 은혜에 감사하고 아울러 말 두 필, 부금(麩金) 100량, 은 200량, 우황 15량, 인삼 100근, 대화어아금(大花魚牙錦) 10필, 소화어아금(小花魚牙錦) 10필, 조하금(朝霞錦) 20필, 사십승백첩포포) 40필, 삼십승저삼단(三十升紵衫段) 40필, 사척오촌두발(四尺五寸頭髮) 150량, 삼척오촌두발(三尺五寸頭髮) 300량, 금채두오색기대(金釵頭五色綦帶)와 반흉(班胸) 각각 10조(條), 응금쇄선자(鷹金鎖鏇子)와 분삽홍도(紛鈒紅韜) 20부(副), 신양응금쇄선자분삽오색도(新樣鷹金鎖鏇子紛鈒五色韜) 30부, 응은쇄선자분삽홍도(鷹銀鎖鏇子紛鈒紅韜) 20부, 신양응은쇄선자분삽오색도(新樣鷹銀鎖鏇子紛鈒五色韜) 30부, 요자금쇄선자분삽홍도

[원문]

九年 秋七月 遣王子蘇判金胤等入唐 謝恩兼進奉馬二匹·麩金一百兩· 銀二百兩 · 牛黃十五兩 · 人蔘一百斤

·大花魚牙錦一十匹 · 小花魚牙錦一十匹 · 朝霞錦二十匹·

四十升白氈布四十匹 ·三十升紵衫段四十匹·四尺五寸頭髮百五十兩

· 三尺五寸頭髮三百兩 · 金釵頭五色綦帶幷班胸各一十條

·鷹金鏁鏇子幷紛鈒紅韜二十副·新樣鷹金鏁鏇子紛鈒五色韜三十副· 鷹銀鏁鏇

子紛錯紅幞二十副· 新樣鷹銀鏇銨子紛錯五色幞三十副·

10 년 (AD 870) : 김인을 당나라에 보내 숙위하게 하였다

[번역문]

10년(870) 봄 2월에 사찬 김인(金因)을 당나라에 보내 숙위하게 하였다. 여름 4월에 서울에 지진이 일어났다. 5월에 왕비가 죽었다. 가을 7월에 홍수가 났다. 겨울에 눈이 오지 않았고, 나라 사람들이 전염병에 많이 걸렸다.

[원문]

十年 春二月 遣沙湌金因入唐宿衛 夏四月 京都地震 五月 王妃卒
秋七月 大水 冬 無雪 國人多疫

11 년 (AD 871) : 황룡사탑을 고쳐 만들게 하였다.

[번역문]

11년(871) 봄 정월에 왕이 관리에게 명하여 황룡사탑을 고쳐 만들게 하였다. 2월에 월상루(月上樓)를 거듭 수리하였다.

[원문]

十一年 春正月 王命有司 改造皇龍寺塔 二月 重修月上樓

12 년 (AD 872) : 봄 2월에 몸소 신궁에 제사지냈다.

[번역문]

12년(872) 봄 2월에 몸소 신궁에 제사지냈다. 여름 4월에 서울에 지진이 일어났다. 가을 8월에 나라 안의 주(州)와 군(郡)에 누리가 곡식을 해쳤다.

[원문]

十二年 春二月 親祀神宮 夏四月 京師地震 秋八月 國內州郡 蝗害三年 春 王

김씨 상계(金氏 上系)

遣使賑救 夏四月 敎修完隄防勸農

13년 (AD 873) : 전염병이 번졌으므로, 왕이 진휼하였다.
[번역문]
13년(873) 봄에 백성이 굶주리고 또 전염병이 번졌으므로, 왕이 사자를 보내 진휼하였다. 가을 9월에 황룡사탑이 완성되었는데, 9층으로 높이가 22장(丈)이었다.
[원문]
十三年 春 民饑且疫 王發使賑救 秋九月 皇龍寺塔成九層 高二十二丈

14년 (AD 874) : 시중 위진을 상대등으로 삼고,
[번역문]
14년(874) 봄 정월에 상대등 김정(金正)이 죽었으므로 시중 위진(魏珍)을 상대등으로 삼고, 인흥(藺興)을 시중으로 삼았다. 여름 4월에 당나라 희종(僖宗)이 사신을 보내 유지(諭旨)를 선포하였다. 5월에 이찬 근종(近宗)이 반역을 꾀하여 궁궐을 침범하였으므로 궁궐을 지키는 군사[禁軍]를 내어 그들을 공격하여 깨뜨렸다. 근종은 그 무리들과 함께 밤에 성을 나갔으나 뒤쫓아가 그를 붙잡아 거열형(車裂刑)에 처하였다. 가을 9월에 월정당(月正堂)을 거듭 수리하였다. 최치원(崔致遠)이 당나라에서 과거에 급제하였다.
[원문]
十四年 春正月 上大等金正卒 以侍中魏珍爲上大等 藺興爲侍中 夏四月
唐僖宗降使宣諭 五月 伊湌近宗謀逆犯闕 出禁軍擊破之
近宗與其黨夜出城 追獲之車裂 秋九月 重修月正堂 崔致遠在唐登科

김씨 상계(金氏 上系)

15 년 (AD 875) : 지진이 일어났다. 왕이 죽어 시호를 경문이라

[번역문]

15년(875) 봄 2월에 서울과 나라의 동쪽 지방에 지진이 일어났다. 살별[星孛]이 동쪽에 나타나 20일만에 없어졌다. 여름 5월에 용이 왕궁의 우물에서 나타났는데, 잠시 후에 구름과 안개가 사방에서 모여 들었다가 날아가 버렸다. 가을 7월 8일에 왕이 죽어 시호를 경문(景文)이라 하였다.

[원문]

十五年 春二月 京都及國東 地震 星孛于東 二十日乃滅 夏五月 龍見王宮井 須臾雲霧四合飛去 秋七月八日 王薨 謚曰景文

헌강왕(憲康王, ?~886)

신라의 제49대 왕(재위 875~886). 문치에 힘썼다. 당나라 희종(僖宗)에 의해 신라왕에 책봉되었다. 처용무(處容舞)가 크게 유행하였으며, 서울의 민가는 모두 기와로 덮고 숯으로 밥을 짓는 등 사치와 환락의 시대가 이룩되어 이때부터 신라는 쇠퇴기에 접어들었다.

성명 김정(金晸). 경문왕·문의왕후(文懿王后)의 아들. 비는 의명부인(懿明夫人). 즉위하자 문치에 힘썼으며, 876년 황룡사(皇龍寺)에 백고좌(百高座: 큰 법회)를 베풀어 불경을 강(講)하게 하였다. 878년 당나라에 조공하여 희종(僖宗)에 의해 신라왕에 책봉되었으며, 이듬해 반란을 도모한 일길찬(一吉湌) 신홍(信弘)을 처형하였다. 880년 처용무(處容舞)가 크게 유행하였으며, 서울의 민가는 모두 기와로 덮고 숯으로 밥을 짓는 등 사치와 환락의 시대가 이룩되었으나, 이때부터 신라는 쇠퇴기에 접어들었다.

김씨 상계(金氏 上系)

0년 (AD 875) : 헌강왕이 왕위에 올랐다.

[번역문]

헌강왕(憲康王)이 왕위에 올랐다. 이름은 정(晸)이다. 경문왕의 태자로, 어머니는 문의왕후(文懿王后)이고 왕비는 의명부인(懿明夫人)이다. 왕은 성품이 총명하고 민첩하였으며 책보기를 좋아하여 눈으로 한번 본 것은 모두 입으로 외웠다. 즉위하여 이찬 위홍(魏弘)을 상대등으로 삼고 대아찬 예겸(乂謙)을 시중으로 삼았다. 중앙과 지방의 사형죄 이하의 죄수들을 크게 사면하였다.

[원문]

憲康王立 諱晸 景文王之太子 母文懿王后 妃懿明夫人 王性聰敏 愛看書 目所一覽 皆誦於口 卽位 拜伊湌魏弘爲上大等 大阿湌乂謙爲侍中 大赦內外殊死已下

2년 (AD 876) : 백고좌회(百高座會)를 열어 불경을 강설

[번역문]

2년(876) 봄 2월에 황룡사에서 승려들에게 재(齋)를 베풀고 백고좌회(百高座會)를 열어 불경을 강설하였는데, 왕이 몸소 거둥하여 그것을 들었다. 가을 7월에 당나라에 사신을 보내 토산물을 바쳤다.

[원문]

二年 春二月 皇龍寺齋僧 設百高座講經 王親幸聽之 秋七月 遣使入唐貢方物

3년 (AD 877) : 고려 태조대왕이 송악군에서 태어났다

[번역문]

3년(877) 봄 정월에 우리[고려] 태조대왕(太祖大王)이

김씨 상계(金氏 上系)

송악군(松岳郡)에서 태어났다.

[원문]

三年 春正月 我太祖大王 生於松岳郡

4 년 (AD 878) : 당나라 희종이 왕을 신라왕으로 책봉

[번역문]

4년(878) 여름 4월에 당나라 희종(僖宗)이 사신을 보내 왕을 사지절(使持節) 개부의동삼사(開府儀同三司) 검교태위(檢校太尉) 대도독계림주제군사(大都督雞林州諸軍事) 신라왕(新羅王)으로 책봉하였다. 가을 7월에 당나라에 사신을 보내 조회하려다가 황소(黃巢)가 난을 일으켰다는 말을 듣고 그만 두었다. 8월에 일본국 사신이 이르렀으므로 왕이 조원전에 불러 접견하였다.

[원문]

四年[주석1] 夏四月 唐僖宗降使 冊封王爲使持節開府儀同三司 檢校太[주석2]尉大都督雞林州諸軍事新羅王 秋七月 遣使朝唐 聞黃巢賊起 乃止 八月 日本國使至 王引見於朝元殿

5 년 (AD 879) : 박사(博士) 이하에게 명하여 강론케 하였다.

[번역문]

5년(879) 봄 2월에 국학에 거둥하여 박사(博士) 이하에게 명하여 강론케 하였다. 3월에 나라 동쪽의 주와 군을 순행(巡幸)하고 있었는데, 어디서 왔는지 알 수 없는 네 사람이 왕의 수레 앞에 와서 노래부르고 춤을 추었다. 생김새가 해괴하고 옷차림과 두건이 괴상하였다. 당시 사람들은 그를 산과 바다의 정령(精靈)이라 일컬었다.<고기에 이르기를 『왕의 즉위 원년의 일이다.』라고 하였다.> 여름 6월에 일길찬 신홍(信弘)이 반란을

김씨 상계(金氏 上系)

일으켰다가 목베여 죽임을 당하였다. 겨울 10월에 준례문(遵禮門)에 나아가 활쏘기를 관람하였다. 11월에 혈성(穴城)의 들판에서 사냥하였다.

[원문]

五年 春二月 幸國學 命博士已下講論 三月 巡幸國東州郡

有不知所從來四人 詣駕前歌舞[주석3] 形容可駭 衣巾詭異 時人謂之山海精靈

古記謂 『王卽位元年事』 夏六月 一吉湌信弘叛 伏誅 冬十月

御遵禮門觀射 十一月 獵穴城原

6년 (AD 880) : 2월에 금성[太白]이 달을 침범하였다.

[번역문]

6년(880) 봄 2월에 금성[太白]이 달을 침범하였다. 시중 예겸(乂謙)이 관직에서 물러났으므로 이찬 민공(敏恭)을 시중으로 삼았다. 가을 8월에 웅주에서 상서로운 벼이삭[嘉禾]을 바쳤다. 9월 9일에 왕이 좌우의 신하들과 함께 월상루(月上樓)에 올라가 사방을 둘러보았는데, 서울 백성의 집들이 서로 이어져 있고 노래와 음악소리가 끊이지 않았다. 왕이 시중 민공(敏恭)을 돌아보고 말하였다. "내가 듣건대 지금 민간에서는 기와로 지붕을 덮고 짚으로 잇지 않으며, 숯으로 밥을 짓고 나무를 쓰지 않는다고 하니 사실인가?" 민공이 "신(臣)도 역시 일찍이 그와 같이 들었습니다." 하고는 아뢰었다. "임금께서 즉위하신 이래 음양(陰陽)이 조화롭고 비와 바람이 순조로와 해마다 풍년이 들어, 백성들은 먹을 것이 넉넉하고 변경은 평온하여 민간에서 즐거워하고 있습니다. 이것은 거룩하신 덕의 소치입니다." 왕이 기뻐하며 말하였다. "이는 경들이 도와준 결과이지 짐(朕)이 무슨 덕이 있겠는가?"

[원문]

六年 春二月 太[주석4]白犯月 侍中乂謙退 伊湌敏恭爲侍中 秋八月 熊州進

嘉禾 九月九日 王與左右 登月上樓四望 京都民屋相屬 歌吹連聲 王顧謂侍中敏恭曰 "孤聞今之民間 覆屋以瓦 不以茅 炊飯以炭 不以薪 有是耶" 敏恭對曰 "臣亦嘗聞之如此" 因奏曰 "上卽位以來 陰陽和風雨順 歲有年民足食 邊境謐靜 市井歡娛 此聖德之所致也" 王欣然曰 "此卿等輔佐之力也 朕何德焉"

7 년 (AD 881) : 임해전에서 여러 신하들에게 잔치를 베풀었다.
[번역문]
7년(881) 봄 3월에 임해전(臨海殿)에서 여러 신하들에게 잔치를 베풀었다. 술이 얼근하게 취하자 임금이 거문고를 타고 좌우의 신하들은 각기 가사(歌詞)를 지어 바치며 매우 즐겁게 놀다가 그쳤다.
[원문]
七年 春三月 燕羣臣於臨海殿 酒酣上鼓[주석5]琴 左右各進歌詞 極歡而罷

8 년 (AD 882) : 일본왕이 사신을 보내 황금과 야광주를 바쳤다
[번역문]
8년(882) 여름 4월에 일본국 왕이 사신을 보내 황금 300량과 야광주[明珠] 10개를 바쳤다. 겨울 12월에 고미현(枯彌縣) 여자가 한꺼번에 아들 셋을 낳았다.
[원문]
八年 夏四月 日本國王遣使 進黃金三百兩 明珠一十箇 冬十二月 枯彌縣女 一產三男

9 년 (AD 883) : 문신들에게 명하여 각자 시 한 수를 짓도록
[번역문]
9년(883) 봄 2월에 왕이 삼랑사(三郞寺)에 거동하여 문신(文臣)들에게

김씨 상계(金氏 上系)

명하여 각자 시 한 수를 짓도록 하였다.
[원문]
九年 春二月 王幸三郞寺 命文臣 各賦詩一首

11 년 (AD 885) : 최치원이 돌아왔다.
[번역문]
11년(885) 봄 2월에 호랑이가 궁궐의 뜰에 들어왔다. 3월에 최치원이 돌아왔다. 겨울 10월 임자에 태백성이 낮에 나타났다. 당나라에 사신을 보내 황소(黃巢)의 도적 무리를 깨뜨린 것을 축하하였다.
[원문]
十一年 春二月 虎入宮庭 三月 崔致遠還 冬十月壬子 太[주석6]白晝見 遣使入唐 賀破黃巢賊

12 년 (AD 886) : 왕이 죽었다. 시호를 헌강이라
[번역문]
12년(886) 봄에 북진(北鎭)에서 아뢰기를 "적국인(狄國人)이 진(鎭)에 들어와 나무조각을 나무에 걸어놓고 돌아갔습니다."라 하고는 그것을 가져다 바쳤다. 그 나무조각에는 15자가 쓰여 있었는데, 이르기를 『보로국(寶露國)과 흑수국(黑水國) 사람들이 함께 신라국과 화친을 통하겠다.』고 하였다. 여름 6월에 왕이 몸이 편치 않아 나라 안의 죄수를 사면하고, 또 황룡사에서 백고좌회(百高座會)를 열어 불경을 강설하였다. 가을 7월 5일에 [왕이] 죽었다. 시호를 헌강(憲康)이라 하고 보리사(菩提寺) 동남쪽에 장사지냈다.
[원문]
十二年 春 北鎭奏 狄國人入鎭 以片木掛樹而歸 遂取以獻

其木書十五字云 『寶露國與黑水國人 共向新羅國和通』 夏六月 王不豫 赦國內獄囚 又於皇龍寺 設百高座講經 秋七月五日 薨 諡曰憲康 葬菩提寺東南

정강왕(定康王, ?~887)

신라 제50대 왕. 휘는 황(晃). 경문왕(景文王)의 둘째 아들. 형 헌강왕(憲康王)이 후사 없이 죽자 그뒤를 이어 즉위하였는데 887년(정강왕 2) 황룡사(皇龍寺)에 백고좌(百高座)를 베풀어 청강(聽講)하였으며 이찬(伊湌) 김요(金蕘)의 반란을 평정하였다. 887년 7월 재위 2년 만에 죽으면서 누이동생 만(曼:眞聖女王)에게 전위(傳位)하였다. 능은 경주 보리사(菩提寺) 남동쪽에 있다.

0년 (AD 886) : 정강왕이 왕위에 올랐다.
[번역문]
정강왕(定康王)이 왕위에 올랐다. 이름은 황(晃)으로, 경문왕의 둘째 아들이다. 8월에 이찬 준흥(俊興)을 시중으로 삼았다. 나라의 서쪽 지방에 가뭄이 들고 또 흉년이 들었다.
[원문]
定康王立 諱晃 景文王之第二子也 八月 拜伊湌俊興爲侍中 國西旱且荒

2년 (AD 887) : 왕이 죽었다. 시호를 정강이라 하고
[번역문]

김씨 상계(金氏 上系)

2년(887) 봄 정월에 황룡사에서 백고좌회를 열고 몸소 거둥하여 강설을 들었다. 한주(漢州)의 이찬 김요(金蕘)가 반란을 일으켰으므로 군사를 일으켜 목베어 죽였다. 여름 5월에 왕이 병이 들어 시중 준흥(俊興)에게 말하였다.

"나의 병이 위중하니 틀림없이 다시는 일어나지 못할 것이다. 그런데 불행하게도 왕위를 이을 자식이 없다. 그러나 누이 만(曼)은 천성이 총명하고 민첩하며 뼈대는 남자와 비슷하니 경들은 마땅히 선덕(善德)과 진덕(眞德)의 옛 일을 본받아 그를 왕위에 세우는 것이 좋겠다."

가을 7월 5일에 [왕이] 죽었다. 시호를 정강(定康)이라 하고
보리사(菩提寺) 동남쪽에 장사지냈다.

[원문]

二年 春正月 設百[주석1]座於皇龍寺 親幸聽講 漢州伊湌金蕘叛 發兵誅之 夏五月 王疾病 謂侍中俊興曰 "孤之病革矣 必不復起 不幸無嗣子 然妹曼天資明銳 骨法似丈夫 卿等宜傚善德·眞德古事 立之可也" 秋七月五日 薨 諡曰定康 葬菩提寺東南

진성여왕(眞聖女王, ? ~ 897년)

재위:887년 ~ 897년)은 신라의 제51대 여왕이다. 휘는 만(曼) 또는 원(垣)이다. 경문왕과 문의왕후 김씨의 딸이자 헌강왕과 정강왕의 여동생이다.

정강왕이 후사를 남기지 못하고 서거하자 정강왕의 유언에 따라 887년 음력 7월에 왕위를 이어받아 즉위하였다. 소행이 좋지 못하고 음란하기 그지없었던 진성여왕은 색욕에 빠져 수많은 미소년들을 징집하여 처소로 불러들인 뒤 음사를 즐기는 데에만 주력하여 나랏일을 제대로 돌보려 하

김씨 상계(金氏 上系)

지 않았다. 그 때문에 여왕과 관계를 맺은 정부들과 여왕에게 아첨하는 간신들의 무리가 나라의 권력을 장악하여 상벌이 함부로 행해지고, 뇌물이 난무하고, 관직을 매수하는 등 조정의 기강이 무너지기 시작했다.

이렇듯 왕실과 조정의 권위가 땅에 떨어지자 자연스레 지방에 대한 통제력을 상실해가는 데다가 여왕의 심한 낭비로 국고가 텅텅 비어 각 지방의 호족들을 닦달하여 세금 납세를 독촉하였다. 그러자 민심은 점차 흉흉해져 여기저기서 민란과 도적이 숱하게 일어나게 되었다. 그 기회를 놓치지 않고 지방의 호족들은 각자 독자적 세력을 키우는 데 전념하였다. 조정에서는 그들을 도적이라고 부르며 군대를 파견해 진압을 하려 했으나 번번이 실패하고 말았다. 그 뒤로 조정의 힘은 겨우 수도인 서라벌 주변에 한정될 정도로 급격히 쇠락해갔으며, 지방 호족들은 서로 간에 힘겨루기 양상을 보였다. 치열한 싸움 끝에 살아남은 견훤과 궁예가 각자 나라를 세우자 후삼국 시대의 서막이 열렸다.

이렇듯 나라가 분열해가자 894년 진성여왕은 최치원을 아찬으로 임명하여 그의 조언에 따라 조정을 일신하고자 안간힘을 쓰기 시작했다. 그러던 도중 897년 음력 6월, 병마에 시달리던 진성여왕은 헌강왕의 서자(庶子)인 요를 왕태자로 삼아 왕위를 물려주었다. 그러고는 그해 음력 12월에 승하하였다.

각간 위홍과 대구화상에게 《삼대목》을 편찬케 하였으나 전하지 않는다.

0 년 (AD 887) : 진성왕이 왕위에 올랐다.
[번역문]
진성왕(眞聖王)이 왕위에 올랐다. 이름은 만(曼)으로, 헌강왕의 여동생이다.〈최치원문집(崔致遠文集) 제2권 사추증표(謝追贈表)에 말하였다.

『신(臣) 탄(坦)은 말씀을 올립니다. 엎드려 칙지(勅旨)를 받음에, 죽은

김씨 상계(金氏 上系)

아버지 신 응(凝)[경문왕]을 추증하여 태사(太師)로 삼고 죽은 형 신 정(晸)을 태부(太傅)로 삼았습니다.』 또 납정절표(納旌節表)에서 말하였다. 『신의 큰 형인 국왕 정(晸)[헌강왕]은 지난 광계(光啓) 3년 7월 5일에 갑자기 성스러운 시대를 버렸고, 신의 사내 조카 요(嶢)는 아직 돓도 되지 않았으므로 신의 둘째 형 황(晃)[정강왕]이 임시로 이 변방의 나라를 다스리게 되었으나 또한 1년이 지나지 않아서 밝은 시대를 마다하고 멀리 세상을 떠났습니다.』 이로써 말하면 경문왕의 이름은 응(凝)인데 본기(本紀)에서는 경응(膺廉)이라 하고, 진성왕의 이름은 탄(坦)인데 본기에서는 만(曼)이라 하였다. 또한 정강왕 황(晃)은 광계(光啓) 3년에 죽었는데 본기에는 2년에 죽었다고 말하니 어느 것이 옳은지 모두 모르겠다.>

[죄수들을] 크게 사면하고 여러 주와 군의 1년간 조세를 면제해 주었다. 황룡사에서 백고좌회를 열고 왕이 몸소 거둥하여 설법(說法)을 들었다. 겨울에 눈이 오지 않았다.

[원문]

眞聖王立 諱曼 憲康王之女弟也 崔致遠文集第二卷 謝追贈表云 『臣坦言 伏奉制旨 追贈亡父臣凝爲太[주석1]師 亡兄臣晸爲太[주석2]傅』 又納旌節表[주석3]云

『臣長兄國王晸 以去光啓三年七月五日 奄御聖代 臣姪男嶢生未周晬 臣仲兄晃權統藩垣 又未[주석4]經朞月 遠謝明時』 以此言之 景文王諱凝 本紀則云 『膺廉』 眞聖王諱坦[주석5] 本紀則云 『曼』 又定康王晃以光啓三年薨 本紀謂 『二年薨』 皆不知孰是 大赦 復諸州郡一年租稅 設百[주석6]座皇龍寺 親幸聽法 冬無雪

2년 (AD 888) : 왕은 각간 위홍과 더불어 정을 통해 왔는데,

[번역문]

김씨 상계(金氏 上系)

　2년(888) 봄 2월에 소량리(少梁里)의 돌이 저절로 움직여 갔다. 왕은 평소 각간 위홍(魏弘)과 더불어 정을 통해 왔는데, 이때 이르러서는 늘 궁궐에 들어와 일을 마음대로 처리하였다. 이에 그에게 명하여 대구화상(大矩和尙)과 함께 향가(鄕歌)를 모아 편찬하도록 하였는데, 그 책을 일러 삼대목(三代目)이라 하였다. 위홍이 죽자 혜성대왕(惠成大王)으로 추존하였다. 이후에는 젊은 미남자 2~3명을 몰래 끌어 들여 음란한 짓을 하고는 그들에게 중요한 관직을 주어서 나라의 정치를 맡겼다. 이로 말미암아 아첨하여 임금의 총애를 받게 된 사람들이 뜻을 마음대로 펴게되어 뇌물이 공공연하게 행해지고, 상(賞)과 벌(罰)이 공정하지 못하여 나라의 기강이 무너지고 느슨해졌다. 그때 이름을 알 수 없는 어떤 사람이 당시의 정치를 거짓으로 비방하는 글을 지어 조회 들어가는 길에 붙여 놓았다. 왕이 사람들에게 명하여 찾아내게 하였으나 찾을 수가 없었다. 어느 사람이 왕에게 말하였다. "이는 문인(文人)으로서 뜻을 얻지 못한 자가 한 짓임이 틀림없습니다. 아마 이는 대야주(大耶州)에 은거하고 있는 사람 거인(巨仁)이 아닐까 합니다." 왕이 명하여 거인을 묶어서 서울의 감옥에 가두고 장차 형벌을 집행하려고 하자, 거인(巨仁)이 분하고 원통하여 감옥의 벽에 다음과 같이 썼다.

　『우공(于公)이 통곡하자 3년 동안 가물었고,
　추연(鄒衍)이 슬픔을 머금으니 5월에 서리가 내렸도다.
　지금 이내 가슴 속 깊이 품은 근심은 옛날과 비슷한데
　하늘은 아무 말 없이 다만 푸르기만 하구나!』

　그날 저녁에 갑자기 구름과 안개가 끼고 천둥이 치고 우박이 내렸다. 왕이 두려워하여 거인(巨仁)을 석방하여 돌려 보냈다. 3월 초하루 무술에 일식이 있었다. 왕이 병환이 들어, 죄수의 정상을 살펴 사형죄 이하를 사면하고 60명에게 승려가 되는 것을 허락하니 왕의 병이 나았다. 여름 5월에

김씨 상계(金氏 上系)

가물었다.

[원문]

　二年 春二月 少梁里石自行 王素與角干魏弘通 至是 常入內用事 仍命與大矩和尙 修集鄕歌 謂之三代目云 及魏弘卒 追諡爲惠成大王 此後 潛引少年美丈夫兩三人 淫亂 仍授其人以要職 委以國政 由是 佞倖肆志 貨賂公行 賞罰不公 紀綱壞弛 時有無名子 欺謗時政 構辭[주석7]榜於朝路 王命人搜索 不能得 或告王曰 "此必文人不得志者所爲 殆是大耶州隱者巨仁耶" 王命拘巨仁京獄 將刑之 巨仁憤怨 書於獄壁曰 『于公慟哭三年旱 鄒衍含悲五月霜 今我幽愁還似古 皇天無語但蒼蒼』 其夕 忽雲霧震雷雨雹 王懼 出巨仁放歸 三月戊戌朔 日有食之 王不豫 錄囚徒 赦殊死已下 許度僧六十人 王疾乃瘳 夏五月 旱

3년 (AD 889) : 주와 군에서 공물과 조세를 보내지 않아,

[번역문]

　3년(889) 나라 안의 여러 주와 군에서 공물과 조세[貢賦]를 보내오지 않아, 나라의 창고가 텅 비어 나라의 씀씀이가 궁핍하게 되었으므로 왕이 사자를 보내 독촉하였다. 이로 말미암아 도적들이 곳곳에서 벌떼처럼 일어났다. 이에 원종(元宗)과 애노(哀奴) 등이 사벌주를 근거로 하여 반란을 일으켰으므로, 왕이 나마 영기(令奇)에게 명하여 붙잡게 하였다. 영기가 적의 보루(堡壘)를 멀리서 바라보고는 두려워 앞으로 나아가지 못하였으나, 촌주(村主) 우련(祐連)은 힘껏 싸우다가 죽었다. 왕이 칙명을 내려 영기를 목베고 나이 10여 세된 우련의 아들로 촌주의 직을 잇게 하였다.

[원문]

　三年 國內諸州郡 不輸貢賦 府庫虛竭 國用窮乏 王發使督促 由是 所在盜賊蜂起 於是 元宗·哀奴等 據沙伐州叛 王命奈麻令奇捕捉 令奇望賊壘 畏不能進 村主祐連 力戰死之 王下勑斬令奇 祐連子年十餘歲 嗣爲村主

김씨 상계(金氏 上系)

4 년 (AD 890) : 황룡사에 거둥하여 연등을 구경하였다.
[번역문]
4년(890) 봄 정월에 햇무리가 다섯 겹으로 둘러졌다. 15일에 황룡사에 거둥하여 연등(燃燈)을 구경하였다.
[원문]
四年 春正月 日暈五重 十五日 幸皇龍寺看燈

5 년 (AD 891) : 양길이 부하 궁예를 보내 10여 군현을 습격
[번역문]
5년(891) 겨울 10월에 북원(北原)의 도적 우두머리 양길(梁吉)이 그의 부하 궁예(弓裔)를 보내 100여 명의 기병을 이끌고 북원의 동쪽 마을 및 명주(溟州) 관내 주천(酒泉) 등 10여 군현을 습격하였다.
[원문]
五年 冬十月 北原賊帥梁吉 遣其佐弓裔 領百餘騎
襲北原東部落及溟州管內酒泉等十餘郡縣

6 년 (AD 892) : 완산의 견훤이 스스로 후백제라 칭하였는데,
[번역문]
6년(892) 완산(完山)의 도적 견훤(甄萱)이 그 주에 근거하여 스스로 후백제(後百濟)라 칭하였는데, 무주(武州) 동남쪽의 군과 현이 항복하여 소속되었다.
[원문]
六年 完山賊甄萱據州 自稱後百濟 武州東南郡縣降屬

김씨 상계(金氏 上系)

7 년 (AD 893) : 병부 시랑 김처회 바다에서 빠져 익사하였다.

[번역문]

7년(893) 병부 시랑 김처회(金處誨)를 당나라에 보내 정절(旌節)을 바치게 하였으나 바다에서 빠져 익사하였다.

[원문]

七年 遣兵部侍郞金處誨 如唐納旌節 沒於海

8 년 (AD 894) : 최치원이 시무(時務) 10여 조를 올리자

[번역문]

8년(894) 봄 2월에 최치원이 시무(時務) 10여 조를 올리자 왕이 기꺼이 그것을 받아들이고 최치원을 아찬으로 삼았다. 겨울 10월에 궁예가 북원(北原)으로부터 하슬라(何瑟羅)에 들어갔는데, 그 무리가 600여 명이나 되었으며 스스로 장군(將軍)이라 일컬었다.

[원문]

八年 春二月 崔致遠進時務一十餘條 王嘉納之 拜致遠爲阿湌 冬十月 弓裔自北原 入何瑟羅 衆至六百餘人 自稱將軍

9 년 (AD 895) : 궁예가 10여 군현을 깨뜨렸다.

[번역문]

9년(895) 가을 8월에 궁예가 저족군(猪足郡)과 성천군(狌川郡)의 두 군을 쳐서 빼앗았다. 그리고 한주 관내의 부약(夫若)과 철원(鐵圓) 등 10여 군현을 깨뜨렸다. 겨울 10월에 헌강왕의 서자(庶子) 요(嶢)를 태자로 삼았다. 일찍이 헌강왕이 놀며 사냥하러 가는 길가에서 한 여자를 보았는데, 용모가 아름다워 왕이 마음으로 그를 사랑하였다. 이에 명을 내려 뒷수레에 태워 장막으로 만든 임시 궁전에 도착하여 야합(野合)하여 곧 임신하여 아들을 낳았다. 성장하자 체모가 우

김씨 상계(金氏 上系)

뚝 뛰어났으므로 이름을 요(嶢)라 하였다. 진성왕이 듣고서 대궐로 불러 들여 손으로 그의 등을 어루만지며 말하였다. "내 형제자매의 뼈대는 남들과 다르다. 이 아이의 등에 두 뼈가 불룩하게 솟아 있으니 진실로 헌강왕의 아들이구나!" 이에 담당 관청에 명을 내려 예를 갖추어 책봉하여 받들게 하였다.

[원문]

九年 秋八月 弓裔擊取猪足[주석8]·狌川二郡 又破漢州管內夫若
·鐵圓等十餘郡縣 冬十月 立憲康王庶子嶢爲太子 初憲康王觀獵
行道傍見一女子 姿質佳麗 王心愛之 命後車載 到帷宮野合
卽有娠而生子 及長體貌魁傑 名曰嶢 眞聖聞之 喚入內 以手撫其背曰
"孤之兄弟[주석9]姉妹 骨法異於人 此兒 背上兩骨隆起 眞憲康王之子也"
仍命有司 備禮封崇

10년 (AD 896) : 도적들이 나라의 서남쪽에서 일어났는데,
[번역문]

10년(896) 도적들이 나라의 서남쪽에서 일어났는데, 그들은 바지를 붉은 색으로 하여서 스스로를 [다른 사람과] 다르게 하였으므로 사람들은 그들을 적고적(赤袴賊)이라 불렀다. 주현(州縣)을 무찔러 해치고 서울의 서부 모량리(牟梁里)에까지 이르러 민가를 약탈하여 갔다.

[원문]

十年 賊起國西南 赤其袴以自異 人謂之赤袴賊 屠害州縣 至京西部牟梁里
劫掠人家而去

11년 (AD 897) : 왕이 북궁에서 죽었다. 시호를 진성이라
[번역문]

11년(897) 여름 6월에 왕이 좌우의 신하들에게 말하였다. "근년 이래로

김씨 상계(金氏 上系)

백성은 곤궁하고 도적들은 벌떼같이 일어나니, 이는 내가 덕이 없는 탓이다. 어진 이에게 자리를 비켜 왕위를 양보하고자 하는 나의 뜻은 결정되었다." 이에 왕위를 태자 요(嶢)에게 물려주었다. 그리고 당나라에 사신을 보내 글을 올려 아뢰었다. 『신(臣) 아무개는 말씀을 올립니다. 희중(義仲)의 관직은 신의 본분이 아니고, 연릉(延陵)의 절조를 지키는 것이 곧 신의 좋은 방책입니다. 신의 사내 조카 요(嶢)는 신의 죽은 형 정(晸)의 자식인데, 나이가 거의 15세가 되었고 자질은 종사(宗社)를 일으킬 만하므로 밖에서 구하여 데려오지 않고 안에서 천거하게 되었습니다. 근래에 이미 정치를 임시로 맡겨 다스리게 하여 나라의 재앙을 진정시켰습니다.』 겨울 12월 을사에 왕이 북궁(北宮)에서 죽었다. 시호를 진성(眞聖)이라 하고 황산(黃山)에 장사지냈다.

[원문]

十一年 夏六月 王謂左右曰 "近年以來 百姓困窮 盜賊蜂起 此孤之不德也 避賢讓位 吾意決矣 禪位於太子嶢" 於是 遣使入唐表奏曰 『臣某言 居羲仲之官 非臣素分 守延陵之節 是臣良圖 以臣姪男嶢 是臣亡兄晸息 年將志學 器可興宗 不假外求 爰從內擧 近已俾權藩寄 用靖國災』 冬十二月乙巳 王薨於北宮 諡曰 眞聖 葬于黃山

효공왕(孝恭王, ?~912)

신라의 제52대 왕(재위 897~912). 진성여왕이 죽자 즉위, 궁예에게 패서도(浿西道)·한산주(漢山州) 관내의 30여 성을 빼앗기고, 남서쪽의 땅을 견훤에게 빼앗겼으며, 북쪽의 땅을 또 궁예에게 빼앗겨 신라의 영토는 날로 축소되어 감에도 환락의 세월을 보냄으로써 후삼국을 탄생케 하였다.

김씨 상계(金氏 上系)

성 김(金). 이름 요(嶢). 헌강왕(憲康王)의 서자. 어머니는 의명태후(義明太后) 김씨. 비는 이찬(伊飡) 우겸(又謙)의 딸 김씨. 893년(진성여왕 9) 태자에 책봉되고, 897년 진성여왕이 죽자 즉위, 898년에 궁예에게 패서도(浿西道)·한산주(漢山州) 관내의 30여 성을 빼앗기고, 900년 남서쪽의 땅을 견훤에게 빼앗겼으며, 904년 북쪽의 땅을 또 궁예에게 빼앗겨 신라의 영토는 날로 축소되어갔다.

907년 견훤에게 일선군(一善郡) 이남의 10여 성을 빼앗기고도 환락의 세월을 보냄으로써 후삼국(後三國)을 탄생케 하였다.

0 년 (AD 897) : 효공왕이 왕위에 올랐다.

[번역문]

효공왕(孝恭王)이 왕위에 올랐다. 이름은 요(嶢)이고, 헌강왕의 서자(庶子)이며 어머니는 김씨이다. 크게 사면하고 문무백관의 관작(官爵)을 한 등급씩 올려주었다.

[원문]

孝恭王立 諱嶢 憲康王之庶子 母金氏 大赦 增文武百官爵一級

2 년 (AD 898) : 어머니 김씨를 높여 의명왕태후로 삼았다.

[번역문]

2년(898) 봄 정월에 어머니 김씨를 높여 의명왕태후(義明王太后)로 삼았다. 서불한 준흥(俊興)을 상대등으로 삼고 아찬 계강(繼康)을 시중으로 삼았다. 가을 7월에 궁예가 패서도(浿西道)와 한산주(漢山州) 관내의 30여 성을 빼앗고 마침내 송악군(松岳郡)에 도읍하였다.

[원문]

二年 春正月 尊母金氏爲義明王太[주석1]后 以舒弗邯俊興爲上大等 阿飡繼

김씨 상계(金氏 上系)

康爲侍中 秋七月 弓裔取浿西道 及漢山州管內三十餘城 遂都於松岳郡

3년 (AD 899) : 이찬 예겸의 딸을 맞아들여 왕비로 삼았다.

[번역문]

3년(899) 봄 3월에 이찬 예겸(乂謙)의 딸을 맞아들여 왕비로 삼았다. 가을 7월에 북원(北原)의 도적 우두머리 양길(梁吉)이, 궁예가 자기에게 딴 마음을 품고 있는 것을 꺼리어 국원(國原) 등 10여 곳의 성주들과 함께 그를 칠 것을 모의하고 군사를 비뇌성(非惱城) 아래로 진군시켰으나 양길의 군사가 패하여 흩어져 달아났다.

[원문]

三年 春三月 納伊湌乂謙之女爲妃 秋七月 北原賊帥梁吉 忌弓裔貳己 與國原等十餘城主 謀攻之 進軍於非惱城下 梁吉兵潰走

4년 (AD 900) : 도적 우두머리 청길과 신훤이 궁예게 항복

[번역문]

4년(900) 겨울 10월에 국원(國原), 청주(靑州), 괴양(槐壤)의 도적 우두머리 청길(淸吉)과 신훤(莘萱) 등이 성을 바쳐 궁예에게 항복하였다.

[원문]

四年 冬十月 國原·靑[주석2]州·槐壤賊帥淸吉·莘萱等 擧城投[주석3]於弓裔

5년 (AD 901) : 궁예가 왕이라 칭하였다.

[번역문]

5년(901) 궁예가 왕이라 칭하였다. 가을 8월에 후백제 왕 견훤(甄萱)이 대야성을 공격하였으나 이기지 못하자 군사를 금성(錦城)의 남쪽으로 옮겨 연변(沿邊)의 마을을 약탈하고 돌아갔다.

김씨 상계(金氏 上系)

[원문]

五年 弓裔稱王 秋八月 後百濟王甄萱 攻大耶城 不下 移軍錦城之南 奪掠沿邊部落而歸

6 년 (AD 902) : 대아찬 효종(孝宗)을 시중으로 삼았다.

[번역문]

6년(902) 봄 3월에 서리가 내렸다. 대아찬 효종(孝宗)을 시중으로 삼았다.

[원문]

六年 春三月 降霜 以大阿湌孝宗爲侍中

7 년 (AD 903) : 궁예가 도읍을 옮기고자 하여

[번역문]

7년(903) 궁예가 도읍을 옮기고자 하여 철원(鐵圓)과 부양(斧壤)에 이르러 산수를 두루 살펴보았다.

[원문]

七年 弓裔欲移都 到鐵圓·斧壤 周覽山水

8 년 (AD 904) : 궁예가 신라에 의거하여 관직을 설치

[번역문]

8년(904) 궁예가 여러 관직을 설치하였는데, 신라의 제도에 의거하였다.<제정한 관직 이름은 비록 신라의 제도에 따랐으나 다른 것도 있었다.> 나라 이름을 마진(摩震)이라 하고 연호를 무태(武泰) 원년(元年)이라 하였다. 패강도(浿江道)의 10여 주현이 궁예에게 항복하였다.

김씨 상계(金氏 上系)

[원문]

八年 弓裔設百官 依新羅制 所制官號 雖因羅制 殿[주석4]有異[주석5]者 國號摩震

年號武泰元年[주석6] 浿江[주석7]道十餘州縣 降於弓裔

9 년 (AD 905) : 궁예가 철원으로 도읍을 옮겼다.

[번역문]

9년(905) 봄 2월에 별이 비오듯 떨어졌다. 여름 4월에 서리가 내렸다. 가을 7월에 궁예가 철원으로 도읍을 옮겼다. 8월에 궁예가 군사를 움직여 우리의 변방 고을을 침략하고 약탈하며 죽령(竹嶺) 동북쪽에까지 이르렀다. 왕은 땅이 날로 줄어드는 것을 듣고 매우 걱정하였으나 힘으로 막을 수가 없어, 여러 성주(城主)들에게 명하여 나가서 싸우지 말고 성벽을 군건히 하여 지키도록 하였다.

[원문]

九年 春二月 星隕如雨 夏四月 降霜 秋七月 弓裔移都於鐵圓 八月

弓裔行兵 侵奪我邊邑 以至竹嶺東北 王聞彊場日削 甚患 然力不能禦

命諸城主 愼勿出戰 堅壁固守

10 년 (AD 906) : 파진찬 김성을 상대등으로 삼았다.

[번역문]

10년(906) 봄 정월에 파진찬 김성(金成)을 상대등으로 삼았다. 3월에 앞서 당나라에 들어가 급제했던 김문울(金文蔚)은 관직이 공부원외랑(工部員外郎) 기왕부자의참군(沂王府諮議參軍)에 이르렀는데, [이때] 책명사(冊命使)에 임명되어 돌아왔다. 여름 4월부터 5월까지 비가 내리지 않았다.

[원문]

김씨 상계(金氏 上系)

十年 春正月 以波珍湌金成爲上大等 三月 前入唐及第金文蔚
官至工部員外郞沂王府諮議叅軍 充冊命使而還 自夏四月至五月 不雨

11년 (AD 907) : 일선군 이남의 10여 성이 견훤에게 빼앗겼다.

[번역문]

11년(907) 봄과 여름에 비가 오지 않았다. 일선군(一善郡) 이남의 10여 성이 모두 견훤에게 빼앗겼다.

[원문]

十一年 春夏 無雨 一善郡以南十餘城 盡爲甄萱所取

12년 (AD 908) : 봄 2월에 살별이 동쪽에 나타났다

[번역문]

12년(908) 봄 2월에 살별이 동쪽에 나타났다. 3월에 서리가 내렸다. 4월에 우박이 내렸다.

[원문]

十二年 春二月 星孛于東 三月 隕霜 夏四月 雨雹

13년 (AD 909) : 궁예가 진도군(珍島郡)을 항복시켰다.

[번역문]

13년(909) 여름 6월에 궁예가 장군(將軍)에게 명하여 병선(兵船)을 거느리고 가서 진도군(珍島郡)을 항복시켰다. 또한 고이도성(皐夷島城)을 깨뜨렸다.

[원문]

十三年 夏六月 弓裔命將領兵舡[주석8] 降珍島[주석9]郡 又破皐夷島城

김씨 상계(金氏 上系)

14 년 (AD 910) : 견훤이 이끌고 나주성을 에워싸고

[번역문]

14년(910) 견훤이 몸소 보병과 기병 3천 명을 이끌고 나주성(羅州城)을 에워싸고 열흘이 지나도록 풀지 않았다. 궁예가 수군을 내어 그들을 습격하자 견훤이 군사를 이끌고 물러갔다.

[원문]

十四年 甄萱躬率步騎三千 圍羅州城 經旬不解 弓裔發水軍 襲擊之 萱引軍而退

15 년 (AD 911) : 궁예가 나라 이름을 태봉으로 고치고

[번역문]

15년(911) 봄 정월 초하루 병술에 일식이 있었다. 왕이 비천한 첩에게 빠져서 나라의 정치를 돌보지 않았다. 대신 은영(殷影)이 간언(諫言)하였으나 따르지 않았으므로, 은영이 그 첩을 잡아 죽였다. 궁예가 나라 이름을 태봉(泰封)으로 고치고 연호를 수덕만세(水德萬歲)라 하였다.

[원문]

十五年 春正月丙戌朔 日有食之 王嬖於賤妾 不恤政事 大臣殷影諫 不從 影執其妾殺之 弓裔改國號泰封 年號水德萬歲

16 년 (AD 912) : 왕이 죽었다. 시호를 효공이라 하고

[번역문]

16년(912) 여름 4월에 왕이 죽었다. 시호를 효공(孝恭)이라 하고, 사자사(師子寺) 북쪽에 장사지냈다.

[원문]

十六年 夏四月 王薨 諡曰孝恭 葬于師子寺北

김씨 상계(金氏 上系)

경순왕(敬順王, ?~978)

재위기간 927년~935년. 이름은 부(傅). 문성왕(文聖王)의 6대손. 아버지는 이찬(伊湌)효종(孝宗)이며, 어머니는 헌강왕(憲康王)의 딸 계아태후(桂娥太后)이다. 927년 후백제 견훤(甄萱)의 침공으로 경애왕(景哀王)이 죽은 뒤 왕위에 올랐다. 재위 때는 각처에서 군웅(群雄)이 할거하여 국력이 쇠퇴하고, 특히 여러 차례에 걸친 후백제의 침공과 약탈로 국가의 기능이 마비되었다. 영토는 날로 줄어들고, 민심이 신흥 고려로 기울어지자 군신회의(群臣會議)를 소집, 고려에 귀부(歸附)하기로 결정하고, 935년 고려 태조에게 항복하였다. 태조로부터 유화궁(柳花宮)을 하사받았으며, 낙랑공주(樂浪公主)를 아내로 맞고 정승공(政承公)에 봉해졌으며, 경주(慶州)를 식읍(食邑)으로 받았다. 한편, 경주의 사심관(事審官)에 임명됨으로써 고려시대 사심관제도의 시초가 되었다. 능은 경기 연천군 장남면(長南面)에 있다.

0 년 (AD 927) : 경순왕이 왕위에 올랐다.

[번역문]

경순왕(敬順王)이 왕위에 올랐다. 이름은 부(傅)이다. 문성대왕의 후손으로 이찬 효종(孝宗)의 아들이고, 어머니는 계아태후(桂娥太后)이다. 견훤에 의하여 추대되어 즉위하게 되었는데, 앞 왕의 시신을 들어서 서당(西堂)에 모셔두고 여러 신하들과 함께 통곡하고 시호를 올려 경애(景哀)라 하였으며 남산(南山) 해목령(蟹目嶺)에 장사지냈다. 태조가 사신을 보내 조문하고 제사지냈다.

[원문]

敬順王立 諱傅 文聖大王之裔孫 孝宗伊湌之子也 母桂娥太后

김씨 상계(金氏 上系)

爲甄萱所擧卽位 擧前王屍 殯於西堂 與羣下慟哭 上諡曰景哀
葬南山蟹目嶺 太祖遣使弔祭

1 년 (AD 927) : 죽은 아버지를 신흥대왕으로 추존하고
[번역문]
원년(927) 11월에 죽은 아버지를 신흥대왕(神興大王)으로 추존하고 어머니를 왕태후로 삼았다. 12월에 견훤이 대목군(大木郡)에 침입하여 들판에 쌓아놓은 곡식을 모두 불태웠다.
[원문]
元年 十一月 追尊考爲神興大王 母爲王太[주석1]后 十二月 甄萱侵大木郡 燒盡田野積聚

2 년 (AD 928) : 고려의 장군 김상 도적과 싸우다 죽었다.
[번역문]
2년(928) 봄 정월에 고려의 장군 김상(金相)이 초팔성(草八城) 도적 흥종(興宗)과 싸우다 이기지 못하고 죽었다. 여름 5월에 강주(康州) 장군 유문(有文)이 견훤에게 항복하였다. 6월에 지진이 일어났다. 가을 8월에 견훤이 장군 관흔(官昕)에게 명하여 양산(陽山)에 성을 쌓게 하였다. 태조가 명지성(命旨城) 장군 왕충(王忠)에게 명하여 군사를 이끌고 공격하여 달아나게 하였다. 견훤이 대야성(大耶城) 아래에 나아가 진을 치고 머무르며 군사를 나누어 보내 대목군의 벼를 베어갔다. 겨울 10월에 견훤이 무곡성(武谷城)을 쳐서 함락시켰다.
[원문]
二年 春正月 高麗將金相 與草八城賊興宗戰 不克死之 夏五月
康州將軍有文 降於甄萱 六月 地震 秋八月 甄萱命將軍官昕 築城於陽山

김씨 상계(金氏 上系)

太祖命命旨城將軍王忠 率兵擊走之 甄萱進屯於大耶城下 分遣軍士
芟取大木郡禾稼 冬十月 甄萱攻陷武谷城

3년 (AD 929) : 천축국 승려 마후라가 고려에 이르렀다.
[번역문]
 3년(929) 여름 6월에 천축국(天竺國) 승려 마후라(摩睺羅)가 고려에 이르렀다. 가을 7월에 견훤이 의성부(義城府)의 성(城)을 공격하였으므로 고려 장군 홍술(洪述)이 나아가 싸웠으나 이기지 못하고 죽었다. 순주(順州) 장군 원봉이 견훤에게 항복하였다. 태조가 그것을 듣고 노하였으나 원봉은 일찍이 공로가 있었으므로 그를 용서해 주고 단지 순주를 고쳐 현(縣)으로 삼았다. 겨울 10월에 견훤이 가은현(加恩縣)을 에워쌌으나 이기지 못하고 되돌아갔다.
[원문]
三年 夏六月 天竺國三藏摩睺羅抵高麗 秋七月 甄萱攻義城[주석2]府城
高麗將洪述出戰 不克死之 順州將軍元逢 降於甄萱 太祖聞之怒
然以元逢前功宥之 但改順州爲縣 冬十月 甄萱圍加恩縣 不克而歸

4년 (AD 930) : 재암성 장군 선필(善弼)이 고려에 항복하니,
[번역문]
 4년(930) 봄 정월에 재암성(載巖城) 장군 선필(善弼)이 고려에 항복하니, 태조가 두터운 예로서 대우하고 상보(尙父)로 칭하였다. 일찍이 태조가 장차 신라와 우호를 통하려 할 때 선필이 그것을 인도해 주었는데 이때 이르러 항복하였다. 그는 공로가 있었고 또한 나이가 많은 것을 염두에 둔 까닭에 그를 총애하여 포상한 것이다. 태조가 견훤과 고창군(古昌郡) 병산(甁山) 아래에서 싸워 크게 이겼는데, 죽이고 사로잡은 사람이 매

김씨 상계(金氏 上系)

우 많았다. 영안(永安), 하곡(河曲), 직명(直明), 송생(松生) 등 30여 군현이 차례로 이어서 태조에게 항복하였다. 2월에 태조가 사신을 보내 승리를 알리니 왕이 답례(答禮)로 사람을 보내 방문하고 아울러 서로 만나기를 청하였다. 가을 9월에 나라 동쪽의 바닷가 주군(州郡)의 마을들이 모두 태조에게 항복하였다.

[원문]

四年 春正月 載巖城將軍善弼降高麗 太祖厚禮待之 稱爲尙父

初太祖將通好新羅 善弼引導之 至是降也 念其有功且老 故寵褒之

太祖與甄萱 戰古昌郡甁山之下 大捷 殺虜甚衆

其永安·河曲·直明·松生等三十餘郡縣 相次降於太祖 二月

太祖遣使告捷 王報聘兼請相會 秋九月 國東沿海州郡[주석3]部落 盡降於太祖

5년 (AD 931) : 태조가 경기(京畿)에 이르러 뵙기를 청하였다.

[번역문]

5년(931) 봄 2월에 태조가 50여 명의 기병을 이끌고 경기(京畿)에 이르러 뵙기를 청하였다. 왕은 백관과 함께 교외에서 맞이하여 궁궐에 들어와 서로 대면하고 정성과 예의를 곡진하게 하였다. 임해전에서 잔치를 베풀었는데, 술이 얼근하게 취하자 왕이 말하였다. "나는 하늘의 도움을 받지 못하여 화란(禍亂)이 점점 닥치고, 견훤이 의롭지 못한 짓을 마음대로 행하여 우리나라를 망하게 하니 그 어떤 원통함이 이와 같을 수 있겠는가?" 그리고는 눈물을 줄줄 흘리며 우니, 좌우의 신하들이 목메어 울지 않음이 없었다. 태조 역시 눈물을 흘리며

위로하고, 수십 일을 머무르다가 수레를 돌렸다. 왕이 혈성(穴城)까지 전송하고 사촌 동생[堂弟] 유렴(裕廉)을 볼모로 삼아 [태조의] 수레를 따라가게 하였다. 태조 휘하의 군사는 정숙하고 공정하여 조금도 나쁜 짓을

김씨 상계(金氏 上系)

저지르지 않았으므로, 도읍 사람들이 서로 경하해 하며 말하였다. "옛날 견씨(甄氏)가 왔을 때에는 마치 승냥이나 범을 만난 것 같았는데 지금 왕공(王公)이 이르러서는 마치 부모를 보는 듯하구나." 가을 8월에 태조가 사신을 보내 왕에게 채색 비단과 안장 갖춘 말을 보내주고 아울러 여러 관료와 장수, 군사들에게 베와 비단을 차등있게 주었다.

[원문]

五年 春二月 太祖率五十餘騎 至京畿通謁 王與百官郊迎 入宮相對
曲盡情禮 置宴於臨海殿 酒酣 王言曰 "吾以不天 寖致禍亂
甄萱恣行不義 喪我國家 何痛如之" 因泫然涕泣 左右無不嗚咽
太祖亦流涕慰藉 因留數旬廻駕 王送至穴城 以堂弟裕廉爲質 隨駕焉
太祖麾下軍士肅正 不犯秋毫 都人士女相慶曰 "昔甄氏之來也 如逢豺虎
今王公之至也 如見父母" 秋八月 太祖遣使 遺王以錦彩·鞍馬 幷賜羣僚將士布
帛 有差

6년 (AD 932) : 김불과 이유를 당나라에 보내 조공하였다.

[번역문]

6년(932) 봄 정월에 지진이 일어났다. 여름 4월에 사신 집사시랑(執事侍郎) 김불(金昢)과 부사 사빈경(司賓卿) 이유(李儒)를 당나라에 보내 조공하였다.

[원문]

六年 春正月 地震 夏四月 遣使[주석4]執事侍郎金昢[주석5] 副使司賓卿李儒
入[주석6]唐朝貢

7년 (AD 933) : 당나라 명종이 고려에 책명을 내려 주었다.

[번역문]

김씨 상계(金氏 上系)

7년(933) 당나라의 명종(明宗)이 사신을 고려에 보내 책명(冊命)을 내려주었다.

[원문]

七年 唐明宗遣使高麗 錫命

8 년 (AD 934) : 운주땅 30여 군현이 태조에게 항복하였다.

[번역문]

8년(934) 가을 9월에 노인성(老人星)이 나타났다. 운주(運州) 땅의 30여 군현이 태조에게 항복하였다.

[원문]

八年 秋九月 老人星見 運州界三十餘郡縣 降於太祖

9 년 (AD 935) : 왕은 땅을 들어 태조에게 항복하였다.

[번역문]

9년(935) 겨울 10월에 왕은 사방의 토지가 모두 다른 사람의 차지가 되었고 나라는 약하고 형세는 외롭게 되어 스스로 힘으로 안정시킬 수 없다고 여겨, 여러 신하들과 더불어 도모하여 땅을 들어 태조에게 항복하려고 하였다. 여러 신하들이 의논하기를 어떤 사람은 그렇게 하는 것이 좋다 하고 어떤 이는 그렇게 해서는 안된다고 하였다. 왕자가 말하였다.

"나라가 존속하고 망함에는 반드시 하늘의 명(命)이 있습니다. 단지 충성스러운 신하와 의로운 선비들과 더불어 합심하여 백성의 마음을 한데 모아 스스로 지키다가 힘이 다 한 이후에 그만둘 일이지, 어찌 1천 년 사직을 하루 아침에 가볍게 남에게 줄 수 있겠습니까?" 그러자 왕이 말하였다.

"외롭고 위태로움이 이와 같으니 형세를 보전할 수가 없다. 이미 강해질 수도없고 더 약해질 것도 없으니 죄없는 백성으로 하여금 간(肝)과 뇌(腦)

김씨 상계(金氏 上系)

를 땅에 바르도록 하는 것은 내가 차마 할 수 없는 바이다." 이에 시랑(侍郞) 김봉휴(金封休)로 하여금 서신을 가지고 가서 태조에게 항복을 청하게 하였다. 왕자는 울면서 왕에게 하직하고 떠나 곧바로 개골산(皆骨山)에 들어가 바위에 의지하여 집을 삼고 삼베옷을 입고 풀을 먹으며 살다가 일생을 마쳤다.

1월에 태조가 왕의 글을 받고 대상(大相) 왕철(王鐵) 등을 보내 그를 맞이하게 하였다. 왕은 백관을 이끌고 서울에서 출발하여 태조에게 귀순하였다. 아름다운 수레와 보배로 장식한 말들이 30여 리에 이어져 뻗쳐 길을 꽉 메웠으며 구경하는 사람들은 담을 두른 듯하였다. 태조가 교외에 나가 맞이하여 위로하고 궁궐 동쪽의 가장 좋은 집 한 채를 내려 주었으며 맏딸 낙랑공주(樂浪公主)를 아내로 삼게 하였다. 12월에 [경순왕을] 정승공(正丞公)으로 봉하고 지위를 태자(太子)보다 위에 있게 했으며, 봉록(俸祿) 1천 섬을 주었다. 시종(侍從)한 관원과 장수들도 모두 등용해 썼고 신라(新羅)를 경주(慶州)로 고쳐 공의 식읍(食邑)으로 삼았다. 처음에 신라가 항복하자 태조가 매우 기뻐하여 두터운 예로써 대우하고 사람을 시켜 고하였다.

"지금 왕께서 나라를 나에게 주었으니 이는 큰 것을 주신 것입니다. 바라건대 [왕의] 종실과 혼인을 맺어 장인과 사위의 우호를 영원히 누렸으면 합니다." [경순왕이] 대답하였다. "나의 큰아버지 잡간(迊干) 억렴(億廉)은 지대야군사(知大耶郡事)인데, 그 딸자식은 덕과 용모 모두 뛰어났으니 이 사람이 아니면 집안 살림을 갖출 수가 없을 것입니다." 태조가 마침내 그를 아내로 삼아 아들을 낳으니 이가 현종(顯宗)의 아버지로, [후에] 안종(安宗)으로 추봉되었다. 경종(景宗) 헌화대왕(獻和大王) 때 이르러 정승공의 딸을 맞아들여 왕비로 삼고 정승공을 상보령(尙父令)으로 봉하였다. 공은 송(宋)나라 흥국(興國) 4년 무인에 이르러 죽었는데, 시호를 경순

김씨 상계(金氏 上系)

(敬順)<또는 효애(孝哀)라고도 하였다.>이라 하였다. 나라 사람들은 시조로부터 이 때까지를 삼대(三代)로 나누었는데, 처음부터 진덕왕(眞德王)까지 28명의 왕을 상대(上代)라 하고 무열왕(武烈王)부터 혜공왕(惠恭王)까지 8명의 왕을 중대(中代)라 하였으며 선덕왕(宣德王)부터 경순왕(敬順王)까지 20명의 왕을 하대(下代)라 일컬었다.

사론(史論): 신라의 박씨와 석씨는 모두 알에서 태어났고 김씨는 금 궤짝 속에 들어 하늘에서 내려왔다. 어떤 사람은 말하기를 금수레를 타고 왔다고도 한다. 이것은 매우 괴상하여 믿을 수 없으나, 세간(世間)에서는 서로 전하여 그것을 사실로 여긴다. 정화(政和) 연간에 우리 조정에서 상서(尙書) 이자량(李資諒)을 송나라에 보내 조공하였는데, 신(臣) 부식(富軾)이 문한(文翰)의 임무를 띠고 보좌하여 따라갔다가 우신관(佑神館)에 나아가 한 집에 선녀상을 모셔둔 것을 본 적이 있다. 관반학사(舘伴學士) 왕보(王黼)가 말하기를 "이는 그대들 나라의 신(神)인데 공들은 그것을 아는가?" 하고는 마침내 일러주었다.

"옛날에 황실의 딸이 남편 없이 임신하게 되었으므로 사람들에게 의심을 받게 되었습니다. 그래서 바다 건너 진한(辰韓)에 이르러 아들을 낳았는데, 그가 해동(海東)의 첫 임금이 되었고 황제의 딸은 지선(地仙)이 되어 오래도록 선도산(仙桃山) 있었으니 이것이 그의 상(像)입니다."

나는 또 송나라 사신 왕양(王襄)의 동신성모(東神聖母) 제문(祭文)을 보았는데, 『어진 이를 낳아 나라를 처음 열었다.』는 구절이 있었으므로 동신(東神)은 곧 선도산의 신성(神聖)임을 알았다. 그러나 그 아들이 어느 때 왕노릇을 했는지는 알지 못하겠다. 지금 다만 그 시초를 추구해 보면, 위에 있는 사람은 자신을 위해서는 검소하고 남을 위해서는 관대하였으며, 관직을 설치함에는 간략하게 하고 일을 행함에는 간소하게 하였다. 지극한 정성으로 중국을 섬겨 산 넘고 바다 건너 조회하는 사신이 서로

김씨 상계(金氏 上系)

이어져 끊이지 않았으며, 항상 자제들을 보내 [중국] 조정에 나아가 숙위하고 국학(國學)에 들어가 배우고 익혔다. 이에 성현의 풍습과 교화를 입어 거친 습속을 변화시켜 예의가 있는 나라가 되었다. 또 황제 군사의 신령스러운 위엄에 기대어 백제와 고구려를 평정하고 그 땅을 차지하여 군현으로 삼았으니 융성하다고 이를 만하다. 그러나 불교의 법을 신봉하여 그 폐단을 알지 못하였다. 마을마다 탑과 절이 즐비하게 되도록 하고 백성들은 도망하여 승려가 되어, 병사와 농민은 점차 적어져 나라가 날로 쇠퇴해 갔으니, 어지럽게 되어 망하지 않기를 어찌 바라겠는가? 이러한 때 경애왕은 더욱이 노는 데만 빠져 궁녀와 좌우의 신하들과 함께 포석정(鮑石亭)에 나가 놀며 주연을 베풀고 즐기다가 견훤이 이르는지도 알지 못했으니, 무릇 문 밖의 한금호(韓擒虎)와 다락 위의 장려화(張麗華)와 다름이 없었다. 경순왕이 태조에게 귀순한 것은 비록 마지 못해서 한 것이지만 역시 칭찬할 만하다. 그때 만약 결사적으로 지키려고 힘써 싸워 왕의 군사에게 대항하였다가 힘은 꺾이고 세력이 다 되었다면, 반드시 그 종실(宗室)은 엎어지고 해(害)가 죄없는 백성에게까지 미쳤을 것이다. 그러나 명을 기다리지 않고 왕실의 창고를 봉(封)하고 군현을 기록하여 귀순하였으니, 그것은 [고려] 조정에 공로가 있고 백성에게 덕이

있음이 매우 컸다. 옛날에 전씨(錢氏)가 오월(吳越)의 땅을 송(宋)에 바친 것을 소자첨(蘇子瞻)이 그를 충신이라 일컬었는데, 지금 신라의 공덕은 그보다 훨씬 넘는다. 우리 태조의 비(妃)와 빈(嬪)이 많아 그 자손 또한 번성한데, 현종은 라의 외손에서 나와 왕위에 올랐으며 그 후에 왕통을 이은 사람은 모두 그 자손이니 어찌 음덕(陰德)의 보답이 아니겠는가?

[원문]

九年 冬十月 王以四方土地 盡爲他有 國弱勢孤 不能自安 乃與羣下謀 擧土降太祖 羣臣之議 或以爲可 或以爲不可 王子曰 "國之存亡 必有天命 只合與忠臣

김씨 상계(金氏 上系)

義士 收合民心 自固力盡而後已 豈宜以一千年社稷 一旦輕以與人" 王曰 "孤危若此 勢不能全 旣不能强 又不能弱 至使無辜之民 肝腦塗地 吾所不能忍也" 乃使侍郞金封休 賷書請降於太祖 王子哭泣辭王 徑歸皆骨山 倚巖爲屋 麻衣草食 以終其身 十一月 太祖受王書 送大相王鐵等 迎之 王率百寮 發自王都 歸于太祖 香車寶馬 連亘三十餘里 道路塡咽 觀者如堵 太祖出郊迎勞 賜宮東甲第一區 以長女樂浪公主妻之 十二月 封爲正丞[주석7]公 位在太子之上 給祿一千石 侍從員將 皆錄用之 改新羅爲慶州 以爲公之食邑 初 新羅之降也 太祖甚[주석8]喜 旣待之以厚禮 使告曰 "今王以國與寡人 其爲賜大矣 願結昏於宗室 以永甥舅之好" 答曰 "我伯父億廉抂干 知大耶郡事 其女子德容雙美 非是無以備內政" 太祖遂取之生子 是顯宗之考 追封爲安宗 至景宗獻和大王 聘正承公女納爲王妃 仍封正承公爲尙父令 公至大宋興國四年戊寅 薨 諡曰敬順 一云孝哀 國人自始祖至此 分爲三代 自初至眞德二十八王 謂之上代 自武烈至惠恭八王 謂之中代 自宣德至敬順二十王 謂之下代云 論曰 新羅朴氏·昔氏 皆自卵生 金氏從天入金樻而降 或云乘金車 此尤詭怪不可信 然世俗相傳 爲之實事 政和中 我朝遣尙書李資諒 入宋朝貢 臣富軾以文翰之任輔行 詣佑神舘 見一堂設女仙像 舘伴學士王黼曰 "此貴國之神 公等知之乎" 遂言曰 "古有帝室之女 不夫而孕 爲人所疑 乃泛海抵辰韓生子 爲海東始主 帝女爲地仙 長在仙桃山 此其像也" 臣又見大宋國信使王襄祭東神聖母文 有娠賢肇邦之句 乃知東神則仙桃山神聖者也 然而不知其子王於何時 今但原厥初 在上者 其爲己也儉 其爲人也寬 其設官也略 其行事也簡 以至誠事中國 梯航朝聘之使 相續不絶 常遣子弟 造朝而宿衛 入學而講習 于以襲聖賢之風化 革鴻荒之俗 爲禮義之邦 又憑王師之威靈 平百濟·高句麗 取其地 郡縣之 可謂盛矣 而奉浮屠之法 不知其弊 至使閭里 比其塔廟 齊民逃於緇褐 兵農浸[주석9]小 而國家日衰 則幾何其不 亂且亡也哉 於是時也 景哀加之以荒樂 與宮人左右 出遊鮑石亭 置酒燕衎 不知甄萱之至 與夫門外韓擒虎 樓頭張麗華 無以異矣 若敬順之歸命太祖 雖非獲已 亦可嘉矣 向若力戰守

김씨 상계(金氏 上系)

死 以抗王師 至於力屈勢窮 則必覆其宗族 害及于無辜之民 而乃不待告命 封府庫籍郡縣 以歸之 其有功於朝廷 有德於生民 甚大 昔錢氏 以吳越入宋 蘇子瞻謂之忠臣 今新羅功德 過於彼 遠矣 我太祖 妃嬪衆多 其子孫亦繁衍 而顯宗自新羅外孫 卽寶位 此後繼統者 皆其子孫 豈非陰德之報者歟

三國史記 卷 第十二

김씨 상계(金氏 上系)

신라왕실(新羅王室) 연대표(年代表)

代數	王號	卽位年	在位	姓諱	系	后妃	備考
一	赫居世居西干	全五七	六〇	朴赫居世	始祖, 六村君長	閼英夫人	國都金城 國號徐羅伐
二	南解次次雄	西紀四	二〇	朴南解	赫居世嫡子 母閼英夫人	雲帝夫人 或阿婁夫人	
三	儒理尼師今	二四	三三	朴儒理	南解王太子 母雲帝夫人	日知女 許婁夫人朴氏	六部改定 六姓始定
四	脫解尼師今	五七	二三	昔脫解	南解王婿	南解王女 阿孝夫人	國號鷄林
五	婆娑尼師今	八〇	三二	朴婆娑	儒理王二子	許婁女 史省夫人金氏	月城移居
六	祇摩	一	二	朴祇摩	婆娑王嫡子	摩帝女	

김씨 상계(金氏 上系)

	摩尼師今	一一二	二		母史省夫人	愛禮夫人金氏
七	逸聖尼師今	一三四	二〇	朴逸聖	儒理王長子 或은 日知葛文王子	支所禮王女 朴氏
八	阿達羅尼師今	一五四	三〇	朴阿達羅	逸聖王長子 母支所禮王女 朴氏	祗摩王女 內禮夫人
九	伐休尼師今	一八四	一二	昔伐休	脫解王系 父仇鄒 母只珍內禮夫人 金氏	
十	奈解尼師今	一九六	三四	昔甘奈解	伐休王系 父伊買 母內禮夫人	伐休王太子 骨正女
十一	助賁尼師今	二三〇	一七	昔助賁	伐休王系 父骨正 母仇道女 玉帽夫人金氏	奈解王女 阿爾兮夫人 (아이혜부인)
十	沾	二	一	昔沾解	助賁王同母弟	

김씨 상계(金氏 上系)

十二	解尼師今	四七	四		父骨正 母玉帽夫人金氏		
十三	味鄒尼師今	二六二	二三	金味鄒	閼智六大孫 父仇道 母朴氏 伊柒女(이칠녀)	助賁王女 光明夫人	
十四	儒禮尼師今	二八四	一四	昔儒禮	助賁王長子 母奈音女 朴氏		
十五	基臨尼師今	二九八	一二	昔基臨	助賁王孫 父乞淑(걸숙)		國號新羅
十六	訖解尼師今	三一〇	四六	昔訖解	奈解王孫 父干老 母助賁王女命元 夫人		
十七	奈勿尼師今	三五六	四六	金奈勿	味鄒王姪 父末仇 母休禮夫人金氏	味鄒王女 保反夫人	
十八	實聖	四〇	一五	金實聖	閼智裔孫 父大西知	味鄒王女 內留夫人	訥祗 弑王

김씨 상계(金氏 上系)

	尼師今	二			母伊利夫人甘氏		
十九	訥祗痲立干	四一七	四一	金訥祗	奈勿王子 母保反夫人金氏	實聖王女 阿老夫人	
二〇	慈悲痲立干	四五八	二一	金慈悲	訥祗王長子 母阿老夫人金氏	奈勿王孫女 未斯欣(미사흔)女金氏	明活城移居
二一	炤知痲立干	四七九	二一	金炤知	慈悲王長子 未斯欣(미사흔)女金氏	伊伐湌(이벌찬)乃宿女 善兮夫人(선혜부인)	月城移居
二二	智證痲立干	五〇〇	一四	金知大路	奈勿王曾孫 父習讀 母訥祗王女 鳥生夫人	登欣女(등흔여) 延帝夫人朴氏	國號新羅 王號始用
二三	法興王	五一四	二六	金原宗	知證王元子 母延帝夫人朴氏	保刀夫人朴氏	律令,公服,年號制定 駕洛國倂合 諡號始行

김씨 상계(金氏 上系)

二四	眞興王	五四〇	三六	金彡麥宗(김삼맥종)	智證王孫 父立宗 母法興王女 息道夫人	思道夫人朴氏	國史編修 大伽倻滅
二五	眞智王	五七六	三	金舍輪	眞興王二子 思道夫人朴氏	起鳥女 知道夫人	
二六	眞平王	五七九	五三	金伯淨(김백정)	眞興王孫 父銅輪 母立宗女 萬呼夫人	福勝女 摩耶夫人 金氏(마야부인 김씨)	
二七	善德王	六三二	一五	金德曼(김덕만)	眞平王女 摩耶夫人金氏		女王
二八	眞德王	六四七	七	金勝曼	眞平王弟國飯女 母月明夫人朴氏		女王
二九	太宗武烈王	六五四	七	金春秋	眞智王孫 父龍春 母眞平王여 天明夫人	舒玄女(서현여) 文明夫人	百濟滅
三〇	文武王	六六一	二〇	金法敏	太宗武烈王太子 母文明夫人	善品女 慈儀王后	高句麗滅 三國統一

김씨 상계(金氏 上系)

三一	神文王	六八一	一一	金政明	文武王太子 母慈儀王后	欽突女 (흠돌여) 神穆王后 金氏	
三二	孝昭王	六九二	一〇	金理洪	神文王太子 母神穆王后		
三三	聖德王	七〇二	三五	金隆基 (改諱興光)	神文王二子 孝昭王同母弟	元泰女 成貞王后 金氏 順元女 炤德王后 金氏	
三四	孝成王	七三七	五	金承慶	聖德王二子 母炤德王后金氏	元妃朴氏 次順元女 金氏	
三五	景德王	七四二	二三	金憲英	孝成王同母弟	順貞女金氏 義忠女金氏	九州劃定
三六	孝恭王	七六五	一五	金乾運	景德王嫡子 母義忠女金氏 滿月夫人金氏	維誠女新寶 王后 次今璋女	良相 弑王
三七	宣德王	七八〇	五	金良相	奈勿王十世孫 父孝芳 母聖德王后女 四炤夫人	良品女 具足夫人	
三八	元聖	七八	一四	金敬信	奈勿王十二世孫 父孝讓 母昌道女	蓮華夫人 또는	始定讀書 三品出身

김씨 상계(金氏 上系)

	王	五		繼烏夫人朴氏	神述女 淑貞夫人 金氏	制
三九	昭聖王	七九八	一	金俊邕 (김준옹)	元聖王孫 父惠忠太子 聖穆王后金氏	叔明女 桂花夫人 金氏	
四〇	哀莊王	八〇〇	九	金淸明	昭聖王太子 母桂花夫人	朴氏	彦昇 弑王
四一	憲德王	八〇九	一七	金彦昇	昭聖王 同母第 母聖穆王后金氏	禮英女 貴勝夫人 金氏	
四二	興德王	八二六	一〇	金秀宗	憲德王 同母第 母聖穆王后金氏	昭聖王女 章和夫人	金明 以均貞殺 害自立
四三	僖康王	八三六	二	金悌隆 (제륭)	元聖王曾孫 父憲貞 母包道夫人氏	忠恭女 文穆夫人 金氏	金明 弑王
四四	閔哀王	八三八	一	金明	元聖王曾孫 父忠恭 母貴寶夫人朴氏	允容王后 金氏	
四五	神武王	八三九	四月	金祐徵	元聖王曾孫 父均貞 母珍矯夫人朴氏	明海女 貞從(繼) 夫人	
四	文	八	一	金慶膺	神武王太子	魏昕女	

김씨 상계(金氏 上系)

六	聖王	三九	八	(경응)	母貞繼夫人	(위혼여) 昭明夫人 金氏	
四七	憲安王	八五七	四	金誼靖 (의정)	神武王異母弟 母忠恭女 照明夫人		
四八	景文王	八六一	一四	金膺廉 (응렴)	僖康王孫 父啓明 母光和夫人	憲安王長女 寧花夫人	
四九	憲康王	八七五	一一	金晸(정)	景文王 太子 母文懿王后(寧花夫人)	懿明夫人 (의명부인)	
五〇	定康王	八八六	一	金晃 (황)	憲康王弟		
五一	眞聖王	八八七	一〇	金曼 (만)	憲康王女弟		女王 弓裔 甄萱 叛
五二	孝恭王	八九七	一五	金嶢 (요)	憲康王庶子 母義明太后金氏	乂謙女 朴氏	
五三	神德王	九一二	五	朴景暉	阿達羅王遠孫 父乂謙(예겸) 母貞和夫人	憲康王女 義成王后	
五四	景明王	九一七	七	朴昇英	神德王太子 母義成王后		
五	景	九	三	朴魏膺	景明王同母弟		甄萱

김녕(金寧)김(金)씨 이야기 • 423

김씨 상계(金氏 上系)

五六	哀王 敬順王	二四 九二七	九	金傅	文聖王裔孫 父孝宗 母憲康王女 桂娥太后	竹房夫人朴氏 樂浪公主高麗太祖女	(견훤)弑王 高麗에 降附 (항부) 935년

新羅亨國 : 凡 56왕　　　　歷年 992년
　　　　　　김씨 38왕　　　　　　 588년
　　　　　　박씨 10왕　　　　　　 232년
　　　　　　석씨 8왕　　　　　　　172년

※ 史家들은 始祖부터 敬順王까지를 三代로 나누어 처음부터 眞德王까지 28왕을 上代라 하였고 武烈王부터 惠恭王까지 8왕을 中代라 하였으며 宣德王부터 敬順王까지 20왕을 下代라 하였다.

김씨 상계(金氏 上系)

신라김씨(新羅金氏) 분파도(分派圖)

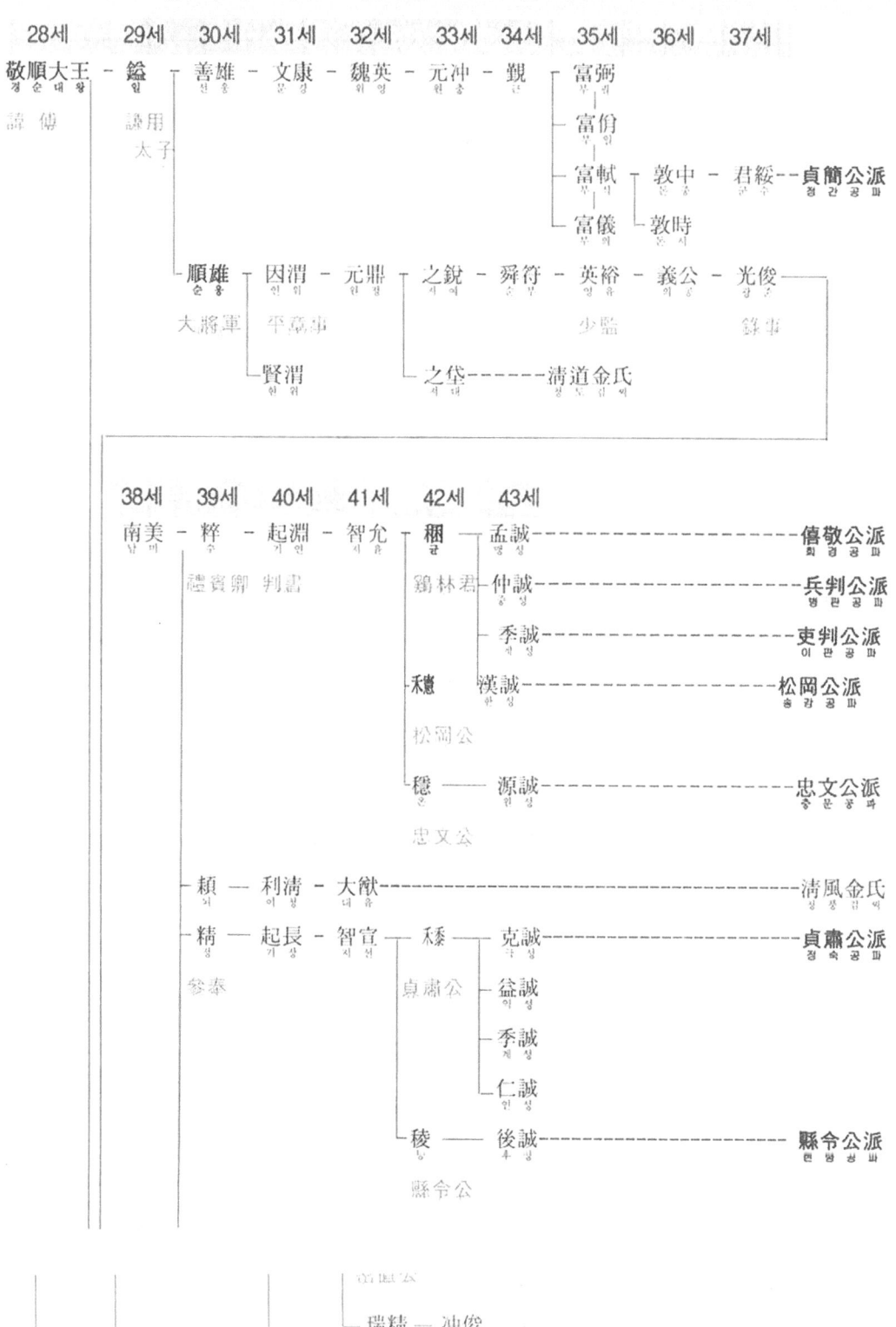

김씨 상계(金氏 上系)

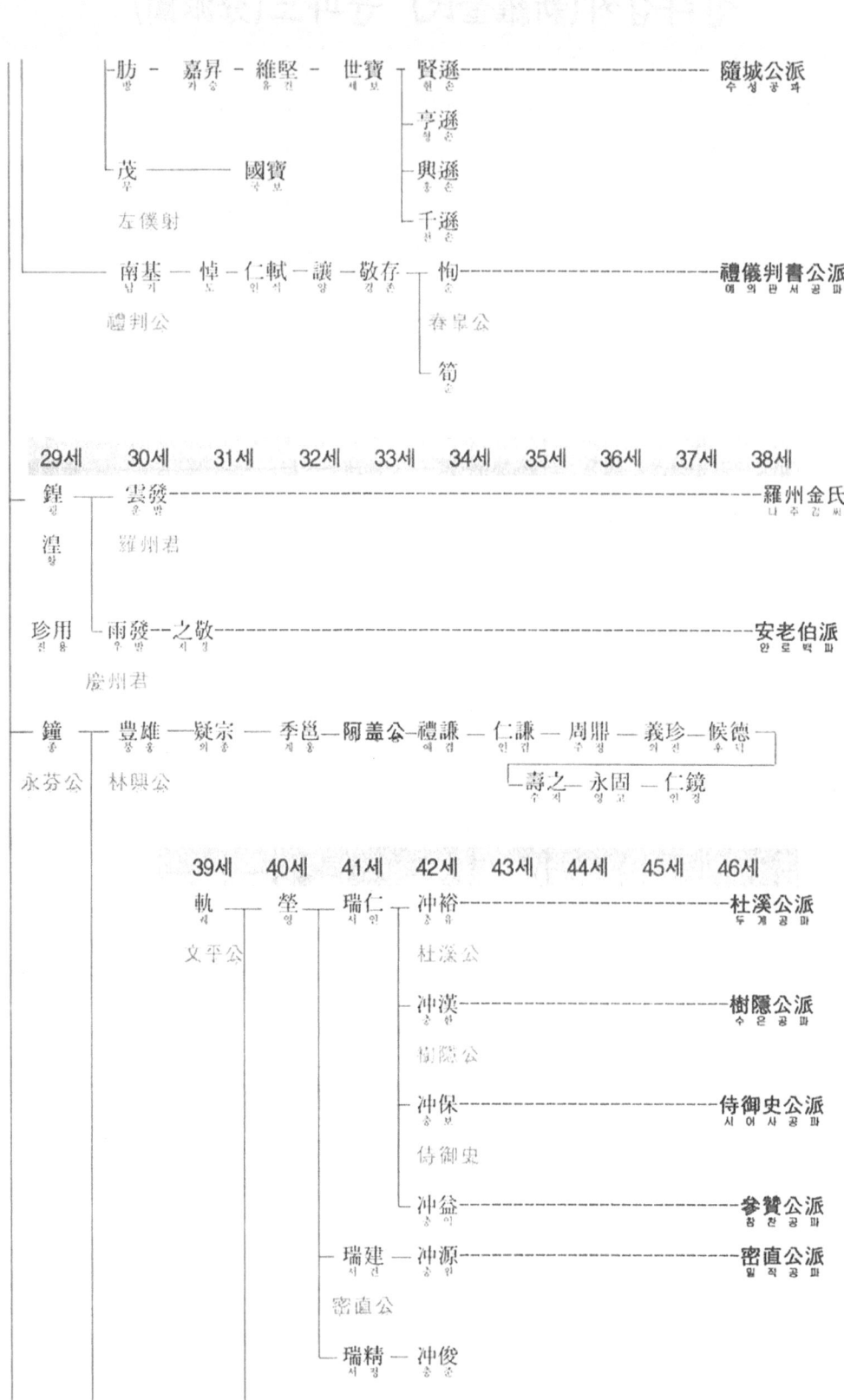

김씨 상계(金氏 上系)

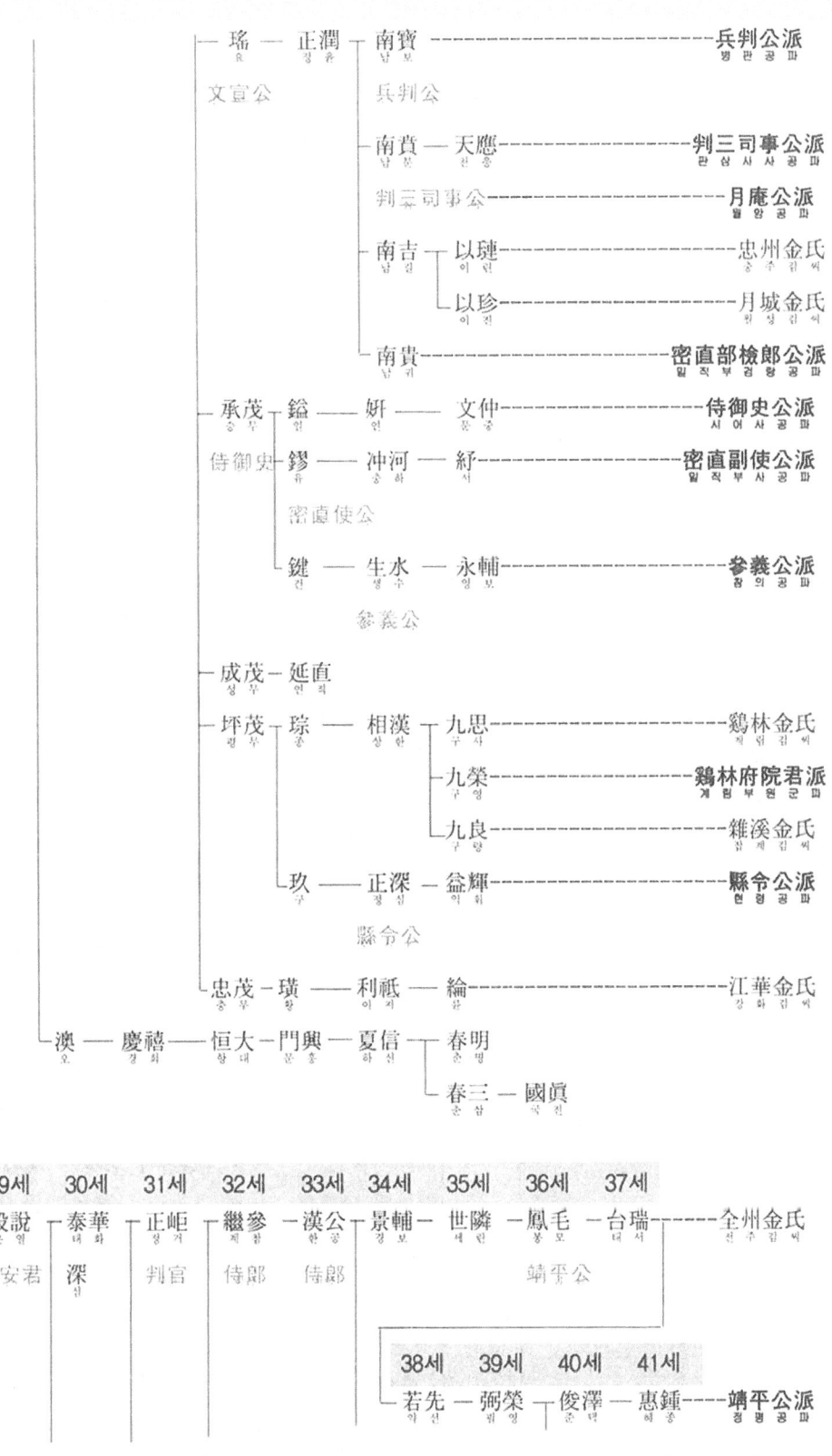

김씨 상계(金氏 上系)

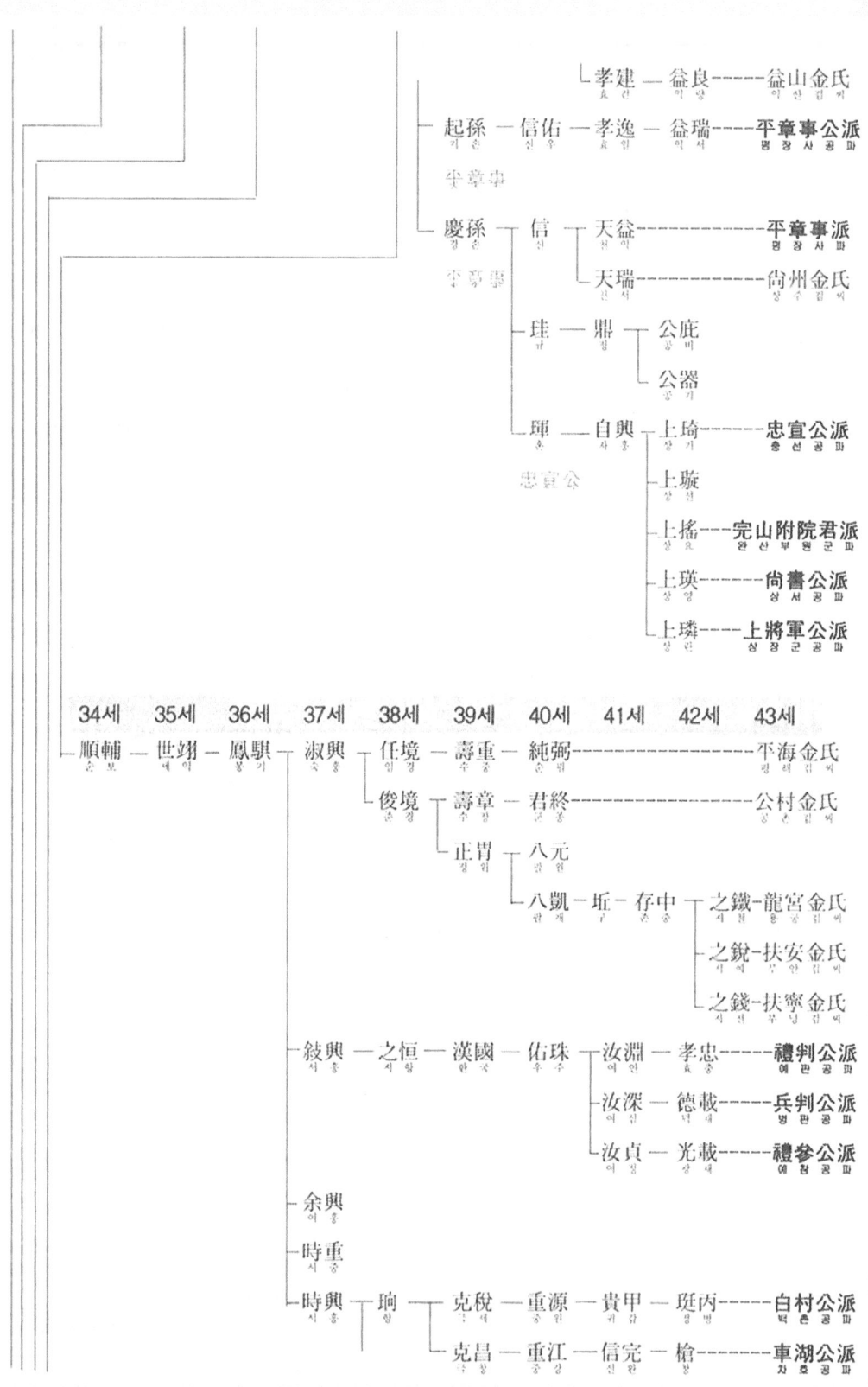

김씨 상계(金氏 上系)

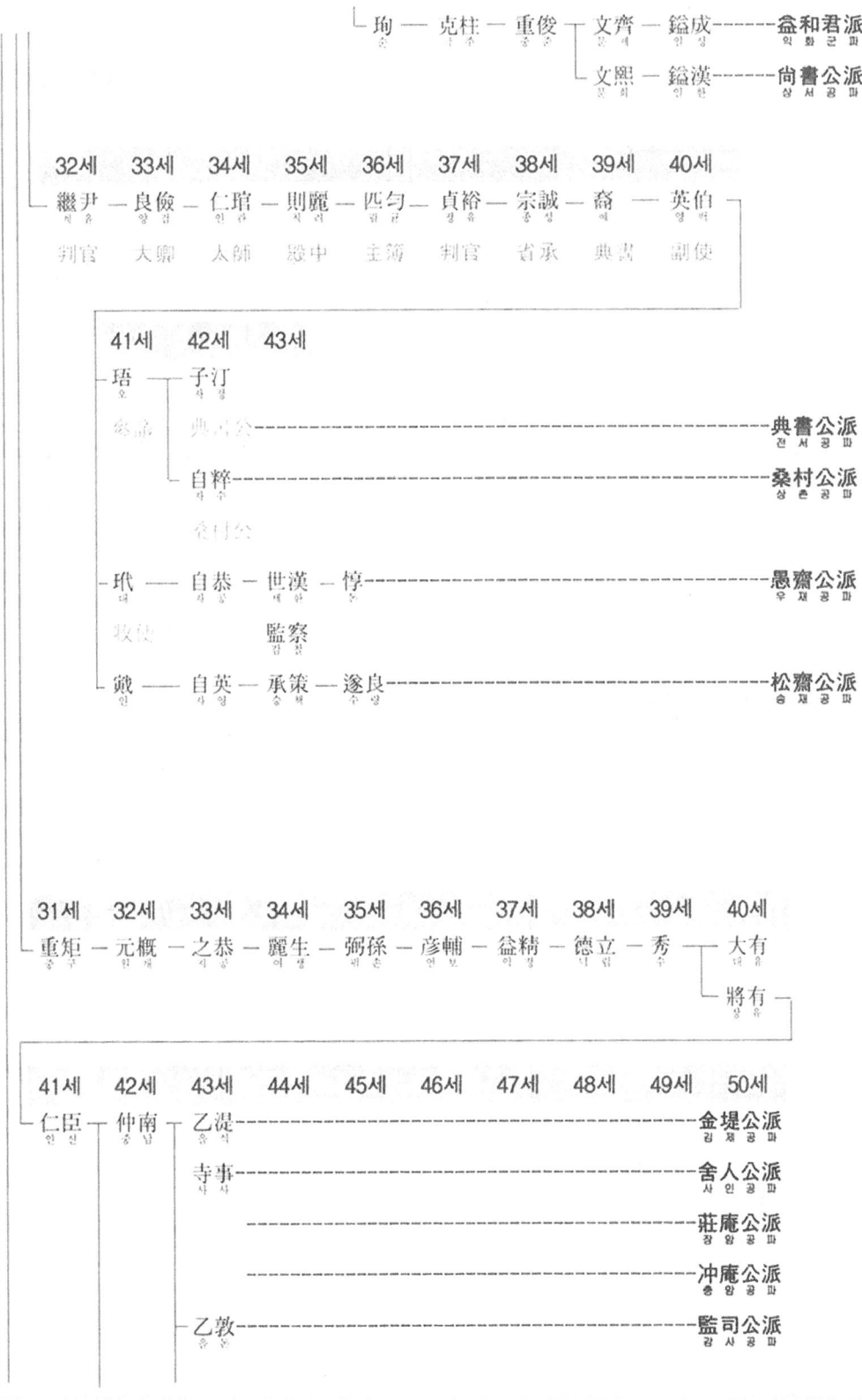

김씨 상계(金氏 上系)

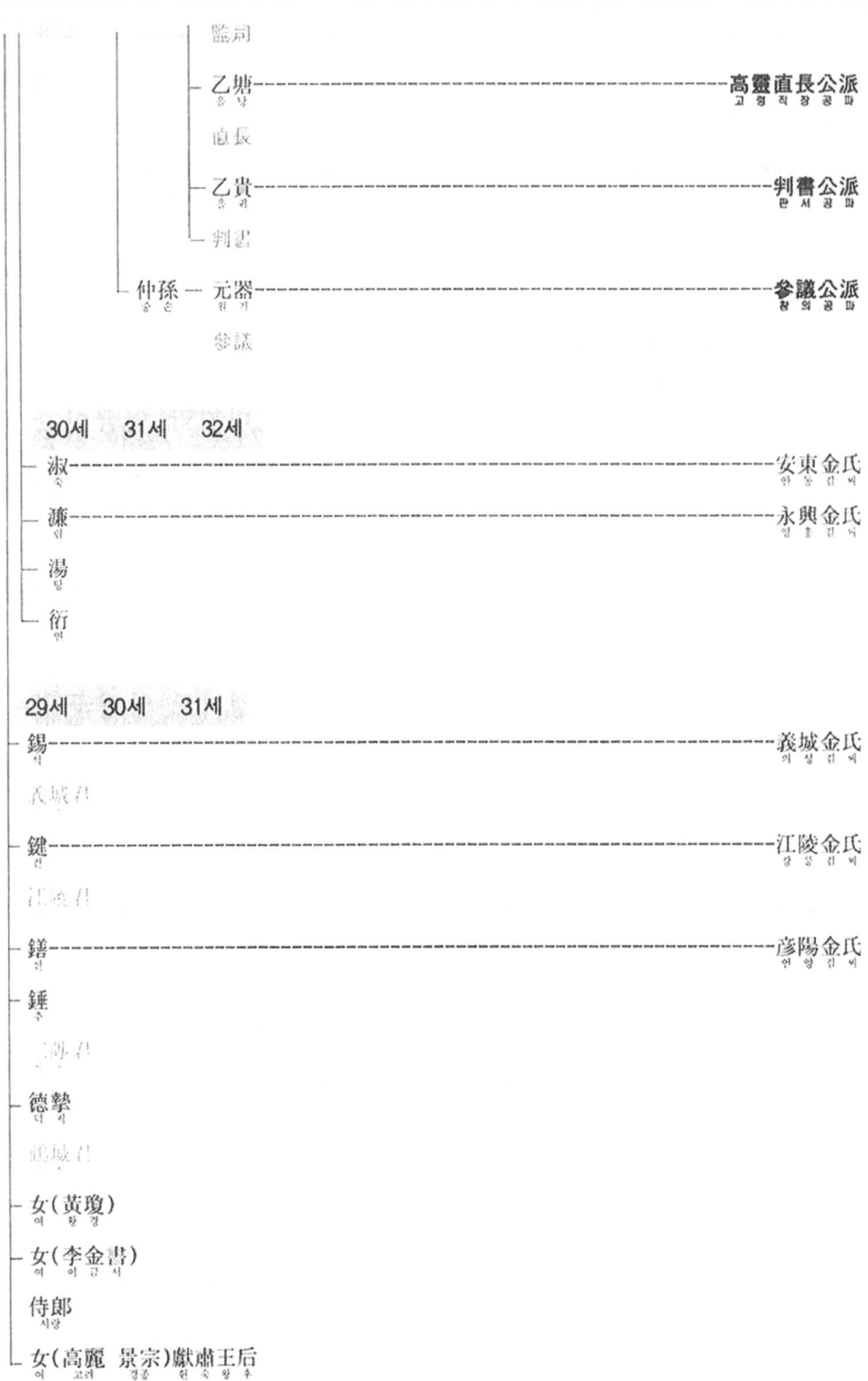

430 • 김녕(金寧)김(金)씨 이야기

참고문헌(參考文獻)

『삼국사기』(三國史記)

『삼국유사』(三國遺事)

『고려사』(高麗史)

『고려사절요』(高麗史節要)

『조선왕조실록』(朝鮮王朝實錄)

『고려공신전』(高麗功臣傳)

『국조인물고』(國朝人物考)

『국조방목』(國朝榜目)

『동국여지승람』(東國輿地勝覽)

『고려명신록』(高麗名臣錄)

『독립운동사』(獨立運動史)

『각성씨세보』(各姓氏世譜)

『성씨의고향』(姓氏의故鄕)

『한민족대성보』(韓民族大姓譜)

『한국문화유적총람』(韓國文化遺跡總攬)

『대동방씨족원류사』(大東方氏族源流史)

『한국의전통예절』(韓國의傳統禮)

『한국성씨총감』(韓國姓氏總鑑)

『한국인명대사전』(韓國人名大辭典)

『성씨대보총람』(姓氏大譜總覽)

김녕김씨(金寧金氏) 이야기 上

2014 年 10 月 2 日 인쇄
2014 年 9 月 25 日 발행
편　　저 : 성씨이야기편찬실
발　　행 : 올린피플스토리

출판등록 : 제 25100 - 2007 - 000017 호
주　　소 : 서울특별시 강동구 구천면로 18길 23호
홈페이지 : http://www.ollinpeople.co.kr
전　　화 : 070) 4110 - 5959
팩　　스 : 02) 476 - 8739
정　　가 : ₩ 19,800

ISBN : 979-11-5755-031-9
ISBN : 979-11-5755-030-2 (세트)

* 파손된 책은 바꾸어 드립니다.